高等院校应用型本科经济管理类"十三五"规划教材

电子商务基础与实训

主　编　陈联刚
副主编　王会丽　张凌云　罗　迹
参　编　杨慧玲　章承林　陈艳春　何　晖
　　　　吴　瑰　杨冰冰　钟　利　张浩康
　　　　毛求真　王　宇　徐晓光　向　宏

华中科技大学出版社
http://www.hustp.com
中国·武汉

图书在版编目(CIP)数据

电子商务基础与实训/陈联刚主编. —武汉:华中科技大学出版社,2017.10(2024.9重印)
ISBN 978-7-5680-2722-9

Ⅰ.①电… Ⅱ.①陈… Ⅲ.①电子商务-教材 Ⅳ.①F713.36

中国版本图书馆 CIP 数据核字(2017)第 076374 号

电子商务基础与实训
Dianzi Shangwu Jichu yu Shixun

陈联刚　主编

策划编辑：袁　冲
责任编辑：沈　萌
封面设计：孢　子
责任监印：朱　玢
出版发行：华中科技大学出版社(中国·武汉)　　电话：(027)81321913
　　　　　武汉市东湖新技术开发区华工科技园　　邮编：430223
录　　排：华中科技大学惠友文印中心
印　　刷：武汉邮科印务有限公司
开　　本：787mm×1092mm　1/16
印　　张：18.25
字　　数：479 千字
版　　次：2024 年 9 月第 1 版第 3 次印刷
定　　价：39.80 元

本书若有印装质量问题,请向出版社营销中心调换
全国免费服务热线: 400-6679-118　竭诚为您服务
版权所有　侵权必究

前　言

在"互联网+"时代,网络的普及使得传统企业运营管理发生了根本性的变革,电子商务就是以信息网络技术为手段,以商品交换为中心的交易活动和相关服务的活动,是传统商业企业各运营环节的电子化、网络化、信息化。

随着知识社会的来临,无所不在的网络与无所不在的计算、无所不在的数据、无所不在的知识共同驱动了无所不在的创新。新一代信息技术的发展催生了创新2.0,而创新2.0又反过来作用于新一代信息技术形态的形成与发展,重塑了物联网、云计算、社会计算、大数据等新一代信息技术的新形态。目前,"互联网+"不仅仅是互联网移动了、应用于传统商务了,更会同无所不在的计算、数据、知识,造就了无所不在的创新,推动了知识社会以用户创新、开放创新、大众创新、协同创新为特点的创新2.0。所谓"互联网+",事实上是互联网发展新形态、新业态,是知识社会推动下的互联网形态演进,而智慧城市则是新一代信息技术支撑、知识社会下一代创新环境下的城市形态。"互联网+"也被认为是智慧城市的基本特征,有利于形成创新涌现的智慧城市生态,从而进一步完善城市的管理与运行功能,实现更好的公共服务,让人们的出行更便利、居住环境更舒适。可以说,人们的生活习惯和工作节奏已经被电子商务极大改变。

"电子商务"一词源自"electronic business",是通过网络化手段进行的商业事务活动。通过使用互联网等信息化工具,使企业内部、供应商、客户和合作伙伴之间,利用网络业务共享企业商品信息,实现企业间业务流程的电子化,配合企业内部的电子化生产管理系统,提高企业的采购、生产、库存、流通和资金等各个环节的效率。

电子商务的核心价值就是让消费者通过网络购物、支付,节省消费者与企业的时间,提高交易效率。在消费者信息多元化的21世纪,通过网络渠道,可以"足不出户"地了解国内和国外的商品信息,然后再享受网络购物的便捷性。

移动电子商务就是利用手机、PDA(个人数字助理)及掌上电脑等无线终端进行的B2B、B2C或C2C电子商务。它将互联网、移动通信技术、短距离通信技术及其他信息处理技术完美结合,使人们可以随时、随地、随身进行各种商贸活动,实现线上线下的购物与交易、在线电子支付,以及各种交易活动、商务活动、金融活动和相关的综合服务活动等。

移动电子商务是在无线传输技术高度发达的情况下产生的,移动电子商务是由电子商务的概念衍生出来的,电子商务以PC机为主要界面,是"有线的电子商务";而移动电子商务则是通过手机、PDA这些可以装在口袋里的终端与我们谋面,无论何时、何地都可以开始。可以说,移动电子商务将决定21世纪新企业的风貌,也将改变社会生活与传统商业的地形地貌,而移动支付的环境已经形成。

电子商务发展迅速,因此电子商务行业对人才的综合性技能提出了很高的要求。例如,电子商务技术型人才,既要求了解程序设计、网络技术、网站设计、美术设计、安全、系统规划等知识,又要求了解商务流程、消费者心理和客户服务等,技术型人才要求有扎实的计算机根底,但考虑到最终设计的系统是为解决企业的管理和业务服务,又需要分析企业的消费者需求,所以该类人才还应该对企业的流程、管理需求以及消费者心理有一定的了解,而这将成为电子商务技术型人才的特色所在。对于电子商务营销型人才,首先要熟悉电子商务商业模式和盈利模式,深入了解网络消费者的心理和行为,必须精通电子商务项目策划和电子商务平台的基本操作,同时学会对电子商务交易洽谈、交易达成、支付和物流配送四个环节的运营管理进行梳理,降低运营成本,提高效率。

电子商务是融合计算机技术、市场营销、管理、金融、法学和物流管理等于一体的新型交叉学科,旨在培养具有扎实的经济与管理等方面的基本理论知识,熟悉信息科学与技术的基本知识和方法,掌握电子商务系统工程的开发、应用与管理的技术和技能,具有创新精神、较强的管理能力和独立分析问题的能力,从事现代商务管理、电子商务开发、网站运营管理的高级专门人才。

电子商务是特别强调"实战"的专业,"电子商务概论"课程正是通过教学"实务项目导向"原则,来让学生掌握现实中电子商务交易的模式、方法、技能(在现实网络交易过程中,学生可以及时发现问题、分析问题、解决问题),锻炼学生独立思考的能力,实现"零距离"教学,调动学生学习的兴趣和积极性。

本书从电子商务人物出发,进而分析电子商务案例,从而引出电子商务知识点。综合考虑教材的系统性、科学性、实用性,从企业全程电子商务的角度,全书共安排了电子商务概述、网络经济与用户体验、电子商务网站竞争力分析、电子商务网络技术基础、网络营销、电子支付与网络银行、电子商务物流及供应链管理、电子商务安全技术、电子商务系统规划、电子商务网站运营和管理、移动电子商务、电子商务法律、电子商务创业管理等主要内容。希望通过本书的介绍,读者既能系统掌握电子商务基础知识,了解最新的电子商务理论与技术的发展,又能适应全国统一的电子商务职业技能考试理论知识部分的要求。

本书有三个特色:一是每一章前都有"实务导入",从电子商务人物,导入电子商务网站并提出现实问题;二是注重"课堂讨论""案例分析"和"资料链接";三是介绍了电子商务创业管理的若干事项,可以提升学生的网络创业意识和能力,反映了最新的电子商务与现代企业的发展,具有实用价值。本书内容丰富,涉及知识面较广,由长期从事电子商务教学的老师编写,突出实用性,体现了电子商务专业的教学要求,有利于学生吸收和消化电子商务课程讲授的原理和知识点。

通过阅读本书,我们希望读者能够:
(1) 熟悉电子商务商业模式和盈利模式;
(2) 了解电子商务网络营销的新理念;
(3) 掌握电子商务"三流"的管理和运用技巧;
(4) 学会电子商务交易模式下营销管理的基本方法;
(5) 提高对电子商务网络经济"用户体验"的认识;
(6) 掌握电子商务业务流程信息化的基本技能;
(7) 熟练驾驭具体电子商务"网络创业"项目的管理和运作。

本书可作为电子商务专业的电子商务基本教程,同时也适合非电子商务专业的学生学习掌握电子商务基础知识。对于关心并打算认识和了解电子商务的企业、政府及研究机构的相关人员,本书也是一本较为适合的参考书。本书由陈联刚、王会丽、张凌云、罗迹、杨慧玲、章承林、陈艳春、何晖、吴瑰、杨冰冰、钟利、张浩康、毛求真、王宇、徐晓光、向宏等编写,全书由陈联刚统稿。本书是集体智慧的结晶,感谢武汉大学陈务正教授的审阅,感谢武昌理工学院的大力支持。

电子商务是新兴的专业,发展迅速,电子商务与现代企业管理更是一个有待探索的领域。由于编者学术水平有限,书中难免存在不完善之处,敬请各位读者批评指正。

编　者
2017 年 7 月 27 日

目　　录

第一章	电子商务概述	(1)
1.1	电子商务的产生和发展	(2)
1.2	电子商务的概念及其运行	(8)
1.3	电子商务的框架结构与业务流程	(15)
1.4	电子商务带来的变革	(20)
第二章	网络经济与用户体验	(27)
2.1	网络经济的产生与发展	(28)
2.2	网络企业的组织与管理	(33)
2.3	新经济与经济全球化	(38)
2.4	体验经济的意义与作用	(42)
第三章	电子商务网站竞争力分析	(47)
3.1	网站竞争力的概念	(48)
3.2	电子商务网站的战略分析	(57)
3.3	电子商务带来的网站竞争新观念和问题	(63)
第四章	电子商务网络技术基础	(71)
4.1	计算机网络的基础知识	(72)
4.2	互联网协议和功能	(78)
4.3	Intranet 技术和 Extranet 技术	(83)
第五章	网络营销	(89)
5.1	网络营销概述	(90)
5.2	网络调研与消费者行为分析	(97)
5.3	网络营销组合策略	(101)
5.4	网络营销常用技术手段	(107)
第六章	电子支付与网络银行	(116)
6.1	电子支付	(117)
6.2	电子货币	(120)
6.3	电子钱包	(126)
6.4	信用卡支付	(130)
6.5	网络银行	(133)
第七章	电子商务物流及供应链管理	(141)
7.1	物流与供应链管理概述	(142)
7.2	供应链管理内容	(145)
7.3	供应链管理方法	(149)
7.4	电子商务物流管理	(156)

第八章 电子商务安全技术 (166)
8.1 电子商务安全概述 (167)
8.2 网络安全技术 (170)
8.3 信息认证技术 (174)
8.4 电子商务安全协议 (179)

第九章 电子商务系统规划 (184)
9.1 电子商务系统概述 (185)
9.2 电子商务系统规划 (195)
9.3 电子商务战略制订 (199)

第十章 电子商务网站运营和管理 (204)
10.1 电子商务网站运营 (205)
10.2 电子商务网站管理 (211)
10.3 电子商务网站设计 (214)
10.4 电子商务网站评价 (219)

第十一章 移动电子商务 (225)
11.1 移动电子商务基础 (226)
11.2 移动电子商务的环境 (232)
11.3 移动电子商务应用分析和未来 (235)

第十二章 电子商务法律 (243)
12.1 电子商务的概念和法律关系 (244)
12.2 电子合同 (247)
12.3 电子支付的法律 (250)
12.4 电子商务中的安全问题 (253)
12.5 电子商务纠纷的法律解决 (257)

第十三章 电子商务创业管理 (263)
13.1 网络创业的内涵 (264)
13.2 创业能力的培养和基本条件 (268)
13.3 电子商务与风险投资 (273)

参考文献 (286)

第一章 电子商务概述

【学习目标】

☆ 了解电子商务的起源和发展。
☆ 了解电子商务在国内外发展的基本状况。
☆ 掌握电子商务的商业模式。
☆ 掌握电子商务的定义、功能和特征。
☆ 掌握电子商务的交易环节。
☆ 熟悉电子商务的基本业务流程。
☆ 了解电子商务对社会生活、企业及世界经济的影响。

 实务导入

李国庆和俞渝创办网上书店——当当网

在中国的 B2C 电子商务领域,当当网是不得不提的一个企业,作为当当网的创始人,俞渝和其丈夫李国庆的创业,改变了当代很多中国人的买书模式。

当当网(www.dangdang.com)是全球知名的综合性网上购物商城,由国内著名出版机构科文公司、美国老虎基金、美国 IDG 集团、卢森堡剑桥集团、亚洲创业投资基金(原名软银中国创业基金)共同投资成立。

当当网从 1999 年 11 月正式开通至今,已从早期的网上卖书拓展到网上卖各品类百货,包括图书音像、美妆、家居、母婴、服装和 3C 数码等几十个大类。其中,在库图书、音像商品超过 80 万种,百货 50 余万种。目前,当当网的注册用户遍及全国各省、自治区和直辖市,每天有 450 万独立 UV,每天要发出 20 多万个包裹。在物流方面,当当网在全国 11 个城市设有 21 个仓库,共 37 万多平方米,并在 21 个城市提供"当日达"服务,在 158 个城市提供"次日达"服务,在 11 个城市提供夜间递送服务。

除图书以外,母婴、美妆、服装、家居家纺是当当网着力发展的四大目标品类,其中,当当婴童已经是中国最大的线上商店,美妆则是中国排名前五的线上商店。当当网还在大力发展自有品牌当当优品。在业态从网上百货商场拓展到网上购物中心的同时,当当网也在大力开放平台,目前当当网平台商店数量已超过 1.4 万家,同时,当当网还积极地走出去,在腾讯、天猫等平台开设旗舰店。

当当网于美国时间 2010 年 12 月 8 日在纽约证券交易所正式挂牌上市,成为中国第一家完全基于线上业务、在美国上市的 B2C 网上商城。自路演阶段,当当网就以广阔的发展前景受到大批基金和股票投资人的追捧,上市当天股价即上涨 86%,并以 103 倍的高 PE 和 3.13 亿美元的 IPO 融资额,连创中国公司境外上市市盈率和亚太地区 2010 年高科技公司融资额度两项历史新高。

 **预习题**

（1）图书实体店和网店经营的不同点有哪些？

（2）当当网的商品种类从图书到百货说明了什么？消费者用户的体验具体体现在哪些方面？

1.1 电子商务的产生和发展

电子商务是以信息网络技术为手段，以商品交换为中心的商务活动；也可理解为在互联网（Internet）、企业内部网（Intranet）和增值网（value added network，简称 VAN）上以电子交易方式进行交易活动和相关服务的活动，是传统商业活动各环节的电子化、网络化、信息化。

 资料链接

互联网＋

"互联网＋"是创新2.0下的互联网发展的新业态，是知识社会创新2.0推动下的互联网形态演进及其催生的经济社会发展新形态。"互联网＋"是互联网思维的进一步实践成果，推动经济形态不断地发生演变，从而带动社会经济实体的生命力，为改革、创新、发展提供广阔的网络平台。通俗地说，"互联网＋"就是"互联网＋各个传统行业"，但这并不是简单的两者相加，而是利用信息通信技术以及互联网平台，让互联网与传统行业进行深度融合，创造新的发展生态。它代表一种新的社会形态，即充分发挥互联网在社会资源配置中的优化和集成作用，将互联网的创新成果深度融合于经济、社会之中，提升全社会的创新力和生产力，形成更广泛的以互联网为基础设施和实现工具的经济发展新形态。

"互联网＋"代表着一种新的经济形态，它指的是依托互联网信息技术实现互联网与传统产业的联合，以优化生产要素、更新业务体系、重构商业模式等途径来完成经济转型和升级。"互联网＋"计划的目的在于充分发挥互联网的优势，将互联网与传统产业深入融合，以产业升级提升经济生产力，最后实现社会财富的增长。"互联网＋"概念的中心词是互联网，它是"互联网＋"计划的出发点。"互联网＋"计划具体可分为两个层次的内容来表述。一方面，可以将"互联网＋"概念中的文字"互联网"与符号"＋"分开理解。符号"＋"意为加号，代表着添加与联合。这表明了"互联网＋"计划的应用范围为互联网与其他传统产业，它是针对不同产业间发展的一项新计划，应用手段则是通过互联网与传统产业进行联合和深入融合的方式进行。另一方面，"互联网＋"作为一个整体概念，其深层意义是通过传统产业的互联网化完成产业升级。互联网将开放、平等、互动等网络特性运用于传统产业，通过分析与整合大数据，试图厘清供求关系，通过改造传统产业的生产方式、产业结构等内容，来增强经济发展动力，提升效益，从而促进国民经济健康、有序地发展。

1.1.1 电子商务产生的背景

信息技术（information technology，简称 IT），即集成电路技术和数据网络通信技术，是20世纪后半叶发展起来的电子技术，为电子商务的发展奠定了技术基础。

20世纪40年代，开始了信息技术革命的新时代，与工业革命相比发展速度更快，对社会生产力和人类工作、生活方式的影响也都更为深入和广泛。1946年,美国宾夕法尼亚大学研制成了世界上第一台可运行程序的电子计算机,使用了18 800多个电子管,5 000个继电器,重达30余吨(1吨＝1 000千克),占地170平方米,但每秒仅处理5 000条指令,制造成本则达到几百万美元。

电子计算机诞生至今,由于构成其基本部件的电子器件发生了重大的技术革命,使它得到了突飞猛进的发展,突出表现为计算机的体积越来越小,处理速度越来越快,成本却越来越低。回顾电子器件的变化过程,计算机的逻辑元件经历了从电子管到晶体管,再从晶体管到小集成电路及至今天采用大集成电路或超大集成电路。半导体存储器的集成度越来越高,内存储器的容量越来越大,外存储器使用各种类型的软盘、硬盘和光盘,运算速度每秒可达几亿甚至上百亿次。

20世纪60年代,美国军方最早开发了作为保障战时通信的因特网技术,把单个计算机连接起来应用,计算机开始了网络化的进程。进入20世纪70年代,当时的美国政府和军方出于冷战的需要,设想将分布在美国本土东海岸的四个城市的计算机联系起来,使它们成为一个打不烂、拖不垮的网络系统。美国国防部构想的这个系统称为ARPAnet。但当时的计算机厂商生产的计算机,无论是硬件还是软件都是不一样的,要组成这样的网络,就必须把很多不同的计算机硬件和软件通过某种方式连接起来。于是在20世纪70年代初出现了一个关于计算机网络互联的共同协议——TCP/IP协议,这个协议达成之后,ARPAnet取得比较大的进展,即从美国本土连接到了其在欧洲的军事基地。

20世纪80年代初,美国科学基金会发现这种方式非常实用,于是把这几个地区的计算机连接起来,并连接进了大学校园,使参加因特网技术开发的科研和教育机构开始利用因特网,这便是今天Internet的雏形。20世纪90年代,当因特网技术被发现可以有极其广泛的市场利用价值,而政府无法靠财政提供因特网服务时,美国政府的政策开始转向开放市场,由私人部门主导。1991年,美国政府解除了禁止私人企业为了商业目的进入因特网的禁令,并确定了收费标准和体制。从此,商业网成为美国发展最快的因特网,个人、私人企业和创业投资基金成为美国因特网技术产业化、商业化和市场化的主导力量。

1992年以后,为占领世界信息竞争的制高点,重振美国的经济,提高美国的竞争力,维持美国在世界经济、政治、军事等领域中的霸主地位,美国适时发布了一系列框架性文件,表明了美国占领全球因特网经济制高点的行动纲领。

1993年9月,美国制定并发布了《国家信息基础设施:行动纲领》的重大战略决策。"国家信息基础设施"是"信息高速公路"的正式名称,它的实质是以现代通信和计算机为基础,建设一个以光缆为主干线的覆盖全美国的宽带、高速、智能数据通信网,以此带动美国经济与社会的信息化进程,促进经济的发展。美国的目标是确保其在全球信息基础设施建设的领先地位。

1994年9月,美国在建设本国信息高速公路的基础上,又提出了建立全球信息基础设施(global information infrastructure,简称GII)计划的倡议,呼吁各国把光纤通信网络和卫星通信网络连接起来,从而建立下一代通信网络。

1997年7月,美国发布《全球电子商务政策框架》,明确美国将主导全球电子商务,并制定了九项行动原则。《全球电子商务框架》确立了五大原则:私人部门应作为主导;政府应该避免对电子商务做不恰当的限制;当政府需要介入时,它的目标应该是为电子商务提供并实施一个可预见的、最简单的、前后一致的商业法制环境;政府应当认清因特网的独特性质;应当立足于全球,发展因特网上的电子商务。

 **课堂讨论**

网络给我们的生活带来了哪些变化？

计算机网络是人类伟大的发明，它给人们带来了便利，创造了价值，提高了效率，提供了快乐。不知不觉中，人们已经习惯了离不开网络的工作、生活。随心所欲地浏览全世界的资讯新闻，快捷地收发邮件、信息，与远在千里之外的人分享资源，坐在家里买卖商品等，这些都已经成了很多人生活的一部分。域名、虚拟货币、虚拟财产、网上银行、网上商铺、个人博客空间、个人电子邮件、网上股票交易、网上招聘、网上谈判、网络教学、网络图书馆等，都和现实中的人有千丝万缕的利益联系，在网络上也形成了复杂的"社会关系"，这些都耗费了人们大量的时间、精力、金钱。计算机，这个连接计算机网络的一个终端，是人们网络活动的出发点和回归点。如果网络是海洋，那么计算机就是航海的工具，在网络上的每次活动都能在这里反映，发出与反馈回来的信息都存储在计算机里。计算机网络里包含了人们的个人隐私活动、个人隐私信息，所有这些都有可能关系着人们个人的名誉、尊严、财产等。

1.1.2 电子商务的发展阶段

按照各个时期有代表性的不同技术，可以将电子商务的发展历程划分成如下几个阶段。

第一阶段：电子邮件阶段。

这个阶段可以认为是从20世纪70年代开始，通信量平均以每年几倍的速度增长。

第二阶段：信息发布阶段。

从1995年起，以Web技术为代表的信息发布系统爆炸式地成长起来，成为Internet的主要应用技术。同时，从20世纪70年代起，银行间电子资金转账（EFT）开始在安全的专用网络上推广，它改变了金融业的业务流程。电子资金转账是指通过企业间的通信网络进行的账户交易信息的电子传输，由于它以电子方式提供汇款信息，从而使电子结算实现了最优化。

第三阶段：EC（electronic commerce）阶段，即电子商务阶段。

之所以把EC列为一个划时代的东西，是因为Internet的最终主要商业用途，就是电子商务。同时，反过来也可以说，若干年后的商业信息，主要是通过Internet传递。

从20世纪70年代后期到80年代早期，电子商务以电子报文传送技术如电子数据交换（EDI）的形式在企业内部得到推广。电子报文传送技术减少了文字工作并提高了自动化水平，从而简化了业务流程。电子数据交换使企业能够用标准化的电子格式与供应商之间交换商业单证（如订单）。例如，如果将电子数据交换与准时化（JIT）生产相结合，供应商就能将零件直接送到生产现场，节约企业的存货成本、仓储成本和处理成本。1997年年底，在加拿大温哥华举行的第五次亚太经合组织（APEC）非正式首脑会议上，时任美国总统的克林顿提出敦促各国共同促进电子商务发展的议案，其引起了全球首脑的关注，IBM、HP和Sun Microsystems等国际著名的信息技术厂商宣布1998年为电子商务年。

第四阶段：协同电子商务阶段。

随着SaaS（software as a service）软件服务模式的出现，软件纷纷登录互联网，延长了电子商务链条，形成了"协同电子商务"概念模式。在20世纪80年代中期，联机服务开始风行，它提供了新的社交交互形式（如聊天室），还提供了知识共享的方法（如新闻组和FIP）。这就为互联网用户创造了一种虚拟社区的感觉，逐渐形成了"地球村"的概念。同时，信息访问和交换的成本已降得很低,而且范围也在空前扩大,全世界的人都可以相互沟通。20世纪90年代中期,在互联网上出现了WWW(万维网)应用,这是电子商务的转折点。WWW为信息出版和传播方面的问题提供了简单易用的解决方案。WWW带来的规模效应降低了业务成本,它所带来的范围效应则丰富了企业业务活动的多样性。WWW也为小企业创造了机会,使它们能够与资源雄厚的跨国公司在平等的技术基础上竞争。

第五阶段:智慧阶段(随时、随地、随身)。

随着智能手机的普及,互联网信息碎片化以及云计算技术愈发成熟,主动互联网营销模式出现,碎片化时间销售顺势而出,电子商务逐渐摆脱了将传统销售模式生搬上互联网的现状,以主动、互动、用户关怀等多角度与用户进行深层次的沟通。这个阶段的发展特点包括:更广阔的市场,更快的流通和低廉的价格,更符合时代的要求等。更广阔的市场,在网上这个世界将会变得很小,一个商家可以面对全球的消费者,而一个消费者可以在全球的任何一家商家购物。更快的流通和低廉的价格,电子商务减少了商品流通的中间环节,节省了大量的开支,从而也大大降低了商品流通和交易的成本。更符合时代的要求,如今人们越来越追求时尚、讲究个性,注重购物的环境,网上购物,更能体现个性化的购物过程。

1.1.3 电子商务产生的环境

信息时代,网络已经深刻地改变了人们社会生活的各个领域,以互联网为基础的电子商务,在世界各地蓬勃地发展,在商务活动中发挥着越来越重要的作用。电子商务的迅速发展正在引起商务环境的深刻变革,这种变革对社会经济生活和企业竞争力的积极影响还在逐步显现出来。电子商务不仅在改变着各行各业的经营思想和经营模式,而且还在改变着我们的生活、学习和工作方式,电子商务触发了人类社会全方位的深刻变革,电子商务将是21世纪社会经济发展的方向。

电子商务最早产生于20世纪60年代,发展于20世纪90年代,其产生和发展的重要条件主要是计算机技术的发展,近30年来,计算机的处理速度越来越快,处理能力越来越强,价格越来越低,应用越来越广泛,这为电子商务的应用提供了基础。

由于Internet逐渐成为全球通信与交易的媒体,全球上网用户呈级数增长,快捷、安全、低成本的特点为电子商务的发展提供了应用条件。

其中,信用卡以其方便、快捷、安全等优点而成为人们网络消费支付的重要手段,并由此形成了完善的全球性信用卡计算机网络支付与结算系统,使"一卡在手,走遍全球"成为可能,同时,也为电子商务的网上支付提供了重要的手段。

课堂讨论

我国电子商务征税问题及对策探析

近几年来,代表着新兴贸易方式的电子商务,其交易额高速增长,正在迅速侵占传统贸易方式的市场份额。这种转变在体现经济全球化发展的同时,也对现行我国财政税收管理体制带来了很大的挑战,目前电子商务交易税收存在漏洞和征税盲区是不争的事实。电子商务本质上是将流通中多环节的现场交易变革为单环节的电子交易,根据税法基本原理和我国现行的税收体制,电子商务同样适用各项税收法律法规(并没有对电子商务的交易行为进行豁免),但由于多种条件限制,目前我国对电子商务的税收征管并未完全铺开。电子商务领域不应该成为税收的法外之地,加强电子商务的税收征管,对维护税法的严肃性、增加财政收入和促进我国市场经济的公平公正具有重要意义。

相比传统贸易方式,电子商务具有全球性、模糊性和数字化等特点,这容易造成课税对象性质模糊及纳税时间和地点不确定,也使得现行税收要素对其约束力和控制力降低,在一定程度上给税收征管工作带来了困难和挑战。

1.1.4 我国电子商务应用的发展

从交易规模来看,自2003年开始我国电子商务就保持了快速增长的态势,即使受全球金融海啸的冲击,在2007—2010年的年均增长仍然超过30%。2012年,我国网络零售额超过6万亿元,在国内消费总额占比突破4%,整体交易规模超过日本。从品类扩展来看,我国早已从信息家电(3C产品)、图书等标准化品类扩展到了服装鞋帽、化妆品、食品、家用电器、家居百货、文体用品、珠宝配饰等。

我国电子商务主要分为企业对企业(B2B)、企业对消费者(B2C)、消费者对企业(C2B)和消费者对消费者(C2C)四种模式,目前来看,每一种模式都有不断深化的趋势。同时,各种商业模式也不再以孤立的形态出现,往往根据企业发展需要适当融入其他商业模式。以京东商城为代表的B2C企业积极引入团购,以C2C企业为代表的淘宝网先后推出淘宝商城(现在改名为天猫)、聚划算,涉足B2C和团购模式,而以团购起家的聚美优品也在2011年开设了B2C网站。

我国电子商务发展大致经历了三个时期:1999年到2002年是萌芽阶段,网民少,网商更少,以8848为代表的一批企业折戟沉沙;2003年到2007年是兴起阶段,中小企业电子商务平台——阿里巴巴开始盈利,当当网、卓越网(也称为亚马逊中国)、淘宝网、eBay、易趣网等一批电子商务企业快速崛起;2008年至今是电子商务进入爆发式增长阶段,阿里巴巴、网盛上市标志着B2B领域的发展进一步规范化,淘宝网调整战略、百度试水C2C市场,意味着电子商务开始优化和细分,苏宁(全称为苏宁云商集团股份有限公司)、国美(全称为国美电器控股有限公司)等传统零售商纷纷跟进,PPG工业公司、红孩子、京东商城等更是引爆了整个B2C市场。

电子商务为什么能够在短期内迅速崛起?简单来说,与传统商务模式相比,电子商务可以使商家及时、准确地了解销售情况和供求信息,有针对性地调整生产和销售计划,大大降低了库存成本。同时,规模化、专业化、数字化的第三方物流又能帮助电子商务零售业打通流通渠道,显著降低交易成本。数据显示,与实体店相比,网店能够节省60%的运输成本和30%的运输时间,降低55%的营销成本和47%的渠道成本。

电子商务产业有效地推动了流通业、制造业、物流快递、宽带、支付等产业的发展。特别是作为一种创新,电子商务通过提供新的服务、新的市场和新的经济组织方式,撬动着传统经济的转型升级。从这个意义上来说,电子商务必将对我国经济社会产生巨大而深远的影响。

与世上万物一样,电子商务及其相关产业在发展过程中也出现了一些问题,这是正常的也是不可避免的。对于不同问题我们应当有所区分,差别对待。有些问题是传统商贸领域也存在的,如假冒伪劣、缺乏诚信等,对此政府应加强监管,积极维护市场的正常交易。还有一些则是由电子商务交易特性延伸出来的问题,如网关认证、网络安全等,还有B2C企业只赚规模、不见盈利的问题,从最早的8848到如今的卓越网,再到后来成长起来的红孩子、凡客诚品都普遍存在。这类问题是在商业创新过程中出现的,监管部门和业界应当抱以宽容的态度,用市场的方法去解决,切不可一遇到问题就动用行政手段严格约束。对电子商务产业的监管应更多侧重于对消费者权益的保护，通过完善相关法律法规，使维护消费者合法权益成为规范企业行为、促进行业健康发展的动力。

案例

朱明跃和猪八戒网——非实物网络交易

猪八戒网由原《重庆晚报》记者朱明跃创办于2006年，服务交易品类涵盖创意设计、网站建设、网络营销、文案策划、生活服务等多种行业。猪八戒网有千万服务商为企业、公共机构和个人提供定制化的解决方案，将创意、智慧、技能转化为商业价值和社会价值。2011年，猪八戒网获得IDG投资并被评选为中国2011年度"最佳商业模式十强"企业。2015年6月15日，猪八戒网宣布分别获得来自重庆北部新区和赛伯乐集团的10亿元、16亿元融资，计划打造全国最大的在线服务电子商务交易平台，完成融资后，会执行平台零佣金制度，不再收取20%的交易佣金。

猪八戒网这么多年汇集了中国几百万家中小微企业，通过猪八戒网，可以轻松地找到大量的中小微企业。此外，平台也是人才数据的海洋和设计作品数据的海洋。在沉淀了大规模的交易之后，这些数据的价值不可估量。社会价值实际上是平台最重要的价值，在猪八戒网上创业，成本低、订单多，新创企业易存活。猪八戒网是天然的创业孵化器，同时，猪八戒网的交易的逻辑决定了必须要把平台的订单散布给尽可能多的卖家才可能得到解决，这就解决了一大批人的就业问题。

1.1.5 电子商务在国际贸易中的应用

电子商务在国际贸易中的广泛应用，引起了国际贸易的一系列变化，并对其起着积极的推动作用。

国际贸易运行方式和环境发生了重大变化。网上订货、网上促销、网上谈判都为国际贸易开辟了新的发展形势。EDI工程是信息技术与社会化服务系统的结合，进出口商利用电子表格进行商品的报关、商检、保险、运输、结汇等工作，大大减少了人力、物力和时间的消耗，降低了流通成本和交易费用，加快了国际贸易的节奏。这种网上的信息交换，开辟了一个崭新的市场空间，突破了传统市场必须以一定的地域存在为前提的条件，全球以信息网络为纽带连成一个统一的大"市场"，促进了世界经济全球市场化的形成。信息流带来的商品、技术等生产要素的全球加速流动导致了全球"网络经济"的崛起，在这种网络贸易的环境下国家与国家之间的经贸联系与合作得以大大加强。

国际贸易经营管理方式发生了重大变革。以计算机网络信息技术为核心的电子商务系统，利用信息技术改造传统贸易，为国际贸易提供了一种信息较为完全的市场环境，达到跨国资源和生产要素的最优配置，从而使市场机制能够更为充分有效地发挥作用。这种方式突破了传统贸易以单向物流为主的运作格局，实现了物流、信息流、商流高度统一的全新战略。这种经营战略，把代理、展销等多种传统贸易方式融为一体，把全部进出口货物所需要的主要流程如市场调研、国际营销、仓储报关、商检等引入计算机网络中，为世界各地的制造商和贸易商提供全方位、多层次、多角度的互动式的商贸服务，解除了传统贸易活动中的物质、时间、空间对交易双方的限制，促进了国际贸易的深化发展。

案例

王树彤与敦煌网——中小企业跨境交易

敦煌网成立于2004年,是中国第一个B2B跨境电子商务平台,致力于帮助中国中小企业通过电子商务平台走向全球市场。敦煌网CEO王树彤是中国最早的电子商务行动者之一,曾在1999年参与创立卓越网并出任第一任CEO。敦煌网开创了"为成功付费"的在线交易模式,突破性地采取佣金制,免注册费,只在买卖双方交易成功后收取费用。敦煌网一直致力于帮助中国中小企业通过跨境电子商务平台走向全球市场,开辟一条全新的国际贸易通道,让在线交易变得更加简单、更加安全、更加高效。

作为中国B2B跨境电子商务平台的首创者,敦煌网致力于引领产业升级。传统信息平台式的电子商务已死,真正的电子商务不仅要解决交易问题,还要提供专业化的、具有行业纵深、区域纵深、服务纵深的服务以及优质的客户体验。

敦煌网作为中国最领先的在线外贸交易品牌,是商务部重点推荐的中国对外贸易第三方电子商务平台之一。工信部电子商务机构管理认证中心已经将其列为示范推广单位。

1.2 电子商务的概念及其运行

21世纪是网络时代,电子商务是在西方发达国家进入后工业时代,以新型企业为主要推动力、以争夺全球市场为目标、以网络技术为手段而演化出来的一种新的竞争方式。电子商务正在极大地改变着企业的经营管理方式,使企业在组织、经营、管理、运行、人才等诸多方面都在发生着深刻的变化。

1.2.1 电子商务的概念

1996年前后,美国学术界提出了"电子商务"的概念,短短几年的时间,这一概念已在全球各地被广泛接受。简单地说,电子商务就是将信息网络、金融网络和物流网络结合起来,把在商务活动和贸易活动中发生的各方面有机地联系起来,使得信息流、资金流和物流迅速流动,是一种全新的商业运作模式。即电子商务是利用现代先进的计算机网络技术从事商业活动的方式,它通过将贸易活动网络化,可以减少传统经贸方式中的大量中间环节,实现企业与企业、企业与消费者的直接交易,从而最大限度地降低经济活动中的交易成本,提高经济运转的效率。

电子商务是典型的"非接触"经济,一般来说,电子商务有狭义和广义之分。

狭义的电子商务也称为电子交易,主要包括利用网络进行的商务交易活动。广义的电子商务则是包括电子交易在内的、利用网络进行的全部商业活动。因此,广义的电子商务包括面向企业外部的商务活动,如网络营销、电子支付、物流配送等;还包括企业内部的业务活动,如企业资源计划、客户关系管理、供应链管理、人力资源管理、网上调研、财务管理等。电子商务包括商务活动和技术平台两个部分。商务活动是核心,技术平台是电子化的手段和工具。从这个角度来讲,研究电子商务有两大侧重领域,即商务活动和技术平台,这两者有很大差异,但两者又相辅相成。

电子商务是一个迅速发展的学说。在电子商务的发展过程中,人们按照各自的理解为电子商务加上各种注解,专家学者、政府部门、行业协会和IT公司从不同角度提出了各自的见解。下面是电子商务的一些有代表性的定义。

定义1 《中国电子商务蓝皮书(2001)》认为,电子商务是指通过Internet完成的商务交易,交易的内容可分为商品交易和服务交易,交易是指货币和商品交易的易位,交易要有信息流、资金流和物流的支持。

定义2 加拿大电子商务协会及服务中心给电子商务的定义是:电子商务是通过数字通信进行商品、服务的买卖和资金的转账,还包括公司与公司之间和公司内部利用E-mail、电子数据交换、文件传输、传真、电视会议、远程计算机联网所能实现的全部功能(如市场营销、金融结算、销售以及商务谈判)。

定义3 美国政府在其《全球电子商务纲要》中比较笼统地指出:电子商务是指通过Internet进行的各项商务活动,包括广告、交易、支付、服务等活动,全球电子商务将会涉及全球各国。

定义4 联合国欧洲经济委员会在比利时首都布鲁塞尔举办了全球信息社会标准大会,会上明确提出了电子商务的定义:电子商务是各参与方之间以电子方式而不是以物理交换或直接接触方式完成任何形式的业务交易。这里的电子方式包括电子数据交换、电子支付手段、电子订货系统、电子邮件、传真、网络、电子公告系统、条码、图像处理、智能卡等。

定义5 世界贸易组织(WTO)认为,电子商务是通过电子方式进行货物和服务的生产销售、买卖和传递。这一定义奠定了审查与贸易有关的电子商务的基础,那就是继承关税及贸易总协定(GATT)的多边贸易体系框架。

定义6 IBM(国际商业机器有限公司)提出了一个电子商务的定义公式,即电子商务＝Web＋IT。它强调的是在网络计算环境下的商业化应用,是把买方、卖方、厂商及其合作伙伴在互联网(Internet)、企业内部互联网(Intranet)和企业外部网(Extranet)结合起来应用。

1.2.2 电子商务的功能

电子商务可提供网上交易和管理等全过程的服务。因此,它具有广告宣传、咨询洽谈、网上订购、网上支付、电子账户、服务传递、意见征询、网络交易管理等功能。

1. 广告宣传

电子商务可凭借企业的Web服务器和客户的浏览,在Internet上发布各类商业信息。客户可借助网上的检索工具迅速地找到所需的商品信息,而商家可利用网上主页和电子邮件在全球范围内做广告宣传。与以往的各类广告相比,网上的广告成本最为低廉,而给顾客的信息量却最为丰富。

2. 咨询洽谈

电子商务可借助非实时的电子邮件、新闻组和实时的讨论组来了解市场和商品信息、洽谈交易事务,如有进一步的需求,还可用网上的白板会议(whiteboard conference)来交流即时的图形信息。网上的咨询和洽谈能突破人们面对面洽谈的限制,提供多种方便的异地交谈形式。

3. 网上订购

电子商务可借助Web中的邮件交互传送实现网上订购。网上订购通常都是在产品介绍的页面上提供十分友好的订购提示信息和订购交互格式框。当客户填完订购单后,通常系统会回复确认信息单来保证订购信息的收悉。

4. 网上支付

电子商务要成为一个完整的过程,网上支付是重要的环节,客户和商家之间可采用信用卡账号实施支付。在网上直接采用电子支付手段将可省略交易中很多人员的开销。网上支付将需要更为可靠的信息传输安全性控制以防止欺骗、窃听、冒用等非法行为。

5. 电子账户

网上的支付必须要有电子金融来支持,即银行或信用卡公司及保险公司等金融单位要为金融服务提供网上操作的服务。而电子账户管理是其基本的组成部分。信用卡账号或银行账号都是电子账户的一种标识。而其可信度需要配以必要的技术措施来保证,如数字凭证、数字签名、加密等手段的应用保证了电子账户操作的安全性。

6. 服务传递

对于已付款的客户应将其订购的货物尽快地传递到他们的手中。而有些货物在本地,有些货物在异地,电子邮件将能在网络中进行物流的调配。而最适合在网上直接传递的货物是信息产品,如软件、电子读物、信息服务等,它能直接从电子仓库中将货物发到用户端。

7. 意见征询

电子商务能十分方便地采用网页上的"选择""填空"等格式文件来收集用户对销售服务的反馈意见。客户的反馈意见不仅能提高企业售后服务的水平,而且还使企业获得改进产品、发现市场的商业机会,这样使企业的市场运营能形成一个封闭的回路。

8. 网络交易管理

整个网络交易的管理将涉及人、财、物等多个方面,企业和企业、企业和客户及企业内部等各方面的协调和管理。因此,网络交易管理是涉及商务活动全过程的管理。电子商务的发展,将会提供一个良好的交易管理的网络环境及多种多样的网络应用服务系统。

案例

周钦年和淘品牌的百分之一——欠税 430 万元

百分之一,淘宝网首家女装四金冠店铺,其销售量、信誉在女装类排名第一。同时,它也是启动真人模特全球外景拍摄的第一家淘宝网店。百分之一尊崇"百搭在全球"的策划主线,自 2008 年 6 月全球外景行第一站的巴厘岛开始,足迹已遍布全球 20 多个国家和地区。

2011 年 6 月底,武汉市国家税务局对百分之一女装开出首张网店税单,税额高达 430 万元,在全国引起了广泛的关注和讨论。而在此前,百分之一获 IDG 公司近千万美元投资,早已成为武汉首家获得风投的个人网店。

2004 年,30 岁的周钦年和妻子一起开了一家网店,专卖二手衣服,生意相当好。整整一年,他们每天的工作就是在厨房铺上色卡纸,摆好衣服,然后爬上梯子往下拍,在两人的努力下,网店每天能赚 300 元左右。周钦年认为,自己的成功得益于不同于别人的特色,从一开始就树立跟传统网店完全不同的全新模式,坚持并比别人看得更远一些。

1.2.3 电子商务的运营管理

1. 电子商务的组成

电子商务的基本组成要素有网络系统、电子商务客户、认证机构、配送中心、网上银行、商务活动的经济管理部门等。

1) 网络系统

网络系统包括 Internet、Intranet 和 Extranet。Internet 是电子商务的基础,是商务、业务信息传递的载体;Intranet 是企业内部服务活动的场所;Extranet 是企业与用户进行商务活动的纽带。

2) 电子商务客户

电子商务客户包括企业客户和个人客户。企业客户建立 Intranet、Extranet 和 MIS(management information system,管理信息系统),对人、财、物、产、供、销等进行科学管理。企业利用 Internet 网页站点发布产品信息、接受订单,即建立电子商场。如要在网上进行销售等商务活动,还要借助于电子报关、电子报税、电子支付系统与海关、税务局、银行进行有关部门商务、业务处理活动。个人客户利用浏览器、数字电视机顶盒、个人数字助理(PDA,全称为 personal digital assistant)和可视电话等接入因特网,就可以获取信息和购买商品等。

3) 认证机构

认证中心(CA,全称为 certificate authority)是法律承认的权威认证机构,负责发放和管理电子证书,使网上交易的各方都能够互相确认身份。电子证书是一个包含证书持有人的个人信息、公开密钥、证书序号、有效期和发证单位的电子签名等内容的数字文件。

4) 配送中心

配送中心可以接受商家的要求,组织运送商品,跟踪商品流向,将商品送到消费者手中。

5) 网上银行

网上银行在网上实现买卖双方结算等传统的银行业务,与信用卡公司合作,发放电子钱包,提供网上支付手段,为商务交易中的用户和商家提供全天的实时服务。

6) 商务活动的经济管理部门

商务活动的经济管理部门包括工商、税务、海关和经贸等部门。

2. 电子商务的交易环节

电子商务的交易过程与普通交易有共同之处,不同之处在于电子商务利用了各种网络进行及时的沟通,在足不出户的情况下,快速而便捷地了解到交易的一切情况,最终成功达成交易。电子商务的交易过程主要分为以下四个环节。

1) 交易洽谈

交易洽谈主要是指买卖双方和参加交易各方在签约前的准备活动。买方根据自己要购买的商品制订购货计划,准备购货款,进行货源市场调查和市场分析,反复进行市场查询,了解各卖方国家的贸易政策,反复修改购货计划和进货计划,然后确定和审批购货计划。买方再按计划确定购买商品的种类、数量、规格、价格、购货地点和交易方式等,尤其要利用 Internet 和各种电子商务网络寻找自己满意的商品和商家。买方还可以通过网络对供货方的信誉进行调查,以确定好的合作伙伴。

卖方可以根据自己所销售的商品,召开商品新闻发布会,制作广告进行宣传,全面进行市场调查和市场分析,制订各种销售策略和销售方式。卖方利用 Internet 和各种电子商务网络发布商品广告,寻找贸易伙伴和交易机会,扩大贸易范围和商品所占市场的份额。同时,其他交易各方,如中介方、银行或其他金融机构、信用卡公司、海关系统、商检系统、保险公司、税务系统、运输公司等也都为跨地区或跨国的电子商务交易做好准备工作。

2) 交易达成

交易达成主要是指具有交易意向的买卖双方,对所有交易细节进行谈判,并将磋商的结果以文件的形式确定下来,即以书面文件形式和电子文件形式签订贸易合同。电子商务的特点是可以签订电子商务贸易合同,交易双方可以利用现代电子通信设备和通信方法,经过认真谈判和磋商后,将双方在交易中的权利和所承担的义务,以及对所购买商品的种类、数量、规格、价格、交货地点、交货期、交货方式和运输方式、违约和索赔等合同条款,全部以电子交易合同做出全面详细的规定。合同双方可以利用电子数据交换进行签约,也可以通过数字签名等方式进行签约。

3) 网络支付

网络支付主要是指买卖双方签订合同后到合同开始履行之前,办理各种手续的过程,也是双方贸易前的交易准备过程。交易中涉及有关各方,即可能涉及中介方、银行或其他金融机构、信用卡公司、海关系统、商检系统、保险公司、税务系统、运输公司等,买卖双方利用电子数据交换与有关各方进行各种电子票据和电子单证的交换,直到办理完可以将所购商品,从卖方按合同规定开始向买方发货的一切手续为止。

4) 物流配送

物流配送是从买卖双方办完所有各种手续之后开始,卖方要备货、组货,同时进行报关、保险、取证等,然后将商品交付给运输公司包装、起运、发货,买卖双方可以通过电子商务服务跟踪发出的货物,银行或其他金融机构也按照合同处理双方收付款,进行结算,并出具相应的银行单据等,直到买方收到自己所购商品,就完成了整个交易的过程。索赔是在买卖双方交易过程中出现违约时,需要进行违约处理的工作,受损方要向违约方索赔。

3. 电子商务的交易过程

参加交易的买卖各方在做好交易前的准备之后,通常都是根据电子商务标准的规定,开展电子商务交易活动,电子商务标准规定了电子商务交易应遵守的基本程序如下。

(1) 客户方向供货方提出商品报价请求,说明想购买的商品信息。

(2) 供货方向客户方回答该商品的报价,说明该商品的报价信息。

(3) 客户方向供货方提出商品订购清单,说明初步购买的商品信息。

(4) 供货方向客户方对提出的商品订购清单进行应答,说明有无此商品及规格、种类、数量和价格等信息。

(5) 客户方根据供货方应答提出是否对订购单有变更请求,说明最后确定购买的商品信息。

(6) 客户方向供货方提出商品运输说明,说明运输工具、交货地点等信息。

(7) 供货方向客户方发出发货通知,说明运输公司、发货地点、运输设备、包装等信息。

(8) 交易双方收发汇款通知,卖方报告收款信息。

(9) 供货方向客户方发送电子发票,买方收到商品,卖方收到货款并出具电子发票,完成全部交易过程。

网购狂欢带来后遗症——脉冲式消费透支作用

近年来,"双十一"越来越暴露出其后遗症:"造节"到底是拉动消费还是透支消费?脉冲式消费,快递和商家能否承受这种"心动过速"?网络动员起来的购物热情超过了传统商场、专卖店等渠道的促销,巨量销售的背后产生了一批败家族、剁手党。

电商"双十一"大战的透支作用已经开始显现,某种程度上,"双十一"奇迹与其说是创造了需求,不如说是转移了需求。消费集中释放,店家在"双十一"之后订单骤降,这在零售业上也不是个好现象。

按照经验,每年"双十一"产生的快递一周左右便能消化完,但是有些场地、汽车起租就要三个月,还得提前招用人工。对于利薄的快递企业来说,"双十一"显然是卖力不讨好的事情。

未来中国的电商消费应该追求订单平抑、差异服务。在价格战之下,消费者是很容易流失的,差异化的产品和服务才能留住客户,才会有溢价。中国电商企业必须充分发挥大数据、信息化的优势,逐渐摆脱对人造节日的依赖。

4. 电子商务按交易的对象分类

电子商务按交易的对象可分为:ABC、B2B、B2C、C2C、B2M、B2G(即 B2A)、M2C、O2O、C2B、B2B2C、B2T 等电子商务模式等。

1) ABC

ABC 即 agents to business to consumer 的简称,ABC 模式是新型电子商务模式的一种,被誉为继阿里巴巴 B2B 模式、京东商城 B2C 模式以及天猫 B2C 模式、淘宝网 C2C 模式之后电子商务界的第四大模式。它是由代理商(agents)、商家(business)和消费者(consumer)共同搭建的集生产、经营、消费为一体的电子商务平台。

2) B2B

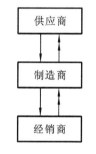

图 1-1 垂直 B2B 模式

注:"➡"表示物流;
"→"表示信息流。

B2B 即 business to business 的简称,B2B 模式是指企业与企业之间通过互联网进行产品、服务及信息的交换。简单来说,B2B 模式是指进行电子商务交易的供需双方都是商家,它们使用了 Internet 技术或各种商务网络平台完成商务交易的过程。这些商务交易过程包括:发布供求信息,订货及确认订货,支付过程,票据的签发、传送和接收,确定配送方案并监控配送过程等。

垂直 B2B 模式(见图 1-1)主要指的是面向供应商或商业零售商的业务模式。在整个的产业链中,纵向剖析可以知道垂直 B2B 模式分为两个方向:上游和下游。上游是指原材料或半成品供应商,下游是指产品分销商(经销商)。生产企业作为制造商位于产业链的中部,与上游和下游的各个商业实体之间形成供货或销货关系,同时,还共享着来自消费者市场的需求变化信息。

3) B2C

B2C 模式是中国最早产生的电子商务模式,以 8848 网上商城正式运营为标志,如今的 B2C 电子商务网站非常多,如京东商城等。

4) C2C

C2C 即 consumer to consumer 的简称,C2C 模式同 B2B 模式、B2C 模式一样,都是电子商务模式之一。不同的是,C2C 模式是用户对用户的模式,C2C 模式通过为买卖双方提供一个在线交易的平台,使卖方可以主动提供商品在网上拍卖,而买方可以自行选择商品进行竞价。

5) B2M

B2M 即 business to manager 的简称,B2M 模式是相对于 B2B 模式、B2C 模式、C2C 模式而言的,它是一种全新的电子商务模式。这种电子商务模式与以上三种模式有着本质的不同,其根本的区别在于目标客户群的性质不同,前三者的目标客户群都是以消费者的身份出现,而 B2M 模式所针对的目标客户群是该企业或者该产品的销售者或者为其工作者,而不是最终消费者。

6）B2G（即 B2A）

B2G 即 business to government 的简称，B2G 模式是企业与政府管理部门之间的电子商务，如海关报税的平台，国税局和地税局报税的平台等。

7）M2C

M2C 即 manager to consumer 的简称，M2C 模式是针对 B2M 模式而出现的延伸概念。在 B2M 模式中，企业通过网络平台发布该企业的产品或者服务，职业经理人通过网络获取该企业的产品或者服务信息，并且为该企业提供产品；销售或者提供企业服务，企业通过经理人的服务达到销售产品或者获得服务的目的。

8）O2O

O2O 即 online to offline 的简称，O2O 模式是一种新兴起的电子商务模式，即将线下商务的机会与互联网结合在一起，让互联网成为线下交易的前台。这样，线下服务就可以用线上来揽客，消费者可以用线上来筛选服务，其成交也可以在线结算。O2O 模式最重要的特点是：推广效果可查，每笔交易可跟踪。

9）C2B

C2B 即 customer to business 的简称，C2B 模式是电子商务模式的一种，即消费者对企业，最先在美国流行起来。C2B 模式的核心是通过聚合分散分布且数量庞大的用户形成一个强大的采购集团，以此来改变 B2C 模式中用户一对一出价的弱势地位，使之享受到以大批发商的价格买单件商品的利益。

10）B2B2C

B2B2C 即 business to business to customer 的简称，B2B2C 模式是一种新的网络通信销售模式。第一个 B 指广义的卖方（如成品、半成品、材料提供商等），卖方不仅仅是公司，也可以包括个人，即是一种逻辑上的买卖关系中的卖方；第二个 B 指交易平台，即提供卖方与买方的联系平台，同时，提供优质的附加服务；C 是指买方。

11）B2T

B2T 即 business to team 的简称，B2T 模式是继 B2B 模式、B2C 模式、C2C 模式后的又一种电子商务模式，即一个团队向商家采购，简称网络团购。所谓网络团购，是指互不认识的消费者，借助互联网来聚集资金，加大与商家的谈判能力，以求得最优惠的价格。尽管网络团购的出现只有短短几年的时间，却已经成为在网民中流行的一种新的消费方式。据了解，网络团购的主力军是年龄 25～35 岁的年轻群体，网络团购在北京、上海、深圳等大城市十分普遍。

 课堂讨论

垂直电子商务网站

垂直电子商务网站旗下的商品都是同一类型的产品。这类网站多为从事同种产品的 B2C 或者 B2B 业务，比如，极限户外网旗下的极限户外商城专注户外用品行业、中国化工网、中国小商品城网，其业务都是针对同类产品。

国内的垂直电子商务网站犹如雨后春笋，户外用品类、箱包类、化妆品类和保健品类的电子商务站点层出不穷，各家的产品线都体现了垂直化的特点。

但仅仅是垂直化的产品却不一定能满足顾客多方位的需要，顾客的需求不仅仅是希望看到某类产品的集中展示和更低的价格，同时，还需要更多专业化的服务。

在中国，网络购物已经成为网络经济中增长最快的行业之一，并已经成为传统零售市场非常强有力的补充。可以预见,无论是多元化模式还是垂直电子商务都会有自己的市场前景,垂直电子商务要了解电子商务的垂直化背后的内涵。在日常的运营中,电子商务企业在选择做垂直化模式的同时更要往专业化方向发展。

1.3 电子商务的框架结构与业务流程

电子商务是将网络技术运用在商务交易中,即将商务活动网络化,其核心仍是商务活动,因此,它仍具有作为商务交易活动的一般特征。商务交易实质上是一个信息流支配资金流和物流的过程,一个完整的交易过程应包括信息流、资金流和物流三种。电子商务作为电子手段化的商务活动,同样也是如此。

1.3.1 电子商务的基本要素

电子商务中的任何一笔交易,都包含信息流、资金流和物流三种要素,电子商务交易成功的标志就是三流合一。

在电子商务活动中,信息流是电子商务交易各主体之间的信息传递与交流的过程,如询价单、报价单、订货单、发货单、付款通知、技术支持、售后服务,以及发票、合同、招标书、投标书等信息的交换。资金流是指资金的转移过程,包括支付、转账、结算等,具体实施时既可以采用传统方式下的支付结算方式,又可以采用电子方式;物流则是由人们的商品交易行为而形成物质实体的物理转移过程,包括包装、存储、装卸、运输、配送等多项基本活动。电子数据交换、信息交换、网上浏览等完成信息流;电子支付则完成资金流;售前售后服务,进行销售、商品配送完成物流。在信息流、资金流和物流三大要素中,资金流和物流已成为制约电子商务发展的两大因素。电子商务的资金流,需要的是资金在因特网上的流动,即网上支付,它要求具备较高的金融电子化水平以及人们较高的信用水平。

信息流、资金流和物流是商务活动中不可分割的整体,共同完成商品流通的全过程,但又互相独立,其流动次序不是一成不变的。三者的关系是:信息流为资金流和物流提供决策依据;资金流是物流的依托和价值担保,并随物流的变化而变化;物流是资金流的前提和条件。

1.3.2 电子商务的框架结构

为了更好地理解电子商务环境下的市场结构,可以参考电子商务的一般框架结构图,如图1-2所示。

同Internet的其他许多应用一样,电子商务的兴起也伴随着大量的技术名词,这也在很大程度上使得原本就有些不清楚的用户更加迷惑,而各种媒体对同一事物的不同说法更加重了这种情况。

1. 网络基础设施

信息高速公路是网络基础设施的一个较为形象的说法。它是实现电子商务的最高层的基础设施。正像公路系统由国道、城市干道、辅道共同组成的一样,信息高速公路也是由骨干网、城域网、局域网这样层层搭建才使得任何一台联网的计算机随时同整个世界连为一体。

2. 多媒体内容和网络宣传

目前,网上最流行的发布信息的方式以HTML的形式将信息发布在网络上。网络传播

图 1-2 电子商务的一般框架结构图

的内容包括文本、图片、声音、图像等。HTML 将这些多媒体内容组织得易于检索和富有表现力。网络本身并不知道传递的是声音还是文字，只是把它们看作 0 和 1 组成的字符串。对这些字符串的解释、格式编码及还原是由一些用于消息传播的硬件和软件共同实现的，它们位于网络基础设施的上一层。

3. 传播消息和信息的基础服务

消息传播工具提供两种交流方式：一种是非格式化的数据交流，比如，FAX 和 E-mail 传递的信息，它主要是面向人的；另一种是格式化数据交流，EDI 是典型的代表，它的传递和处理过程可以是自动化的，无须人的干涉，是面向机器的。订单、发票、装运单都比较适合格式化的数据交流。HTTP 是 Internet 通用的传播工具。它以统一的显示方式，在多种环境下显示非格式化的多媒体信息。目前，大量网民在各种终端和操作系统下面通过 HTTP 用 URL(统一资源定位符，也称网页地址)找到需要的信息，而这些用超文本标记语言展示的信息能很容易地链接到其他所需要的信息上去。

4. 贸易的基础服务

这是为了方便贸易所提供的通用业务服务，是所有的企业、个人做贸易时都会用到的服务，所以将它们称为贸易的基础服务。贸易的基础服务主要包括安全和认证、电子支付、商品目录和价目表服务等。

对于电子商务来说，目前的消息传播工具要想适应电子商务的业务，需要确保安全和提供认证，使得传递的消息是可靠的、不可篡改的、不可抵赖的，在有争议的时候能提供适当的证据。电子商务服务的关键是安全的电子支付。为了保证网上支付是安全的，就必须保证交易是保密的、真实的、完整的和不可抵赖的。

5. 电子商务应用

在上述基础上，我们可以一步一步地建设实际的电子商务应用，如供货链管理、视频点播、网上银行、电子市场及电子广告、网上娱乐、有偿信息服务、家庭购物等。

整个电子商务框架有两个支柱：政策法规和技术标准。

第一个支柱是政策法规。在国际上，人们对于信息领域的立法工作十分重视。但在我国，政府在信息化方面的注意力主要集中在信息化基础建设方面，信息立法还没有进入实质阶段，针对电子商务的法律法规还有待健全，其他的如个人隐私权、信息定价等问题也需要进一步界定。比如：是否允许商家跟踪用户信息，对儿童能发布哪些信息等，这些问题随着越来越多的人介入电子商务中，必将变得更加重要和迫切。

第二个支柱是技术标准。技术标准定义了用户接口、传输协议、信息发布标准等技术细节。就整个网络环境来说,标准对于保证兼容性和通用性是十分重要的。目前,许多厂商、机构都意识到标准的重要性,正致力于联合起来开发统一标准,比如,VISA 卡(维萨公司推出的)和 Master Card(万事达国际组织推出的)联合 Netscape、Microsoft 等公司于 1997 年 6 月 1 日推出的用于电子商务安全支付的 SET(安全电子交易)协议。

1.3.3 网络商品直销的流程

网络商品直销,是指消费者和生产者或者需求方和供应方,直接利用网络形式所开展的买卖活动,B2C 电子商务基本属于网络商品直销的范畴。这种交易的最大特点是供需直接见面,环节少、速度快、费用低。网络商品直销的流程可以用图 1-3 来加以说明。

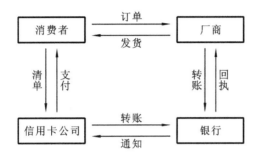

图 1-3 网络商品直销的流程

由图 1-3 可以看出,网络商品直销过程可以分为以下几个步骤。

(1) 消费者进入因特网,查看在线商店或企业的主页,通常网上商店采用模拟超市的"购物车"供客户选购商品,把商品放入"购物车",就记录下所选购的商品名称,必要时还可能显示商品品种、规格、数量、价格,在确认之前还可以从"购物车"中删除商品。

(2) 会员注册或通过购物对话框填写姓名、地址,确认本次购物清单。

(3) 消费者到结算中心付款,选择支付方式,如信用卡,也可选用借记卡、电子货币或电子支票等。

(4) 在线商店或企业的客户服务器检查支付方服务器,确认款额是否认可。

(5) 在线商店或企业的客户服务器确认消费者付款后,通知销售部门送货上门,客户签收货物。

(6) 客户开户银行将支付款项传递到消费者的信用卡公司,信用卡公司负责发给消费者收费清单。

为保证交易过程中的安全,需要有一个认证机构对在因特网上交易的买卖双方的真实身份和需要安全防卫的信息进行认证,进行认证的目的是确认双方的真实身份以及信息的真实、保密、完整和不可抵赖。这时交易流程可由图 1-3 转变为图 1-4。

为了解决用户、商家和银行之间的交易安全,以保证支付信息的机密、支付过程的完整,以及客户的身份及可操作性,上述交易过程应当采用安全套接层(secure sockets layer,简称 SSL)协议或者安全电子交易(secure electronic transaction,简称 SET)协议。这些协议为网上信息及资金的安全流通提供了充分的保障。

网络商品直销还能够有效地减少售后服务的技术费用。许多在使用中经常出现的问题,消费者都可以通过查阅厂家的官网找到答案,或者通过电子邮件与厂家技术服务人员直接交流。这样,厂家可以减少技术服务人员的数量,减少技术服务人员出差的次数,从而降低了企

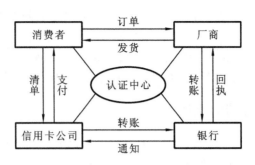

图 1-4 认证中心存在下的网络商品的直销流程

业的经营成本。

1.3.4 企业间网络交易的流程

企业间网络交易是 B2B 电子商务的一种基本形式,图 1-5 反映了这种交易形式的流程。

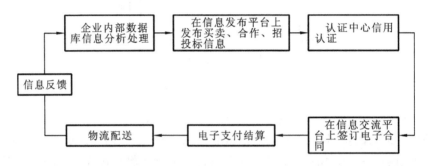

图 1-5 企业间网络交易的流程

交易从寻找和发现客户出发,企业利用自己的网站或网络服务商的信息发布平台发布买卖、合作、招投标等商业信息。首先,借助因特网,企业可以方便地了解到世界各地其他企业的购买信息,同时,也有可能随时被其他企业发现。其次,通过商业信用调查平台,买卖双方可以进入信用调查机构申请对方的信用调查;通过产品质量认证平台,可以对卖方的产品质量进行认证。再次,在信息交流平台上签订合同,进而实现电子支付和物流配送。最后,销售信息反馈,完成整个 B2B 的电子商务交易流程。

1.3.5 网络商品中介交易的流程

网络商品中介交易是通过网络商品交易中心,即通过虚拟网络市场进行的商品交易,这是 B2B 电子商务的另一种形式,在这种交易过程中,网络商品交易中心以因特网为基础利用先进的通信技术和计算机软件技术,将商品供应商、采购商和银行紧密地联系起来,为客户提供市场、商品交易、仓储配送、货款结算等全方位的服务。网络商品中介交易的流程如图 1-6 所示。

网络商品中介交易的流程可分为以下几个步骤。

(1) 买卖双方将各自的供应和需求信息通过网络反馈给网络商品交易中心,网络商品交易中心通过信息发布服务向参与者提供大量的、详细准确的交易数量和市场信息。

(2) 买卖双方根据网络商品交易中心提供的信息,选择自己的贸易伙伴。

(3) 网络商品交易中心从中撮合,促使买卖双方签订合同。

(4) 买方在网络商品交易中心指定的银行办理转账付款手续。

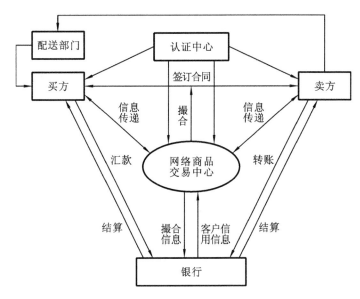

图 1-6　网络商品中介交易的流程

(5) 指定银行通知网络商品交易中心买方货款到账。
(6) 网络商品交易中心通知卖方将货物发送到离买方最近的交易中心配送部门。
(7) 配送部门送货给买方。
(8) 买方验证货物后通知网络商品交易中心货物收到。
(9) 网络交易中心通知银行买方收到货物。
(10) 银行将买方货款转交卖方。
(11) 卖方将回执送交银行。
(12) 银行将回执转交买方。

 案例

袁疆与也买酒——精确电子商务网络营销

也买酒成立于 2008 年 6 月,创始人是袁疆,工科生,毕业于西安建筑科技大学机械电子工程专业,大学时代是乐队吉他手,爱好徒步。2001 年,袁疆创建了一家数据库营销咨询公司,通过分析数据来帮助客户实现精准营销。在电子商务的浪潮中,他发现单价在 200~500 元之间的产品"毛利高、可持续消费",最适合电子商务,于是选定了价格差异达 10 余倍的进口葡萄酒作为新一轮创业的产品。在此之前,他带领的一帮工科男极少喝酒,尤其是葡萄酒,他们认知中的可行性只是统计数据在数学公式中的得数。但公式没有欺骗他们,2 个月后,他们的订单就每天 100 瓶了。

也买酒主要向广大消费者提供进口葡萄酒、酒具的购买和咨询服务,其独创的网络、邮件、电话和目录相结合的立体营销模式在短短两年内覆盖了全国一线城市,并在全国各大区域建立了上万平方米的六大货仓。凭借着向进口商海量采购和国外直接进口相结合的经营思路,也买酒得以以更低价格、更大让利服务于广大会员,目前,全国超过 600 万会员,会员的人数不断刷新,同时,销售额也傲视同侪。

1.4 电子商务带来的变革

电子商务对经济的变革远远超出了其本身活动的价值,随着网络的发展,全球的电子商务市场从泡沫走向繁荣,越来越多的企业和个人已经能够接受电子化的交易形式,无论是发达国家还是发展中国家,电子商务都在各自的经济活动中起着极其重要的作用。

1.4.1 电子商务对社会经济的变革

1. 电子商务改变了商务活动的方式

传统的商务活动最典型的营销方式就是"推销员满天飞""采购员遍地跑""靠嘴、靠腿、靠礼",消费者在商场中无目标地寻找自己所需的商品。现在,通过 Internet 只需要点一点鼠标就可以寻找到自己喜欢的商品,人们可以进入网上商场浏览、采购各类产品,而且还能获得在线服务;商家们可以在网上与客户联系,利用网络进行货款结算服务,政府还可以方便地进行电子招标、政府采购等,在很大程度上消灭了政府采购中心暗箱操作,为企业带来了公平竞争。

2. 电子商务的发展改变人们的消费方式

网上购物的最大特征是消费者的主导性,购物意愿和主动权掌握在消费者的手中;同时,消费者还能以一种轻松自由的方式来完成交易,消费者主权可以在网络购物中充分体现出来。

3. 电子商务将改变企业的生产方式

电子商务这种快捷、方便的购物手段,使消费者的个性化、特殊化需要可以完全通过网络展示在生产厂商面前。为了取悦顾客,突出商品的设计风格,许多制造业中的企业纷纷发展和普及电子商务,如戴尔公司的网络直销取得了很大的成功,它利用电子商务手段给每个访问者提供个性化的处理方式,并提供强有力的服务来支持自己的产品。

4. 电子商务给传统行业带来一场革命

电子商务是在商务活动的全过程中,通过人与电子通信方式的结合,极大地提高了商务活动的效率,减少了不必要的中间环节,传统的制造业借此进入小批量、多品种的时代,使零库存成为可能,传统的零售业务和批发业开创了无店铺、网上营销的新模式,各种在线服务为传统服务业提供了全新的服务方式。

5. 电子商务将带来一个全新的金融业

由于在线电子支付是电子商务的关键环节,也是电子商务得以顺利发展的基础条件,随着电子商务在电子交易环节上的突破,网络银行、银行卡支付网络、银行电子支付系统以及网上服务、电子支票、电子现金等服务,将传统的金融业带入一个全新的领域。1995 年,全球第一家网络银行——美国安全第一网络银行诞生,这家银行没有建筑物、没有地址,营业厅就是首页画面,员工只有 10 人,与总资产超过 2 000 亿美元的美国花旗银行相比,美国安全第一网络银行简直微不足道,但与花旗银行不同的是,该银行所有交易都通过 Internet 进行,其存款金额已超过 10 亿美元。

 **资料链接**

网上广交会

中国进出口商品交易会即广州交易会,简称广交会,英文名为 Canton Fair,创办于1957年春季,每年春秋两季在广州举办,是中国目前历史最长、层次最高、规模最大、商品种类最全、到会客商最多、成交效果最好的综合性国际贸易盛会。自2007年4月第101届起,广交会由中国出口商品交易会更名为中国进出口商品交易会,由单一出口平台变为进出口双向交易平台。2012年10月15日,第112届广交会开幕,尽管受全球市场仍处于持续降温状态影响,但中国外贸发展的传统优势并未从根本上削弱。

中国进出口商品交易会网站(www.cantonfair.org.cn)是中国进出口商品交易会的唯一官方网站。网站与传统展会紧密结合,充分利用数十年积累的庞大数据库资源,为与会的中国优秀出口企业与优质国际买家提供广交会权威、丰富、及时的信息服务。同时,广交会网站提供大型电子商务平台——贸易匹配(trade matching),为中国企业与国际买家提供更方便的信息交流渠道,创造更多的贸易合作机会。

1.4.2 电子商务对国际贸易的变革

电子商务的无国界性加速了世界经济的一体化发展,从多方面对世界经济产生了巨大的影响,网络和相关的网络技术既是信息技术产业的催化剂,又是信息技术产业化的组成部分。它既是经济的结果,又是新经济的起因,因此,是影响技术和经济变革的因素和结果。信息技术的不断创新使通信设备成本大大降低,不断下降的信息技术产品价格和不断增加的电子商务需求,不仅促进了对计算机和通信设备的巨额投资,还促进了对利用和增强这种设备的市场能力的新软件的巨额投资。

按照世界产业结构变化的发展方向,国际分工也将发生新的调整和变化。美国处在信息技术、生物工程技术以及体现新经济的其他技术产业化的技术创新地位和产业分工的最高位次,通过跨国公司的全球配置和生产国际化活动,把世界多数国家纳入新兴产业的国际分工链中,每个国家都将依据自己的比较优势在新的国际分工链中占据不同的位次,或通过竞争使自己的位次发生变化。随着电子商务的发展和世界产业结构调整的深化,新的国际分工将取代旧的国际分工,各国包括发达国家都面临国际经济秩序变动的新挑战,都面临国家竞争力的新挑战。

电子商务大大便利了以图像、文字、声音为媒体的非物质性商品的传输,并且加速了技术商品化的进程,从而使服务贸易和技术贸易将在国际贸易中占据越来越重要的位置。随着电子商务的发展,计算机软件、信息技术服务、商业的企业咨询、金融服务等都将成为国际服务贸易的内容。在未来的世界经济发展中,传统的货物贸易仍将增长,但服务和技术贸易的增长速度将更快,并出现一些新的服务贸易和技术贸易大国。

1.4.3 电子商务对政府的影响

电子商务的发展对政府产生的影响主要表现在以下几个方面。

1. 网上采购

政府可以在网上建立一个政府电子市场,各个政府部门在这个电子市场中公布自己需要的物品,然后由得到认可的供应商来竞价,从而使政府从网上采购到优质优价的物品。从1999年1月1日起,美国政府要求联邦政府所有对外采购均采用电子商务方式,这一举措被认为是将美国电子商务推上了高速列车。由此可见,政府采购电子化成为电子采购的发展趋势。

2. 政府在安全认证中的作用

在传统商务活动中,企业或个人的信誉对交易的成功进行是至关重要的。在电子商务活动中,网上交易的双方也需要确认对方的真实身份,以取得对方的信任和保证电子交易的安全,这是电子商务最关键的问题。一般由第三方认证权威机构——CA认证中心来提供网上交易主体的网络身份证明。在我国这一角色是由政府的职能部门或指定机构来承担的,具备法律效力和权威性,还提供电子商务活动的仲裁和各方信誉的保证。

3. 政府管理的电子化

政府管理的电子化是推行电子商务政府应用的核心。例如,电子商务在国际贸易管理上的应用就促进了国际贸易管理创新。

1) 出口商品配额实行电子招标

电子招标可以使对外经贸管理组织机关能在较短时间内完成对企业投标资格的确定,并可以及时检查、跟踪反馈和调整招标商品使用配额的情况。

2) 实现进出口许可证管理的电子化

电子商务可以帮助对外经贸管理组织机关实行对企业进出口权的审批、进出口许可证的网上申领和发放,以及许可证核查等电子化的许可证管理。而且,海关凭许可证验收、银行凭许可证结汇,可以大大减少不必要的中间环节,提高效率,节省费用。

3) 实现海关通关业务流程的电子化

与电子商务快速发展相对应的是国际贸易中的物流速度的不断加快,导致海关数量与日俱增。在这种形势下,海关必须提高通关速度,改变海关业务的基本运作模式已是大势所趋,于是电子口岸也就应运而生了。它借助国家电信公网把各部门分别掌管的进出口业务信息流、资物流电子底账数据集中存放到电子口岸公共数据中心,实现信息共享和数据交换。

1.4.4 电子商务对企业的变革

1. 电子商务对企业营销活动的变革

电子商务对企业营销活动的变革主要表现在传统营销组合中的渠道和促销策略被赋予了新的内涵,网络营销组合变得更为现实和必要。传统营销中的批发零售等中间环节将逐步由网络所代替,消费者和采购商将更多地直接从网络上采购,推销人员的作用变得越来越小,国内外市场开发费用大幅度降低,网络广告将以低成本、大信息量、长时间性等显著优点而逐步成为企业广告宣传活动的重要方式。企业通过设计界面友好、便于操作的主页使消费者更加方便地表达购买欲望和需求,通过建立网上支付途径及完善的配送体系方便消费者购买,通过电子邮件、网上讨论等形式建立起与消费者更为方便、快捷和有效的沟通方式。

2. 电子商务对企业生产方式的变革

电子商务可以改变企业的生产方式,实现生产过程的现代化,低库存生产和数字化定制生产。企业可在管理信息系统(MIS)的基础上,采用计算机辅助设计与制造(CAD/CAM),建立计算机集成制造系统(CIMS);可在开发决策支持系统(DSS)的基础上,通过人机对话实施计划与控制,从物料资源规划(MRP)发展到制造资源规划(MRPⅡ)和企业资源计划(ERP)。这些新的生产方式把信息技术和生产技术紧密地融为一体,使传统的生产方式升级换代。

电子商务使得数字化定制生产变得可行。企业通过构建各种数据库,记录全部客户的各种数据,并可通过网络与顾客进行实时信息交流,掌握顾客的最新需求动向。企业得到用户的个性化需求订单后,通过计算机系统即可准确、快速地把定制生产任务发送到企业的设计、供应、生产、配送等各个环节,各个环节可及时准确地对订单做出反应。

3. 电子商务对企业采购管理的变革

与传统的采购模式相比,网上采购从采购要求的提出、订单的产生、商品运输以及存货管理等方面都有了重大的改变。企业可以获得更多的采购主动权,取得更多供应商的供货信息,找到合适的合作伙伴,购买到更多物美价廉的原材料和零部件,从而有效地降低采购成本,优化存货管理,提高采购效率和企业的经济效益。企业的采购方式的组织形式也会发生相应的变化,并影响到与供应链上的厂商之间战略联盟的建立。

4. 电子商务对企业财务管理的变革

传统财务管理最基本的特点是对财务信息的事后处理,并且财务信息的处理方式是单机的、封闭的,即使是会计电算化,也只不过是用计算机代替了手工处理而已,并没有改变信息处理的方式。电子商务的发展要求财务管理从静态的事后核算向实时动态会计核算转变,参与经营过程的财务管理方向发展,因此,网络财务的概念与电子商务相伴而生。网络财务基于计算机网络技术,将帮助企业实现财务与业务的协同以及远程报表、报账、查账、审计等远程管理,实时动态会计核算与在线财务管理,实现集团型企业对分支机构的集中式财务管理,支持电子单据与电子货币,改变财务信息的获取利用方式,财务数据将从传统的纸质页面数据、电算化初步的磁盘数据发展到网页数据。

5. 电子商务对企业人力资源管理的变革

网上人才招聘已被越来越多的企业重视。与传统的人才招聘录用方式相比,网上招聘具有十分明显的优势:通过企业网站可全天候发布用人信息,随时恭候合适人选应聘;降低了人才招聘的开支,提高了招聘的效率;人才招聘的范围将不再受到地域的限制。企业内部员工之间的直线交流和沟通比过去更加方便,信息资源共享,员工之间相互信任、相互学习、相互交流的气氛会不断增强,企业将成为员工学习知识、发展自我、实现人生价值的地方。

 课堂讨论

陈年与凡客——小米化改造

凡客,这家曾经风光无限的互联网原生品牌公司,最近两年来却走出与京东、天猫截然相反的轨迹,一直游走在悬崖边上。在供应商扬言跳楼、要来讨债后,围绕凡客的各种传闻越来越凶,从最开始的资金链紧张,凡客可能重蹈 PPG 命运,到凡客投资人雷军与凡客 CEO 陈年"暧昧",可能接盘凡客,再到有离职员工爆料,投资方已对陈年下"最后通牒",不排除更换 CEO 的可能等,不一而足。与几年前的意气风发相比,如今凡客备受争议,经历了超级清库存动作而死里逃生,活下来的凡客被认为在甩库存甩出名气之后,成了一大批同病相怜的服装品牌的甩货平台。

不过,这并非意味着凡客不会发生改变,调整后的凡客将接受"小米化改造"思维,不再做太多款产品,最优先的想法是做出能引爆市场的产品。在产品上将主要做两件事情:首先是保证没有库存,而且盈利;其次,凡客将大幅降低 SKU,回到简单搭配,将品质做到极致。最终陈年接受了雷军的全部建议:去除管理层,陈年不叫总裁,就叫创始人,公司内部以后不安排那么多副总裁、助理总裁；去除KPI，让各事业部专心做好产品；去除贪婪，产品没必要做多，并坚持雷军的7字口碑诀——"专注、极致、口碑、快"。陈年开始重新关注产品，主要是回到产品，大家更关注本身，反过来从一个用户的角度思考产品。

【本章小结】

本章详细介绍了电子商务产生和发展的历程，说明了网络商务的发展，给人们社会生活带来的种种变化。通过本章的学习，必须明确电子商务的商业模式及盈利模式，理解电子商务的核心竞争力在于群聚效应，电子商务比传统商务更加重视用户体验。电子商务的实现，实质上是用先进的信息技术改造传统的商业运作模式，鉴于传统的商业活动涉及社会生活的方方面面，因此，电子商务的推广和学习必定是一个实践过程。

电子商务是利用计算机和网络等现代信息技术进行交易的各类商务活动的总称，电子商务环境是以企业为中心的电子商务的一种基本形式。从系统角度来看，电子商务是一个庞大、复杂的社会经济、技术系统，一个系统的运行必然受到环境的影响和制约。同时，电子商务发展的环境是多方面的，主要包括技术环境、经济环境、法律环境和政策环境等。

今天，电子商务特别是网络消费日益呈现出主流化倾向，消费主体从最初的80后、90后正逐步向中老年群体扩展。越来越多的社会中产阶层，在切实体验到电子商务的安全便捷之后，迅速放大购买量，从一般的电子机票逐步向品牌商品过渡。事实上，电子商务正成为我国消费者日常商务与生活的重要组成部分，成为人们消费的一个主要渠道。

【实训项目】

电子商务团购网站的商业模式分析

1. 实训目的与要求

(1) 了解电子商务团购网站的商业模式。

(2) 分析团购盈利模式的特点和团购网站的比较优势。

(3) 分析常见的电子商务团购网站的商业模式，熟悉各类团购网站商业模式的核心竞争力。

2. 实训重点

团购的盈利模式。

3. 实训难点

团购的优势分析。

4. 实训内容

登录百度团购导航，选择一个团购网站，进行可行性分析。

(1) 什么是团购？社区团购的特点是什么？

(2) 市场定位有哪些？核心竞争力有哪些？

(3) 团购网站存在哪些问题？应该采取什么措施？

5. 备注说明

(1) 通过访问艾瑞网了解我国团购的发展现状。

(2) 使用团购网站订购并体验团购的过程。

【案例分析】

贝佐斯和亚马逊——电子商务的开拓者

美国亚马逊公司（以下简称亚马逊）是一家"财富500强"企业，总部位于西雅图，成立于1995年7月，现已成为全球商品种类最多的网上零售商。亚马逊致力于成为全球最"以客户为中心"的公司，使客户能在公司网站上找到和发现任何他们想在线购买的商品，并努力为客户提供最低的价格。亚马逊和其他卖家提供数百万种独特的全新、翻新及二手商品，类别包括图书、影视、音乐和游戏、数码下载、电子和电脑、家居和园艺用品、玩具、母婴用品、杂货、服饰、鞋类、珠宝、健康和美容用品、体育、户外用品、工具，以及汽车和工业产品等。

亚马逊中国是全球领先的电子商务公司亚马逊在中国的网站。秉承"以客户为中心"的理念，亚马逊中国承诺"天天低价，正品行货"，致力于从低价、选品和便利三个方面为消费者打造一个百分百可信赖的网上购物环境。

作为一家在中国处于领先地位的电子商务平台，亚马逊中国为消费者提供图书、音乐、影视、手机数码、家电、家居、玩具、健康、美容化妆、钟表首饰、服饰箱包、鞋靴、运动、食品、母婴、户外和休闲等29大类上千万种的产品，通过"货到付款"等多种支付方式，为中国消费者提供便利、快捷的网购体验。

亚马逊中国拥有业界公认世界一流的运营网络，目前有14个运营中心，主要负责厂商收货、仓储、库存管理、订单发货、调拨发货、客户退货、返厂、商品质量安全等。同时，亚马逊中国还拥有自己的配送队伍和客服中心，为消费者提供便捷的配送及售后服务。

通过亚马逊中国的不懈努力和消费者的大力支持，亚马逊中国每年都保持了高速增长，用户数量也大幅增加。在未来的发展中，亚马逊中国将进一步丰富产品种类，加强用户体验，力争以最丰富的商品、最具竞争力的价格和最优质的客户体验成为中国消费者的首选网上商城。

亚马逊依据主人翁精神做事，基于核心价值观做人。

以客户为中心：客户第一，工作第二。

创新：不听客户的声音意味着失败，但是只听客户的声音也不可能成功。

行动：我们生活在一个对革新无法预知、有着不可超越的机遇时代——它提供给我们的每一分钟都弥足珍贵。

主人翁意识：主人翁精神代表着你参与组建一个伟大的公司。在承担项目或给予意见时，立足长远思考，充满激情，在面对每一个具有挑战性的决定时都充满力量。

高标准雇用：在做一个雇用决定时，我们要扪心自问："我喜欢这个人么？我可以从这个人身上学到什么？这个人会成为一个明星么？"

节俭：我们只在那些真正值得的事上花钱，坚信节省会带来充裕资源、自我富足和发明创造。

亚马逊CEO杰夫·贝佐斯是一位杰出的企业领导人和创新者，十分注重企业的长期发展。杰夫·贝佐斯的许多管理哲学都值得我们借鉴。例如，他提出的"逆向工作法"要求一切从顾客的需求出发，而非根据现有技术和能力来决定下一步动作。在这些管理哲学的指引下，亚马逊最终成为市值破1 000亿美元的全球第一大在线零售商。

亚马逊最开始是在一间车库里创建的，员工最初只有几个人，但如今它已彻底改变了我们从购买图书、玩具到购买服装等一切商品的方式。亚马逊目前是"财富500强"企业之一，它的成功主要归功于像Amazon Kindle这样经过长期规划的产品。

杰夫·贝佐斯2011年在接受《连线》杂志采访时说:"如果你所做的每件事都围绕三年规划展开,那么你的竞争对手就太多了;但如果你愿意投资一个七年期的规划,你的竞争对手就少了很多——因为很少有公司愿意这样干。"

以下是杰夫·贝佐斯驾轻就熟的六条管理哲学:①写下新创意;②让团队成员成为企业主人;③遵循"两个披萨原则";④专门拿出时间来思考未来;⑤对长远目标例行"签到";⑥逆向工作法。

杰夫·贝佐斯在2008年致股东的一封信中写道:"最终,现有的技能都将过时。逆向工作法要求我们必须探索新技能并加以磨炼,永远不会在意迈出第一步时的那种不适与尴尬。"

杰夫·贝佐斯还将这种逻辑应用到他的个人生活中,每当他不得不做出重大决策时,他常常会以这种方式来思考问题,假设自己在80岁高龄时,对这种选择是一种什么样的态度。

【练习题】

(1) 登录当当网(www.dangdang.com),从其网站上购买一类物品,试分析其电子商务经营模式、付款方式及配送方案,详细说明为什么当当网实施图书向百货的转型。

(2) 访问一品威客网(www.epweike.com),浏览网站内容,了解非实物交易的盈利模式、特点和交易流程。

(3) 登录敦煌网(www.dhgate.com),体会外贸电子商务的特点和优势。

(4) 登录也买酒(www.yesmywine.com),分析垂直电子商务精准营销定位的作用。

(5) 登录中国进出口商品交易会(www.cantonfair.org.cn),明确广交会交易形式变化的原因。

(6) 登录亚马逊中国(www.amazon.cn),说明亚马逊网站的核心竞争力。

【复习题】

(1) 电子商务产生和发展的重要条件是什么?
(2) 电子商务的发展趋势表现在哪些方面?
(3) 什么是电子商务?电子商务有哪些功能特征?
(4) 论述电子商务的基本结构框架。
(5) 网络商品直销的业务流程有哪些?
(6) 电子商务对中小企业的发展有何影响?
(7) 结合亲身的体会,谈谈电子商务对社会生活带来的影响。

第二章　网络经济与用户体验

【学习目标】

☆ 了解网络经济的发展过程。
☆ 了解网络经济在国内外发展的基本状况。
☆ 掌握网络经济与传统经济的区别。
☆ 掌握网络时代用户体验的特点。
☆ 掌握网络经济的意义与作用。
☆ 熟悉网络经济对社会的变革。

 实务导入

刘强东与京东商城——用户体验为先

京东于 2004 年正式涉足电商领域。2015 年,京东市场交易额达到 4 627 亿元,净收入达到 1 813 亿元,年交易额同比增长 78%,增速是行业平均增速的 2 倍。京东入榜 2016 年《财富》全球 500 强,成为中国首家、唯一入选的互联网企业,也是中国收入规模最大的互联网企业。截至 2015 年 12 月 31 日,京东拥有近 11 万名正式员工,业务涉及电商、金融和技术三大领域。

2014 年 5 月,京东在美国纳斯达克证券交易所正式挂牌上市,是中国第一个成功赴美上市的大型综合型电商平台,并成功跻身全球前十大互联网公司排行榜。2015 年 7 月,京东凭借高成长性入选纳斯达克 100 指数和纳斯达克 100 平均加权指数。

京东商城目前已成长为中国最大的自营式电商企业,2015 年第三季度在中国自营式 B2C 电商市场的占有率为 56.9%。京东商城致力于为消费者提供愉悦的在线购物体验,自 2004 年成立以来,坚持"正品行货"的理念,对假货零容忍;采取六大品控措施,保障正品、大量品牌直供,从源头杜绝假货。通过内容丰富、人性化的网站和移动客户端,京东商城以富有竞争力的价格,提供具有丰富品类及卓越品质的商品和服务,以快速可靠的方式送达消费者,并且提供灵活多样的支付方式。京东商城致力于打造一站式综合购物平台,服务于中国亿万家庭,3C 事业部、家电事业部、消费品事业部、服饰家居事业部、生鲜事业部和新通路事业部六大部门领航发力,覆盖用户多元需求。同时,京东商城还为第三方卖家提供在线销售平台和物流等一系列增值服务。

京东拥有中国电商领域规模最大的物流基础设施;通过完善布局,京东将成为全球唯一拥有中小件、大件、冷藏冷冻仓配一体化物流设施的电商企业。截至 2016 年 6 月 30 日,京东在全国范围内拥有 7 大物流中心,运营了 234 个大型仓库,拥有 6 756 个配送站和自提点,覆盖全国范围内的 2 639 个区县。京东专业的配送队伍能够为消费者提供一系列专业服务,如 211 限时达、次日达、夜间配和极速达,GIS 包裹实时追踪、售后 100 分、快速退换货以及家电上门安装等服务,保障用户享受到卓越、全面的物流配送和完整的"端对端"购物体验。京东智能物流持续创新,"亚洲一号"现代化物流中心是当今中国最大、最先进的电商物流中心之一,目前已有7座"亚洲一号"投入使用;京东物流实验室开始测试无人机送货,为农村电商配送提速。

2014年3月,京东与腾讯达成了战略合作,全面推进移动社交电商新模式的发展,成为全球移动社交的积极探索者和实践者。目前,京东已经形成了手机客户端、微信购物、手机QQ购物组成的完整移动购物布局。2016年第一季度,通过移动端渠道完成的订单量约占总完成订单量的72.4%,同比增长超过160%。

目前,京东加速渠道下沉,大力发展农村电商,推进3F战略,即工业品进农村战略、农村金融战略和生鲜电商战略,已初见成效。截至2016年4月22日,京东已经开设近1 400家"县级服务中心"和近1 400家"京东帮服务店";拥有约20万名乡村推广员,服务于20万个行政村;地方特产馆特产店已达到700多家,京东农资电商的合作涉农企业已达到200多家;已授权的京东农资服务中心达到65家,乡村白条推广员累计授信人数5.7万余人,乡村白条农户累计授信1.2万人。

(1) 京东商城网络营销市场定位有哪些特点?
(2) B2C和B2B网站各自的特点有哪些?
(3) 京东商城的优势体现在哪里?分析存在的问题和解决措施。

2.1 网络经济的产生与发展

"网络经济"作为一种新的商务模式,以网络为手段,以商务为主体,将原来的传统销售购物渠道移到因特网上,打破国家或地区有形、无形的壁垒,使生产企业实现全球化、网络化、无形化、个性化。电子商务受到各国政府的高度重视和商家的青睐,在全球呈蓬勃发展之势。

2.1.1 信息网络与网络产品

电子商务是21世纪信息产业新的增长点,以电子商务为代表的"网络经济"是知识经济和数字经济的重要方面。电子商务的兴起,标志着在流通领域内掀起一场革命,电子商务的发展将形成新的交换体制,产生新的市场规则,将冲破时间与空间的限制,加快全球市场一体化的进程。电子商务还将有力地推动信息产业和信息服务业的发展。

在未来世界里,从整个社会到一个企业、机构乃至家庭,从汽车到电视机、洗衣机、照相机……实际上,我们周围的一切都将离不开计算机的控制,都将通过网络而连接在一起。网络正在逐渐渗透社会的每一个角落,人们可以随时随地进行信息传递,沟通往来。未来的网络使用起来将更为便利,安装简单而且更智能,就像人拿起电话和对方通话一样,这种网络将与人们的工作、生活密不可分,和吃穿住行一样习以为常。网络可以声音、图像、数据等同时传递,这将会逐渐改变多年来各种网络分立发展、各成体系的状况。

众所周知,知识经济是以计算机、卫星通信、光缆通信和数码技术等为标志的现代信息技术和全球信息网络"爆炸式"发展的必然结果。在知识经济条件下,现实经济运行主要表现为信息化和全球化两大趋势。这两大趋势的出现无不与信息技术和信息网络的发展密切相关。现代信息技术的发展,大大提高了人们处理信息的能力和利用信息的效率,加速了科技开发与创新的步伐,加快了科技成果向现实生产力转化的速度,从而使知识在经济增长中的贡献程度空前提高;全球信息网络的出现和发展,进一步加快了信息在全球范围内的传递和扩散,使传统的国家、民族界限变得日益模糊,使整个世界变成了一个小小的"地球村",从而使世界经济发展呈现出明显的全球化趋势。因此,知识经济实质上是一种以现代信息技术为核心的全球网络经济。

网络产品是一种具有跨时空、多媒体、交互式、拟人化、成长性、整合性、超前性、高效性、经济性和技术性等多种特点的产品。

网络产品的特点包括:具有数字化特征(如图书、音乐等);具有标准化特征;具有隐私化特征。

网络产品分为以下几层:互联网基础层(如网线、服务器、网卡等);可数字化平台性产品(如软件、网站等);可数字化的终极产品(如音乐、电影、小说等);传统实物产品中转(如网购产品等)。

网络产品的营销是传统产品营销在网络环境下的继承、发展和创新,建立在因特网上的网络产品营销不受时间和空间的限制。通过对网络产品和传统产品营销手段进行比较研究,来分析网络产品的营销中所应该把握的关键策略。

一是,网络产品与传统产品的营销中最大的区别是定价策略。与传统产品的价格相比,网络产品的价格具有一些新的特点:价格水平趋于一致、非垄断化、趋低化、弹性化和智能化。传统产品是按成本定价来确定的,在这种价格策略中,生产厂家对价格起着主导作用,而网络产品是按满足需求来定价的。同时,网络市场是面对全球化的市场,这使得产品定价时必须考虑目标市场范围的变化给定价带来的影响,必须采用全球化和本地化相结合的原则进行。

二是,网络产品和传统产品的营销在市场调查中也存在很大区别。传统产品的市场调查中被调查者始终处于被动地位,而企业都要投入大量的物力、人力。网络产品则通过网络进行调查,可以借鉴传统市场调查的理论和方法,利用网络的特点,使得这样的调查具有传统产品进行的市场调查所不具备的优势。网络调查也是网络产品营销中常用的营销手段。

总之,网络产品营销是将传统产品营销手法与网络相结合,并充分运用网上网下的各项资源,形成以最低成本投入获得最大市场销售量的新型产品营销模式。但在当前环境的发展形势下,网络产品营销与传统产品营销将在相当长的一段时间内持续一种相互促进和补充的关系,我们应把网络产品营销和传统产品营销的策略有机地结合起来进行研究和学习。

2.1.2 网络经济与网络特点

事实上,我们可以把网络经济概括为一种建立在计算机网络基础之上,以现代信息技术为核心的新的经济形态。它不仅是指以计算机为核心的信息技术产业的兴起和快速增长,还包括以现代计算机技术为基础的整个高新技术产业的崛起和迅猛发展,更包括由高新技术的推广和运用所引起的传统产业、传统经济部门的深刻的革命性变化和飞跃性发展。因此,我们不能把网络经济理解为一种独立于传统经济之外、与传统经济完全对立的纯粹的"虚拟"经济;它实际上是一种在传统经济基础上产生的、经过以计算机为核心的现代信息技术提升的高级经济发展形态。深化对知识经济的研究和认识,我们不难发现,尽管目前人们对未来经济的描述有多种说法,例如知识经济、信息经济、后工业经济、新经济、注意力经济等,但它们的基础是相同的,这就是计算机与计算机网络,特别是国际互联网络。

最初的电子商务和网站为众多企业提供了新的令人振奋的商机,但这仅仅是一场规模更大的电子商务革命的开始。一度仅有网络公司涉足的电子商务,现在已成为主流产业,并且深深地根植于规模更大、经营更稳定、网络与传统业务兼收并蓄的诸多企业中。相对于第一代电子商务注重浏览与速度而言,新一代电子商务更注重安全性、可靠性、实用性,以满足客户、供应商与合作伙伴业务互动的诸多要求。

网络经济指的是以互联网为代表的现代信息网络融入经济活动后所带来的高效率的经济运行态势。网络经济的产生源于网络本身所具有的特点,网络信息技术带动了经济社会的发展。网络具有的特点如下。

(1) 极强的时效性。

(2) 广泛的传播面。

(3) 多媒体化的信息。

(4) 突破线性限制的超链接方式。

(5) 不断增强的互动性。

(6) 灵活多变的传播形式。

网络经济充分体现和发挥了网络具有的相关特点。

 课堂讨论

众筹网——聚众人之力

众筹网于2013年2月正式上线,是中国最具影响力的众筹平台,是网信集团旗下的众筹模式网站,为项目发起者提供募资、投资、孵化、运营一站式综合众筹服务。目前,众筹网提供包括智能硬件、娱乐演艺、影视图书、公益服务等十大频道,4 000多个项目,提供更多选择、更低价格、更多创新的个性化定制产品和服务。这里还汇聚了众多创新型、有情怀的创业者,每一次投资都在帮助他们解决资金上的燃眉之急。众筹网是目前国内最大的专业众筹平台,其logo是"众"形,类似两个人红黑相间、互补互联,代表众筹网是一个聚众人之力为众人服务的众筹平台。众筹网涵盖的领域包括科技、艺术、设计、音乐、影视、出版、动漫游戏、公益、公开课、农业,以及苏州站、河南站在内的10个频道和2个地方站,基本涵盖了众筹领域的各个方面。

2.1.3 网络经济的基本特征

网络经济与传统工业经济最大的不同之处在于:传统工业经济的价值性源于其稀缺性,如果产品太多时其价值就会下降,像20世纪70年代电视机对国人而言简直就是无价之宝,因为当时电视机的产量太少,但在进行大规模生产后的20世纪90年代就沦落为日用品了。而网络经济则正好相反,参加网络的人越多网络的价值就越大,这也就是所谓的价值递增规律。网络经济的特点如下。

1. 大众化

网络公司最初几乎都提供免费服务,以此快速形成巨大的市场占有率,迅速提高市场份额,使企业在市场上占有主流地位。比如,腾讯QQ是国内较早的网络通信软件,其提供的QQ账号、QQ邮箱和QQ游戏都是免费的。在2002年前后,腾讯QQ为限制少数用户恶意申请,账号的申请需要用手机缴费,这使得国内其他网络通信软件很快发展起来,有代表性的如新浪UC,从而使腾讯QQ很快又把账号的申请变得完全免费。

在类似网络经济中,最初建立数字产品和基础设施的费用较大,继续扩张的成本却很小,由此产生了新的规模经济。而且,每生产一个产品,也是一个学习的机会。企业从生产中获得了经验,不断改进生产流程和技术方法,可以使成本降得更低一些。因此,争夺市场份额或争夺顾客,对企业来说是取得竞争优势的必由之路。前期付出巨大的代价,会在后期得到丰厚的补偿。这就是网络经济发展的大众化。

这种大众化的特点可引申为企业降低价格、锁定特定的用户群,发展长远的顾客,通过吸引顾客,使顾客无法放弃该企业的产品以占领市场的过程。由于惯性、懒惰与时间的珍贵,人们愿意始终只与一个相对固定的公司进行交易,低价或免费是产生大众化效果的灵魂。

2. 个性化

在网络经济中,由于互联网的互动作用,企业易于了解消费者的个人偏好,可以借助于网络和计算机,适应个人的需要,有针对性地提供低成本、高质量的产品或服务。个性化产品的售价要比大批量生产的产品售价高,这不但是因为支出的成本较高,而且是因为它更容易激起用户的欲望,比如个性化的签名、头像、角色、场景等。

市场是由那些具有特定的需要或欲望,而且愿意并能够通过交换来满足这种需要或欲望的全部潜在顾客所构成的。简单地说,市场包括供应商、消费者、商品及其他相配套的东西,很明显,消费者在市场上消费就是为了获得某种商品从而满足自身的需要,包括基本的生理需要、安全的需要、归属和爱的需要、尊重的需要、自我实现的需要。这就是我们经常谈起的马斯洛的需求层次论,如图 2-1 所示。

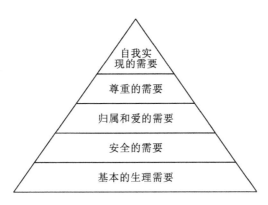

图 2-1 马斯洛的需求层次论

3. 针对性更强

针对性更强是指网络产品常常是瞄准市场中某类特定顾客。网络公司先找出具有代表性的个人习惯、偏好和品位,据此生产出符合个人需要的产品。然后,公司找出同类型的大量潜在客户,将其当作一个独立的群体,并向其出售产品(服务)。为了吸引特定顾客的注意力,公司迎合他们共同的人生经历、价值观念和兴趣爱好,创造一个虚拟社会,唤起一种社区意识。虚拟社会能使客户树立对品牌的忠诚度,在建立虚拟社会上投入得越多,就能获得越高的客户忠诚度和越多的收入回报。一项产品一旦成了虚拟社会注意的焦点,它就达到了锁定客户的目的,该社区的成员将会拒绝购买其他同类产品。为了锁定客户,仅靠产品的品牌化是不够的,客户还应因其忠诚度而受到奖励。

案例

卡兰尼克与优步——共享网络经济的领军企业

特拉维斯·卡兰尼克,1977年出生于美国旧金山,2009年创立优步。与滴滴打车等与普通出租车挂钩的软件不同,优步(Uber)面向的是更高端的市场。可以设想一下以下场景:打开优步App,手机屏幕上会跳出一幅谷歌地图,选择登车地点,就会看到一个汽车形状的图标向那里驶来;几分钟后,一辆黑色豪车停在你面前,司机叫出你的名字,请你上车,车上还有免费的点心和瓶装水供你享用;到达目的地后,车费会自动从你的信用卡上扣除,你下车走人即可。优步的联合创始人兼首席执行官特拉维斯·卡兰尼克的目标是:把优步打造成一个新型的物流中心,给运输业带来一场革命。

优步是全球领先的移动互联网创业公司,通过创新科技为乘客和合作司机高效即时匹配,提供安全、高效、可靠、便利的出行选择。创立以来,优步已在全球70多个国家和地区的400多个城市开展业务,每天都有上千万的用户选择优步出行。优步开创的典型"互联网+交通"的出行解决方案,提供透明的计价方式,通过大数据智能分析技术,实现指针定位,一键叫车。作为共享经济的领军企业,优步通过创新模式,一方面更高效、充分利用闲置的车辆资源,另一方面帮助无车用户通过共享车辆实现更便捷的出行,降低了社会出行总成本,并通过共享减少了上路车辆。优步使出行变得更简单,一键即得,不仅满足了用户在公交之外"最后几公里"的需求,并且有助于减少酒驾,同时帮助城郊经济发展更平衡,让城市生活变得更美好。优步设立行业最严格的车辆和驾驶员准入和淘汰准则,审核合作司机/拼车车主的个人身份证件和驾驶员证件,并进行安全驾驶记录和无犯罪记录的背景调查,同时对违规司机设置严格的处罚标准。

Uber在产品上的一大原则是"化繁为简",希望做减法,而不是做加法。比如,在人民优步这一产品上,Uber有几个不做:①不抢单,抢到单的未必离乘客最近,不利于减少等待时间;②不接受预定,预定会提高空驶率,完成一个预定订单的时间可以用来完成三四个实时订单;③不设目的地,避免因为特殊的目的地而打不到车;④不做现金交易,为了高效。

2.1.4 网络经济与传统经济的关系

网络经济是衍生于传统经济的一种新经济形态,其在产生和发展的过程中,对于传统经济理论的发展是一种极大的挑战。随着我国互联网技术的普及和扩大,网络经济迅速发展壮大,具有明显的优势。

网络本质上其实就是一种信息传递和交流的工具,由此衍生出的网络产业成为现阶段最具有活力和竞争力的行业,并且带来了这些网络产业特有的盈利模式,而传统意义上的以物质生产、服务等为基本内容的行业中注重实物,都是客观存在的物质资源的生产和销售。二者产生的盈利模式是有区别的,通常将前者称为网络经济,后者相应地称为传统经济。

1. 网络经济与传统经济的联系

传统经济是网络经济产生和发展的基础,网络经济是传统经济发展到较高阶段的产物,网络经济的发展离不开传统经济的扶持。在网络经济中,价值规律仍然起作用,传统经济中的等价交换、利润最大化等法则仍适用于网络经济。网络经济的发展实际上是传统经济在知识经济时代焕发出的新的生命力。互联网使得各种有效信息得以快速传播和获取,降低了传统经济形态中的交易成本,这就使得过去因经营成本过高或达不到规模效益的企业开始盈利,而网络技术的应用也会延长部分产业的成长周期。

在传统经济中,如果供给与需求脱节则会造成通货紧缩或通货膨胀,而网络经济也会出现这种问题,其原因就在于网络经济的虚拟性特质。过度投资会引起经济过热、物价上涨和通货膨胀。虽然在网络经济中,过度投资不会像在传统经济中一样引发经济过热、物价上涨甚至通货膨胀等危机,但是因为存在资本的作用,也会产生泡沫,造成不良的经济后果。从某种意义上来说,网络经济其实是传统经济的一种衍生形态,网络经济不能脱离传统经济而独立发展。

2. 网络经济与传统经济的区别

网络经济与传统经济的最大区别是:传统经济的价值体现在于资源的稀缺,"物以稀为贵"是对传统经济最好的总结和描述,也就是说,市场上的某类商品生产量太多时价格就会下跌而影响销售;网络经济则与此相反,在网络中,参与的人数越多,那么体现出来的网络价值也就越高,某个网站的点击率越高,那么其所带来的其他效应就越强大。

课堂讨论

王兴与美团网——超低折扣

2010年3月4日,王兴创办的中国第一家团购网站——美团网正式上线。目前,美团网已经成为国内团购行业的领跑者,2012年交易额超过55亿元,被业界称为"下一个千亿公司"。在互联网行业的多项权威评比中,美团网得到"2011年中国最具投资价值电子商务企业50强"等荣誉。关于美团网:每天团购一次,为消费者发现值得信赖的商家,让消费者享受超低折扣的优质服务;每天多单团购,为商家找到合适的消费者,为商家提供优质的互联网技术服务。

团购就是团体购物,指认识或不认识的消费者联合起来,加大与商家的谈判能力,以求得最优惠价格的一种购物方式。根据薄利多销的原理,商家可以提供低于零售价格的团购折扣和单独购买得不到的优质服务。团购作为一种新兴的电子商务模式,通过消费者自行组团、专业团购网站、商家组织团购等形式,提升用户与商家的议价能力,并在最大限度上获得商品让利,引起了消费者及业内厂商甚至是资本市场的关注。

2.2 网络企业的组织与管理

不论是大型企业还是中小型企业,建设网络系统都要以满足应用的需求作为最终目的,尤其是中小企业在进行网络建设时一定要处理好网络性能和投资的关系,既不能为了节省投资而牺牲性能影响应用,又不能不顾实际的经济条件而盲目追新地超前投资。只有应用上去了,才能促进网络系统的进一步发展,推动企业信息化建设的进程,从而增强企业的综合实力,更好地适应信息社会的发展。

2.2.1 网络企业与组织特征

网络普及的趋势是不可避免的,同时也创造了一批网络服务企业,而传统企业也开始转向网络发展,如今的互联网大时代是不可阻挡的趋势,网络的发展促进了信息的加速传播,利大于弊。

网络经济时代的来临使得企业组织生存的环境发生了深刻的变化,并对企业组织结构产生了重要的影响。

1. 对企业组织生存环境的影响

1) 企业资源信息化

通过全球化信息网络,用户可以很容易地检索到各种专业和商业数据库的数据资料,不仅大大拓展了人们选择利用信息的范围和内容,而且能最大限度地减少搜索信息的成本。

2) 管理方式的直接化

信息技术使经济建立在知识基础上成为可能,信息开始成为企业的核心资源,而资本则逐渐变为知识的一种结果。资源信息化使管理变得更为直接高效,而管理方式的改变让信息实现了由原料到财富的飞跃。

3) 决策标准的最优化

过去企业通常是以满意原则作为自己的行为准则,而现在网络经济的法则是企业必须以最优化标准来满足顾客需要。企业只有熟练地应用网络技术,将自己打造成为一支能够提供最优品质的快速反应部队,才能在未来的商业战场上取得胜利。

4) 市场虚拟化

市场虚拟化使得经济中许多重要经济资源,特别是企业组织赖以生存的各类资源,都融入了网络市场形成了网络资源,并且在经济运作中发挥着重要作用。

5) 在线交易迅猛发展

由于网上虚拟市场的形成,在线交易迅猛发展,交易方式的突破给企业带来了一系列的变化,实现了交易方式的变革,提高了工作效率,加速了产品乃至企业的优胜劣汰。

6) 市场竞争具有新特点

网络经济是直接经济,它缩短了消费者、企业和竞争对手之间的距离,因而市场竞争呈现出新的特点。其一,规模效应降低。在网络经济时代,由于网络营销成本大大降低,大小企业在网络中地位平等,均可以较低的成本实现产品的网络营销,大企业的规模优势相对减弱。其二,竞争更为直接和激烈。由于互联网的开放性,商品购买者可以在瞬间进行尽可能详细的比较,这种比较的结果导致市场竞争更加直接和激烈。其三,竞争与合作并存。网络经济时代的企业与其竞争对手是直接的竞争关系,但也极易结成相互协作的同盟,从而实现既竞争又合作,达到双赢的目的。

7) 企业组织边界网状发散

在网络经济时代,企业无固定边界,它的边界与市场进行着频繁的交替,企业边界的网状发散、延伸成为企业的普遍特征。

2. 对企业组织结构的冲击

1) 增加了沟通成本、协调成本和检查监督成本

网络经济使得企业规模不断扩大,企业内部的组织层次必将增多,从而带来一系列问题。

2) 取得整体工作效益的最优化

由于层级结构把管理过程分别交由各职能部门负责,这样就会出现注重局部利益而损害全局利益的情况。

3) 急剧变化的市场做出迅速的反应

扁平化组织的优势在于对可以预料的状态进行有效的管理,其所强调的稳定性、秩序和纪律,势必降低企业对外界环境的适应能力,损伤企业的创新能力和创造性。

3. 对企业组织结构的新要求

1) 企业组织结构简单化

网络经济时代,通过信息网络,去掉了许多用于上传下达的中间层次,许多需要动态收集和加工的信息均被信息系统在瞬间得以完成。于是企业的组织结构越来越简单化,只需要企业的核心功能模块就能使企业运转。

2) 建立实时响应企业结构

网络经济是速度型经济,企业也应该是速度型企业。在网络经济时代,企业需要及时掌握商机,并对资源进行迅速整合以满足顾客需要。因此,企业在进行组织结构设计时,应建立起一种快速反应的机制,成为"实时企业"。

3) 企业组织结构柔性化

企业组织结构应具有柔性,以便在激烈的市场竞争中应对自如。在网络经济时代,市场的网络化,需求的个性化,要求企业的生产方式具有灵活性,以适应规模定制生产。

资料链接

温水煮青蛙的故事

如果你把一只青蛙放进沸水中,它会立刻试着跳出。但是如果你把青蛙放进凉水中,不惊吓它,它将待着不动。现在,如果你将水慢慢加温,当温度从21.1℃升到26.7℃时,青蛙仍显得若无其事,甚至自得其乐。可悲的是,当温度慢慢上升时,青蛙将变得越来越虚弱,最后无法动弹。虽然没有限制它脱离困境,青蛙仍留在那里直到被煮熟。

为什么会这样?因为青蛙内部感应生存威胁的器官,只能感应出环境中剧烈的变化,而不能感应出环境中缓慢、渐进的变化。

2.2.2 网络经济类型与组织结构

众所周知,企业经营与管理的核心是资源,企业管理中对各类资源都有相应的管理体系和管理手段。对人有人力管理,对物有生产管理,对资金有财务管理。在传统的工业时代,主要资源是自然资源和资金,信息只是处于从属地位,某一企业的资金和自然资源丰富,生产的成本低,就会占领市场,就是赢家。

当今的网络时代,越来越多的企业面对激烈的全球化市场竞争,已经意识到在企业的管理活动中,得靠丰富的信息资源和信息管理,信息资源已成为独立于人、物质资料和资金资源之外的另一种重要资源,并处在生产和经营过程中的主要地位。在这种管理方式下,生产组织不再以传统的物资和资金为基础,而是以高速网络所支持的信息流作为运行基础。创造性地开发和利用信息技术对企业的信息进行有效的管理,是网络经济时代企业管理的特征,是企业经济增长的新源泉。

1. 管理组织由垂直结构向开放结构转变

传统的企业管理,其组织形式是从上至下的垂直结构,即从董事长到职员的管理信息传递是一层一层下达,这样工作效率会大打折扣。在网络经济时代,伴随着纵横交错的计算机网络的应用,信息传递的准确性和速度大大提高,管理组织中原来上传下达的中层组织逐渐消失,高层决策可以与基层直接联系,基层执行者也可以根据实际情况及时地做出决策,组织形式由垂直结构向水平的矩阵式结构转变。

2. 企业管理从自动化走向合理化

信息技术对企业财务管理的最基本而普遍的方式是运用信息、技术部分地或全部地取代以人工方式进行的活动和业务职能，促进财务管理过程的自动化，用以提高效率和降低成本。如工资核算电脑化、会计电算化、报表生成自动化、商业和服务业结账 POS 化等。随着自动化程序的提高，原有的手工管理方式、步骤和环节在自动化运作条件下会暴露出不适应性和不合理性，显现新的瓶颈。在这种情况下，网络信息技术对企业的作用将会进入一个新的层次，即促使管理过程的合理化，以进一步提高效率、能力和水平。

3. 从过程重构走向全新管理模式

企业运作过程的自动化和合理化，都是在原有的生产、经营和管理过程基础上进行的。然而，对这些过程的重新研究和设计，将会在更高的层次上形成企业的竞争优势，提高企业的竞争能力，这就是世界普遍关注的一个方向——企业过程重构（BPR，全称为 business process reengineering）。企业过程重构是立足于从企业的经营目标出发，从根本上重新分析和设计企业生产、经营和管理的职能和过程，简化或省略重复性和非增值过程。应用网络信息技术可以彻底全面地改造企业过程重构职能的运作方式和业务的工作流程，使企业的生产、经营、管理能力全面提高。然而，网络信息技术对企业的作用还不仅限于此，从更高的层次出发应用网络信息技术还可以使企业的管理模式和经营理念产生根本的变化，改变企业的产品或服务领域，甚至会改变企业本身的结构和性质。

4. 分工化与结构变革

面对网络经济的蓬勃发展，传统的大中型企业面临新的挑战和机遇，传统的管理模式和经营模式都发生了变化，有形作业将逐步被无形的数字化作业模式所取代。全球化的网络结构和 PC 技术的不断发展，又为中小型企业提供了前所未有的机遇，基于 Internet 的经济模式，将使传统的中小型企业获得与大企业等量齐观的竞争力。Internet、ATM 等技术的广泛应用改变了人们传统的时空观念，地球变得越来越小，人们之间的关系越来越密切，企业间的联系更加方便。网络通信使得分布在不同国家、不同地区的企业者随时聚在一起研究他们共同关心的问题。这就不必像过去那样，把所有的业务都交由一个公司处理，而是根据业务的内容委托给相应的公司分别处理以提高效率，也就是所谓的"分工化"。与拥有各种各样功能的大企业相比，规模小的、专业性高的企业反而更有竞争力。

5. 改变企业竞争形象

在传统的经营管理过程中，企业往往是借助媒体新闻出版行业通过做广告和公关活动来树立企业的竞争形象，这种方式费用非常大而且工作复杂，同时，各种活动不利于企业形象的统一。网络经济为企业提供了一种可以全面展示其产品服务和数量的虚拟空间，制作良好的主页和网络广告能够起到提高企业知名度和商品信誉的作用。网络经济中的在线购物实践表明，如果网络上的企业可以为顾客提供品种齐全的产品、灵活的折扣条件、可靠的安全性和友好的界面，那么，在线消费者将会像对传统商场购物一样，对企业的信誉产生好感，从而增强企业的竞争能力。

总之，网络经济这一新的经济形式的出现，无论是在观念上，还是在结构上和竞争方式上都将为企业管理带来巨大的变革，今后的经营管理者，必须充分学习网络经济的新知识，顺应社会发展的潮流，才能立于不败之地。

案例

刘楠与蜜芽宝贝——母婴品牌限时特卖

蜜芽宝贝由全职妈妈刘楠于2011年创立,初衷是通过简单、有趣的购物体验,帮助中国妈妈寻找更多放心、安全、高品质的婴儿用品。蜜芽宝贝在国内首创"母婴品牌限时特卖"的概念,现已发展成为集亲子家庭消费和孕婴童服务于一体的综合性跨境母婴电商平台。

100%正品,这是蜜芽宝贝最基本的承诺。蜜芽宝贝公开分享采购渠道,晒出授权书和采购单,敞敞亮亮做事。坚持向品牌方、总代理、原产地直接采购,用严谨甚至保守的供应链管理,为宝宝们把好第一道关。在蜜芽宝贝的世界里,没有混乱,让妈妈们回归简单、放心、有趣的购物体验。

蜜芽宝贝在正品中搜罗精品。目前,在蜜芽平台上销售的品牌70%以上源自海外,蜜芽宝贝看中的不是这些品牌的海外基因,而是其质量、外观设计、功能等能够让妈妈们满意甚至惊喜。蜜芽宝贝坚信,最好的母婴产品不应该有国界,中国的宝宝们值得用上世界范围内最好的产品。

蜜芽宝贝在精品中做到低价,在坚持采购标准、供应链管理标准和仓储标准的前提下,通过模式创新、提高效率等方法来降价,最终让利给妈妈们。

2.2.3 学习型组织与知识管理

1990年,麻省理工学院斯隆管理学院资深教授彼得·圣吉出版了《第五项修炼——学习型组织的艺术与实践》一书,掀起了组织学习和创建学习型组织的热潮。所谓学习型组织,是指通过培养整个组织浓厚的学习气氛,充分发挥员工的创造性思维能力而建立起来的一种有机的、高柔性的、扁平的、符合人性的、能持续发展的组织。这种组织具有持续学习的能力,具有高于个人绩效总和的综合绩效。学习型组织具有以下特征。

1. 组织成员拥有一个共同的愿景

组织的共同愿景,来源于员工个人的愿景而又高于个人的愿景。它是组织中所有员工的共同愿景,是他们的共同理想。它能使不同个性的人凝聚在一起,朝着组织共同的目标前进。

2. 组织由多个创造性个性组成

在学习型组织中,团体是最基本的学习单位,团体本身应理解为团体中的个体彼此需要他人配合,组织所有目标都直接或间接地通过团体的努力来达到。

3. 善于不断学习

学习型组织通过保持学习的能力,及时铲除发展道路上的障碍。

4. "地方为主"的扁平式组织结构

传统的企业组织通常是金字塔式的,学习型组织的组织结构则是扁平式的,即从决策层到操作层的相隔层次极少,它尽最大可能将决策权向组织结构的下层移动,让最下层单位拥有充分的自主权,并对产生的结果负责,从而形成以"地方为主"的扁平式组织结构。

5. 自主管理

自主管理是使组织成员能边工作边学习并使工作和学习紧密结合的方法。通过自主管理,组织成员可以自己发现工作中的问题,自己选择伙伴组成团体,自己选定改革、进取的目标,自己进行现状调查,自己分析原因,自己寻找对策,自己组织实施,自己检查结果,自己评估总结。团队成员在自主管理的过程中，能形成共同的愿景，以开放求实的心态互相切磋，不断学习新知识，不断创新，从而增加组织快速应变的能力。

6. 组织的边界将被重新界定

学习型组织的边界界定是建立在组织要素与外部环境要素互动关系的基础上的，超越了传统的根据职能或部门划分的法定边界。例如，把销售商的反馈信息作为市场营销决策的固定组成部分，而不是像以前那样只是作为参考。

7. 员工家庭与事业的平衡

学习型组织对员工承诺支持每位员工充分的自我发展期，而员工也以承诺对组织的发展尽心尽力作为回报。这样，个人与组织的界限将变得模糊，工作与家庭之间的界限也将逐渐消失，员工丰富的家庭生活与充实的工作生活相得益彰，从而提高员工家庭生活的质量，达到家庭与事业之间的平衡。

总结正反两个方面的经验，大部分公司失败的原因在于组织学习的障碍妨碍了组织的成长，使组织被一种看不见的巨大力量所侵蚀，以致吞没。21世纪最成功的企业将会是学习型组织，因为未来唯一持久的竞争优势是有能力比你的竞争对手学习得更快。

 资料链接

亲，你达到"剁手型"网购级别了吗？

亲，你今年在淘宝网上花了多少银子？网络上晒得最火的帖子除了各种令人眼红的年终奖福利外，还有一份令人"悲痛欲绝"的账单。

网友自嘲，开了支付宝，生活真潦倒。"一年淘宝可以买个卡地亚了！""一年淘宝一辆车没了！""一年淘宝一套房子首付快没了。"一些网友看完账单捶胸顿足道。

网友们按不同消费额度划分了标准，500元以下为勤俭持家型；500~5 000元为普通青年型；5 000~10 000元为铺张浪费型；10 000~30 000元为剁手型；消费30 000~50 000元应该被拉出去枪毙型；年消费超过50 000元以上的被称为"枪毙10分钟都不为过型"。

网购也能成瘾！"珍爱钱包，远离淘宝网。"网友们纷纷表示要改邪归正，寻找戒"网购瘾"的办法。平时，支付宝上尽量不放钱，要放也只存二三百元。真要买东西了，再存一点上去。

有同事QQ签名是"淘宝网是个好地方，花一次的钱买N天的期待。"心理学家认为，这也是时下不少网购者的心理状态。淘宝有两个期待：一个是下单的时候，一个是收货的时候，而买来的衣服未必会去穿。

"多数年轻人比较缺乏理财观念。"心理专家建议：网购要理性。银行卡支付尽量设置额度，少用信用卡；下单之前，最好想清楚是否真的需要购买该商品；购物时多征求别人的意见，监督自己以减少购物欲望。当然，还要尽量少上购物网站，减少诱惑。

2.3　新经济与经济全球化

20世纪90年代以来，以计算机技术和网络技术为代表的信息技术正以一种异乎寻常的速度改变着人类社会生产和生活的各个方面。因特网是运用信息技术的最重要的发明，已经进入全方位和深层次的商业应用阶段，形成了电子商务的概念。电子商务与信息技术一起正在推动最新的经济形式的形成。这种新的经济形式也就是新经济。当然，到目前为止，对新经济尚未有权威的、科学的定义,而且与数字经济、网络经济、知识经济之间的区别也是仁者见仁,智者见智。但新经济与传统经济存在着明显的差别,新经济是指在经济全球化的背景下,由高新科技产业和信息产业带动的、以高新科技产业为龙头的经济。

2.3.1 新经济的发展

新经济具有以下三个基本特征。

第一,新经济是知识经济。工业化时期最主要的生产要素是资本,到了新经济时期知识成了像资本一样重要的生产要素。

第二,新经济是创新经济。创新是新经济兴起和发展的基础。一是观念的创新;二是运行模式的创新,包括体制和制度、经营行为、组织结构等的创新;三是技术的创新。

第三,新经济是与网络、数字和信息并存的。一方面信息以数字和网络的形式存在和流动,越来越多的公司围绕着网络技术进行改组和调整;另一方面从发明创造、设计规划、生产销售到售后服务等各个环节,都会越来越与网络紧密相连。

新经济发展的步伐,已经让人联想起历史上蒸汽机和电的发明,而因特网的发展速度,甚至远远超过了蒸汽机、电及人类历史上其他重要的发明。从电的发明到电的普及,这中间花费了近百年的时间。收音机诞生38年后,使用人数才达到5 000万。拥有同样数量的使用者,电视和计算机分别花了13年和16年。然而,当因特网对社会大众开放后,仅仅4年时间,互联网用户就已超过5 000万。

新经济就是以高科技、信息、网络、知识为其重要构成部分和主要增长动力的经济。它最早源于美国。20世纪90年代以来,美国社会经济一直呈现高增长、低通胀、低失业的特点,因而经济界把这种现象称为"新经济现象"。

新经济、旧经济已是被人们炒得沸沸扬扬的话题。今天,不论我们承认与否,一个全球范围内的新经济浪潮正在加快到来。财富的物质形态越来越虚拟化,产业的发展也逐步呈现出虚拟化的发展趋势。互联网是一种无形的、非物质化的产业,但是它带给人们的最大的好处是廉价和快速,带给工商界业者更大、更多的商机。

 案例

百年柯达破产——谁扼杀了柯达公司?

伊士曼柯达公司(以下简称柯达公司)自1880年成立以来一直在全球影像行业保持着领先地位,创造了无数的行业第一,柯达公司一百多年的历史正是世界影像行业发展的缩影,回顾柯达公司的发展历程,它之所以能够发展壮大,是因为它准确洞察了市场趋势,并及时提供合适的产品和服务,满足了市场需求。

进入信息化时代,柯达公司也是先知先觉,早在1976年就开发了数字照相技术,1991年柯达公司拥有了130万像素的数字相机,但是毕竟柯达公司在胶片领域太成功了,辉煌的业绩延缓了公司转型的步伐。由于公司管理层偏于保守,在拍照从胶片时代进入数字时代之后,市场定位模糊,满足于传统胶片市场的市场份额和垄断地位,缺乏对市场的前瞻性分析,对数字技术基于传统影像的冲击估计不足,反应迟钝,政策犹豫不决,没有及时调整公司经营重心和部门结构,产品转型不坚决,错失了发展良机。

其间,柯达公司也试图转型,于2003年宣布放弃传统的胶片业务,重心向新型的数字产品转移,并且在公司形象、品牌定位和产品创新方面进行了尝试,但一切为时已晚。从2003年开始,柯达公司销售利润急剧下降,从2008年开始,柯达公司甚至靠出卖专利来维持公司的运转,最终到2012年1月公司再也维持不下去了,对现有技术带来的现实利润和新技术带来的未来利润之间的过渡和切换时机把握不当,造成柯达公司大量资金用于传统胶片工厂生产线和冲印店设备的投资,挤占了对数字技术和市场的投资,使公司陷入知错难改、船大难掉头的窘境。眷恋传统、忽视市场的变化造成柯达公司今天的悲剧,是市场选择了柯达公司,最后也是市场抛弃了柯达公司。市场是无情的,也是公正的,凡是跟不上时代节奏的公司,就面临着淘汰的命运,柯达公司难逃命运的安排,其他公司只要跟不上时代的脚步,也时刻面临被颠覆的危险。

2.3.2 经济全球化的理论与趋势

当前,经济全球化已成为影响国际政治经济格局变化、世界经济增长和科技进步的重要因素之一。为此,中国通过加入世界贸易组织,积极主动地参与经济全球化。这个巨大的变化,既为促进中国经济体制进一步与国际规则接轨,加快经济结构的战略性调整,实现社会和经济全面发展创造了更好的条件,也对推进下一步经济体制改革,建立比较完善、开放的社会主义市场经济新体制提出了更高的要求。

1. 本轮经济全球化的本质及特征

经济全球化在本质上是由各国市场开放带来的市场经济体制全球化。随着全球市场逐步开放,势必会推动商品(包括服务)、信息、技术及生产要素跨境流动的不断增加,各国经济之间的相互依赖日益加深,市场配置资源的基础性作用从国家内部扩展延伸到全球,形成了全球经济一体化的必然趋势。

20世纪80年代以来,经济全球化再次成为支配世界发展的新趋势。这次经济全球化无论在发展的深度和广度上,还是在推进速度上都超越了以往。本轮经济全球化与早期的经济全球化最重要的区别之一,就是建起一套对全球市场开放的国际经贸规则体系,这套体系包括:WTO(世界贸易组织)的多边经贸规则体系,IMF(国际货币基金组织)和世界银行主导的金融开放与援助发展的全球规则体系,以及区域性经济一体化组织建立的跨境制度规则体系。其意义在于:这是人类历史上第一次通过国际经济组织、区域性经济一体化组织初步建立全球(地区)通行的国际市场规则和行为规范。

2. 经济全球化对世界现有体制的新挑战

经济全球化的核心是全球开放,这就必然加剧全球竞争,改变现有的国际分工和交换格局,形成对世界各国现有体制的激烈冲击。这种冲击和影响是全面而深刻的。它不仅要求世界各国进一步降低关税、取消非关税措施和开放市场,而且市场开放的范围从传统的货物市场扩大到服务市场、农产品市场、知识产权市场、金融市场、电信市场以及各类要素市场,最终实现全方位的市场开放;不仅要求有开放的市场经济体制以便于生产要素的自由流动,而且要求各国经济的微观基础和财产结构对外开放,以适应企业跨国并购,建立全球生产和经营网络的需要;不仅要求开放贸易、投资和生产等经营性活动,而且要求开放各国的交通运输基础设施、通信和金融基础设施,以适应IT革命、物流革命、管理革命以及推行全球供应链管理的发展需要。同时,经济全球化还要求政府的宏观经济管理体制必须是开放透明的,实行非歧视原则,并接受国际监督。在经济全球化环境中,各国的宏观经济调控体制正面临着重大的挑战。

在经济全球化环境中,综合国力的较量已取代军备竞赛成为国际竞争的主要内容,发展先进生产力和增强国际竞争力已成为各国经济发展的首要目标。这就要求世界各国的财税体制、投融资体制、贸易体制、科技教育体制进行相应的改革和调整,提高供给效率,挖掘增长潜力,建立公平竞争的激励机制和政策平台;就要求各国调整本国的企业制度、企业组织管理、企业创新机制,形成适应全球化的微观基础;就要求开放本国的农业、高新技术产业、金融、电信、物流等领域,发展全球竞争力。

3. 经济全球化对我国的影响

经济全球化趋势不断增强,科技革命迅猛发展,国际产业结构调整步伐正在加快,国际竞争更加激烈的新形势,客观上迫切要求加快中国的经济体制改革。经济全球化带来的国内市场国际化、国际市场国内化的新变化,势必对进一步完善中国社会主义市场经济体制产生重大的影响。

经济全球化扩大了市场配置资源的边界,使大企业有条件在本国乃至全球范围内选择资源的合理配置;推动了全球范围内的微观体制改革,放松政府管制已成为各国发挥市场机制作用的重大政策调整;股东资本主义替代法人资本主义,促使各国企业内部治理结构发生根本性的改变,这势必对僵硬的经济管理体制产生重大的冲击。要适应经济全球化的新形势,不仅要求中国的社会主义市场体制进一步完善和开放,而且要求中国未来的体制对全球变化趋势有更灵活的反应能力和调整弹性。在全球化环境中,产业和企业的国际竞争力将占据主体地位。当前,金融一体化已成为经济全球化发展的新动力。建立在工业文明基础之上的贸易全球化规则体系,正在向建立在后工业文明基础上的全球金融市场一体化方向转变,由此将引发全球经济体系的根本变化。在金融、技术和服务成为国际竞争的新手段的条件下,如何建立有效的金融监管体系,完善包括金融衍生工具在内的风险管理市场体系,发展与国际连接的信用、结算和信息网络体系,有效打击网络诈骗和犯罪,加快金融和信息网络化基础设施建设,都对完善社会主义市场经济体制提出了新的挑战。

2.3.3 经济全球化的必然性

经济全球化在生产、消费、经济体制等社会经济生活的各个领域均有所体现,具体来说,经济全球化的主要内容如下。

一是,经济全球化是生产经营的全球化,企业在全球范围内寻找最佳的生产资源和市场资源组合方式。例如:一家中国公司不会只使用本国的生产资源,而是中国的工资水平低就用中国的劳动力,美国的资本便宜就用美国的资本;国内市场适合于产品销售就在国内销售,国外市场适合于销售就进行产品出口贸易。经济全球化在生产经营方面表现为资源配置不再受到国界的限制,企业能够根据全球市场的价格信号进行生产和销售活动,最大限度地提高经济效益。

二是,经济全球化是消费的全球化,消费者不仅在本国市场上购买消费品,同时也在国际市场上购买消费品。美国人的衣食住行和各种耐用消费品现在基本上都是在全球范围采购和消费,实际上也没有一个国家能够只消费本国的产品。消费全球化可使消费者在世界范围内选择,从而可用最小的花费获得最大的满足。

经济全球化是一把双刃剑,但无论把它看作是福音还是灾难,经济全球化已经成为不可抗拒的客观发展趋势。正如世界贸易组织前任总干事雷纳托·鲁杰罗指出的:"如果有人认为全球化是可以阻止的,那么他必须告诉大家,他有没有设想过阻止经济和技术发展的后果。阻止全球化无异于想阻止地球自转。"

课堂讨论

吕长城与芳草集——网上运作化妆品品牌

芳草集崇尚天然植物护肤,追求纯净和精粹,致力于在全世界范围内寻找最好的种植园合作,直接采购天然、纯净、无污染的植物原材料。芳草集坚持以最高的标准要求供应商:自然环境优良,空气、水和土地无污染,原材料种植和收割需以手工完成,必须采用间隔种植和轮流耕作来保证出产的原材料始终符合顶级标准。采用高科技生化技术、纳米技术、渗透压技术、细胞端粒技术和液晶微乳化技术等先进科技,带给消费者来自澳大利亚大蓝山的纯净空气、巴西亚马逊丛林的植物、美国落基山脉的雪山融水和欧洲百年花卉种植园的芬芳。

成立于2006年的芳草集经过多年运作,月营业额却始终徘徊在100万元左右,2009年年初至2009年4月份,其营业额甚至出现持续下滑的局面。惨淡的业绩,加上电子商务前途未卜,严重打击了董事会的信心,让董事会产生了放弃芳草集的念头。也就在这个时候,芳草集找到了创业经历丰富的吕长城,其命运也因吕长城的到来而发生逆转。

2009年5月,吕长城决定正出任芳草集CEO,并开始对半死不活的芳草集进行大刀阔斧的改革。他将芳草集分割成两块——网络零售中心和化妆品事业部,进一步优化公司DNA。此外,吕长城还向董事会提出并购台湾两家化妆品研发企业,入股产品代工企业,整合供应商等举措。

重新起航后,芳草集的第一炮就让人刮目相看,它一口气推出了30款新品,同步派发试用装,而且增加了防假货识别码,吕长城还亲自组织代理商实行统一的促销策略,并指导代理商重新布局网络页面。一系列举措之后,芳草集以全新的姿态走进了大众的视野,销量陡增,月成交额从200万元增长到2 000万元,仅仅用了半年时间。至此,芳草集华丽转身。

2.4 体验经济的意义与作用

没有两个人的体验是完全一样的,因为体验来自个人的心境与事件的互动。"体验经济"也将成为中国21世纪初经济发展的重要内容和形式之一。

体验通常被看成服务的一部分,但实际上体验是一种经济物品,像服务、货物一样是实实在在的产品,不是虚无缥缈的感觉。所谓体验,就是企业以服务为舞台,以商品为道具,围绕消费者,创造出值得消费者回忆的活动。其中商品是有形的,服务是无形的,而创造出的体验是令人难忘的。与过去不同的是,商品、服务对消费者来说是外在的,但是体验是内在的,存在于个人心中,是个人在形体、情绪、知识上参与的所得。网络购物本质上是一种体验过程,好的体验促进网络销售。

2.4.1 体验经济的产生

目前,从美国到欧洲的整个发达社会经济,正以发达的服务经济为基础,并紧跟计算机信息时代,在逐步甚至大规模开展体验经济。体验经济被称为是继农业经济、工业经济和服务经济之后的第四个人类的经济生活发展阶段,或称为服务经济的延伸。从工业到农业、计算机业、旅游业、商业、服务业、餐饮业、娱乐业(影视、主题公园)等各行业都在上演着体验或体验经济,尤其是娱乐业已成为现在世界上成长最快的经济领域。

农业经济、工业经济和服务经济到体验经济之间的演进过程,就像母亲为小孩过生日、准备生日蛋糕的进化过程。在农业经济时代,母亲是拿自家农场的面粉、鸡蛋等材料,亲手做蛋糕,从头忙到尾,成本不到 1 美元。到了工业经济时代,母亲到商店里,花几美元买混合好的盒装粉回家,自己烘烤。进入服务经济时代,母亲是向西点店或超市订购做好的蛋糕,花费十几美元。到了今天,母亲不但不烘烤蛋糕,甚至不用费事自己办生日晚会,而是花 100 美元,将生日活动外包给一些公司,请他们为小孩筹办一个难忘的生日晚会,这就是体验经济的诞生。

网络经济的本质就是体验经济,电子商务网站尤其注重用户体验。电子商务的用户体验是指消费者在访问网站过程中对网站的界面、功能、相关信息的可读性、操作性、交互性等方面建立的心理感受。随着各行各业电子商务的发展,电子商务平台的市场竞争日渐加剧,电子商务网站应该把提升用户体验放在一个非常重要的位置来考虑,这也是时代发展的需求。目前,手机数码、珠宝钻石网站的用户体验非常强,不同于当当网,也不同于卓越网。

网络消费者的需求不断提升,电子商务网站也必须注重用户体验,用户体验不但给设计人员提高了要求,也给技术人员施加了压力。网站设计的指导思想是为了提高用户体验,电子商务是以经营为导向,以交易量、订单量来支撑生存,不可能仅仅是为提高访问量来建站的。电子商务网站不只是浏览,更多的是实现交易,方便快捷。电子商务网站可以做不同的秀场,可以针对不同产品、不同活动、不同节日做促销,就像实体店一样,这样才能吸引更多消费者浏览,用户体验的好坏直接关系到电子商务网站的销售数量。

 案例

七夕将至,萤火虫网上热卖

"月夜下,萤火虫像美丽的流星,划过天际……"眼下,只要在淘宝网上花 300 元,就可以制造放飞 100 只萤火虫的浪漫。七夕节,萤火虫被当作浪漫时尚礼物,正在网上热卖。在淘宝网上输入"萤火虫"这一关键词,发现有关的七夕礼品卖家有数十家。这些萤火虫都是人工养殖的,售价为 3 元/只,不过要求买家至少得买 100 只。300 元的起价没有阻挡消费者的热情,黄冈一卖家的销售记录显示,仅两天就卖出 200 只萤火虫。另一网店的销售更为火爆,30 天内的销量达到了 2 931 只,预计七夕将达到最高峰。还有一些卖家甚至打出"萤火虫售完"的告示。和萤火虫相配套的周边产品,如放飞专用瓶、心形闪光许愿瓶等,卖得也相当火爆。

此外,一些聚会、婚礼、夜店等对萤火虫的需求也相当可观。武汉某婚庆公司负责人黄先生说,在时尚白领的婚礼上,萤火虫成了非常普遍的道具,如用萤火虫罐子代替蜡烛,或者在婚礼上放飞萤火虫,或者干脆用萤火虫闹洞房。

2.4.2 体验经济的基本特征

1. 非生产性

体验是一个人达到情绪、体力、精神的某一特定水平时,其意识中产生的一种美好感觉,它本身不是一种经济产出,不能完全以数字的方式来量化,因而,也不能像其他工作那样创造出可以触摸的物品。

2. 短周期性

一般规律下,农业经济的生产周期最长,一般以年为单位,工业经济的周期以月为单位,服务经济的周期以天为单位,而体验经济的周期以小时为单位,有的甚至以分钟为单位,电子商务网站必须保持良好的体验。

3. 互动性

农业经济、工业经济和服务经济是卖方经济,它们所有的经济产出都停留在顾客之外,不与顾客发生关系,而体验经济则不然,因为任何一种体验都是某个人身心体智状态与那些筹划事件之间的互动作用的结果,顾客全程参与其中。

4. 不可替代性

农业经济对其经济提供物——产品的需求要素是特点,工业经济对其经济提供物——商品的需求要素是特色,服务经济对其经济提供物——服务的需求要素是服务,而体验经济对其经济提供物——体验的需求要素是突出感受,这种感受是个性化的,在人与人之间、体验与体验之间有着本质的区别,因为没有哪两个人能够得到完全相同的体验经历。

5. 深刻的烙印性

任何一次体验都会给体验者打上深刻的烙印,几天、几年甚至终生。一次航海远行、一次极地探险、一次峡谷漂流、一次乘筏冲浪、一次高空蹦极、一次洗头按摩,所有这些,都会让体验者对体验的回忆超越体验本身。

6. 经济价值的高增进性

一杯咖啡在家里自己冲,成本不过2角,但在鲜花装饰的走廊、伴随着古典轻柔音乐和名家名画装饰的咖啡屋,其价格可能超过10元,你也认为物有所值;截至目前,有幸进入太空旅游的只有美国富翁丹尼斯·蒂托和南非商人马克·沙特尔沃斯,他们各自为自己的太空体验支付了2 000万美元的天价;而一个农民2亩(1亩=666.76平方米)地种一年的产值不过上千元,一个工人加班加点干一个月的工资也不过千元。这就是体验经济,一种低投入高产出的暴利经济。

【本章小结】

本章详细介绍了网络经济的发展和基本特征,网络经济是建立在计算机网络基础之上,以现代信息技术为核心的新的经济形态,它不仅是指以计算机为核心的信息技术产业的兴起和快速增长,也包括以现代计算机技术为基础的整个高新技术产业的崛起和迅猛发展,更包括由于高新技术的推广和运用所引起的传统产业、传统经济部门的深刻的革命性变化和飞跃性发展。因此,不能把网络经济理解为一种独立于传统经济之外,与传统经济完全对立的纯粹的"虚拟"经济。网络经济实际上是一种在传统经济基础上产生的,以计算机为核心的现代信息技术提升的高级经济发展形态。同时,网络经济必须注重用户体验,由于网络经济非接触的特点,用户体验是一种在用户使用产品过程中纯主观建立起来的感受。对一个界定明确的用户群体来讲,其用户体验的共性是能够经由良好设计实验来认识。计算机技术和互联网的发展使技术创新形态发生了转变,以用户为中心、以人为本越来越得到重视,用户体验也因此被称为创新2.0模式的精髓。

【实训项目】

电子商务B2B行业网站商业模式分析

1. 实训目的与要求

(1) 了解电子商务B2B行业网站的商业模式。

(2) 分析B2B模式的特点和比较优势。

(3) 分析常见行业网站的核心竞争力。

2. 实训重点

B2B网站商业模式。

3. 实训难点

B2B网站优势分析。

4. 实训内容

登录中国行业网联盟(www.hywlm.com),选择B2B网站,进行可行性分析。

(1) B2B行业网站市场定位分析。

(2) B2B行业网站的特点和比较优势。

(3) B2B行业网站存在的问题和应该采取的措施。

5. 备注说明

(1) 通过访问艾瑞网了解我国B2B行业网站发展现状。

(2) 比较国外和国内B2B行业网站的区别。

【案例分析】

沈亚与唯品会——超高性价比的限时抢购网站

唯品会,一家专门做特卖的网站;都是傲娇的品牌,只卖呆萌的价格。商品囊括时尚男装、女装、童装、美鞋、美妆、家纺、母婴等。每天10点上新,全场1折起。正品保证,可货到付款,7天无条件退货。

广州唯品会成立于2008年8月,总部设在广州,旗下网站于同年12月8日上线。唯品会是一家专门做特卖的网站,主营业务为互联网在线销售品牌折扣商品,涵盖名品服饰鞋包、美妆、母婴、居家等各大品类。2012年3月23日,唯品会在美国纽约证券交易所(NYSE)上市。自上市以来,截至2016年6月30日,唯品会已连续十五个季度实现盈利。目前,唯品会已成为全球最大的特卖电商,以及中国第三大电商。唯品会在中国开创了"名牌折扣+限时抢购+正品保障"的创新电商模式,并持续深化为"精选品牌+深度折扣+限时抢购"的正品特卖模式,即每天早上10点和晚上8点准时上线200多个正品品牌特卖,以低至1折的折扣实行3天限时抢购,为消费者带来"网上逛街"的愉悦购物体验和超高性价比的购物惊喜。

唯品会率先在国内开创了特卖这一独特的商业模式,加上其"零库存"的物流管理及与电子商务的无缝对接模式,唯品会得以在短时间内在电子商务领域生根发芽。唯品会与知名国内外品牌代理商及厂家合作,向中国消费者提供低价优质、受欢迎的品牌正品。每天100个品牌授权特卖,商品囊括时装、配饰、鞋、美容化妆品、箱包、家纺、皮具、香水、母婴等。

唯品会定位于"一家专门做特卖的网站",每天上新品,以低至1折的深度折扣及充满乐趣的限时抢购模式,为消费者提供一站式优质购物体验。唯品会创立之初,即推崇精致优雅的生活理念,倡导时尚唯美的生活格调,主张有品位的生活态度,致力于提升中国乃至全球消费者的时尚品位。

唯品会的企业文化:企业使命传承品质生活,提升幸福体验。企业愿景:成为全球一流的电子商务平台。企业理念:对用户,用户是上帝,也是我们的衣食父母,坚持用户利益至上,不断倾听和深刻理解用户需求,不断给用户惊喜,不断提供超预期的体验和服务,不断创造新的用户价值;对合作伙伴,尊重和善待合作伙伴,真诚合作,一起共建共生共赢的生态环境;对员工,员工是公司最大的资产,不断激发员工潜能,使员工与企业共赢、共成长,善待员工,关爱员工身心健康;对社会,怀感恩的心,注重社会责任,尽企业的力量,回报社会,施助于需要帮助的人,塑造健康企业形象。价值观:简单、创新、快速、协作。

唯品会所销售的商品均从品牌方、代理商、品牌分支机构、国际品牌驻中国办事处等正规渠道采购,并与之签订战略正品采购协议。不仅如此,唯品会对供应商的资质都进行了严格审查,营业执照等五证、产品检验报告及品牌授权许可文件，缺一不可。对于进口的商品，还必须要供货商提供进关单据等进关文件。对于3C、化妆品、食品等产品，均依据国家规定要求供应商提供相应商品特殊资质证书。在唯品会上售卖的品牌均为正品，并由中国太平洋财产保险股份有限公司对购买的每一件商品进行承保。唯品会拥有高度艺术化的唯美网页、专业摄影团队所打造的商品展示图片，以及简单便利的操作界面。

唯品会采用的是线上销售模式，通过唯品会网络平台直接提供厂方的商品销售，省去了中间多级的销售渠道，价格自然低很多。而且唯品会与许多品牌厂方，经过长期的合作建立了信任的关系，价格可以更为优惠，甚至就是最基本的成本费；同时，彼此间又有许多的合作模式，如跨季度的商品采购、计划外库存采购、大批量采购等，货源价格最大限度地优惠化。另外，由于"限时限量"的模式，不用担心商品的积压，并且可以根据订单制定货量，降低了经营成本，有更大的让利空间。

【练习题】

（1）登录京东商城(www.jd.com)，说明京东商城网站在用户体验方面的具体措施。

（2）访问芳草集淘宝网店，浏览网站内容，了解芳草集网络品牌的发展模式。

（3）登录美团网(wh.meituan.com)，团购某商品，体会团购网站超低折扣的交易过程。

（4）登录麦包包官网以会员为中心(www.mbaobao.com)，分析麦包包以会员为中心的营销定位。

（5）登录海尔商城(www.ehaier.com)，说明传统企业向网络企业转型的根本原因。

（6）登录唯品会(www.vip.com)，分析限时抢购模式移动客户端应用的优势。

【复习题】

（1）什么是网络经济？简述网络经济的特点。

（2）简述网络经济给中国带来的影响。

（3）什么是新经济？它与传统经济的区别表现在哪些方面？

（4）试举一个生活中有关网络效应的案例。

（5）什么是体验经济？用户体验如何影响网络购物？

（6）试举例说明网络经济的产生给个人生活带来了哪些变化。

第三章 电子商务网站竞争力分析

【学习目标】

☆ 明确电子商务网站的竞争优势。
☆ 理解网站核心竞争力的意义。
☆ 学会实施电子商务网站的战略分析。
☆ 掌握电子商务网站竞争力评价。
☆ 领会提升电子商务网站竞争力的措施。

 实务导入

梁建章与携程旅行网——大拇指＋水泥

携程旅行网(简称携程)创立于1999年,总部设在中国上海,员工30 000余人,目前公司已在北京、广州、深圳、成都、杭州、南京、厦门、重庆、青岛、沈阳、武汉、三亚、丽江、香港、南通等城市设立了分支机构,并在南通设立了服务联络中心。

作为中国领先的综合性旅行服务公司,携程成功整合了高科技产业与传统旅行业,向超过2.5亿会员提供集无线应用、酒店预订、机票预订、旅游度假、商旅管理及旅游资讯在内的全方位旅行服务,被誉为互联网和传统旅游无缝结合的典范。

凭借稳定的业务发展和优异的盈利能力,携程于2003年12月在美国纳斯达克成功上市,上市当天创纳市3年来开盘当日涨幅最高纪录。

今日的携程在在线旅行服务市场居领先地位,成为全球市值前三的在线旅行服务公司。

服务规模化和资源规模化是携程旅行网的核心优势之一。携程拥有世界上最大的旅游业服务联络中心,拥有1.2万个座席,呼叫中心员工超过10 000名。携程在全球200个国家和地区与近80万家酒店建立了长期合作的稳定关系,其机票预订网络已覆盖国际、国内绝大多数航线。规模化的运营不仅可以为会员提供更多优质的旅行选择,还保障了服务的标准化,确保了服务质量,降低了运营成本。

携程一直将技术创新视为企业的活力源泉,在提升研发能力方面不遗余力。携程建立了一整套现代化服务系统,包括海外酒店预订新平台、国际机票预订平台、客户管理系统、房量管理系统、呼叫排队系统、订单处理系统、E-Booking机票预订系统、服务质量监控系统等。2013年,携程发布"大拇指＋水泥"策略,构建指尖上的旅行社,提供移动人群无缝的旅行服务体验。依靠这些先进的服务和管理系统,携程为会员提供更加便捷和高效的服务。

先进的管理和控制体系是携程的又一核心优势。携程将服务过程分割成多个环节,以细化的指标控制不同环节,并建立起一套精益服务体系。同时,携程还将制造业的质量管理方法六西格玛管理体系成功运用于旅行业。目前,携程各项服务指标均已接近国际领先水平,服务质量和客户满意度也随之大幅提升。

预习题

(1) 分析旅游电子商务网站如何进行数据营销。
(2) 举例说明旅游电子商务网站的核心竞争力体现在哪里。

3.1 网站竞争力的概念

网站竞争力是指独立经营的网站,基于其所拥有的特殊资源,通过市场表现出来的、超越其竞争对手的销售商品或者服务的一种能力,这种能力具体体现在网站的技术、市场、人力资源、产品设计、产品质量、资金实力、服务管理、客户关系等方面。正如国家、社会、组织、个人都存在竞争力提升的问题一样,电子商务时代,网站竞争更加激烈,网站的生存和发展完全依赖于网站竞争力。

3.1.1 网站竞争力的分析

网站竞争决定了网站的生存和发展,因此,合理分析网站的竞争实力,及时发现长处和不足,就能扬长避短,电子商务网站尤其要注重发现问题、分析问题和解决问题。

1. 网站竞争力的含义

网络时代,人们对市场竞争的关注程度也在迅速升温。毫无疑问,在国门进一步敞开之后,中国网站与国际顶尖网站的这场大比拼已呈箭在弦上之势。我国加入世贸组织以后,国外网站对中国网站造成了种种冲击,因此,提高中国网站竞争力尤其重要。

网站的发展,从原始作坊到跨国集团经历了几千年,几千年的尘埃将网站的本性重重覆盖。为获得对网站的真实认识,我们将从网站最原始、最简单的形态来分析。

当原始群落形成后,人们劳动以"规模经营",三五成群地狩猎,三五成堆地加工,形成了"规模经营",因此,人类社会最早的"网站"不是一种独立于社会之外,或者与社会对立的利益团体,而是完全融入社会,包含在社会之中,与社会完全一致的功能性组织,即为社会发展起到独特的作用(提供物质力)的部门。人与人之间表现的是高度的克己奉公的牺牲精神和和谐一致的合作品格,因而,这种"网站"才是真正的网站,网站的真实本性便是如此,也应该如此,这种竞争力正是网站发展的源泉。

网站的立足点不同,产生的效果就迥然不同,其实网站的社会性和经济性并不矛盾,一个网站在尽力做出贡献后,社会自然会对网站有相应的回报,这种回报不是简单相加的效果,而是超值的效果,所以,网站的社会性和经济性是相辅相成的,并以社会性为主,经济性为辅,经济性是社会性的延伸,并被社会性制约,这个阶段的网站竞争力更多通过市场体现出来。

网站竞争力包含五层含义:①网站竞争力是网站的一种能力;②这种能力不仅包括现实的生存能力,还包括潜在的、未来的发展潜力;③这种能力是网站基于其所拥有的一系列特殊资源而获得的;④这种能力是通过市场竞争表现出来的;⑤这种能力是相对于其竞争对手而言的(难以模仿)。

网站竞争力必须建立在客户的基础上,从客户的需求出发,到客户交易完成的整个过程中都为客户提供优质服务,为客户创造价值,最终使客户满意,为双方带来更多的利益。网站生产经营竞争力的具体体现如图 3-1 所示。

2. 网站竞争力的构成

商业竞争随着市场竞争程度的不断强化,经历了一个由低向高、由表层向深层不断认识和实践的过程,主要表现为产品竞争、市场占有率竞争、客户竞争、人才竞争和网站机制竞争等五个不同的

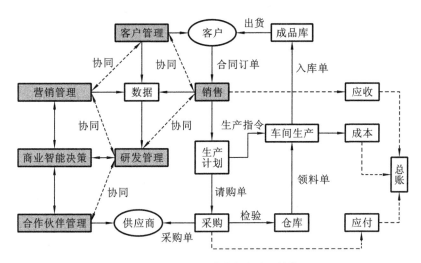

图 3-1 网站生产经营竞争力的具体体现

层面。这五个不同层面,有其商业竞争的共同规律,又具有不同的内涵与特点。

1) 产品竞争

产品竞争的特征表现为:以产品本身的质量优势、价格优势和形象优势来赢得消费者,以达到赢利的目的。虽然产品本身可以直接或间接地体现网站的某种竞争能力和内在素质,但产品毕竟只是网站运行的某个阶段、某个过程的终结点,产品竞争并不是商业竞争最关键的部分,也不是商业竞争的全部,只是商业竞争的一种表现形式而已。

2) 市场占有率竞争

市场占有率是指在一定的时期内,企业所生产的产品在其市场的销售量或销售额占同类产品销售量或销售额的比重。市场占有率往往带有虚拟性。例如,某些网站采取特殊的营销谋略,通过打压价格或制订超常规的优惠策略来达到提高市场占有率的目的,这种占有率的增长是以牺牲网站利益、损害经济效益为代价的,其性质无异于饮鸩止渴。可见,市场占有率充其量只不过是商业竞争的表象或参照系,难以真实地体现网站的竞争实力。

3) 客户竞争

客户竞争是网站针对客户的竞争策略。其中,包括对客户采取范例展示、利益诱导、广告宣传、个案类比、实例介绍等营销手段,不失时机地引导客户接受新的消费观念,以期在客户中形成良好的口碑效应,解决好客户对网站的认知度的问题。但这种竞争仍然侧重网站的外部因素,只不过是一种"外围争夺战",市场胜算率十分有限。

4) 人才竞争

人才竞争是较高层次的竞争形式。网站经营者坚持以人为本的观念,突出人在市场竞争中的巨大作用,普遍认同"成功的第一要素是人才"。然而,人们往往忽略了这样一个问题,即环境对人才的制约或激励可以决定人才的价值。目前,网站频繁地出现人才跳槽的原因有待遇不理想、岗位不适合、心情不舒畅、发展概率不大等,不难看出,这些原因全部与人才所处的环境有关。可见,良好的网站环境是拥有人才的重要前提条件。环境氛围未能营造好,不仅人才不会光顾,即便有了人才也会逐渐流失。因此,拥有人才仍然是网站在商业竞争中取胜的终极原因。

5) 网站机制竞争

什么是商业竞争中取胜的终极原因呢? 网站机制的优劣是商业竞争能否取胜的决胜因素。这是因为网站机制较前面四种商业竞争的形式有着特殊的性质和作用。

机制,原指机器的构造和工作原理,后被生物学和医学通过类比借用过来,指生物机体结构组成部分的相互关系,以及其间发生的各种变化过程的物理、化学性质和相互关系。医学上对机制的研究,历来被认为是对生命本质的研究,是弄清生命障碍和疾病的重要一环。由此,网站机制在网站竞争中的重要作用也显而易见:网站机制决定网站内部人、财、物、事的合理配置;网站机制决定网站核心竞争力和综合实力的成长性;网站机制决定网站的自身品质和市场价位。

 课堂讨论

喻华峰与本来生活网——回家吃饭

本来生活网精选来自全世界的优质、健康、绿色、有机、品牌食材食品,基地直供,冷链配送,安全检测,服务到家。开展了"717生鲜购物节"和"回家吃饭"等食品打折、优惠、网购活动。褚橙毫无疑问是成就本来生活网的一大功臣,褚橙约1 500千克的销售量是通过本来生活网完成的。谈及褚橙,喻华峰表示,褚橙是一个特例,背后是褚老独特的背景和人生经历,本来生活网也在不断地寻找新的东西,比如推出过"寻找下一个褚橙",也已经发现很多优质的大米、大闸蟹等,未来本来生活网还将陆续整合一大批上游生产者。

本来生活网从国内优质食品供应基地、国外优质食品供应商中精挑细选,剔除中间环节,提供冷链配送、食材食品直送到家服务。本来生活网提供的产品包括:健康安全的蔬菜水果、肉禽蛋奶、米面粮油、熟食面点等;具有深厚积淀和历史传承的优质原产地食品;拥有品质保障的进口食品等。

本来生活网坚信,安全是基本权利,食物面前人人平等,享用安全食品是一种基本权利。坚持追寻本来让食物原汁原味,让生活返璞归真,让自然回归自然。食物的分享是每个中国人最传统的交流方式,唯有携手才能与家人和朋友寻找并分享美味。崇尚大道至简的美学理念,倡导返璞归真的生活态度,期待回归人与人之间的质朴关系,始终坚守普世价值;致力于推广并普及科学的种养殖手段,提倡绿色环保和自然农法,依循大自然法则,维护生态和环境,减少乃至拒绝农药、生长调节剂等,让自然回归自然。

3.1.2 网站核心竞争力

1. 网站核心竞争力的含义

核心竞争力是网站拥有的独特技术和能力,网站核心竞争力可以从市场、技术和管理三个层面来评估。北京大学教授张维迎认为,核心竞争力必须具备偷不去、买不来、拆不开、带不去和流不掉五个特点。核心竞争力必须是保障一个网站能够获得竞争力优势的能力,并且,这种能力能够长期保持下去,它是一个网站能够基业长青的关键因素。为网站带来竞争力的经营资源包括人力资源、研究与开发能力、核心技术、供应链、营销组合、营销网络、客户资源、管理能力、网站信誉和网站文化。

在电子商务时代,网站必须具有核心竞争力,才能保证网站的长久发展,如果电子商务网站经营过程中要实现"人无我有,人有我优,人优我转",可以从以下几个层面实现。

1) 市场层面

市场层面主要包括核心业务和核心产品两个方面。衡量核心业务的指标有如下几个:①网站是否有明确的主营业务;②主营业务是否能为网站带来主要收益;③主营业务是否具有稳定的市场前景;④网站在主营业务中是否有稳固的市场地位。衡量核心产品的指标有如下几个:①网站是否有明确的主要产品;②主要产品是否有很高的市场占有率;③主要产品是否有很强的差异性和品牌忠诚度;④主要产品是否有很好的市场前景;⑤主要产品延伸至其他市场领域的能力。

2) 技术层面

技术层面主要是指核心技术或创造核心技术的能力。其指标主要有以下几个:①网站是否有明确的优势技术和专长;②优势技术和专长具有多大的独特性、难以模仿性和先进性;③网站能否不断吸取新技术和信息,以巩固和发展优势技术和专长;④优势技术和专长能否为网站带来明显的竞争优势;⑤优势技术和专长是否得到了充分的发挥;⑥网站能否基于核心技术不断推出新产品。

3) 管理层面

管理层面主要是指网站发展核心竞争力的能力,即网站的成长能力。其指标主要有以下几个:①高层领导是否关注核心竞争力的培育和发展;②网站的技术开发能力如何;③网站是否有充足的各类技术管理人才;④网站对技术管理人才队伍的激励机制是否完善和有效;⑤网站是否有追踪和处理新技术及相关信息的系统和网络;⑥网站是否有围绕强化核心竞争力的各层次培训体系;⑦高层领导是否关注市场及其变化趋势;⑧高层领导是否有不断学习与进取的精神;⑨网站是否有明确的长远规划;⑩网站是否有有效的运行控制系统。

2. 网站核心竞争力的特征

核心竞争力是网站获取持续竞争优势的基础,因此,并不是网站所有资源、知识和能力都能形成核心竞争力,只有当资源、知识和能力同时符合以下特性时,这些资源、知识和能力才有可能成为网站的核心竞争力,网站核心竞争力具有以下特征。

1) 用户价值性

核心竞争力是网站独特的竞争能力,它必须有助于实现用户所看重的核心价值。以海尔集团(以下简称海尔)和长虹为例,两者同属电器网站,海尔的核心竞争力是其五星级的销售和服务体系,而长虹的核心竞争力则是它的低成本和规模优势,当用户注重购买方便和售后服务时,就会倾向于购买海尔电器,而当价廉物美成为首要选择时,就会倾向于长虹。用户价值除了体现在用户所看重的核心价值上外,还包括网站对用户价值的维护和增值,它包括价值保障、价值提升和价值创新三个方面。价值保障是一个价值传递的过程,它要求在不断降低成本的同时,保证价值的有效传递,保证产品价值和顾客可接受的价值不受影响;价值增值是一个增值的过程,是对现有产品和服务进行不断改进以提高产品和服务的价值含量;价值创新则是一个创造过程,是网站运用核心竞争力开发研制全新的产品和服务,以满足客户新的需求。

2) 延展性

延展性是指网站能够从核心竞争力衍生出的一系列新产品和新服务来满足客户的需求。核心竞争力有从核心竞争能力到核心技术再到最终产品的延展能力,即网站核心竞争力包含着一项或几项核心技术,而这些核心技术相互配合形成一个或多个核心产品,再由核心产品衍生出最终产品。在这个延展过程中,网站核心竞争力是主导力量。

核心竞争力的延展性使网站能够在较大程度上满足客户的需求,不仅包括客户当前的需求,而且还包括了客户潜在的需求。这种需求的满足是通过核心竞争力充分发挥其延展性,在新的领域内积极运用而得以实现的。延展性使核心竞争力更能保证网站多元化发展的成功。以日本夏普公司为例,其核心竞争力是液晶显示技术,该项技术使日本夏普公司在笔记本电脑、袖珍计算器、大屏幕显像技术等领域都具有竞争优势。

3) 独特性

独特性又称异质性,是网站的核心竞争力所特有的,没有被当前的竞争对手和潜在的竞争对手所拥有的资源。独特性特别要求核心竞争力具有不可模仿和难以被替代的特性。如果核心竞争力容易被替代或模仿,则意味着这种竞争力很弱,无法给网站创造较大的和持续的竞争优势,这种不易模仿性,在网站核心竞争力中,不仅包括网站独特的技术技能、操作技巧与诀窍等技术特性,还包括网站的管理模式和文化特征,因此不易模仿,竞争对手很难完全了解和复制,所以核心竞争力是支持网站建立竞争优势的战略资源。

网站核心竞争力在形成以后,就面临再培育和提升的问题,否则随着市场竞争的加剧和科学技术的发展,核心竞争力也会逐渐失去其竞争优势,沦为一般竞争力,甚至完全丧失竞争优势。因此,网站若想长久保持核心竞争力的领先优势,就必须对核心竞争力进行持续不断的创新、发展和培养,要根据产业的发展方向、管理的更新趋势以及网站自身资源的发展状况,对网站的核心资源进行重新配置与定位,实现网站核心竞争力的及时跃升,以维持和扩大核心竞争能力的竞争优势。

传统型企业的组织结构同网络型企业的组织结构在特征与功效上的比较如表 3-1 所示。

表 3-1　传统型企业的组织结构同网络型企业的组织结构在特征与功效上的比较

比较形式	传统型企业的组织结构	网络型企业的组织结构
劳动分工	由输入或输出界定	由知识或技能界定
协作	独立、分散的活动	相互依存的单元
企业中心个数	一个	多个
决策	高度集中	高度分散
企业边界	有	无
正式结构	单一	多样化、富于变化
非正式机构的重要性	低	高
权威基础	职位	知识和资源
时间效率	低	高
快速反应能力	差	强
适应能力	差	强
适用范围	稳定或相对复杂的环境	剧烈变化的环境
战略选择	集中/低成本或多样化战略	创新战略

3. 网站核心竞争力的识别和判定标准

网站的核心竞争力是能够长期产生竞争优势的竞争力,然而,并不是网站所有的竞争力都能形成核心竞争力。我们可以根据对核心竞争力要求的描述,来识别和判断哪些竞争力可以成长为核心竞争力。

1) 核心竞争力是价值高的竞争能力

核心竞争力必须是那些能增加网站外部环境中的机会或减少威胁的竞争能力,它能够帮助网站在激烈的市场竞争中保持长期的竞争优势。

2) 核心竞争力是稀有的竞争能力

核心竞争力是网站独一无二的、没有被当前和潜在的竞争对手所拥有的竞争能力。即使一种竞争能力很有价值,但是如果可以被许多竞争对手所拥有,那它产生的则只能是竞争均势而不是竞争优势。

3) 核心竞争力是难以模仿和学习的竞争能力

核心竞争能力必须是不易被其他网站模仿和学习的,并且模仿和学习的成本很高。在以下情况下形成的网站的核心竞争力很难被竞争对手所模仿和学习:①网站核心竞争力的形成有其独特的历史经历和条件;②网站核心竞争力与其所表现的竞争优势之间的联系不易被清楚分析;③网站核心竞争力的形成与一定的社会人文环境有关,包括社会文化、价值观念、习俗传统等。

案例

中粮我买网——具有供应链优势的食品网络购物网站

中粮我买网是由世界500强企业中粮集团有限公司(简称中粮)于2009年投资创办的食品类B2C电子商务网站。中粮我买网致力于打造中国最大、最安全的食品购物网站。中粮我买网坚持的使命是,让更多用户享受到更便捷的购物,吃上更放心的食品。中粮我买网商品包括:休闲食品、粮油、冲调品、饼干蛋糕、婴幼食品、果汁饮料、酒类、茶叶、调味品、方便食品和早餐食品等百种品类。它是办公室白领、居家生活和年轻一族的首选食品网络购物网站。

中粮历史追溯,中粮的历史可以追溯到1949年,是中国从事农产品和食品进出口贸易历史最悠久、实力最雄厚的企业,几十年一直是国家小麦、玉米、大米、食糖等大宗农产品贸易的主导者;从粮油食品贸易加工起步,中粮围绕客户和社会需求以及潜在的发展机遇,建立起相关多元化的发展模式,延伸至生物质能源发展、地产开发、酒店经营和金融服务等业务领域,在发展历程中不断扩大与全球客户在农产品原料、粮油食品、番茄果蔬、饮料、酒业、糖业、饲料乃至地产酒店、金融等领域的广泛合作,持久地为客户提供价值,并以此回报股东和所有权益相关者。

中粮我买网网站规划:打造食品领域全新的网络销售平台,实现新渠道的战略布局,增加新商机。开创崭新的创新渠道,成为新产品持续创新的动力源泉。通过积累与分析网购消费者购买习惯和购买行为,根据其需求进行产品创新,甚至针对网购渠道消费人群进行产品定制。促进新产品快速上市,保证新产品的成功率。新产品上市不再经历经销商开发、零售商选择的漫长过程,不必支付昂贵的进店费,可以快速呈现到消费者面前,实现和消费者的直接互动。中粮我买网的优势在于:所有在售商品均为优选,不是任何一种商品都可以在中粮我买网上销售。中粮我买网将成为中国最好的食品购物网站,成为品牌传播、渠道拓展的集成平台,代表中粮持续创新、保持活力的新形象,为国人提供最安全、最丰富、最便宜、最便捷的食品及其服务。

4. 网站核心竞争力的培养

培养网站核心竞争力可以从以下三个方面着手。

1) 通过管理创新构建网站的核心竞争力

管理创新可以从以下几个方面进行。一是管理理念创新。从争夺最终产品市场占有率转向争夺核心产品市场份额;重视对环境的适应性,更重视提高网站自身的素质;注重做好全面管理,更注重做好关键环节的管理;从垂直多元化发展转向对价值链关键环节的把握;从横向多元化扩张转向业务核心化发展;从争取分散网站风险转向努力增强网站实力;从产品组合管理转向技术组合管理;既追求规模经济效益,又注重培育持续竞争优势。二是组织创新。建立现代网站制度,完善公司法人治理结构,并根据网站实际进行组织结构设计。三是信息工作创新。确立全新的信息标准,推进网站信息化,研究和使用新型信息技术。四是战略创新,由竞争战略向合作竞争战略转化。五是人力资源管理创新,如引入柔性管理。六是市场创新,发现电子商务市场空白点等。

2) 通过技术创新构建网站核心竞争力

技术创新对提高网站核心竞争力有三大效应。一是自我催化效应。随着一项技术创新成果成为网站的核心技术,网站也将逐渐形成自己新的核心竞争力和技术模式,能使网站在较长的时期里获得高额垄断利润和规模经济效益。二是低成本扩张与收益效应。新技术在网站中的应用,使网站以同样的成本得到收益倍增效应,可以运用同一技术在不同产品市场上获得巨大的创新收益。三是增强网站整体实力效应。技术创新可以提高网站在相关产品市场上的竞争地位,其意义远远超过在单一产品市场上的地位,对网站的发展具有深远的意义。

3) 通过文化创新构建网站核心竞争力

网站文化在构建核心竞争力上的独特作用,主要是整合网站内外部资源。网站内部活的因素是人。网站文化对网站内部资源的整合,最关键的是对人力资源的整合,对网站员工精神的塑造。同时,通过网站文化创新,可以发现、选择、利用外部资源。网站文化创新应从建设开放合作的文化、学习型文化、适应性和能动性叠加的文化等入手。"网站竞争力"和"网站核心竞争力"则是一对既有联系又有区别的概念。网站竞争力的范围较宽,但网站核心竞争力的范围较窄,网站核心竞争力是网站竞争力的重要组成部分。网站竞争力着重强调网站和其竞争对手相比较而言的"比较竞争力";网站核心竞争力则着重强调电子商务网站作为一个整体,在长期的生产经营活动过程中形成的,能带来未来持续经济利益的,且竞争对手又难以模仿的独特竞争力。

5. 增强电子商务网站核心竞争力的手段

21世纪,为了适应电子商务的巨大变革,网站需要主动地在体制、管理和技术上不断创新,采用新的经营管理手段,建立完善的全球服务体系,以便提高网站的效率与效益、生产与服务质量及网站的竞争力,并不断地降低成本、控制经营风险,使网站获得稳定持久的发展。因此,必须整合网站资源,不断增强电子商务网站的核心竞争力。

电子商务网站的核心竞争力,是指保证网站在市场竞争中不断赢利并扩大竞争优势的决定性力量,是网站的独特资源、技术、市场、人才等的具体体现。提高网站核心竞争力,需要从核心竞争力所表现出来的外部特征入手,因此,增强电子商务网站核心竞争力的手段有顾客价值、竞争差异化、创新性、成本控制、加强合作等。

21世纪,互联网消除了人们信息交流的障碍,极大地方便了信息的发布与沟通。有了网络,人们就可以很方便地将收集到的各种信息进行比较,具有更大的选择权和主动决策权。在因特网上,信息的不完整性与不对称性的瓶颈得到了缓解,市场信息的透明度日益增加,市场范围更广,技术管理人才流动性更大,加剧了网站市场竞争的激烈强度,这样,增强电子商务网站的核心竞争力就显得尤为重要。

案例

陈欧与聚美优品——30天拆封无条件退货

聚美优品创始人陈欧,16岁留学新加坡,就读于南洋理工大学,26岁获得美国顶级大学斯坦福大学MBA学位。大学期间成功创办全球领先的在线游戏平台Garena(原gg平台,现在全球拥有超过2 400万用户),二次创业参与创立中国领先的化妆品网购平台聚美优品(现已成为国内化妆品电商网站龙头)。

聚美优品由海归学子陈欧、戴雨森、刘辉创立于2010年3月,致力于创造简单、有趣、值得信赖的化妆品购物体验。首创了"化妆品团购"概念:每天在网站推荐几百款热门化妆品,并以远低于市场价的折扣限量出售。创立伊始,聚美优品便坚持以用户体验为最高诉求,承诺"100%正品""100%

实拍"和"30天拆封无条件退货"政策,竭力为每位用户带来独一无二的美丽惊喜。

从2010年3月成立至今,凭借口碑传播,聚美优品已经发展成为在北京、上海、成都、广州、沈阳拥有总面积达5万多平方米的自建仓储、专业客服中心,超过3 000万注册用户,月销售超过6亿元的中国领先的化妆品电子商务网站,是近年来中国发展速度最快的电子商务公司之一,而最初那小小的梦想,也已成为数千聚美优品人的信念。

3.1.3 网站核心竞争力的评价

网站核心竞争力,是指在竞争性市场中一个网站所具有的能够持续地比其他网站更有效地向市场和消费者提供产品或服务,并获得赢利和自身发展的综合素质。之所以要评价网站核心竞争力,主要原因在于:一方面,能够从定量上把握网站竞争力水平和状况,为政府制定政策及宏观决策提供依据;另一方面,为网站提供竞争力评价信息,分析竞争的优势和劣势,制订竞争战略,改善经营管理,促进网站技术升级和结构调整,增强网站自身竞争力。

在网站经营过程中,网站核心竞争力通过市场经营活动表现出来,竞争力的持续性依赖于网站的各种要素资源及管理组织,同时,网站核心竞争力又是与竞争对手比较的结果,因此,通过设定若干指标,可以对网站核心竞争力进行分析、比较和评价。

目前,管理学理论尚未明确网站核心竞争力的评价指标体系,而公认的国家(地区)国际竞争力评价方法与指标并不适用于微观网站。根据网站核心竞争力的构成、表现及持续性的支撑基础,我们可以提出以下主要指标。

1. 直接竞争力

直接竞争力包括营销绩效和营销能力及效率。

1) 营销绩效

营销绩效包括销售指标、市场位势、销售利润指标和网站形象。

(1) 销售指标。销售指标包括销售额(量)、销售增长率、销售人员人均销售额及行业排位。

(2) 市场位势。市场位势包括市场占有率、用户保有率、市场占有率排位和用户保有率排位。

(3) 销售利润指标。销售利润指标包括销售利润总额、销售利润率和销售利润增长率。

(4) 网站形象。网站形象包括品牌知名度、美誉度、忠诚度、服务满意度和网站信用等级。

2) 营销能力及效率

营销能力及效率包括产品竞争力、价格竞争力、分销能力、促销能力、采购能力和营销财务能力。

(1) 产品竞争力。产品竞争力包括产品组合长度、宽度及深度,新产品开发速度,售后服务点密度,售后服务保障(如速度、范围、期限等)。

(2) 价格竞争力。价格竞争力包括竞争者之间的销售价格之比、销售价格与质量(性能)之比、销售价格升降和相对升降幅度(不同时间)。

(3) 分销能力。分销能力包括分销机构数量、分销机构分布区域数、分销效率(如单位面积、资金和人均销售额等)、生产能力利用率、产销率、物流效率(时间与成本)。

(4) 促销能力。促销能力包括促销总预算、促销费用增长率、单位销售额促销成本和边际促销效果。

(5) 采购能力。采购能力包括供货商数量、供货商分布区域数和相对采购成本。

(6) 营销财务能力。营销财务能力包括营销总预算、营销费用增长率、营销投资增量、营销费用与销售额之比、销售收入回笼率和营销资金周转速度。

2. 竞争支撑力

竞争支撑力包括经营优势、技术优势、资产实力和人力资源指标。

1) 经营优势

经营优势包括成本优势、差异优势和成本或差异优势。

（1）成本优势。成本优势包括成本优势相对成本水平、相对质量（性能）与成本之比、成本下降幅度与速度。

（2）差异优势。差异优势包括产品各项技术经济指标，分销、物流、促销、服务方面的特别指标和特长。

（3）成本或差异优势。成本或差异优势包括体现在生产经营的某一方面或环节的若干指标。

2) 技术优势

技术优势包括研究与开发、技术创新、技术条件和技术合作。

（1）研究与开发。研究与开发包括研究与开发总经费、研究与开发经费增长率、研究与开发经费占销售收入的比例、科研手段先进性指标。

（2）技术创新。技术创新包括网站专利数、年专利申请数、专利平均有效期、技术产品化的成功率和专有技术数量。

（3）技术条件。技术条件包括主要生产经营设备的先进性（年份表示）、管理信息系统类型（如 POS、MIS 等）。

（4）技术合作。技术合作包括产、学、研合作单位数量，年技术合作成果数量和年技术合作成果应用率。

3) 资产实力

资产实力包括资产总量、资产质量和资产结构。

（1）资产总量。资产总量包括总资产、净资产和无形资产总值。

（2）资产质量。资产质量包括资产保值、增值率，资产收益率，平均投资回收期，资本积累率，资产周转率和资产流动性指标。

（3）资产结构。资产结构包括资产负债率、主业资产比例、不良资产比例、无形资产比例和本国（地）资产比例。

4) 人力资源指标

人力资源指标包括人力资源质量、人力资源成本与效率和员工的精神状态。

（1）人力资源质量。人力资源质量包括网站影响力、高学历员工数量及占员工的比例、专业技术人员占员工的比例。

（2）人力资源成本与效率。人力资源成本与效率包括全员劳动生产率、职工平均工资成本、人均成本与效益指标。

（3）员工的精神状态。员工的精神状态包括奉献与团队精神、在职人员接受教育培训的比例、经理及专业技术人员流动率。

3. 网站核心竞争力的评价指标体系

上述大部分指标是可以定量的，部分评价内容可由状态、等级或技术经济指标表示。同时，在竞争力评价中，大部分指标都要从多个角度加以分析、比较，包括与前期指标比较，与主要竞争对手指标比较和与行业平均指标比较。同一指标经上述方面的比较，才能准确反映网站核心竞争力在这一评价内容上的状态和相对位置。

为了恰如其分地评价网站核心竞争力,观察网站在激烈的市场竞争中所处的位置,促进网站不断提高在市场中的竞争地位,需要设计出一套科学、完整的评价指标体系。由于对网站核心竞争力理解角度的不同,对网站核心竞争力评价指标的选取重点也就会有所不同。

4. 网站核心竞争力指标的运用

首先是获取原始数据,再进行数据处理,明确使用范围、服务对象、竞争对手和市场细分,并进行客观评价分析。

5. 网站核心竞争力指标的意义

网站核心竞争力指标的意义:有助于网站明确自身的处境,增强忧患意识,激发网站的奋斗精神;有助于网站明确自身的优势与不足,不断挖掘潜力,提高核心竞争力;有助于网站提高管理水平;有助于网站进行核心优势决策。

执 行 力

执行力可以理解为:有效利用资源,保质保量达成目标的能力。执行力,是指贯彻战略意图,完成预定目标的操作能力,是把网站战略、规划转化成为效益、成果的关键。执行力包括完成任务的意愿,完成任务的能力和完成任务的程度。对个人而言,执行力就是办事能力;对团队而言,执行力就是战斗力;对网站而言,执行力就是经营能力。而衡量执行力的标准,对个人而言是按时、按质、按量完成自己的工作任务;对网站而言就是在预定的时间内完成网站的战略目标。其表象在于完成任务的及时性和质量,但其核心在于网站战略的定位与布局,是网站经营的核心内容。

执行力就是在既定的战略和愿景的前提下,组织对内外部可利用的资源进行综合协调,制订出可行性战略,并通过有效的执行措施从而最终实现组织目标、达成组织愿景的一种力量。

执行力是一个变量,不同的执行者在执行同一件事情的时候也会得到不同的结果。执行力不但因人而异,而且还会因时而变。如果要想解决执行力的若干问题,就必须先剖析影响执行力的根源,然后再找方法,这样解决问题自然就会变得清楚些、容易些。

影响执行力的根源可从文化、定位、规划、心态、流程、沟通、考核、协作这八个方面进行分析解读,是什么影响了执行力的发展,为什么有人"宁愿要三流的战略、一流的执行,也不要三流的执行、一流的战略"。

3.2 电子商务网站的战略分析

电子商务之所以迅速发展,一定有其必然原因,在传统网站普及电子化和网络化的同时,我们必须认识到:商务活动已经在技术上实现了一次质的飞跃。

3.2.1 电子商务自身的优势

电子商务自身的优势包括覆盖面广、费用低廉、使用灵活和功能全面。

1. 覆盖面广

因特网遍及世界上的每一个角落,处在全球任何一个位置上的网站都可以通过普通电话线与其贸易伙伴传递商业信息和文件。这种由因特网创造的商务模式，打破了时间和空间的限制，可以使网站快速、方便地实现商品交换，无形的、交互式的网络交易体系大有取代传统市场之势。

2．费用低廉

因特网的使用费用，比传统的各种信息交流方式低得多，这一点对中小网站来说尤为重要。在过去的市场竞争中，很多大网站往往靠自身过硬的技术优势和庞大的销售网络，在同行中具有很强的竞争力，中小网站往往难以企及。电子商务时代的到来，使中小网站与大网站在因特网上拥有同样的竞争机会，中小网站只要通过因特网就可在全球范围内物色贸易伙伴，寻找贸易机会，寻求更大的发展空间。

3．使用灵活

基于因特网的电子商务可以不受特殊数据交换协议的限制，直接在计算机上完成与纸质单证格式一致的表格、文件书写，省去了翻译环节，任何人都可以看懂或直接使用。

4．功能全面

电子商务可以完成包括网上宣传、网上交易、网上支付、网上服务、网上管理等在内的几乎所有的商业功能。

3.2.2 电子商务网站的竞争优势

电子商务与传统商业模式相比具有无可比拟的优势，因此，随着计算机技术、通信技术和信息技术的迅猛发展，因特网技术的全球普及，电子商务正酝酿着一场新的商业革命。作为电子商务主力军的网站，在这场革命中必将面临多方面的重大变革和创新。中国网站必须要有前瞻性的思考，为迎接和投入这场革命做好全方位的准备。

1．创造新的市场机会

互联网没有时间和空间限制，它可以 7×24 小时运行，它的触角可以延伸到世界每一个地方。因此，利用互联网从事市场营销活动可以远及过去靠人进行销售或者依靠传统销售所不能达到的市场。例如：一个在大制造厂工作的塑料制品专家可以通过鼠标浏览和选择网上的工业塑料供应商；一个只有少许销售队伍的小供货商也可以找到一个大买主，它所要做的只是将公司的业务放到网站上。从许多电子商务经验中可以看出，电子商务可以为网站创造更多新的机会。

2．缩短产品的生产周期

生产周期是制造产品所需的总时间。制造任何一种产品都与某些固定的开销相联系，这些固定开销不随产量的变化而变化，但与时间有关，固定开销包括设备折旧费、大部分公用设施和建筑物费用以及大部分监督和管理费用。如果制造产品的时间可以缩短，每件产品的固定开销就可以降低。电子商务活动可以使生产周期缩短，从而以同等的或较低的费用生产更多的产品。

生产周期也可以通过使用现代信息技术来缩短。在使用电子数据交换系统之前，汽车制造公司通过电话、传真或邮件与其供应商交流生产需求和生产计划。这意味着要进行耗时的手工数据录入、照相、复制和信息发送，还要一家一家地发给供应商，公司可能需要几周时间才能把生产计划和生产需求发送给所有部件生产厂和供应商。为了减少由通信不畅而导致的延误的影响，部件生产厂手头上要保持有大量的库存零部件。

3. 提高顾客满意度

在激烈的市场竞争中,再也没有比让顾客满意更重要的了。由于市场中顾客需求千差万别,而且顾客的情况又各不相同,因此,要想采取有效的营销策略来满足每一个顾客的需求比登天还难。互联网出现后改变了这种情况,利用互联网网站可以将网站中的产品介绍、技术支持和订货情况等信息都放到网站上,顾客可以随时随地根据自己需要来了解有关信息,这样克服了在为顾客提供服务时的时间障碍和空间障碍。

电子商务的最大特点在于以消费者为主导。消费者将拥有比过去更大的选择自由,消费者可根据自己的个性特点和需求在全球范围内寻找商品而不受地域限制。在传统的购物方式下,从商品买卖过程来看,一般需要经过看样、选择商品、确定所需购买的商品、付款结算、包装商品、取货(或送货)等一系列过程。

 案例

姚劲波与 58 同城——分类信息的本地生活服务

58 同城,2005 年 12 月 12 日创立于北京,2013 年 10 月 31 日正式在 NYSE 挂牌上市。58 同城已发展成为覆盖全领域的生活服务平台,总市值近 75 亿美元。业务覆盖招聘、房产、汽车、金融、二手及本地生活服务等各个领域。在用户服务层面,不仅是一个信息交互的平台,更是一站式的生活服务平台,同时也逐步为商家建立全方位的市场营销解决方案。

58 同城提供本地社区及免费分类信息服务,帮助人们解决生活中和工作上所遇到的难题。58 同城在中国已布局可以全面地与本地商家直接接触的服务网络,网站内容覆盖全国 400 多个城市,分公司数量为 30 家,业务布局呈现本地化、覆盖广、专业化等特征。其主要产品包括:招才猫直聘,是一款针对小微商家以及需要招聘的个人提供的商业招聘 App,解决了销售、客服、服务员等热门职位快速招到人的需求;58 车商通,是一款专业的二手车买卖软件,是 58 同城倾力打造的车辆交易平台,提供快速收车、卖车线索、免费电话、便捷推广等功能;58 同城微站通,提供一站式个性化移动营销工具,为商户搭建移动网站,提供微信公众号管理后台,并帮助商户在 58 同城网站推广营销;58 帮帮,为广大用户提供即时的通信工具,通过 58 帮帮,客户和商户可以直接发消息沟通。

4. 树立电子商务网站的良好形象

一个网站追求的主要目标就是在竞争中始终保持领先同业的战略优势,获得收入高速增长、成本不断降低的最大效益。那么,这个让网站梦寐以求的目标如何实现呢?怎样才能创造出一个网站的竞争优势呢?在当今,电子商务是网站竞争取胜的有力武器。

在因特网上建立起自己的网站,通过网站可以把网站自身及产品、服务的优势充分地展现出来,把网站的管理、经营理念和策略向公众很好地进行宣传,并且通过网站与大众形成良好的沟通渠道,随时了解公众的需求,及时调整自己的产品及网站的经营战略,为顾客提供受欢迎的产品和优质完善的服务,这一切都将在公众中留下深刻的印象,从而树立起电子商务网站的良好形象。由于因特网是全球覆盖的网络,所以网络上树立的网站形象是广泛的,具有国际性的。这种良好的形象将会给网站带来大量的潜在顾客,对网站市场的拓展发挥着重要作用,增加了网站在竞争中的优势。

5. 增强网站成本竞争优势

对于网站而言,千方百计地降低成本是提高竞争力的重要策略,电子商务是企业降低成本行之有效的途径,具体表现在如下几个方面。

1) 电子商务降低采购成本

对于网站来说,物资或劳务的采购是一个复杂的过程。首先,购买者要寻找相应的产品供应商,调查它们的产品在数量、质量、价格方面是否满足需求。在选定了一个供应商后,网站需要把详细计划和需求信息传送给供应商,以便供应商能够准确地按照客户要求的性能指标进行生产。如果产品样品被认可,供应商又有能力立即生产,购买者就会发出一份标有具体产品数量的采购订单。然后,购买者会接到供应商的通知,告知采购订单已经收到并确认该订单。当产品由供应商发出时,购买者再次接到通知,同时还有产品的发货单。购买者的会计部门核对发货单和采购订单后付款。当原有订单变动时,购买过程将更加复杂。从以上所述可以看出,网站采购过程中信息获取和信息传递是主要工作内容。

由于因特网的网站众多,所以采用网上招标,可以寻求更理想的供应商,以尽可能低的价格完成物资和劳务的采购。总之,因特网网上采购在降低采购费用方面的优势是显而易见的。

2) 电子商务实现无库存生产

在网站的各种成本中,库存成本占据不容忽视的比例。网站的库存成本包括仓库场地占用费、建造费、维护费、仓库保管人员的工资以及存货的毁损、变质损失等。另外,大量的库存无论是生产材料还是产品都占用网站大量的资金,这笔资金不能周转使用,还需要支付利息,也增加了网站的成本。因此,减少库存以至实现无库存是网站降低成本必不可少的措施,也是网站管理中的重要目标,但在传统的贸易模式下,网站的无库存生产只能是一个梦想,而电子商务使得这个梦想成为现实。

产成品无库存是指生产出来的产品不需要存储到仓库而直接送到客户手中。这是一种很理想的状态,同时也是一种难度相当大、精确性非常高的生产组织方式。这对网站的生产要求非常高,效益也是相当可观的。网站的生产可在接到用户订单之前或之后开始,生产分为备货生产和订单生产。网站根据市场调查和预测的结果,就可用 DSS(决策支持系统)做出决策,生产适销对路的产品,并通过网络寻找中间商或最终用户,使产品不经库存就销售出去,大大降低产品成本,加快资金周转,提高网站的经济效益。

3) 营销成本大大降低

现代网站市场营销活动包括市场营销研究、市场需求预测、新产品开发、定价、分销、物流、广告、人员推销、销售促进、售后服务等。

在当今网站竞争日趋激烈的条件下,越来越多的网站认识到市场营销对网站生存、发展的决定性作用。因此,为了取得竞争优势,网站在市场营销上不得不投入大量的人力、物力和资金,如何降低网站的营销成本,是网站增加成本竞争优势的重要方面。

对网站市场营销的各个环节进行分析,可以看出它们大量的工作是在收集网站所需的信息(如消费者需求变化、对未来产品的欲望、对现行营销策略的反应等),以及将网站的信息(如网站的产品信息、生产信息及网站的营销策略等)尽可能广泛地传播出去并力争使更多的人能接收到且受到影响。因此,电子商务对于降低营销成本有着直接、明显的作用。网站在因特网网上建立起自己的商业网站,通过网站可以发布网站的各种信息,如产品的广告、新产品的开发设想、销售策略、服务承诺、产品知识宣传、网站业绩报告等,通过网站可以广泛地与大众交流,获取他们对产品、服务、营销策略的意见,对新产品的建议,对产品定价的看法等。

课堂讨论

王建军和义乌购——具有实体市场特色

义乌购（www.yiwugou.com）隶属于浙江中国小商品城集团有限公司，是义乌小商品批发市场官方网站。网站定位为依托实体市场，服务实体市场，以诚信为根本，将7万多个网上商铺与实体商铺一一对应绑定，为采购商和经营户提供可控、可信、可溯源的交易保障。

网站现有商铺商品、地图·公交、论坛、视频中心、巨便宜等主功能版块，辅以采购、企业、转租转让、投诉与处理、经侦平台、商铺服务、展会等多种特色服务，并设有3D实景商铺展示功能，让人身临其境畅游义乌市场。

义乌购为市场经营户和全球采购商提供具有实体市场特色的电子商务服务，经营户可通过平台进行商铺管理、商品展示、在线交易、外贸预警、商业交流等操作；采购商可通过义乌购浏览3D实景商铺、发布采购需求、投诉商铺信用，并可享受价格诚信、品质诚信和服务诚信三大采购保障。

7万多个商铺，21万家供应商，170万种商品——小商品，就上义乌购！"网站最核心竞争力在于背靠一个拥有7万多个商铺的实体市场。"义乌购总经理王建军称，新网站旨在打造一个将中国小商品城7万多个实体商铺与网上商铺一一对应的网上中国小商品城。

3.2.3 电子商务网站的战略分析

1. 电子商务的战略分析

市场经济要求网站的发展必须是市场导向，网站制订的策略、计划都是为满足市场需求而服务的，这就要求网站对市场现在和未来的需求有较多信息和数据作为决策依据和基础，避免网站的营销决策过多依赖决策者的主观意愿，使公司丧失发展机会和处于竞争劣势。利用电子商务公司可以对现在顾客的要求和潜在需求有较深的了解，对公司的潜在顾客的需求也有一定的了解，制订的营销策略和营销计划具有一定的针对性和科学性，便于实施和控制，顺利完成营销目标。电子商务首先是需求定位分析，如戴尔公司通过网上直销与顾客进行交互，在为顾客提供产品和服务的同时，还建立自己顾客和竞争对手顾客的数据库，数据库中包含顾客的购买能力、购买要求和购买习性等信息。

2. 网站电子商务战略转变

网站电子商务实施还将推动网站战略的转变，主要表现为由传统的 win-lost（一方打败另一方，或者两败俱伤）的对抗型网站竞争战略，转变为追求 win-win（双赢）的协作型网站竞争战略。在市场经济中，市场的基本游戏规则是保证公平竞争、优胜劣汰，竞争是市场经济的最基本特征。在工业经济时代，网站竞争主要是资本竞争、资源竞争，谁拥有更多资本、更多资源，谁就可以在市场竞争中立于不败之地。由于资源稀缺，不可能满足所有人的需求，因此，工业经济时代的竞争是战争型竞争，有人干脆把商场比作战场，在商场上不是你死就是我亡，结果往往是两败俱伤，例如，我国经常爆发的价格战。工业经济时代的市场游戏规则经常是弱肉强食，中小网站只能在市场缝隙中求生存和发展。

无论是大网站还是小网站，通过网站电子商务，都可以将传统的业务伙伴通过网站间电子商务整合为共同发展的价值链，加强了网站与供应商和顾客之间的协同关系，使得由供应商、网站和顾客组成的产业价值链的价值达到最大化，同时增强整个价值链的竞争优势。

3. 电子商务战略的实施与控制

电子商务作为信息技术的产物,具有很强的竞争优势,但并不是每个公司都能进行电子商务,公司实施电子商务必须考虑到公司的业务需求和技术支持两个方面。业务需求方面包括公司的目标、规模,顾客的数量和购买频率,产品的类型,产品的周期,以及竞争地位等;技术支持方面包括公司是否支持技术投资,决策时技术发展状况和应用情况。互联网作为大众型的信息技术,它的发展非常迅猛,而电子商务技术作为专业性技术则依赖于公司的技术力量。

电子商务战略的制订要经历三个阶段。首先是确定目标优势,确定电子商务是否可以促使市场增长,是否可以通过提高实施策略的效率来增加市场的收入,同时,分析是否能通过改进目前的营销策略和措施来降低营销成本。其次是分析和计算电子商务的成本和收益,需要注意的是:在计算收益时,要考虑战略性需要和未来收益。最后是综合评价电子商务战略,主要考虑三个方面:①成本效益问题,成本应小于预期收益;②能带来多大新的市场机会;③公司的组织、文化和管理能否适应采取电子商务战略后的改变。

4. 波特竞争理论

电子商务作为一种竞争手段,具有很多竞争优势,这些竞争优势是如何给网站带来战略优势并影响竞争战略选择的呢?这必须分析电子商务对组织的业务提供的策略机会和威胁。哈佛大学商学院的 Porter 教授提出,网站在竞争中面对着五种力量,即新进入者的威胁、供应商的要价能力、现有竞争者之间的对抗、消费者的要价能力、替代产品或服务威胁。网站必须加强自身能力以对付新的进入者、供应商、现有竞争者、消费者、替代产品或服务带来的问题,并改变网站与其他竞争者之间的竞争对比力量。

网站可以采取以下几个竞争战略提高竞争力。

(1)成本领先战略。成本领先战略是指提供低成本的产品或服务,降低与购买者和供应者之间的交易成本。

(2)差异战略。差异战略是指提供与竞争者不同的产品和服务,定位于有差异的市场,保持竞争力。

(3)创新战略。创新战略是指开发新产品和服务,拓展新市场,建立新的商业联盟、新的分销网络等。

(4)目标聚集战略。目标聚集战略是指采用前面的某一种战略优势占领某一细分市场。

其中,差异战略和创新战略属于同一类型,创新战略也属于差异战略。

 案例

李树斌与好乐买——创新性融合

好乐买的创始人是李树斌,好乐买其实是李树斌的第二次创业之旅。作为80后,他24岁离开公司去读研,25岁又从清华大学退学回到公司做老大,他自己说那是一次很失败的老大经历。但没有那次经历,也就不会有今天的好乐买。因为他在25岁就知道了自己的弱点是什么。

好乐买,运用创新化商业模型,结合了资本、管理、网络技术与国际、国内优质合作伙伴等优势,正在逐步成为中国最大的正品鞋网上商城。

通过将现代电子商务模式与传统零售业模式进行创新性融合,以现代化网络平台和呼叫中心为服务核心,以先进的直销营销理念,配合高效完善的配送系统,好乐买成功实现了无中间商、无店铺租金的经营模式,真正做到物美价廉,快捷便利地为消费者提供高品质的正品鞋与时尚服装。正品授权、货到付款、免费退换等政策为客户提供完美的购物体验。

好乐买凭借强大的资金实力、采购实力,目前,已与 NIKE、adidas、converse、PUMA、Kappa、new balance、李宁、crocs、Kisscat、达芙妮、千百度、斯凯奇等众多知名商家签订销售协议,保证销售产品品种的更新率、数量和价格优惠,同时,完善的网络技术为消费者提供更方便的产品查询、订单跟踪功能,更全面的产品介绍,辅以营销创新实力和全国多个城市的配送货渠道的建立,为满足客户个性化需求提供强有力的保障。

3.3　电子商务带来的网站竞争新观念和问题

一个新的时代,必然会产生一些新的观念,电子商务新观念预示着传统竞争格局遭受巨大的冲击,新的电子商务竞争格局正在形成。

3.3.1　电子商务网站竞争格局

第一,信息技术、网络技术和电子商务的广泛应用,在造就一大批具有新经济时代特征的信息网站、网络网站和电子商务网站的同时,也为全球网站竞争引进了新的参与者和强有力的竞争对手。

新竞争格局下的主要角色将包括:①传统工商网站;②应用信息技术或在一定程度上实现信息化的传统工商网站;③在传统工商网站资源的基础上派生出的网络型网站或电子商务型网站;④在网络服务商基础上与传统工商网站/资源结合的网络型网站或电子商务型网站;⑤新型的网络化虚拟网站;⑥客户/消费者,你的第一个竞争者就是你的客户本身,因为拥有网络与电子商务手段的客户,有着更加广阔的选择空间和选择的主动权,使电子商务的消费者主权地位空前提高。

第二,传统行业面临竞争,与电子商务有关的行业和网站在市场中所占的份额正在迅速增加,而传统行业则受到来自以信息技术、网络技术和电子商务为代表的新经济力量的强有力的挑战。

第三,与传统竞争不同的是,由于信息技术、网络技术和电子商务的介入极大地改变了信息交流方式,交易成本的构成也开始发生变化。如过去传统的生产能力强、产量高等优势,现在需要被重新定义,品牌优势、成本优势、位置优势、资本优势在电子商务时代可能顷刻之间就会瓦解。现在需要的是信息优势,它要求网站必须有很强的信息收集能力、内部和外部沟通能力、信息管理与分析能力等。从外部来看,消费者的消费方式也在发生变化,网络高速发展导致的结果就是信息消费占的比例越来越大,消费者在信息上花的钱也越来越多,所以,能否控制信息、把握信息甚至创造信息将是网站成败的关键。

电子商务时代的竞争是以现代化的人和技术为基础,这场竞争是以具有现代意识的人才为主导,以信息技术和网络技术为手段的,因此,拥有人才和先进技术是取得竞争优势的核心。

3.3.2　电子商务带来的网站竞争新观念

观念是客观事物在人脑中留下的概括的形象(有时指表象)。新观念即是人们对新事物的概括。新观念的形成与新现象的不断出现和人们对这种现象的关注程度密切相关。好的开始,是成功的一半。从经营网站来看,成功的关键在于观念的成功。管理大师杜拉克说:"当前社会不是一场技术的革命,也不是一场软件、速度的革命,而是一场观念的革命。"

1. 消除时间的浪费

国际上认为20世纪80年代网站竞争的主题是品质管理,20世纪90年代网站竞争的主题是网站再造,而2000年网站竞争的主题就是速度。当代科学技术日新月异的发展使空间障碍不再成为难题,世界越来越小标志着网站经营中的空间成本越来越小。信息系统的网络化,使空间与时间的重要性重新定位:空间的重要性在降低,位置不再决定一切,信息技术使地理位置变得越来越不重要;时间的重要性在大大提高,网站的竞争日益成为一种时间的竞争。

把需要的信息在最需要的时刻送到最需要的地点,以消除时间的浪费。这是一种从电子商务原理方面对电子商务的定义。如果说在工业化时代,零库存是网站生存和发展的天条,那么在信息化时代,电子商务信息管理原理则是信息化时代网站生存和发展必须遵守的天条,是新时代的生意经。以年为一个计时周期是农业社会的写照,因为农业生产大多是在秋收后才结束一个生产周期,之后进入消费阶段;工业社会步入了以月、周为一个计时周期的时代,人们在获得月工资或周工资后,可以马上消费;信息社会进入了以小时、分钟为一个计时周期的时代,电视直播是传媒的及时生产,借助网络建立24×60分钟的服务方式。

2. 创新永远是根本

市场竞争中将争先比作争体育竞技中的第一,因为人们在头脑中对于第一较容易记住。网络经济下,由于网站外部交易成本的大幅度降低,使得各类网站进入壁垒的速度相对较慢,再加上网上消费者数量的相对偏少,造成网络网站主要是争夺注意力和眼球。因此,只有第一、没有第二成为电子商务业界的法则。要争夺第一,要求网站对市场细分再细分、模式上创新再创新、服务上完善再完善、应用上便利再便利、技术上先进再先进……

只有第一才能生存,但坐在头把交椅上,又会高处不胜寒。1998年,首次入围世界500强的微软公司,曾一举摘取了利润回报率榜的冠军,1999年,其年利润以31%的速度递增,显示出良好的发展前景,但比尔·盖茨一再警告:"微软离破产永远只差18个月。"因为世界的脚步在不断加快,只有速度足够快的网站才能继续生存下去。

3. 未来的组织结构将呈扁平化

海尔集团总裁张瑞敏说:"海尔集团的运行模式不应是一列火车,加挂的车厢越多,车头的负担越重;而应是一支联合舰队,各个舰船都有一定的战斗力,各部分之和又大于整体。"

实行层级管理有益于网站的规范化管理,但这种组织结构严重阻碍了网站决策层与一线员工的顺畅沟通,从而影响了网站的反应速度和信息传达的准确性。特别是网站面对变动频率越来越快的市场需求和某些突发事件时,能否在最短的时间内做出快速反应,将决定网站在竞争中的状况。传统网站的组织结构一般包括总裁、副总裁、中心主任、地区总经理、分公司经理、县级办事处主任、一线员工等,有七层之多,而通用电气公司总裁在改造这个全球规模最大的网站时提出:"从我到一线员工不能超过四层。"

 课堂讨论

有 效 流 量

有效流量即网站流量起到有效作用的那部分流量。具体来讲,比如说你在某个网站上做了广告,别人浏览网页时可能不小心点了你的广告,虽然通过你的广告的链接进入了你的网站,给你的网站增加了流量,但是或许别人根本没有仔细看你网站的内容,这部分流量并没有真正起到宣传的作用,即无效流量,而那些通过你的广告提供的链接进入你的网站,并且在你的网站上停留,甚至购物,这部分流量既起到了宣传作用,又给你带来了商业价值,即有效流量。整个"双十一"预热活动的前两天,有的卖家反馈获取的流量总数和销售都很差,当商家反映效果不好以后,在预热活动的最后一天,也就是11月10号下午14点—16点的两个小时内,密集来了很多流量(而从各家数据特征看,都是比较异常的流量,比如停留时间、收藏、转发、询单都十分缺乏等),这些流量通常是无效流量。

4. 注重全球化的标准化

电子商务首先在标准化商品或服务领域获得发展,在B2C领域,书籍、礼品、计算机等商品或快餐、旅游和保险等服务很容易实现大规模电子商务,而服装、食品等个性化特征明显的商品则难以实现大规模电子商务。

从技术角度上看,电子商务对标准化的要求也相当高。全球化的脚步越来越快,经济一体化首先是产品功能、交易规则等在全球范围内逐步趋同。与全球化同步发展的电子商务,更要求网站在经营管理中体现出标准化的观念。第一,网站所生产的产品要标准化,能够满足国际通行的对该产品的功能和质量要求,从而消除产品障碍。第二,熟悉和掌握国际通行的贸易惯例和规则,减少交易规则障碍。第三,网站的财务体系和准则要符合全球通行的方法和规则,从而消除融资障碍。第四,网站文化及经营、管理、运行方面的理念要与经济发展的潮流相吻合,从而消除合作障碍。

5. 虚拟经营将成主流

电子商务将虚拟经营发展到了极致,网络型虚拟经营模式如雅虎、亚马逊、戴尔等公司,利用互联网和信息技术、网上支付等先进技术手段,提供商品和服务,向传统网站的大规模生产、大批量库存、面对面交易提出了挑战。但是虚拟经营与虚拟网站并不是电子商务特有的经营方式与网站类型。一般认为,虚拟经营是指一个网站或多个网站以资源为核心,为实行特定的网站战略目标,依靠信息,通过一种网络式的联盟,实现资源的最佳组合和网站的快速发展。虚拟网站由于仅保留网站中最关键的功能和职能部门,而将其他的功能和职能部门虚设或省略,借助灵活的运营机制减少市场风险,以便充分利用资源。

虚拟经营体现了一种经营理念的创新,它突破了传统的投资经营、实体经营的观念。一是产权虚拟化,通过建立在互惠互利基础上的契约关系,优化资源,降低风险;二是管理模式的创新,由于产权虚拟化,使得管理层次减少,以便网络化、动态化管理,这样就可使管理成本减低,决策更有效;三是营销方式的创新,借助网络营销,可以使网站建立网络品牌,扩大市场空间,降低交易费用。虚拟经营是一种先进的、成熟的经营方式,它将成为21世纪网络经济的重要内容,并且未来的网站多是虚拟网站。

6. 竞合与共生改变竞争规则

网站为了求生存,与竞争对手进行你死我活的较量,是市场经济的基本规律。随着经济全球化的发展,为了实现创新的目的,网站与供应商、用户甚至竞争对手开始建立战略伙伴关系,将各自的优势综合起来,扩大市场并分享利益。

竞合与共生是在新的经济条件下网站战略重大调整的产物,竞合与共生没有固定的形式,如美国微波通信公司、美国DEC公司(即美国数字设备公司)和微软公司达成协议,共同使用销售网点,既扩大了各自的销售能力,又方便了顾客购买。我国网站在共生方面也有一些可贵的探索,如上海华生电器有限公司、海尔集团和宁波帅康厨房设备集团有限公司等网站,共同在天津组建售后服务系统,集中为家用电器提供维修服务,降低了成本,提高了售后服务水平。

案例

李静与乐蜂网——引领时尚趋势

乐蜂网（www.lefeng.com）是中国第一个拥有专家明星进驻，以提供"女性时尚解决方案"为主要服务的互联网站。LAFASO，即 lady fashion solution（女性时尚解决方案）这三个英文单词各取前两个字母组合而成的。而中文网名"乐蜂"，除了与 LAFASO 发音近似之外，也来自"快乐的小蜜蜂"这个概念。乐蜂网鼓励一种欢乐的、积极向上的生活态度，对大家而言，时尚向来不是高高在上的，而是一种积极追求美好生活质量与流行品位的生命哲学。

因此，乐蜂网可以通过专家群以及引领时尚趋势潮流的达人们，为您提供各类流行信息、时尚情报、生活品位以及购物乐趣。在乐蜂网，所有满足您需求的解决方案都由专家达人为您量身打造，所有呈现在您眼前的商品都由美丽的教练为您严格把关，希望能通过所提供的服务，满足所有女性内心真正的渴望。

3.3.3 网站实施电子商务应注意的几个问题

电子商务不仅自身具有鲜明的优点，而且为网站提高竞争力创造了显著的竞争优势。在网络经济时代，对网站来说，只有成功把握电子商务的发展机遇，充分发掘出电子商务的独特优势，才能尽快提高自身的国际、国内竞争力。如果与电子商务失之交臂，无视它蕴涵的种种商机，就会在激烈的市场竞争中失去竞争力，最终被电子商务发展的大潮淘汰。因此，尽快实施电子商务战略，成为网站提高竞争力的必然选择。

总的来说，网站实施电子商务应注意以下几个问题。

1. 更新理念、面向未来

网站要通过成功实施电子商务来提高网站竞争力，首要的一条就是要更新理念，从思想认识上确立"电子商务是提高企业竞争力的必由之路"的观念。从发展的趋势来看，电子商务必将成为未来商务活动的主要方式，网站如果不尽快向电子商务转型，不但难以提高网站在国际、国内的竞争力，而且连起码的维持生存恐怕都难以做到。可以预料，将来不利用电子商务开展业务，就无法与客户和厂商联系，无法与市场对接，更谈不上提高网站竞争力了。

实施电子商务战略是一项长期的系统工程，必须用长远的眼光来看待它。在电子商务实施初期，由于大量的基础性投入，亏损是正常的。据报道，美国有80％的商业机构在电子商务实施初期是亏损的，10％盈亏相抵，盈利的只有10％。同时也应该看到，实施电子商务，网站的效率提高是非常明显的，对于推动产品创新也是极为有益的，而这些正是网站未来竞争力的源泉。因此，不能被网站的短期利益所迷惑，而使网站错失提高竞争力的机遇。

2. 全面规划、明确目标

网站实施电子商务，是一项涉及方方面面的复杂的系统工程。因此，首先必须明确目标，做一个全面合理的规划。全面规划包括实施电子商务战略的宗旨、长短期目标，电子商务的资金投入和人力资源配置计划，电子商务硬件、软件的系统规划，各职能部门的具体工作安排，工作进程的计划，风险评估等。网站通过全面规划，在网站内部达成共识，更好地协调各种资源，为进一步的具体实施做好准备。

3. 创建创造型组织

实施电子商务战略，必须重视人才的作用。网站要实施电子商务，人才是最重要的财富和战略资源,网站必须配备相应的包括系统开发人员、维护人员、专业操作人员在内的各种信息技术人才和经营管理人才。

网站可以通过良好的用人机制吸纳一批网络技术人才,发挥他们在电子商务发展中的核心作用。一方面,网站可以用美好的事业前程、优厚的物质待遇、真诚的人本精神让他们为网站提高竞争力奉献自己的才华;另一方面,网站要高度重视对原有员工的培训,因为引进的人才毕竟是少数,只有让全体员工都树立起利用电子商务提高网站竞争力的观念,并且掌握一定的专业技能,电子商务网站才能真正实施起来。网站可以通过自主培养或与高校、科研机构合作等多种形式培养出适合网站电子商务发展需要的各种专业人才。网站还要通过网站文化建设,增强员工的团队精神,使员工形成一致的价值取向;增强网站的凝聚力,创建创造型组织,以便员工不断掌握新知识、新技能,适应电子商务时代的发展,提高网站竞争力。

4. 建设富有特色的网站

网站是开展电子商务的重要载体,也是网站实施电子商务工程的重要组成部分。建立网站并不是一件困难的事情,关键是所建的网站要独具特色。否则,毫无特色的网站很容易被淹没在"茫茫网海"中。同时,网站还要有发展的眼光,考虑使用中英文等两种以上的语言制作。全球经济一体化以后,网站的竞争不仅仅限于国内,网站的目标是提高国内、国际竞争力。以英语为母语的访问者占全球访问者的绝大多数,如果只使用中文,就会把很多的潜在客户拒之门外。

5. 用电子商务的规则重组业务流程

网站实施电子商务战略最为重要的一步是要用电子商务的规则重组网站的业务流程。在电子商务发展的过程中,网站内部的各个职能部门之间,网站和外部的厂商、客户之间,网站的商流、资金流、信息流之间的运作方式都将发生本质性的变化,可以说,和网站价值增值相关的所有活动构成的价值链都将发生巨大的变化。因此,只有进行业务流程重组,才能适应新的变化。通过业务流程重组:一方面,可使网站的组织结构和工作流程设计符合电子商务快速、准确、安全、有序流动的要求;另一方面,可使网站内部作业流程达到并行化、规范化和标准化,并在此基础上,确定网站实施电子商务的整体发展战略。

课堂讨论

张荣耀与 e 袋洗——洗护 O2O

e 袋洗是 2013 年由张荣耀创建的 O2O 在线洗护平台,陆文勇以创始合伙人身份加入并担任 CEO。现拥有千万级用户,用户使用量位居全国榜首。2015 年 4 月 25 日,单日订单量突破 10 万单,创造了洗衣行业史上的新纪录。先后获得百度、腾讯、经纬、SIG 的投资,公司估值近 10 亿美金,完成 B 轮融资。e 袋洗作为洗护 O2O 第一品牌,为用户提供了全新概念的洗衣模式,可通过移动终端(微信等)下单,提供全天候上门服务,极大限度地节省了用户的时间和金钱。每件衣物都会经过精心的熨烫,并且会在 72 小时内以挂件送回。目前业务已覆盖洗衣、洗鞋、奢侈品养护等。2016 年 7 月 17 日,e 袋洗品牌升级,深耕懒人经济,推出"逗号"生活主张。2016 年 10 月 28 日,e 袋洗受邀参加博鳌亚洲论坛——2016 全球电商领袖峰会。2016 年 12 月 13 日,e 袋洗完成 B+轮融资。

在董事长张荣耀和 CEO 陆文勇的带领下,e 袋洗目前有员工 1 800 人,平均年龄不到 28 岁,其中核心团队成员来自百度、腾讯、阿里巴巴、京东、滴滴、宝洁、乐视等大型公司。专业洗衣团队来自荣昌、福奈特、伊尔萨、珞迪奢侈品养护等实力企业。

e袋洗的首创模式为"按袋计费",相比传统的计件方式,用户只需将袋子完全塞满即可,与件数无关。对于洗衣物数量少的用户可以选择按件进行清洗,满足了用户多样性的洗衣需求。e袋洗的出现颠覆了整个洗衣行业,引领和建立了行业标准。目前已开通按件清洗、洗鞋、奢侈品养护等业务。

e袋洗的15道工序保品质:从待清洗衣物进厂扫描、分拣、洗前分类、去渍,到清洗后的整烫、消毒、粘毛、质检,e袋洗制订了一整套质量品控流程,用15道工序保障洗衣品质。e袋洗的这15道洗衣工序贯穿了收衣到洗衣、送衣的所有环节,环环相扣,让用户用得舒心,洗得放心。

【本章小结】

本章介绍了电子商务网站竞争力的构成,说明了网络时代网站竞争力的重要性,电子商务网站竞争力是许多要素交互作用的结果。与传统的商务模式相比,电子商务能够方便记录消费者的购买行为数据,而基于数据分析挖掘进行针对性的营销推广和产品研发设计将是电子商务的核心竞争力。亚马逊就根据不同的用户设计出不同的服务套餐:如针对学生,就根据其年级进行相应的图书推荐,并根据时间的推移更改为相应年级阶段的图书推荐;针对孕妇,分不同怀孕阶段进行产品推荐,并在生产后进行相应的婴幼儿产品推荐。在产品设计中,亚马逊也能通过数据发现不同用户群的产品偏好,从而设计出有针对性的产品。因此,对电子商务网站而言,加强对网站核心竞争力建设方面的研发投入,才是电子商务未来获取成功的关键。

事实上,所谓优胜劣汰的市场规律,在某种意义上来说只不过是网站内部机制优化和衰退的必然反映,一切商业竞争的本质内涵都会表现为网站内在机制及其品质的激烈碰撞。网站内部机制的优劣,直接关系到网站在商业竞争中的成败。正是从这个意义上可以断言:网站机制是未来竞争的最后阵地和决胜因素。

【实训项目】

电子商务B2C网站商业模式分析

1. 实训目的与要求

(1) 了解电子商务B2C网站商业模式。

(2) 分析盈利模式的特点和网站的比较优势。

(3) 分析常见的B2C网站的核心竞争力。

2. 实训重点

B2C网站的商业模式。

3. 实训难点

B2C网站的核心竞争力。

4. 实训内容

登录 http://site.baidu.com/list/33wangshanggouwu.htm,选择B2C网站,进行可行性分析。

(1) 市场定位分析。

(2) B2C网站的特点和核心竞争力。

(3) 存在的问题和应该采取的措施。

5. 备注说明

（1）通过访问艾瑞网了解我国 B2C 网站的发展现状。

（2）比较国外和国内 B2C 网站的特点和区别。

【案例分析】

李彦宏与百度——便捷地获取信息

百度,全球最大的中文搜索引擎、最大的中文网站。1999 年底,身在美国硅谷的李彦宏看到了中国互联网及中文搜索引擎服务的巨大发展潜力,怀着技术改变世界的梦想,他毅然辞掉硅谷的高薪工作,携搜索引擎专利技术,于 2000 年 1 月 1 日在中关村创建了百度公司。"百度"二字,来自八百年前南宋词人辛弃疾的一句词:众里寻他千百度。这句话描述了词人对理想的执着追求。百度拥有数万名研发工程师,这是中国乃至全球最为优秀的技术团队。这支队伍掌握着世界上最为先进的搜索引擎技术,使百度成为中国掌握世界尖端科学核心技术的中国高科技企业,也使中国成为除美国、俄罗斯和韩国之外,拥有搜索引擎核心技术的国家。

从创立之初,百度便将"让人们最平等、便捷地获取信息,找到所求"作为自己的使命,成立以来,公司秉承着"用户至上"的理念,不断坚持技术创新,致力于为用户提供"简单可依赖"的互联网搜索产品及服务,其中包括:以网络搜索为主的功能性搜索,以贴吧为主的社区搜索,针对各区域、行业所需的垂直搜索,以及门户频道、IM 等,全面覆盖了中文网络世界所有的搜索需求。根据第三方权威数据,在中国,百度 PC 端和移动端市场份额总量达 73.5%,覆盖了中国 97.5%的网民,拥有 6 亿用户,日均响应搜索 60 亿次。在面对用户的搜索产品不断丰富的同时,百度还创新性地推出了基于搜索的营销推广服务,并成为最受企业青睐的互联网营销推广平台。目前,中国已有数十万家企业使用了百度的搜索推广服务,不断提升着企业自身的品牌及运营效率。为推动中国数百万中小网站的发展,百度借助超大流量的平台优势,联合所有优质的各类网站,建立了世界上最大的网络联盟,使各类企业的搜索推广、品牌营销的价值、覆盖面均大面积提升。与此同时,各网站也在联盟大家庭的互助下,获得最大的生存与发展机会。移动互联网时代来临,百度在业界率先实现移动化转型,迎来更为广阔的发展机遇。通过开放地连接传统行业,百度从"连接人和信息"延伸到"连接人和服务",让网民直接通过百度移动产品获得服务。

目前,百度正通过持续的商业模式和产品、技术创新,推动金融、医疗、教育、汽车、生活服务等实体经济的各行业与互联网深度融合发展,为推动经济创新发展,转变经济发展方式发挥积极作用。作为一家以技术为信仰的高科技公司,百度将技术创新作为立身之本,着力于互联网核心技术突破与人才培养,在搜索、人工智能、云计算、大数据等技术领域处于全球领先水平。百度认为,互联网发展正迎来第三幕——人工智能,这也是百度重要的技术战略方向。百度建有世界一流的研究机构——百度研究院,广揽海内外顶尖技术英才,致力于人工智能等相关前沿技术的研究与探索,着眼于从根本上提升百度的信息服务水平。目前,百度人工智能研究成果已全面应用于百度产品,让数亿网民从中受益;同时,百度还将语音、图像、机器翻译等难度高、投入大的领先技术向业界开放,以降低大众创业、万众创新的门槛,进一步释放创业创新活力。作为国内的一家知名企业,百度也一直秉承"弥合信息鸿沟,共享知识社会"的责任理念,坚持履行企业公民的社会责任。成立以来,百度利用自身优势积极投身公益事业,先后投入巨大资源,为盲人、少儿、老年人群体打造专门的搜索产品,解决了特殊群体上网难问题,极大地弥合了社会信息鸿沟。此外,在加速推动中国信息化进程、净化网络环境、搜索引擎教育及提升大学生就业率等方面,百度也一直走在行业领先的地位。2011年初,百度还捐赠成立百度基金会,围绕知识教育、环境保护、灾难救助等议题,更加系统规范地管理和践行公益事业。

多年来,百度董事长兼CEO李彦宏,率领百度人所形成的"简单可依赖"的核心文化,深深地植根于百度。这是一个充满朝气、求实坦诚的公司,以技术改变生活,推动人类的文明与进步,促进中国经济的发展为己任,正朝着更为远大的目标而迈进。

【练习题】

(1) 登录携程网(www.ctrip.com),尝试通过网络预订火车票,分析旅游网站"鼠标＋水泥"模式中传统旅行社网络化的进程。

(2) 访问名鞋库(www.s.cn),浏览网站内容,了解名鞋库的竞争力体现在哪里。

(3) 登录蘑菇街(www.mogujie.com),分析社区导购网站的商业模式。

【复习题】

(1) 什么是网站的竞争力?

(2) 什么是网站核心竞争力?其特征是什么?

(3) 简述网站实施电子商务的战略分析。

(4) 何谓电子商务网站竞争的格局?网站的前景如何?

(5) 简述电子商务带来的网站竞争的新观念。

(6) 简述中小企业发展电子商务的优势和特点。

(7) 分析我国中小网站发展电子商务的方法和模式。

第四章　电子商务网络技术基础

【学习目标】

☆ 了解计算机网络的分类与拓扑结构。
☆ 掌握计算机网络的基本组成。
☆ 掌握 Internet 的主要功能。
☆ 理解 Intranet 技术和 Extranet 技术。
☆ 学会 Web 技术的基本知识。

 实务导入

丁磊与网易——突出网络技术的应用

网易是中国领先的互联网技术公司,在开发互联网应用、服务及其他技术方面,始终保持着国内业界的领先地位。网易对中国互联网的发展具有强烈的使命感,利用最先进的互联网技术,加强人与人之间信息的交流和共享,实现"网聚人的力量"。

网易在中国互联网行业率先推出了包括中文全文检索、全中文大容量免费邮件系统、无限容量免费网络相册、免费电子贺卡站、网上虚拟社区、网上拍卖平台、24小时客户服务中心在内的产品或服务,还通过自主研发推出了一款率先取得白金地位的国产网络游戏。

网易邮箱的官方客户端——网易邮箱大师,依然是网易邮箱部门的发展重点,其安装量在2016年第三季度达到了1.96亿。在产品方面也致力于不断提升用户使用体验。2016年第三季度,邮箱大师完成了对163全系产品的接入融合,支持VIP邮箱、企业邮箱的快捷登录,并随着iPhone 7的发布,完成了对iOS 10的支持,多次获得App Store推荐。此外,邮箱大师还进行了商业化的初探,完成了启动页、信息流等广告产品的上线,表现可喜。同时,邮箱大师与职场社交公司LinkedIn进行了产品合作,联合推出了账号绑定和职业签名升级等服务。

网易邮箱多年来坚持在电子邮件领域持续投入和创新,为推动中国电子邮件产业发展做出了重大贡献。

网易公开课于2010年10月推出,是一个免费开放的在线学习平台和内容传播平台,致力于全球一流教育、知识的传播,截至2015年底,移动端用户数已超过4 300万。公开课为用户提供哈佛大学、斯坦福大学、牛津大学等全球知名高校,以及可汗学院、BBC、TED、Coursera等机构的教育视频、图文信息,内容涵盖人文、教育、社会、艺术、科技、健康、创业、金融等多个领域,用户可根据自身情况选择学习内容。公开课还提供在线笔记帮助用户及时收集灵感,同时,用户可以在平台上跟帖,分享与讨论知识,还能使用网站提供的纠错、反馈工具完善视频字幕,以帮助有语言障碍或听力障碍的人士获取知识。

网易考拉海购,于2015年1月上线公测,是网易旗下以跨境业务为主的综合型电商平台,在售商品涵盖母婴儿童、美容彩妆、服饰鞋包、家居生活、营养保健、数码家电、环球美食、户外运动、水果生鲜等众多品类。网易考拉海购以自营直采模式为主,在美国、德国、意大利、澳大利亚、日本、韩国、中国香港、中国台湾设有分公司和办事处,让专业采购团队深入商品原产地,与全球数百个一线品牌和顶级供应商建立深度合作。通过自营模式,网易考拉海购能够有效把控供应链,从源头确保商品品质。

网易味央,是网易旗下农业品牌,专注于提供高品质肉类生产及行业解决方案,通过创新技术引领现代农业革新,为中国消费者提供安全、美味的优质食品。网易味央将互联网思维根植于现代农业,创造性地为食品安全、农业生产模式输出、农村就业等问题带来全新解决思路。在满足大众及专业市场需求的同时,让国人安心共享更高品质的生活。

作为中国率先开展无线业务的门户网站之一,网易一直在跟踪无线互联网的最新发展,与运营商、设备提供商建立了紧密的合作关系。网易是首批提供WAP服务的内容提供商之一,也是较早加入提供短信息及彩信服务的网站之一。

网易作为中国网站的领先者,始终致力于电子商务及IT产业的持续发展,同时也在努力促进中国人民的数字化生活。为了这个目标,网易把亿万的网民聚集在一起,实现资讯的共享,为用户提供更好的服务,为他们创造更愉悦的在线体验。

预习题

(1) 分析网络技术在电子商务网站运用的重要性。
(2) 门户网站的特点、功能和优势体现在哪里?
(3) 举例说明电子商务网络技术在日常生活中的应用。

4.1 计算机网络的基础知识

计算机网络是电子商务发展的基础,事实上,电子商务已经成为一个依托信息技术、以服务为主的行业。为了加速电子商务在我国的普及应用,与国际惯例接轨,达到与国外同步发展的水平,我国许多企业已引进或开发了电子商务技术。

随着网络的普及,我国企业对企业、企业对个人的商务活动借助网络信息技术开拓出新的经营领域,获得了明显的成果。目前,我国电子商务正以超常的速度发展,并且开始融入人们的生活。为了能更深刻地了解和掌握电子商务的有关知识,本章简要介绍有关计算机网络和Internet的相关知识。

4.1.1 计算机网络的概念

计算机网络是指将地理位置不同,具有独立功能的多个计算机系统用通信设备和线路连接起来,并以功能完善的网络软件(如网络协议、网络操作系统等)实现网络资源共享的系统。对于用户来说,计算机网络是一个透明的数据传输机构,可以不必考虑网络的存在而访问网络中的任何资源。

计算机网络从逻辑结构上可以分为通信子网和资源子网两大部分。通信子网负责实现计算机中的通信,它常常是专用的网络通信线路,或者是公共通信网络;资源子网则由用户的主机等硬件资源和用户提供的各种程序库、数据库等软件和信息资源组成。

计算机网络系统的构成如图4-1所示。

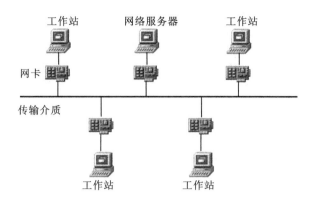

图 4-1　计算机网络系统的构成

4.1.2　计算机网络的分类与拓扑结构

计算机网络的分类根据分类标准的不同而不同,其中较常见的分类方法有按覆盖范围(或按网络分布区域)分类、按网络拓扑结构分类和按传输介质分类。

1. 按覆盖范围分类

按照通信距离或地域的覆盖范围,计算机网络可以分为局域网(LAN,全称为 local area network)、城域网(MAN,全称为 metropolitan area network)和广域网(WAN,全称为 wide area network),这三者的主要差别在于通信距离和传输速度。

1) 局域网

局域网的通信范围一般被限制在几千米内,如一个实验室、一幢大楼、一个单位等。其传输速率一般为 10 Mb/s 以上。

大多数情况下,局域网是构造一个单位的内部网,其特点是组建方便、传输速率高,但可连接的计算机数量受到一定限制。如果组成局域网的计算机都是微型计算机,则这种网络常被称为微机局域网。

2) 广域网

广域网的通信范围可达几千米到几千千米,甚至覆盖全球,其传输速率相对局域网要低。

通常一个国家范围内的信息网、银行服务网、运输服务管理网等都属于广域网。广域网和局域网互联,可以形成更大范围内的资源共享和广大地域的资源共享相结合的大网络。Internet 就是其中的典型代表,它是全球最大的广域网。

3) 城域网

城域网的通信范围介于局域网和广域网之间,一般覆盖一个城市,所以又称为区域网。但现在往往已经不再这样细分,人们也将城域网视为广域网。

2. 按网络拓扑结构分类

拓扑结构是指连接到网络上的各站点的互联方式,有星型、环型、总线型、树型、网型等几种。

1) 星型网络

星型网络由一中心设备(如集线器)和计算机连接而成,因此又称为集中式网络。

在星型网络结构中,如果一台计算机与中心的连接出现问题,只影响该计算机的数据收发,但若处于中心点的集线器发生故障,则整个网络瘫痪。因此,星型结构的网络组网容易,控制相对简单,但属于集中控制,对中心点的依赖太大。

2) 环型网络

环型网络是指每台计算机都有一个入口和出口,使用电缆将各台计算机连接起来。环型网络形成一个封闭的环,数据包在环路上沿着固定方向,通过环路上的每一台计算机进行流动,因此,如果环路中某一台计算机发生故障,便会影响整个网络的信息传输。

3) 总线型网络

总线型网络是指将所有的计算机都连接到同一条总线上,任何两台计算机之间不再有其他的连接。

总线型网络的结构简单,易于组建,价格低廉,是最常用的局域网拓扑结构之一。其主要缺点是总线的长度受到限制,设备分布范围小,而且不易管理。

4) 树型网络

树型网络又称层次型网络结构,是星型网络的变体。与星型结构一样,计算机都要连接到控制整个网络的中心点上,但并不是所有的计算机都直接连接到中心集线器,多数是先连接到一个次级集线器,再由次级集线器连接到中心集线器。

树型结构像一棵倒生的树,叶节点为客户机(或工作站),非叶节点为集线器。树型网络结构中的信息交换主要在上下层之间进行,同层相邻的计算机一般不进行数据交换,即使交换其数据量也很小。

5) 网型网络

网型网络是指网络上的各计算机之间的连接是任意的,通常彼此的连接有多种方式,甚至是每一台计算机都与其他所有的计算机有通信线路的连接。在该种结构的网络中,即使某一台计算机或一段电缆发生故障,网络的其他部分仍能运行。网型结构的网络组网费用高,一般用于要求具有较高的系统可靠性、容错能力强的大型网络系统,如公共通信主干网等。

实际应用中的网络,其拓扑结构常常不是单一的,而是混合型的。例如:有些网络的工作方式是环型的,但其连接方式却是星型的;有的网络的主干部分采用网型连接,但其他部分是星型或树型连接。

3. 按传输介质分类

计算机网络传输介质是网络中发送方与接收方之间的物理通路,它对网络数据通信的传输速率和质量有极大的影响。常用的网络传输介质有双绞线、同轴电缆、光纤和空间介质等。

不同的传输介质具有不同的传输速率与传输距离。按照传输介质的不同,可以把计算机网络分成有线网、无线网、光纤网等。

利用双绞线、同轴电缆连接而成的网络称为有线网;利用空间电磁波(如无线电波、微波、红外线或激光等)实现站点之间通信的网络称为无线网;利用光纤作为通信传输介质的网络称为光纤网。

1) 双绞线

双绞线是将两条绝缘铜线扭在一起制成的数据传输线。现在常用的双绞线一般都未加屏蔽层,它的抗干扰性能是靠制造工艺上的严格对称性来实现的。双绞线具有较高的传输速率,传输速率有时也称为频带宽度,简称带宽,用 Mb/s(megabit per second,兆位每秒)表示。例如,目前快速以太网所用的五类双绞线,在 100 m 内传输速率可达 100 Mb/s。双绞线的优点是价格低廉,施工方便;缺点是传输距离不能太长。

2)同轴电缆

同轴电缆是最传统的传输线,结构为中心有一根铜线(称内导体),铜线外面是绝缘介质,再外边是屏蔽层,它由金属丝组成或金属箔(称外导体)裹成。同轴电缆的制造要严格保持内、外导体的同轴性和均匀性,以保证信号能往前走而不会被反射或丢失。同轴电缆有一个重要参数,称为特性阻抗,它是由内、外导体的有关尺寸所确定的。

3)光导纤维

光导纤维(简称光纤)实际上就是玻璃丝。由于光在玻璃表面具有全反射性能,所以,它能传输得很远且损失很小。世界上首先提出用光导纤维来传送信息的是被称为"光纤之父"的华人科学家高锟博士。由于光纤用于传输信息有很多优点,所以,将光纤用于网络和通信已十分普遍。

目前,常用的光纤分为多模光纤和单模光纤两种。多模光纤的直径较大,常采用较短波长的激光传送信息,其损耗较大,传输距离较短,仅为数百米至数千米,常用于局部网络中;单模光纤的直径较小,常采用较长波长的激光传送信息,其损耗小,传输距离长,可达数十千米,如邮电等通信部门长距离通信常使用单模光纤。

4)空间介质

无线通信是计算机组网的重要手段之一,利用的是空间介质。无线通信能到达一些有线网络难以到达或成本很高才能到达的地方和场合,例如,偏僻的地方、移动的地方、需要快速组网的场合等。各种不同频率的电磁波都可以在空间传播,根据频率从低至高(波长则从长到短)的不同,电磁波可分为无线电广播用的长波、中波、短波、超短波,电视广播用的高频、超高频,通信常用的微波、红外激光等。波长较长的电磁波可以沿着地面传播,波长较短的电磁波,如微波只能直线传播,而对于波长更短的红外线,其传播距离仅为可视范围之内。

四种传输介质的性质与特点如表 4-1 所示。

表 4-1 四种传输介质的性质与特点

名称 性质	双绞线	同轴电缆	光　缆	无　线
物理特性	一个线对为一条通信线路,线对螺旋排列减少电磁干扰	内导体、外屏蔽层,特性参数由内、外导体及绝缘层的电参数与机械尺寸决定	直径为 50～100 μm 的柔软、能传导光波的介质	通过微波、红外、激光、卫星等通信手段
传输特性	数据传输速率可达 2 Mb/s,带宽可达 268 kHz	数据传输速率可达10 Mb/s,带宽可达300～400 kHz	带宽宽,传输速率高,衰减小	容量大,延时大
连通性	可用于点对点连接和多点连接	可用于点对点连接和多点连接	用于点到点连接	广播式多点,方向性强
地理范围	最大距离为 15 km,与集线器最大距离为100 m	最大距离为10 km,结点间最大距离:细缆185 m,粗缆500 m	6～8 km,结点间最大距离为1 km	传输距离远

续表

名称\性质	双绞线	同轴电缆	光缆	无线
抗干扰性	低	优于双绞线	强,保密性好	差,受天气影响
价格	低	介于双绞线和光缆之间	高于双绞线和同轴电缆	初期投资大

当然,除了上述分类之外,还有按网络协议或网络标准划分、按网络所使用的操作系统划分、按网络的交换功能划分等多种不同的分类方法。

4.1.3　计算机网络的基本组成

1. 计算机网络的一般结构

一般可将计算机网络分为资源子网和通信子网两个部分。资源子网负责网络数据处理,由主机、终端及有关软件组成;通信子网负责网络通信,由节点交换机、集中器、网络连接器和通信线路等组成。

2. 计算机网络各组成部分的作用

1) 主计算机

计算机网络中,主计算机(简称主机)负责数据处理和网络控制,可以由大型机、中型机、小型机和微型机担任,其在网络中的角色是服务器或工作站。

服务器是为其他计算机提供硬件(如大容量磁盘、打印机)和软件(如程序和数据)资源服务的计算机。根据服务器所提供的服务,服务器可分为文件服务器、通信服务器、数据库服务器等。在 Internet 服务中,可以有 WWW 服务器、邮件服务器、FTP 服务器等。服务器一般由性能较强的大、中、小型计算机或高档微型计算机担任。

工作站是用户网络的前端窗口,用户通过工作站请求网络服务、访问网络的共享资源。工作站一般由普通微机担任。

2) 终端

终端是网络用户进行网络操作、实现人机对话的工具。与工作站相比,终端没有独立的本地处理能力,必须通过集中器连接到主机才能工作。

3) 节点交换机

节点交换机又称通信处理机,它负责网络中的信息传输控制。在局域网中,也可不专门设置节点交换机,直接由主机承担。

4) 集中器

集中器的作用是将多个终端集中起来,再通过远程通信线路与节点交换机或主机连接,以提高通信效率,降低费用。

5) 网络连接器

网络连接器用于连接其他网络,可实现不同网络信息格式、通信协议、寻址方式等的转换。根据其网络结构的不同,网络连接器可以是中继器、网桥、路由器或网关。

6）网络传输线路

各设备之间的连线表示通信线路,它们可以采用有线通信线路(如双绞线、同轴电缆、光导纤维)或无线通信线路(如无线电、微波、通信卫星等)。

实际的计算机网络不一定包括图 4-1 中的所有部件,例如,局域网一般只使用主机(如服务器、工作站)和传输线路,当局域网要和其他网络连接时,才会用到网络连接器。

4.1.4 计算机网络的功能

计算机网络的功能有如下几点。

1. 数据通信功能

网络中的计算机之间可以相互传输数据,实现信息共享,这是网络最基本的功能。

2. 资源共享功能

所有入网的用户都可以共享网络中的数据、软件和硬件资源,这是网络的主要功能。

3. 提高系统的可靠性和可用性

在单机使用情况下,计算机的某一部件一旦发生故障便会引起工作异常;在网络系统下,可设置相应的设备为备用设备,即当某一计算机负荷过重时,可将新的任务转到网络中其他较为空闲的计算机进行处理,从而实现负载平衡。简而言之,用户可以借助硬件和软件的手段来保证整个网络系统的可靠性和可用性。

4. 进行分布式处理

网络系统可以把复杂的工作任务分解到网络中的各个计算机上去共同完成。

案例

蒋磊与铁血网——社区电子商务

北京铁血科技有限责任公司主要运营的铁血网(www.tiexue.net)是中国最大的军事垂直门户。铁血网创立于 2001 年,公司员工共 200 余人,至 2012 年,铁血网成为能够提供社区、电子商务、在线阅读、游戏等产品的综合平台。

截至 2012 年 10 月,铁血网已有 1 000 万注册会员,月度覆盖超过 3 000 万,PV 过 3 亿,并且正处于稳步且高速的增长中。在艾瑞咨询集团的报告中,铁血网的流量综合指标居行业首位。

目前,铁血网的主要产品包括全球最大、最负盛名的军事交流平台,涉及军事、社区、历史、读书、图书、警察、游戏、视频、君品商城等。同时,公司注重全面发展,铁血网的移动互联网业务正在高速增长。铁血君品行,是第一大军事社区铁血网直营店。

铁血网于 2007 年年末开始进行 B2C 电子商务和实体经营销售,主要经营美国 ALPHA、瑞士 Traser 军表、5.11 等多家国外高档品牌,发展速度迅猛,仅一年多的时间,铁血君品已经成为美国 ALPHA 品牌在中国最大的经销商,瑞士 Traser 军表在中国大陆的独家代理。

这几年,铁血网创始人蒋磊被媒体描述成少年天才的模样:16 岁保送到清华大学,创办铁血军事网,20 岁保送硕博连读,中途退学创业。如今,铁血网稳居中国十大独立军事类网站榜首,铁血军品行也成为中国最大的军品类电子商务网站。

铁血网做电子商务的制胜法宝是靠军事社区汇集高黏度用户,如果自创品牌一路顺畅,有意无意,蒋磊就攫取了垂直电商的另一法宝:产品的议价权。

4.2 互联网协议和功能

4.2.1 互联网的基本概念

1. 计算机网络的协议

正如不使用相通的语言,两个人之间便无法沟通一样,对于两台计算机而言,尤其是处于不同地理位置、不同类型的计算机,没有统一的语言,也是很难通信的。为保证计算机网络系统中的各计算机能够正确而自动地进行信息交流,必须制订一组共同遵守的规则和约定,这组规则和约定便称为协议。

1) 网络协议的定义

计算机网络协议是一组共同遵守的规则和约定,是用来描述进程之间信息交换过程的一种术语,一般由语义、语法和语序三部分组成。

语义确定协议元素的类型,即规定通信双方彼此"讲什么",如规定通信双方要发出的控制信息、执行的动作和相应的响应。

语法确定协议元素的格式,即通信双方彼此"如何讲",如数据和控制信息格式。

语序规定了信息交流的次序。

2) 网络协议的层次结构

一个计算机网络系统是相当复杂的,为了简化其复杂的程度,通常采用在协议中划分层的方法把计算机网络功能分成若干层,每一层完成一定的功能。一方面,较高层是建立在较低层之上的;另一方面,较低层又为较高层提供必要的服务功能。层和协议的集合构成了网络的体系结构。

目前,世界上存在许多通信协议,但 Internet 使用的是 TCP/IP 协议,该协议规定了主机的寻址方式、命名方法、信息传输规则以及其他服务功能。利用该协议就可以实现各类计算机之间的通信。TCP/IP 实际上包含了许多协议,TCP 和 IP 只是其中的两个最主要的协议。TCP(transmission control protocol)是指传输控制协议,IP(Internet protocol)是指互联网络协议。

目前,比较流行和知名的协议还有国际标准化组织(ISO)提出的开放系统互连参考模型(OSI)、原国际电报电话咨询委员会(CCITT)就公用分级交换网制定的 X.25 协议、电气和电子工程师协会(IEEE)提出的 IEEE 802 标准组等。

3) OSI 参考模型

OSI 参考模型是一种不基于特定网络设备、操作系统的网络体系结构,定义了异种机联网的标准框架。该模型并没有提供具体的实现方法,只是描述了一些概念,用来协调进程间通信标准的制定。

OSI 参考模型将整个计算机网络分成七层:应用层、表示层、会话层、传输层、网络层、数据链路层和物理层。每一层包含了不同的网络活动、设备或协议,从最高层到最底层的基本功能如下。

(1) 应用层。应用层是 OSI 参考模型的最高层,即第七层。该层为用户提供工作环境,直接支持用户的应用程序,如数据库访问、邮件服务等。

应用层不包括用户软件,只包括支持用户软件运行的网络服务技术。

（2）表示层。表示层是 OSI 参考模型的第六层,用于确定计算机之间交换数据的格式。该层的目的在于解决格式和数据表示的差别,通过执行通用数据交换功能,提供标准应用接口、公共通信服务,如数据加密、字符集转换、数据压缩等。

（3）会话层。会话层是 OSI 参考模型的第五层,用于不同计算机上的两个应用程序的建立、使用和连接。该层为会话的正确进行提供了必要的保障,例如,实现对会话双方的资格审查及验证、故障的定位与恢复等。

（4）传输层。传输层是 OSI 参考模型的第四层,用于实现传输数据的可靠传输。传输层为会话层提供了与网络类型无关的可靠信息传送机制,对会话层屏蔽了下层网络的细节操作。

（5）网络层。网络层是 OSI 参考模型的第三层,负责信息寻址和将逻辑地址与名字转换为物理地址。该层决定了从源地址到目的地之间的路由,能够根据网络情况、服务优先级等相关因素,确定数据经过的具体线路,同时还能管理网络的通信。

（6）数据链路层。数据链路层是 OSI 参考模型的第二层,负责从网络层向物理层发送数据帧,以及将来自物理层的比特数据流打包成数据帧。

（7）物理层。物理层是 OSI 参考模型的最底层,即第一层。该层为通信电缆的电、光、机械的功能接口,传输的数据单位是比特,即数据流为比特流。计算机之间只有在物理层才可进行直接的信息传递。

2．IP 地址和域名

1）IP 地址的概念

IP 地址是区别 TCP/IP 网络上每台计算机的唯一标识。在 TCP/IP 结构体系中,TCP/IP 为每台主机分配的是一个 32 位的标识符,这一标识符被称为 IP 地址。

每个 IP 地址包括 4 个字节,定义了 3 个域:类型、网络标识和主机标识。每个 IP 地址由 32 位二进制数组成,为了表示方便,一般用点分十进制表示法:即将 32 位进制数分为 4 个字节,每个字节转换成 1 个十进制数字段,字段之间用"."分隔,因此,1 个十进制的取值范围为 0～255,如某一 IP 地址为 202.103.0.110。

2）IP 地址的种类

IP 地址有如下几种。

（1）A 类地址。A 类地址的最高端二进制位为 0,第一个字节段表示网络标识,后 3 个字节段表示主机标识。它允许有 126 个网络,每个网络大约有 1 700 万台主机,编址范围为 0.0.0.1～126.255.255.254。

（2）B 类地址。B 类地址的最高端前 2 个二进制位为 10。前 2 个字节段表示网络标识,后 2 个字节段表示主机标识。它允许有 16 384 个网络,每个网络大约有 65 000 万台主机,编址范围为 128.0.0.1～191.255.255.254。

（3）C 类地址。C 类地址的最高端前 3 个二进制位为 110,前 3 个字节段表示网络标识,后 1 个字段表示主机标识。它允许有 200 万个网络,每个网络有 254 台主机,编址范围为 192.0.0.1～223.255.255.254。

（4）D 类地址。D 类地址的最高端前 4 个二进制位为 1110,剩下的字节为组播地址。

（5）E 类地址。E 类地址的最高端前 5 个二进制位为 11110,剩下的字节为保留部分,以后扩充备用。

目前,大量使用的地址仅仅是 A、B、C 三类,而 A 类地址的网络数很少,一般无法申请到。

对于大多数普通用户而言,C类地址是最常见的。有了上述分类后,通过给出的IP地址,便可知道该主机所属的网络类别。

当学校申请到一个IP地址时,实际上只是获得了一个网络号,具体的各主机号则由该校自行分配到每个寝室,只要不出现重复即可,这样每个学生就可以在校内上网。

3）域名

（1）数字形式的IP地址很难记忆,而且也不直观。因此,人们用代表一定意思的字符串来表示主机地址,这就是域名。

（2）域名采用分级结构,由用"."分割的多个字符串组成,高级域在右边,最右边为一级域名。一级域名代表国家代码或最大行业机构,由于Internet起源于美国,所以美国不用国家域名。凡是没有国家代码的域名都表示在美国注册的国际域名。

二级域名是一级域名的进一步划分,如cn下又可分为edu、com、gov、net等,三级域名是二级域名的进一步划分。

域名的格式一般为：

主机名.单位名（三级域名）.行业性质代码（二级域名）.顶级域名

例如：www.whu.edu.cn是武汉大学的域名,www代表WWW服务器,三级域名whu代表"武汉大学",二级域名edu代表"教育机构",顶级域名cn代表"中国"。

各级域名由其上一级域名管理机构管理,而最高的顶级域名则由Internet相关机构管理。顶级域名一般用地理模式和组织模式来表示：地理模式按国家或行政区划分,如cn代表中国；组织模式按机构类别规定缩写。常见的国家顶级域名如表4-2所示。常用的组织模式顶级域名如表4-3所示。

表4-2 常见的国家顶级域名

域 名	国 家	域 名	国 家	域 名	国 家
us	美国	cn	中国	jp	日本
au	澳大利亚	in	印度	nl	荷兰
at	奥地利	ie	爱尔兰	fr	法国
br	巴西	il	以色列	de	德国
ca	加拿大	it	意大利	ar	阿根廷

表4-3 常用的组织模式顶级域名

域 名	名 称	域 名	名 称	域 名	名 称
com	商业组织	nail	军事部门	nom	单位或个人
org	其他组织	web	与WWW活动有关的单位	edu	教育机构
gov	非军事政府部门	net	网络运行服务中心	firm	企业或公司

4）域名解析

域名便于人们记忆和识别主机,但计算机只能识别IP地址,IP地址与域名的互相转换称为域名解析。域名解析是由域名服务器（DNS,全称为domain name server）来完成的。Internet上的每一个域,都必须设置DNS,负责本域内计算机的管理并与其他各级域名服务器相配合,完成Internet上IP地址与主机名的查询。

 **资料链接**

京东商城重金收购域名——电商流量之争

京东商城耗资数千万收购域名 jd.com,并正式切换域名为 jd.com,同时推出"Joy"吉祥物形象,而辉煌一时的域名 360buy.com 现在跳转至新域名 jd.com。jd.com 域名已经过户到京东商城。目前,访问 www.jd.com 则跳转至京东商城页面。此前,域名为日本华人刘京东持有,域名报价不菲。

为什么京东要将域名换成 jd.com? 与一般行业不同,电商行业的竞争是极为惨烈的。每个访问量都是用真金白银去换的。早期流量便宜,所以用一个差一点的域名,然后购买流量导入,吃亏好像还不明显。但现在的情况已经大不一样,每一个电商的新客户有效流量的代价越来越大。如果坚持使用不好的域名,将损失更多的流量费用。有了好的域名,就会有更好的用户体验,部分用户更愿意直接使用域名而不愿意依赖搜索引擎访问网站,从而降低了搜索引擎、网址导航、导购网站等访问引流比例,节约了大量的广告费用。

对于互联网公司来说,域名不仅仅是几个字母和数字的组合那么简单。作为最重要的身份标识,域名对互联网公司的知名度和点击量等指标有着举足轻重的作用。一个优质的域名就意味着行业地位、独一无二的品牌 ID 和更广阔的市场,因此各行业的巨头公司会为了域名不惜砸下重金。

4.2.2 网络的主要功能

Internet 的功能主要包括以下五个方面,它们构成了 Internet 网上服务的基础。

1. 万维网(WWW)

WWW(world wide web,万维网)为我们展示了 Internet 最绚丽的一页,是 Internet 的精华所在。WWW 以其独特的超文本链接方式,将大量的文本、图片、视频、声音等多媒体信息有效地组织起来,使用户可以在轻松的点击之间,徜徉于遍布全世界的网站之间,充分领略 Internet 的魅力。对大多数非专业的 Internet 用户来说,WWW 几乎成了 Internet 的代名词。

WWW 的迅速发展在很大程度上是因为有了功能强大、图文并茂、使用方便的 Web 浏览器,借助于浏览器,人们不需要具备 Unix 的知识和记忆许多复杂的指令,就可以进行几乎所有的 Internet 活动。过去在 Internet 中占有一席之地的 Telnet、FTP、Gopher,已逐渐融入 WWW 的环境之中并借助于浏览器的操作来实现。

2. 电子数据交换

电子数据交换(electronic data interchange,简称 EDI)是 20 世纪 70 年代发展起来的,融合现代计算机和远程通信技术为一体的信息交流技术。多年来,EDI 作为一种电子化的贸易工具和方式,被广泛应用于商业贸易伙伴之间,特别是从事国际贸易的贸易伙伴之间,它将标准、协议规范化和格式化的贸易信息通过电子数据网络,在相互的计算机系统之间进行自动交换和处理,成为全球具有战略意义的贸易手段和信息交换的有效方式。EDI 的应用部门主要是与国际贸易有关的行业和部门,如外贸企业、对外运输企业、银行、海关、商品检索部门、对外经贸管理部门等。EDI 在工商业界的应用中不断得到发展和完善,在当前电子商务中占据着重要的地位。EDI 的工作过程如图 4-2 所示。

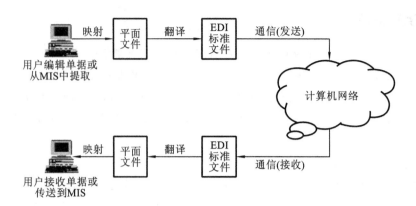

图 4-2 EDI 的工作过程

EDI 的主要作用在于:EDI 提供了一种现代化的数据交换工具和方式,参与 EDI 交换的用户按照规定的数据格式,通过 EDI 系统在不同用户的信息处理系统之间交换有关业务文件,达到快速、准确、方便、节约、规范的信息交换目的。这种工具和方式采用的技术涉及多个方面,包括计算机技术、通信技术、现代管理技术等。在 EDI 工作方式中,传统贸易方式中所使用的各种书面的单证、票证等全部被电子化的数据所代替,书面的单证、票证通过邮政和传真进行数据交换的方式被电子数据传送所取代。原来由人工进行的单据和票证的核对、入账、结算、收发等事务,也全部由计算机系统自动进行。

3. 电子邮件(E-mail)

电子邮件是以电子化的形式发送信件,这些信件可以是文本、程序,也可以是图形、动画、视频图像和声音等多媒体信息。电子邮件具有方便、快捷、经济、安全的特点,正是这些特点,使得 Internet 上电子邮件的传输占了网络信息传输量中相当大的部分,成为现代人首选的信息传递工具之一。

4. 文件传输(FTP)

文件传输是指在 Internet 上两台计算机之间进行的文件传递。文件是计算机中信息的存储、处理和传输的主要形式。Internet 上的 FTP 使得远程计算机之间的文件传输变得轻而易举,借助于 FTP 服务,用户可以从远程计算机上下载自己所需要的各种文件,也可将自己计算机中的文件上传给别的计算机。

Internet 上的 FTP 有两种:一种是普通的 FTP,需要合法的用户账号和密码才能登录到远程计算机传输文件;另一种是匿名的 FTP,在 Internet 上有大量的匿名 FTP 服务器,用户不需要账号和密码即可登录到这些 FTP 服务器下载其中存储的大量共享软件和数据。

5. 远程登录

远程登录就是用户从本地计算机登录连接到远程计算机,使用远程计算机系统的资源及提供的其他服务。远程登录必须有在对方计算机登录的权限,登录后本地计算机就成为远程计算机的一个终端,可以执行远程计算机中的程序或在远程计算机环境下编制程序,虽然两台计算机可能相距遥远,但在用户看来,就像在操作自己的计算机,不会感到不方便。

除了上述 Internet 的五大功能外,Internet 还有一些其他功能,如电子公告牌(BBS)、网络新闻组、网络 IP 电话、网络广播、网上游戏和电子商务等。

 **课堂讨论**

毛文超与小红书——技术领先的跨境电商

小红书是一个社区电商平台,旨在帮助下一代消费者找到全世界的好东西。小红书由毛文超和瞿芳创办于2013年6月,主要包括两个板块,UGC(用户原创内容)模式的海外购物分享社区,以及跨境电商"福利社"。对即将出国的人来说,可以借助这个平台制订自己的购物清单,而暂时没有出国打算的人,可以通过逛社区来增长经验,或者去福利社完成一次"海淘"。小红书福利社采用B2C自营模式,直接与海外品牌商或大型贸易商合作,通过保税仓和海外直邮的方式发货给用户。在毛文超看来,这是能保证正品的做法,同时也能保证在进货时拿到有优势的价格。福利社上线半年时间,销售额突破7亿元。在2015年6月6日开始的周年大促中,小红书在App Store的排名攀升到总榜第四,生活类榜第二。

和其他电商平台不同,小红书是从社区起家。海外购物分享社区已经成为小红书的壁垒,也是其他平台无法复制的地方。在毛文超看来,新一代的社区电商,将会是移动电商的终极形态。第一,口碑营销。没有任何方法比真实用户口碑更能提高转化率,就如用户在淘宝网上买东西前一定会去看用户评论一样。小红书有一个真实用户口碑分享的社区,整个社区就是一个巨大的用户口碑库。第二,结构化数据下的选品。小红书的社区中积累了大量的商品口碑和用户行为,就好像全世界有几十万的用户在帮小红书主动使用和发现新出来的好东西,然后有几百万甚至上千万用户用自己的行为来投票,这些数据可以保证采购来的商品是深受用户推崇的。这也是为什么小红书只卖过几千个SKU,却能产生上亿元的销售额。第三,个性化推荐。小红书暂时还没有太多精力来把这件事做好,但这是下一步的方向。个性化推荐要做到最好,其实不是技术和算法要有多厉害,而是用户要花足够的时间在你的App里,通过无意识的点赞、收藏、关注、分享等行为告诉你足够多关于他自己是谁的信息,而这个是社区性电商的天然优势。小红书用户平均每月打开App超过50次,使用130分钟以上,这是纯电商无法获取的极高价值的底层数据。

小红书希望能把用户体验做好,不论是在商品、送货速度上,还是在外包装上。做好用户体验是小红书的战略,也是整个公司摆在第一位的。

4.3 Intranet 技术和 Extranet 技术

互联网实际上包括了三种网络形式:内联网Intranet、外联网Extranet和国际互联网Internet。从技术上来讲,这三种类型的网络都建立在同样的基础设施上,但是它们的应用范围是不同的。一个企业内部的电子商务应用是基于Intranet的,企业与其合作伙伴、客户之间的电子商务应用是基于Extranet和Internet的。

4.3.1 Intranet 技术

1. Intranet 的概念

Intranet是企业内部网,是一个企业或组织建立的相对独立的内部网络。它以TCP/IP协议作为基础,以Web为核心应用,可以提供Web、邮件、FTP、Telnet等功能强大的服务。Intranet能够大大地提高企业的内部通信能力和信息交换能力。与Internet连接后,可以实现互联网应用。

Intranet 与 Internet 相比，可以说 Internet 是面向全球的网络，而 Intranet 则是 Internet 技术在企业机构内部的实现，它能够以极少的成本和时间将一个企业内部的大量信息资源高效合理地传递给每个人。Intranet 为企业提供了一种能充分利用通信线路、经济而有效地建立企业内联网的方案，应用 Intranet，企业可以有效地进行财务管理、供应链管理、进销存管理、客户关系管理等。

过去，只有少数大公司才拥有自己的企业内部网，而现在不同了，借助于 Internet 技术，各个中小型企业都有机会建立起适合自己规模的企业内部网。企业关注 Intranet 的原因是，它只为一个企业内部专有，外部用户不能通过 Internet 对它进行访问。了解 Intranet，首先要了解企业对网络和信息技术的迫切需求。

2. Intranet 的重要性

随着现代企业的发展越来越集团化，企业的分布也越来越广，遍布全国各地甚至跨国公司越来越多，以后的公司将是集团化的、大规模、专业性强的公司。这些集团化的公司需要及时了解各地的经营管理状况、制订不同的经营方向，公司内部人员更需要及时了解公司的策略性变化、公司人事情况、公司业务发展情况以及一些简单但又关键的文档，如通信录、产品技术规格和价格、公司规章制度等。通常的公司使用如员工手册、报价单、办公指南、销售指南一类的印刷品，这类印刷品的生产既昂贵又耗时，而且不能直接送到员工手中。另外，这些资料无法经常更新，由于又费时又昂贵，很多公司在规章制度已经变动了的情况下又无法及时通知下属员工执行新的规章。如何保证每个人都拥有最新最正确的版本？如何保证公司成员及时了解公司的策略和其他信息是否有改变？利用过去的技术，这些问题都难以解决。市场竞争激烈、变化快，企业必须经常进行调整和改变，而一些内部印发的资料甚至还未到员工手中就已过时了，浪费的不只是人力和物力，还浪费了非常宝贵的时间。

解决上述问题的方法就是联网，建立企业的信息系统。已有的方法可以解决一些问题，如利用 E-mail 在公司内部发送邮件，建立信息管理系统。Internet 技术正是解决这些问题的有效方法。利用 Internet 各个方面的技术解决企业的不同问题，这样企业内部网 Intranet 诞生了。

4.3.2 Extranet 技术

1. Extranet 的概念

不久前，联邦捷运公司（简称 FedEx）向公众公开了它的货运跟踪系统，FedEx 的客户可以访问 FedEx 的 Web、浏览货运表、填写必要的表格，甚至可以跟踪自己货物的运行路线。FedEx 的 Web 站点是最早的和最著名的 Extranet 的例子之一。Extranet 是一个可为外部用户提供选择性服务的 Intranet，但严格来说，它并不是一个 Intranet 应用，尽管任何人都可以访问 FedEx 的 Web 站点，但对此感兴趣的仅仅是它的客户。

有关准确的 Extranet 的定义还在讨论中，但大多数人都能接受的 Extranet 的定义是：Extranet 是遵循 Internet 标准而建立起来的一种广域网，是使用因特网技术如 WWW 和 TCP/IP 协议建立的支持企业或机构之间进行业务往来和信息交流的综合信息系统。企业内部网从企业的防火墙延伸出去，形成所谓的外延网。它是一种通过连接一个以上内联网来形成的网络，通过使用它，公司的业务伙伴及服务可以连接到本公司的供货链上，使公司在因特网上开展业务，进行商务活动。外联网必须专用而且安全，这就需要防火墙服务器管理、数字认证、用户确认、对消息的加密和在公共网络上使用虚拟专用网。

Extranet 可以作为公用的 Internet 和专用的 Intranet 之间的桥梁,也可以被看作是一个能被企业成员访问或与其他企业合作的企业 Intranet 的一部分。Extranet 通常与 Intranet 一样位于防火墙之后,但既不像 Internet 那样为大众提供公共的通信服务,也不像 Intranet 那样只为企业内部服务和不对公众公开,而是对一些有选择的合作者开放或向公众提供有选择的服务。Extranet 非常适合于具有时效性的信息共享和企业间完成共有利益目的的活动。

2. Extranet 的特性

（1）Extranet 不限于组织的成员,它可超出组织之外,特别是包括那些组织想与之建立联系的供应商和客户。

（2）Extranet 并不是真正意义上的开放,它可以提供充分的访问控制,使得外部用户远离内部资料。

（3）Extranet 是一种思想,而不是一种技术,它使用标准的 Web 和 Internet 技术,与其他网络不同的是对建立 Extranet 应用的看法和策略。

（4）Extranet 的实质就是应用,它只是集成扩展(并非系统设计)现有的技术应用。

3. Extranet 的应用

Extranet 可以用来进行各种商业活动,当然,Extranet 并不是进行商业活动的唯一方法,但使用 Extranet 代替专用网络用于企业与其他企业进行商务活动,其好处是巨大的。Extranet 把企业内部已存在的网络扩展到企业之外,使得企业可以完成一些合作性的商业应用(如企业和其客户及供应商之间的电子商务、供应管理等)。Extranet 可以完成以下应用。

1）信息的维护和传播

通过 Extranet 可以定期地将最新的销售信息以各种形式分发给世界各地的销售人员,而取代原有的文本拷贝和昂贵的专递分发。任何授权的用户都可以从世界各地用浏览器对 Extranet 进行访问、更新信息和通信,使得增加/修改每日变化的新消息、更新客户文件等操作变得容易。

2）在线培训

浏览器的点击操作和直观的特性使得用户很容易地就可加入在线的商业活动中。此外,灵活的在线帮助和在线用户支持机制也使得用户可以容易发现其需要的答案。

3）企业间的合作

Extranet 可以通过 Web 给企业提供一个更有效的信息交换渠道,其传播机制可以给客户传递更多的信息。通过 Extranet 进行的电子商务可以比传统的商业信息交换更有效、更经济地进行操作和管理,并能降低花费和减少跨企业之间的合作与商务活动的复杂性。

4）销售和市场

Extranet 使得销售人员可以从世界各地了解最新的客户和市场信息,这些信息由企业来更新维护,并由强健的 Extranet 安全体系结构保护其安全性,所有的信息都可以根据用户的权限和特权进行定制。

5）客户服务

Extranet 可以通过 Web 安全有效地管理整个客户的运行过程,可为客户提供订购信息和货物的运行轨迹,为客户提供解决基本问题的方案并发布专用的技术公告,同时,还可以获取客户的信息为将来的支持服务,使用 Extranet 可以更加容易地实现各种形式的客户支持(如桌面帮助、电子邮件及多媒体电子邮件等)。

6）产品、项目管理和控制

管理人员可迅速地生成和发布最新的产品、项目与培训信息，不同地区的项目组的成员可以通过上网来进行通信、共享文档与共享成果，可在网上建立虚拟的实验室进行跨地区合作。Extranet 中提供的任务管理和群体工作工具应能及时地显示工作流中的瓶颈，并采取相应的措施。

 案例

阿里巴巴 Buy＋购物模式——虚拟现实技术在电子商务领域的应用

Buy＋是 2016 年 4 月 1 日由阿里巴巴推出的全新购物方式，使用虚拟现实（VR）技术，利用计算机图形系统和辅助传感器，生成可交互的三维购物环境。Buy＋将突破时间和空间的限制，真正实现各地商场随便逛，各类商品随便试。

虚拟现实技术主要包括模拟环境、感知、自然技能和传感设备等方面。模拟环境是由计算机生成的、实时动态的三维立体逼真图像。感知除计算机图形技术所生成的视觉感知外，还有听觉感知、触觉感知、力觉感知、运动感知等，甚至还包括嗅觉感知和味觉感知等。自然技能是指人的头部转动，眼神、手势或其他人体行为动作，由计算机来处理与用户的动作相适应的数据，对用户的输入做出实时响应，并分别反馈到用户的五官。VR 技术在视频游戏、事件直播、视频娱乐、医疗保健、房地产、零售、教育、工程和军事等方面有着广泛应用。

Buy＋通过 VR 技术可以 100% 还原真实场景，也就是说，使用 Buy＋，身在广州的家中，戴上 VR 眼镜，进入 VR 版淘宝网，可以选择去逛纽约第五大道，也可以选择去逛英国复古集市。比如，在选择一款沙发的时候，你再也不用因为不太确定沙发的尺寸而纠结，戴上 VR 眼镜，直接将这款沙发放在家里，尺寸颜色是否合适，一目了然。

未来，VR 技术将会发展成一种改变我们生活方式的新技术，但是从现在来看，对于建设 VR 商品展示的成本问题、虚拟现实数据输入方法、硬件设备不便利等问题还需要时日去解决，虚拟现实技术想要真正进入消费级市场，还有一段很长的路要走，终有一天它将成为我们与计算机交互方式最大的一种转型，改变人与科技之间的关系，让人与科技的交互更加自然。

【本章小结】

本章对电子商务网络技术进行了说明，网络技术是电子商务发展的基础，当今时尚而流行的网络经济或网络经济学，就其内容而言，实际是互联网经济或互联网经济学，它是一种特定的信息网络经济或信息网络经济学，是指通过网络进行的经济活动。这种网络经济是经济网络化的必然结果，它是与电子商务密切相连的网络产业，既包括网络贸易、网络银行、网络企业以及其他商务性网络活动，又包括网络基础设施、网络设备和产品以及各种网络服务的建议、生产和提供等经济活动。

网络技术促进了网络经济的发展，随着电子商务、电子货币、电子政务等的发展，又对计算机技术和网络技术提出了更高的要求。这不仅需要加强网络建设，通过 TCP/IP 协议来构建一个全方位的公共通信服务的网络互联，增强 Web 功能，还要加强相关软件技术的开发，以切实满足构筑新形态商务活动应用环境的需求，如 Java 技术、XML 技术及组件技术等。同时，网络安全问题对电子商务等活动造成了很大的影响，这就需要加大网络安全建设的步伐，尽快建立全方位的网络安全体系，对数据进行加密，建立各种认证系统，以便更好地进行电子商务网上交易,这也是电子商务能够生存发展的最基本的条件之一。

【实训项目】

韩都衣舍和优衣库网站定位分析

1. 实训目的与要求
(1) 了解电子商务服装网站定位分析。
(2) 分析网店的优势、市场细分。
(3) 分析常见的服装网站的核心竞争力。
2. 实训重点
服装网站定位分析。
3. 实训难点
网店的优势、市场细分。
4. 实训内容
登录韩都衣舍和优衣库服装网站,了解淘宝网皇冠店排行,进行可行性分析。
(1) 分析市场细分。
(2) 分析网站的特点和优势。
(3) 分析实施过程和应该采取的措施。
5. 备注说明
(1) 通过访问艾瑞网了解我国服装网站的发展现状。
(2) 体验网购服装并与服装实体店进行比较。

【案例分析】

张近东与苏宁易购——打造符合互联网经济的独立运营体系

苏宁易购,是苏宁云商集团股份有限公司旗下新一代 B2C 网上购物平台,现已覆盖传统家电、3C 电器、日用百货等品类。2011 年,苏宁易购强化虚拟网络与实体店面的同步发展,不断提升网络市场份额。未来三年,苏宁易购将依托强大的物流、售后服务及信息化支持,继续保持快速的发展步伐;到 2020 年,苏宁易购计划实现 3 000 亿元的销售规模,成为中国领先的 B2C 平台之一。2015 年 8 月 17 日,苏宁易购正式入驻天猫。

从 1999 年开始,苏宁电器就开始了长达 10 年的电子商务研究,先后对 8848、新浪网等网站进行过拜访,并承办新浪网首个电器商城,尝试门户网购嫁接,并于 2005 年组建 B2C 部门,开始自己的电子商务尝试。2005 年,苏宁网上商城一期面世,销售区域仅限南京。2006 年 12 月,苏宁网上商城二期在南京、上海、北京等大中城市上线。2007 年,苏宁网上商城三期上线,销售覆盖全国并且拥有了单独的线上服务流程。2009 年,苏宁电器网上商城全新改版升级并更名为苏宁易购,2009 年 8 月 18 日新版网站进入试运营阶段,2010 年 2 月 1 日正式对外发布上线,2010 年 9 月 26 日又进行重新改版,赢得了广大网民的一致好评。苏宁云商网上商城于 2009 年 8 月 18 日全新升级,此次改版整合了全球顶级的资源优势,并携手 IBM 联手打造新一代的系统,建立了一个集购买、学习、交流于一体的社区,全面打造出一个专业的家电购物与咨询的网站,旨在成为中国 B2C 市场最大的专业销售生活电器、家居用品等的网购平台。

苏宁易购具有苏宁品牌优势、上千亿元的采购规模优势、遍及全国 30 多个省 1 000 个配送点 3 000 多个售后服务网点的服务优势、持续创新优势等。对于苏宁易购的未来发展战略,苏宁易购制订了明确的 3 年发展战略,旨在将其建成为符合互联网经济的独立运营体系,组建 1 000 人的 B2C 专业运营团队,形成以自主采购、独立销售、共享物流服务为特点的运营机制,以商品销售和为消费者服务为主,同时在与实体店面协同上将定位于服务店面、辅助店面,虚实互动,为消费者提供产品资讯、服务状态查询互动,以及作为新产品实验基地,将消费者购物习惯、喜好的研究反馈给供应商,提升整个供应链的柔性生产、大规模定制能力。据金明介绍,与实体店面线性增长模式不同,苏宁易购能够快速形成全国销售规模,呈现几何式增长,同时依托线下既有的全国性实体物流、服务网络,苏宁易购能够共享现有资源,快速建立自己的盈利模式。

苏宁易购是建立在苏宁云商长期以来积累的丰富的零售经验和采购、物流、售后服务等综合性平台之上的,同时由行业内领先的合作伙伴 IBM 合作开发的新型网站平台。苏宁电器虚拟经济无实体店支撑很难发展起来,苏宁 B2C 的最大优势在于可以把实体店和虚拟经济结合起来,共同发展。苏宁作为中国最优秀的连锁服务品牌之一,与全球领先的 IBM 强强联手,构建了互惠共赢的战略合作局面,有实力最大限度赢得 B2C 的市场收益。计划 3 年内占据中国家电网购市场超过 20% 的份额,成为中国最大的 3C 家电 B2C 网站,苏宁也有望成为 B2C 行业内最优秀的服务品牌之一。

苏宁易购用户体验在于苏宁实体店的优势,商品定位于中高端,商品陈列遵循品类丰富、品牌适度、品相优化的原则,满足消费者需求。苏宁 B2C 的优势:成立网上商城公司独立运营苏宁 B2C 网站,现有运营人员 200 余人;根据多年的家电零售经验和网上消费者的特点,采购适合网上销售的新、奇、特商品;利用强大的采购平台,采购有价格优势的商品,为消费者展示丰富的商品,所想即可得;与行业领先企业合作,页面设计更加人性化,产品分类更加合理化;利用实体店对消费者行为的研究结果,设定合理的 B2C 购物流程。

【练习题】

(1) 登录铁血网(www.tiexue.net),分析社区电子商务的特点和商业模式。

(2) 访问天涯社区(www.tianya.cn),浏览网站内容,了解天涯社区的竞争力体现在哪里。

(3) 登录村村通商城(www.gdcct.com),了解农产品电子商务的发展特点。

【复习题】

(1) 简述目前常用的几种网络传输介质。

(2) 简述 WWW 技术。

(3) 简述 Internet 的主要功能。

(4) 解释 Internet、Intranet 和 Extranet 之间的区别。

(5) 按网络拓扑结构分类,计算机网络可以分为哪几类?

(6) 什么是 HTML?

第五章 网络营销

【学习目标】

☆ 了解网络营销的含义和特点。
☆ 掌握网络营销的内容。
☆ 掌握网络营销的网络调研与消费者行为分析。
☆ 掌握网络营销的组合策略。
☆ 熟悉网络营销的常用技术手段。

 实务导入

马云与天猫商城——品牌网络营销

"天猫"(英文:Tmall,亦称淘宝商城、天猫商城)原名淘宝商城,是一个综合性购物网站。2012年1月11日上午,淘宝商城正式宣布更名为"天猫"。2012年3月29日,天猫发布全新logo形象。天猫是马云淘宝网全新打造的B2C电子商务平台。其整合数千家品牌商、生产商,为商家和消费者提供一站式解决方案。提供100%品质保证的商品、7天无理由退货的售后服务,以及购物积分返现等优质服务。2014年2月19日,阿里巴巴集团宣布天猫国际正式上线,为国内消费者直供海外原装进口商品。

2012年1月11日,淘宝商城在北京举行战略发布会,宣布更换中文品牌"淘宝商城"为"天猫"。取这个名字一方面是因为"天猫"跟Tmall发音接近,更重要的原因是随着B2C的发展,消费者需要全新的、与阿里巴巴大平台挂钩的代名词,"天猫"将提供一个定位和风格更加清晰的消费平台。猫是性感而有品位的,天猫网购,代表的就是时尚、性感、潮流和品质;猫天生挑剔,挑剔品质,挑剔品牌,挑剔环境。

天猫比普通店铺更有吸引力的是它的服务,它不光是大卖家和大品牌的集合,同时也提供比普通店铺更加周到的服务。①七天无理由退换货。天猫卖家接受买家七天内无理由退换货,无须担心买到的东西不合适,或者买到的东西和实际相差太大。②正品保障。天猫卖家所卖物品都是正品行货,接受买家的监督和淘宝的监督。③信用评价。淘宝信用评价体系由心、钻石、皇冠三部分构成,并成等级提升,目的是为诚信交易提供参考,并在此过程中保障买家利益,督促卖家诚信交易。2009年,淘宝信用评价体系升级:淘宝网所有店铺违规、产生纠纷的退款及受到的处罚,将被完全公布在评价页面。这将成为除评价以外,买家对卖家诚信度判断的最重要标准。这是淘宝网全网购物保障计划中的一条重要措施。此前,淘宝网已启动2 000万购物保障基金及购买机票六重保障。店铺评价页面升级后,消费者可参考参数更多并且不限于交易完成后的评价,买家将能够知悉卖家诸多维度的信息,网购将因更公开透明而安全放心。升级后的评价体系将在以往的评价列表基础上,加上店铺相关信息,包括是否参加消费者保障计划,对消费者有何种承诺,受到处罚的情况等。对于已经加入消保的卖家,显示信息包括该店铺已加入淘宝网消费者保障服务及对买家的承诺等。对于因为违规被清退出消保的卖家,在被清退后30天之内,将显示该店铺已被清退出淘宝网消费者保障服务。同时,在卖家服务质量查询栏里面,消费者可以看到该卖家是否有被投诉的情况、产生纠纷的退款情况及违规情况。

天猫具有普通店铺和旺铺都不具有的功能:①信用评价无负值,从 0 开始,最高为 5,全面评价交易行为;②店铺页面自定义装修,部分页面装修功能领先于普通店铺和旺铺;③产品展示功能采用 Flash 技术,全方位展示产品;④全部采用商城认证,保证交易的信用度。

(1) 分析网络零售平台的特点和作用。
(2) 对国内和国外的电子商务网络零售平台进行比较分析。
(3) 目前天猫商城存在哪些问题?你认为应该采取哪些措施?

5.1　网络营销概述

20 世纪 90 年代初,Internet 的飞速发展在全球范围内掀起了互联网应用的热潮,世界各大公司纷纷利用因特网提供信息服务和拓展公司的业务范围,并且按照因特网的特点积极改组企业内部结构和探索新的管理营销方法,网络营销应运而生。

5.1.1　网络营销的定义

网络营销是随着互联网进入商业应用而逐渐产生的,尤其是万维网、电子邮件、搜索引擎等得到广泛应用之后,网络营销的价值才越来越明显。电子邮件虽然早在 1971 年(另一种说法是 1969 年)就已经诞生,但在互联网普及应用之前,其并没有被应用于营销领域,到了 1990 年,才出现基于互联网的搜索引擎。1994 年 10 月,网络广告诞生;1995 年 7 月,全球最大的网上商店亚马逊成立。1994 年被认为是网络营销发展重要的一年,因为在网络广告诞生的同时,基于互联网的知名搜索引擎,如 YAHOO!、WebCrawler、Infoseek、LYCOS 等也相继在 1994 年诞生。另外,曾经发生的"第一个利用互联网络赚钱的人"事件,促使人们对 E-mail 营销开始进行深入的思考,也直接促成了网络营销概念的形成,一般认为网络营销产生于 1994 年。

1. 网络营销的定义

与许多新兴学科一样,"网络营销"同样也没有一个公认的、完善的定义。网络营销的英文名称有多个,如 cyber marketing、network marketing、Internet marketing、E-marketing 等。

1) Cyber marketing

由 20 世纪 80 年代在美国应用面很广的计算机信息检索服务专用网——增值网(VAN)发展而来。该网络以建立产品营销的电子化工具为目的,之后发展了电子数据交换应用。

2) Network marketing

这里的"network"专指人们靠某种关系组成的网络,不一定是计算机网络或其他联机网络。国外经常将"network marketing"与"multiple level marketing(MLM,多层次营销)"概念等同。

3) Internet marketing

Internet marketing,即互联网营销。由于 Internet 在全球统一了以往的不同专用信息服务网络的信息服务方式,并发展了比信息检索、产品推销、电子数据交换更多的应用,因此互联网营销概念的内涵更丰富,外延更广。于是产生了一种定义,即网络营销是借助联机网络、计算机通信和数字交互式媒体来实现营销目标的营销方式。

4) E-marketing(全称为 electronic marketing)

它是目前普遍的表述,E 表示电子化、信息化、网络化,既简洁又直观明了,而且与电子商务、电子市场(E-market)等对应。它是指利用 Internet、E-mail 以及与此相关的其他工具和方法进行产品和服务营销,并达到一定营销目标的一种营销手段。

对于网络营销的理解和认识,按照关注点的不同,不同的研究者和从业人员往往侧重或关注着不同的视角或者重点:有些偏重网络本身的技术实现手段,有些注重网站的推广技巧,也有些将网络营销等同于网上直销,还有一些把新兴的电子商务企业的网上销售模式也归入网络营销的范畴。因此,广义地说,凡是以互联网为主要手段进行的、为达到一定营销目标的营销活动,都可称为网络营销(或网上营销)。也就是说,网络营销贯穿于企业开展网上经营的整个过程。

从营销的角度出发,可将网络营销定义如下:网络营销是企业整体营销战略的一个组成部分,是建立在互联网基础之上、借助于互联网特性来实现一定营销目标的一种营销手段。

2. 网络营销的理论基础

网络营销是基于信息网络(主要是互联网)发展起来的一种营销模式,其主要有三个方面的含义:①传播资讯的统一性,即企业用一个声音说话,使消费者无论从哪种媒体所获得的信息都是统一的、一致的;②互动性,即企业与消费者之间展开富有意义的交流,能够迅速、准确、个性化地获得信息和反馈信息;③目标营销,即企业的一切营销活动都应围绕企业目标来进行,实现全程营销。

网络营销从理论上离开了在传统营销理论中处于中心地位的 4Ps 理论,4Ps 即产品(product)、渠道(place)、促销(promotion)和定价(price),而逐渐转向以 4Cs 理论为基础和前提,4Cs 即顾客(customer)、沟通(communication)、便捷(convenience)和成本(cost)。传统的 4Ps 理论的基本出发点是企业利润,而没有把顾客需求放到与企业利润同等重要的位置上,它指导的营销决策是一条单向的链。然而,网络营销需要企业同时考虑顾客需求和企业利润:①营销过程的起点是顾客需求;②营销决策中的 4Ps 是在满足 4Cs 要求的前提下的企业利润最大化;③最终实现的是顾客需求的满足和企业利润最大化。

传统的营销管理强调 4Ps 组合,现代营销管理则追求 4Cs 组合,然而无论哪一种观念都必须基于这样一个前提:企业必须实行全程营销,即必须从产品的设计阶段就开始充分考虑消费者的需求和意愿。在传统营销中,由于消费者与企业之间缺乏合适的沟通渠道或沟通成本过高,消费者一般只能针对现有产品提出建议或批评,大多数的企业也缺乏足够的资本用于了解消费者的各种潜在需求。在网络环境下,企业可通过电子公告栏和电子邮件等方式,以极低的成本在营销的全过程中对消费者进行及时的信息搜集,消费者则有机会对产品从设计到定价和服务等的一系列问题发表意见。这种双向互动的沟通方式提高了消费者的参与性和积极性,更重要的是,它能使企业的营销决策有的放矢,从根本上提高消费者的满意度。4Cs 理论框架如图 5-1 所示。

由于消费者的个性化需求得到了满足,消费者会对该企业的产品、服务形成良好的印象,在消费者第二次对该种产品有需求时,就会对该企业的产品、服务产生偏好,消费者首先会选择该企业的产品和服务;随着这两轮的交互,产品和服务可以更好地满足消费者的需求。如此

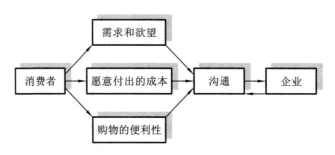

图 5-1　4Cs 理论框架

重复,一方面,消费者的个性化需求不断地得到越来越好的满足,建立起对公司产品的忠诚度;另一方面,由于这种满足是针对差异性很强的个性化需求的,因此其他企业的进入壁垒变得更高。这样,企业和消费者之间的关系就变得非常紧密,甚至牢不可破,这就形成了"一对一"的营销关系。我们把上述这个理论框架称为网络营销理论,它体现了以消费者为出发点及企业和消费者不断交互的特点,它的决策过程是一条双向的链。

 课堂讨论

陶石泉与江小白——好产品是好营销的前提

　　江小白是江记酒庄推出的一款清淡型高粱酒,以红皮糯高粱为单一原料精酿而成。江小白产品面向新青年群体,主张简单、纯粹的生活态度。陶石泉是江小白酒业创始人、董事长兼CEO。2011 年,创造了面向新青年群体的小酒品牌——江小白。公司销售额年均增长率保持在 100%,被中央电视台、《销售与市场》杂志社等机构授予"疯狂开拓者 MAD MAN"称号。关于创业,陶石泉认为,不是注册一个企业拉起一个团队去做一个产品就叫创业,创业是在原有的行业中用新的方法、新的思路创立一个事业。

　　可以说,江小白网络营销的创新是对传统白酒行业的一次颠覆,开辟了一个白酒时尚化的新市场。多样化需求让江小白更关注年轻人群,通过互联网模式,了解消费者需求,传播品牌价值。对于行业中刮起的小酒"风潮",在年轻化、时尚化的白酒领域,江小白是第一个"吃螃蟹"的公司。江小白名字的由来,是因为发现在影视剧中,越简单的名字越容易被人记住,所以设计了这样一个名字。由于主要针对 80 后、90 后等年轻人群,在酒品方面,江小白更专注于研发满足年轻人口感的创新型白酒。江小白柔和的口感,较低的酒精度以及醒酒时间快等特点,都符合年轻一代消费人群的需求,主张简单、纯粹的生活方式,这既切合了当今时代所倡导的绿色、低碳、环保等生活理念,又提出了一种以真心换真心、不矫揉造作的待人处事方法。

3. 对网络营销的理解

1) 网络营销不是孤立存在的

　　网络营销并不能完全替代传统营销,而是对传统营销的扩展和延伸。网络营销是企业整体营销策略的一个组成部分,网络营销活动不可脱离一般营销环境而独立存在,在很多情况下,网络营销理论是传统营销理论在互联网环境中的应用和发展。对于不同的企业,网络营销所处的地位有所不同。以经营网络服务产品为主的网络公司,更加注重网络营销,而在传统的工商企业中,网络营销通常只处于辅助地位。由此也可以看出,网络营销与传统营销之间并没有冲突,由于网络营销依赖互联网应用环境而具有自身的特点,因而有相对独立的理论和方法体系。在企业营销实践中,往往是传统营销和网络营销并存。

2) 网络营销不等于网上销售

网络营销是为最终实现产品销售、提升品牌形象而进行的活动。网上销售是网络营销发展到一定阶段产生的结果,但并不是唯一的结果,因此网络营销本身并不等于网上销售,这可以从三个方面来说明。

第一,网络营销的目的并不仅仅是促进网上销售。在很多情况下,网络营销活动不一定能实现网上直接销售的目的,但是可以促进实体店销售,并且增加顾客的忠诚度。

第二,网络营销的效果表现在多个方面。例如,提升企业的品牌价值,加强与客户之间的沟通,拓展对外信息发布的渠道,改善对顾客的服务等。

第三,从网络营销的内容来看,网上销售也只是其中的一部分,并且不是必须具备的内容,许多企业网站根本不具备网上销售产品的条件,网站主要是作为企业发布产品信息的一个渠道,通过一定的网站推广手段,实现产品宣传的目的。

3) 网络营销不应被称为虚拟营销

"在互联网上,没有人知道你是一条狗",这是一句广泛流传的话,最早出现在1993年的美国著名杂志《纽约人》的一幅漫画(作者:彼得·斯坦纳)中,以此来说明互联网的虚拟性,如图5-2所示。

图5-2 在互联网上,没有人知道你是一条狗

所有的网络营销手段都是实实在在的,而且比传统营销方法更容易跟踪、了解消费者的行为。比如,借助于网站访问统计软件,可以确切地知道网站的访问者来自什么地方,在多长的时间内浏览了哪些网页,企业可以知道用户来自什么IP,也可以知道企业发出的电子邮件有多少用户打开、有多少用户点击了其中的链接,还可以确切地知道下订单的用户的详细资料,利用专用的顾客服务工具,甚至可以同访问者进行实时交流,所以每一个用户都是实实在在的。另一方面,尽管在传统的商场中顾客熙熙攘攘,但商店的经营者却对顾客一无所知。网络营销的经营者了解用户的整体统计特征,并不会因为不知道用户的详细信息而将用户看作"狗"。因此,从网络营销的角度来看,互联网上根本没有"狗"。

4) 网络营销不等于电子商务

电子商务的内涵很广,其核心是电子化交易,电子商务强调的是交易方式和交易过程的各个环节。但是网络营销本身并不是一个完整的商业交易过程,而是为促成交易提供支持,因此网络营销是电子商务中的一个重要环节,尤其是在交易发生之前,网络营销发挥着主要的信息传递作用。同时,发生在电子交易过程中的网上支付和交易之后的商品配送等问题并不是网络营销所包含的内容,同样,电子商务体系中所涉及的安全、法律等问题也不适合全部包含在网络营销中。

网络营销具有很强的实践性特征,从实践中发现网络营销的一般方法和规律,比空洞的理论讨论更有实际意义。因此,如何定义网络营销其实并不是最重要的,关键是要理解网络营销的真正意义和目的,也就是充分认识互联网这种新的营销环境,利用各种互联网工具为企业营销活动提供有效的支持。这也是在网络营销研究中必须重视网络营销实用方法的原因。

 案例

维棉网面临倒闭危机——投资人徐小平坦言心痛

B2C 垂直类品牌电商维棉网面临倒闭,与众多投资者避谈失败不同,真格基金创始人徐小平显得很坦然。他投资的维棉网因拖欠供应商货款而被执法部门查封,网站商品全部下线,面临倒闭。

徐小平在 2012 年创新中国总决赛上接受采访时表示,自己是一个出名的"被动"投资者,在投资维棉网的时候对这家公司非常认可,但是投资完后,自己并没有过多地去关注。在维棉网危机爆出后,徐小平曾在其新浪微博中写道:"一家公司因拖欠货款,被供货方申请法院查封其仓储,公司暂停业务。"虽然未指明是哪一家公司,但业内一致认为这是投资人对维棉网因拖欠货款被查封做出的回应。

资料显示,维棉网于 2010 年 11 月正式上线,其定位瞄准高端市场。维棉网的线上产品从袜子陆续扩展到内衣、围巾等,随后也加入电商营销大战,投入大量资金打广告。

在被问及是否后悔投资维棉网时,徐小平表示只能说自己现在很心痛,但不能说后悔。他也强调,投资失败比例低于 75% 的天使投资人是不合格的,反败为胜的例子有很多,很多公司都曾触底反弹。

多数垂直电子商务的掌门人考虑得最多的是用什么办法最快把用户量做上去,把交易量做上去。广告最简单、最有效,但由于垂直电子商务采取同一策略,导致最后拼的不是公司的差异性,而是公司投资人的实力。

5.1.2 网络营销的特点

市场营销中最重要的是在组织和个人之间进行信息的广泛传播和信息的有效交换,如果没有信息的交换,任何交易都会变成无本之源。互联网技术发展的成熟以及联网的方便性和成本的低廉,使得任何企业和个人都可以很容易地将自己的计算机或计算机网络连接到 Internet 上。遍布全球的各种企业、团体、组织以及个人通过 Internet 跨时空地连接在一起,使得相互之间信息的交换变得"唾手可得"。因为互联网具有营销所要求的某些特性,因此网络营销呈现出以下一些特点。

1. 跨时空

通过互联网能够超越时间约束和空间限制进行信息交换,使得脱离时空限制达成交易成为可能,企业能有更多的时间和在更大的空间中进行营销,随时随地地向客户提供全球性的营销服务,以达到尽快占有市场份额的目的。

2. 多媒体

互联网可以传输文字、声音、图像等多媒体信息，从而可以用多种形式进行交易信息交流，充分发挥营销人员的创造性和能动性。

3. 交互式

通过互联网，企业可以向顾客展示商品目录，向顾客提供有关商品信息的查询，与顾客进行双向互动式的沟通，收集市场情报，进行产品测试和顾客满意度调查等，因此互联网是企业进行产品设计、提供商品信息和服务的最佳工具。

4. 人性化

在互联网上进行的促销活动具有一对一、理性、消费者主导、非强迫性和循序渐进的特点，这是一种低成本、人性化的促销方式，可以避免传统的推销活动所表现出的强势推销的干扰。并且，企业可以通过提供信息和交互式沟通，与消费者建立起一种长期的、相互信任的良好合作关系。

5. 成长性

遍及全球的互联网用户的数量飞速增长，而且用户中大部分是年轻的、具有较高收入和受过良好教育的人，由于这部分群体的购买力强，而且具有很强的市场影响力，因此网络营销是一个极具开发潜力的市场渠道。

6. 整合性

在互联网上开展的营销活动，可以完成从商品信息的发布到交易的收款和售后服务的全过程，这是一种全程的营销渠道。另外，企业可以借助互联网将不同的传播营销活动进行统一的设计规划和协调实施，通过统一的传播渠道向消费者传达信息，从而可以避免不同传播渠道中的不一致性产生的消极影响。

7. 超前性

互联网同时兼具渠道、促销、电子交易、互动顾客服务，以及市场信息分析与提供等多种功能，是一种功能强大的营销工具，并且它所具备的一对一的营销能力，迎合了定制营销与直复营销的未来趋势。

8. 高效性

网络营销应用计算机储存大量的信息，可以帮助消费者进行查询，所传送的信息数量与精确度远远超过其他传统媒体，同时能够适应市场的需求，及时更新产品阵列或调整商品的价格，因此能及时、有效地了解和满足顾客的需求。

9. 经济性

网络营销使交易双方通过互联网进行信息交换，代替传统的面对面的交易方式，可以减少印刷与邮递成本，进行无店面销售而免交租金，节约水电与人工等销售成本，同时减少了由于多次交换带来的损耗，提高了交易的效率。

 资料链接

遂昌——淘宝县全民皆电商

从在路边摆摊到在家点点鼠标，农村电子商务给浙江西南部山区遂昌县的下岗女工朱菊媛的生活带来了翻天覆地的变化。

遂昌县是一个只有5万人口的小县城，却拥有1 200多家淘宝网店，信誉皇冠以上的店铺有20多家，去年总销售额已破亿，今年有望突破1.5亿。从白领到路边摆摊的大妈，都拿起鼠标开起网店,使遂昌县成为名副其实的淘宝县。

"刚有个顾客,买了 300 多元的货品,我至少能赚 100 多元。"朱菊媛是浙江西南部山区遂昌县的下岗女工,早年在当地供销社上班,下岗后,只能靠自己做点鞋垫、松紧带等手工艺品到街上摆摊赚钱。2010 年 9 月底,她在淘宝网(微博)上开了一家名叫"老记忆"的网店,开始销售自己的手工艺品和番薯干、竹炭等遂昌县当地的特色农产品,现在她已成为四钻卖家,每个月能赚三四千元,生意好的时候一天销售利润可超 1 000 元。

《舌尖上的中国》让遂昌县当地的竹笋制品红遍大江南北,而在这之前,遂昌县的竹笋制品就已在淘宝网上热销了。以前,遂昌县的笋干都是本地人自己吃,吃不了就扔。但自从通过淘宝网打开网上销售的大门后,有专门的农业合作社进入农民家收货,现在遂昌县的笋干很畅销,过年时还会卖断货。

5.1.3 网络营销的内容

网络营销产生于 Internet 飞速发展的网络时代,作为依托网络的新的营销方式和营销手段,网络营销有助于企业在网络环境下实现营销目标。网络营销要针对新兴的网上虚拟市场,及时了解和把握网上虚拟市场的消费者特征和消费者行为模式的变化,为企业在网上虚拟市场进行营销活动提供可靠的数据分析和营销依据。同时,由于网络营销依托网络开展各种营销活动来实现企业目标,而网络具有信息交流自由、开放和平等等特点,信息交流的费用低廉,信息交流渠道直接、高效,因此在网上开展营销活动,必须改变传统营销的手段和方式。

主要在 Internet 上进行营销活动的网络营销,虽然其营销目的和营销工具与传统营销大体一致,但在实施和操作的过程中却与传统营销有着很大的差别,具体来讲,网络营销包括下面一些主要内容。

1. 网上市场调查

网上市场调查是指企业利用 Internet 的交互式信息沟通渠道来实施市场调查活动,所采取的方法包括直接在网上通过发布问卷进行调查及在网上收集市场调查中需要的各种资料。网上市场调查的重点是利用网上调查工具,提高调查的效率和调查效果,同时利用有效的工具和手段收集整理资料,在 Internet 浩瀚的信息库中获取想要的信息和分辨出有用的信息。

2. 网络消费者行为分析

网络消费者是网络社会的一个特殊群体,其特性与传统市场上的消费群体的特性是截然不同的,因此要开展有效的网络营销活动,必须深入了解网上用户群体的需求特征、购买动机和购买行为模式。Internet 作为信息沟通的工具,正成为许多有相同兴趣和爱好的消费群体聚集交流的地方,在网上形成了一个个特征鲜明的虚拟社区,网上消费者行为分析的关键就是了解这些虚拟社区的消费群体的特征和喜好。

3. 网络营销策略的制订

企业在利用网络营销实现企业营销目标时,必须制订与企业相适应的营销策略,因为不同的企业在市场中所处的地位是不同的。企业实施网络营销需要有一定的投入,并且也会有一定的风险,因此企业在制订本企业的网络营销策略时,应该考虑各种因素对网络营销策略的影响,如产品周期对网络营销策略的影响。

4. 网络产品和服务策略

网络作为有效的信息沟通渠道,改变了传统产品的营销策略及营销渠道的选择。在网上进行产品和服务营销,必须结合网络特点重新考虑对产品的设计、开发、包装,因为有不少传统的优势品牌在网络市场上并不一定是优势品牌。

5. 网络价格营销策略

作为一种新的信息交流和传播工具，Internet 从诞生开始就实行自由、平等和信息基本免费的策略，因此在网络市场上推出的价格策略大多采取免费或者低价策略。所以，制订网上价格营销策略时，必须考虑到 Internet 对企业产品的定价影响和 Internet 本身独特的免费特征。

6. 网络渠道选择与直销

Internet 对企业营销活动影响最大的是企业的营销渠道。通过网络营销获得巨大成功和巨额利润的 Dell 公司，借助 Internet 的直接特性建立了网上直销的销售模式，改变了传统营销渠道中的多层次选择和管理与控制的问题，最大限度地降低了营销渠道中的营销费用。但是企业在建设自己的网上直销渠道时必须在前期进行一定的投入，同时要结合网络直销的特点改变本企业传统的经营管理模式。

7. 网络促销与网络广告

Internet 具有双向的信息沟通渠道的特点，可以使沟通的双方突破时空限制进行直接交流，操作简单、高效，并且费用低廉。Internet 的这一特点，使得在网上开展促销活动十分有效，但是在网上开展促销活动必须遵循在网上进行信息交流与沟通的规则，特别是遵守一些虚拟社区的礼仪。网络广告是进行网络营销最重要的促销工具，网络广告作为新兴的产业已经得到了迅猛的发展。网络广告作为在第四类媒体上发布的广告，其交互性和直接性使得其具有报纸杂志、无线电广播和电视等传统媒体发布的广告所无法比拟的优势。

课堂讨论

弱点营销

一切营销都是弱点营销，针对的是我们与生俱来的人性弱点和后天养成的世俗判断。宜家，是一种生活方式——卖的是简约环保DIY、田园棉布小碎花，是"瑞典的快乐简单范儿"，是"充满阳光和新鲜的空气，却又不失内敛与本真"的有机生活潮。无印良品，是一种生活方式——卖的是原生态和自然观，是"备受品位人士推崇"的简约和质朴，是"与其说无印良品是一个品牌，不如说它是一种生活的哲学"的小清新金句。优衣库，是一种生活方式——卖的是简约设计与基础百搭，是"坚持我思我想我作"的群族细分站队法。

营销大师菲利普·科特勒曾说：星巴克卖的不是咖啡，是休闲；法拉利卖的不是跑车，是一种近似疯狂的驾驶快感和高贵；劳力士卖的不是表，是奢侈的感觉和自信；希尔顿卖的不是酒店，是舒适与安心；麦肯锡卖的不是数据，是权威与专业。凡是搭上"生活方式"这四个字，任何品牌都能变潮、变炫、变高端，瞬间引领时尚大潮。不管有多少生活方式是骗人的，重点是——你我还都挺吃这一套。

5.2　网络调研与消费者行为分析

现代市场营销理论认为，了解市场的需要和欲望，对消费者行为进行分析是企业市场营销的出发点，其最终目的便是开发适销对路的商品来满足消费者的需求；而一个策划完美的营销方案又必须建立在对市场细致周密的调研基础上，市场调研能促使公司及时地调整营销策略，引导营销人员制订出合理的产品推广和促销方案。在数字化科技迅速发展的今天，互联网为市场调研提供了强有力的工具。

5.2.1 网络市场调研

网络市场调研的内容包括对消费者、竞争者,以及整个市场情况的及时报道和准确分析。市场调研对一个公司来说是必须不可少的,它能促使公司生产适销对路的产品,及时地调整营销策略。到了数字化科技迅猛发展的今天,因特网为市场调研提供了强有力的工具。现在国际上许多公司都利用因特网和其他在线服务进行市场调研,并且取得了满意的效果。

1. 制订网络市场调研计划

1) 确定调研的计划

蓬勃发展的因特网为我们提供了一个巨大的信息库,这个信息库几乎涉及人类社会各方面的信息资源,而且这个信息库每天都在补充、添加大量新的信息。对于利用网络从事营销活动的企业来说,无疑要比其他企业处于更有利的竞争地位。但是,要利用好这个信息库,却不是一件容易的事。为此,在网络上进行市场调研之前必须制订相应的调研计划,按计划进行网络调研。

2) 确定调研对象和方法

公司在确定网络调研对象时,一般来说,可以将调研对象分为以下三类。

(1) 公司产品的消费者。消费者可以通过网上购物的方式来访问公司站点,营销人员可以通过因特网来跟踪消费者,了解消费者对产品的意见及建议。

(2) 公司的竞争者。营销人员可以进入竞争者的因特网上的站点来查询面向公众的所有信息,如公司决策、年度/季度报告、产品信息、决策人员个人简历、公司简讯以及公司公开招聘的职位等。通过分析这些信息,营销人员可以准确把握本公司的优势和劣势,并及时调整营销策略。

(3) 公司的合作者和行业内的中立者。

营销人员在市场调研过程中,需要兼顾这三类对象,但也必须有所侧重。特别是在市场激烈竞争的今天,对竞争者的调研显得格外重要,竞争者的一举一动都应引起营销人员的高度重视。

网络市场调研与传统调研的比较如表 5-1 所示。

表 5-1 网络市场调研与传统市场调研的比较

比 较 项 目	网络市场调研	传统市场调研
调研费用	较低,主要是设计费和数据处理费,每份问卷所要支付的费用几乎为零	昂贵,包括问卷设计、印刷、发放、回收、聘请和培训访问员、录入调查结果,由专业公司对问卷进行统计分析等多方面的费用
调研范围	全国乃至全世界,样本数量庞大	受成本限制,调查地区和样本的数量均有限
运作速度	很快,只需搭建平台,数据库可自动生成,几天就可能得出有意义的结论	慢,至少需要 60~180 天才能得出结论

续表

比较项目	网络市场调研	传统市场调研
调研的时效性	全天候进行	对不同的被访问者进行访问的时间不同
被访问者的便利性	非常便利,被访问者可自由选定时间、地点回答问卷	不太方便,一般要跨越空间障碍,到达访问地点
调研结果的可信性	相对真实可信	一般有督导对问卷进行审核,措施严格,可信性高
适用性	适合长期的大样本调查及需要迅速得出结论的情况	适合面对面的深度访谈,食品类等需要对受访者进行感官测试

2. 选择网络营销渠道

网络营销渠道应该精简、高效,能在极短的时间及途径内获取最需要的资源,同时将其优化成最佳信息,企业可根据提炼的信息做出决策,开拓市场。

3. 确定时间、预算、人员需求

在制订网络市场调研计划时,应确定:调研时间,包括开始时间、持续时间和结束时间;整个市场调研需花费多少经费;费用出自哪个部门,是营销部门、客户服务部门、公共关系部门,还是每个部门各出一部分;这项市场调研的活动需要配备多少人力,等等。这些问题都应根据各个公司的具体情况而定,没有适合所有公司的统一标准。

5.2.2 网上消费者行为分析

消费者行为分析是经济学研究的重要内容,这方面的研究过去主要集中于传统的购物行为,而网上购物与传统的购物活动又有所区别。因此,网上销售商应该多加关注网上消费者行为。

1. 网上消费者类型

进行网上购物的消费者(顾客)可以分为以下几种类型。

1) 简单型

简单型顾客需要的是方便、直接的网上购物。他们每月只花少量时间上网,但他们进行的网上交易却占了一半。零售商们必须为这一类型的人提供真正的便利,让他们觉得在你的网站上购买商品将会节约更多的时间。

2) 冲浪型

冲浪型顾客仅占全体网民的8%,而他们在网上花费的时间却占了32%,他们访问的网页数量是其他网民的4倍。冲浪型顾客对经常更新、具有创新设计特征的网站很感兴趣。

3) 接入型

接入型顾客是刚接触网络的新手,占全体网民的36%,他们很少购物,而喜欢在网上聊天和发送免费问候卡。那些有着著名传统品牌的公司应对这群人保持足够的重视,因为网络新手更愿意相信生活中他们所熟悉的品牌。

4) 议价型

议价型顾客占全体网民的8%,他们有一种趋向购买便宜商品的本能,著名的 eBay 网站一半以上的顾客属于这一类型,他们喜欢讨价还价,并对在交易中获胜有强烈的愿望。

5）定期型和运动型

定期型顾客和运动型顾客通常都是被网站的内容所吸引。定期型顾客常常访问新闻类和商务类网站，而运动型顾客喜欢运动类和娱乐类网站。

目前，网上销售商面临的挑战是如何吸引更多的网民，并努力将网站访问者变为消费者。我们认为，网上销售商应将注意力集中在上述的一两种类型上，这样才能做到有的放矢。

2. 消费者网上购物的活动过程

网上购物是指用户为完成购物或与之有关的任务而在网上虚拟的购物环境中浏览、搜索相关商品信息，从而为购买决策提供所需的必要信息，并实施决策和购买的过程。

心理学家将消费者的购物活动称为问题解决过程或购买决策的信息处理过程。消费者的购物活动一般分为三个阶段：需求确定、购前信息搜索和备选商品的评价。它实际上是一个搜集相关信息与分析评价的过程，具有不同的行为程度和脑力负荷。

3. 消费者网络信息空间的活动

消费者网络信息空间的认知和任务活动可分为以下三种方式。

1）浏览

非正式和机会性的，没有特定的目的，完成任务的效率低且较大程度地依赖外部的信息环境，但能较好地形成关于整个信息空间结构的概貌。此时，用户在网络信息空间的活动就像随意翻阅一份报纸，他能大概了解报纸信息包含了哪些内容。用户是否会详细地阅读某一信息就依赖于该信息的版面位置、标题设计等因素了。

2）搜索

在一定的领域内找到新信息。搜索中收集到的信息都有助于达到发现新信息的最终目的，搜索时用户要访问众多不同的信息源，搜索活动对路标的依赖性较高。用户在网络信息空间的搜索，就如根据目录查阅报纸，能获取某一类特定信息。

3）寻找

寻找是在大信息量的信息集里寻找并定位于特定信息的过程。寻找的目的性较强，活动效率较高。例如，用户根据分类目录定位于寻找旅游信息之后，能在众多旅游信息中进行比较、挑选等活动。

 **资料链接**

网络营销的用户行为分析

要达到好的网络营销效果，必须先了解用户行为，之后我们才能有针对性地开展营销活动。那么我们如何才能清晰地知道一款产品的市场表现情况呢？这就需要我们通过用户对该产品的使用行为来进行分析。

用户行为分析，是指在获得网站访问量基本数据的情况下，对有关数据进行统计、分析，从中发现用户访问网站的规律，并将这些规律与网络营销策略等相结合，从而发现目前网络营销活动中可能存在的问题，并为进一步修订或重新制订网络营销策略提供依据。

通过对用户行为监测获得的数据进行分析，可以让企业更加详细、清楚地了解用户的行为习惯，从而找出网站、推广渠道等企业营销环境中存在的问题，有助于企业发掘高转化率页面，让企业的营销更加精准、有效，提高业务转化率，从而提升企业的广告收益。

针对网站的用户行为分析：分析用户行为，确定用户群体年龄结构、地区特征；分析用户对产品的使用率，网站类产品主要体现在点击率、点击量、访问量、访问率、访问模块、页面留存时间等方面,移动应用类产品主要体现在下载量、使用频率、使用模块等方面;分析用户使用产品的时间,比如用户基本是每天什么时候使用产品等。

因此,用户行为分析就是对用户使用产品过程中的所有数据(包括下载量、使用频率、访问量、访问率、页面留存时间等)进行收集、整理、统计、分析,为产品的后续发展、优化或者营销等活动提供有力的数据支撑。

5.3 网络营销组合策略

网络营销是企业经营和运作的重要内容,如何结合实际制订合理的营销策略是企业实现其经营价值和利润的核心工作。特别是在网络环境下,营销方式、技术基础、消费者和市场竞争都发生了深刻的变化。网络营销组合由传统营销4P组合转变为当代营销5C组合。

5.3.1 网络营销产品策略

产品是能够提供给市场以满足需要和欲望的任何东西,产品作为连接企业利益与消费者利益的桥梁,包括实体商品、服务、经验、事件、人、地点、财产、组织、信息和创意。与传统营销一样,网络营销的目标是为消费者提供满意的产品,同时实现企业利润以及社会整体利益。在网络营销中,产品仍然是交换行为中的核心部分,产品策略仍然是网络营销中最为重要的一个策略。

在传统市场营销中,产品满足的主要是消费者的一般性需求,因此产品相应地分成了三个层次,即核心利益或服务层次、有形产品层次和延伸产品层次。虽然传统产品中的三个层次在网络营销产品中仍然起着重要的作用,但产品的设计和开发的主体地位已经从企业转向消费者,企业在设计和开发产品时还必须满足消费者的个性化需求,因此网络营销产品在原产品层次上还要增加两个层次,即期望产品层次和潜在产品层次。

1. 核心利益或服务层次

核心利益或服务层次是产品最基本的层次,是满足消费者需要的核心内容,是消费者要购买的实质性的东西。例如,消费者购买食品是为了满足充饥和营养的需要,购买计算机是为了利用它作为上网的工具等。营销的目标在于发现隐藏在产品背后的真正需要,把消费者所需要的核心利益和服务提供给消费者。有时同一种产品可以有不同的核心需要,如人们对服装、鞋帽的需要,有些以保暖为主,有些则以美观为主,强调装饰和美化人体的功能。所以,营销者要了解消费者需要的核心所在,以便进行有针对性的生产经营。

2. 有形产品层次

有形产品层次是产品在市场上出现时的具体物质形态,是企业的设计和生产人员将核心产品通过一定的载体转载为有形的物体而表现出来的。它包括产品的质量水平、功能、款式、特色、品牌和包装等。

3. 延伸产品层次

延伸产品层次是指消费者在购买产品时所得到的附加的服务或利益,主要是帮助消费者更好地使用核心利益和服务,如提供信贷、质量保证、免费送货、售后服务等。例如,IBM公司最先发现,用户最初购买计算机,不单是购买进行计算的工具设备,主要是购买解决问题的服务,用户需要使用说明、软件程序、快速简便的维修方法等。因此,IBM公司率先向用户提供了一整套计算机体系与服务,包括硬件、软件和安装、调试,以及传授使用与维修技术等一系列附加服务。

4. 期望产品层次

在网络营销中,消费需求呈个性化的特征,不同的消费者可以根据自己的爱好对产品提出不同的要求,因此产品的设计和开发必须满足消费者的个性化需求。消费者在购买产品前对所购产品的质量、使用方便程度、特点等方面的期望值,就是期望产品层次。例如,海尔集团提出"您来设计我实现"的口号,消费者可以向海尔集团提出自己的需求个性,如性能、款式、色彩、大小等,海尔集团可以根据消费者的特殊要求进行产品设计和生产。

5. 潜在产品层次

潜在产品层次是在延伸产品层次之外,由企业提供能满足消费者潜在需求的产品层次。它主要是产品的一种增值服务。它与延伸产品的主要区别是:消费者没有潜在产品层次的需要时,仍然可以很好地使用消费者需要的产品的核心利益和服务。因为随着高科技的发展,有很多潜在需求、利益或服务还没有被消费者发现。

5.3.2 网络营销渠道策略

网络营销渠道就是借助互联网将产品从生产者转移到消费者的中间环节,传统的营销渠道主要是指代理分销制,对于大多数厂商来说,代理分销制仍然是主流。应把厂商和经销商的关系提升为一体化的关系,把代理商作为厂家的销售队伍、作为厂家的一部分,使代理商更有安全感和归属感。要想做到这一点,首先就要对网络营销渠道的功能和类型进行分析,进而选择合适的网络营销渠道,促进产品的销售。

1. 网络营销渠道的功能

营销渠道是指与提供产品或服务以供使用或消费这一过程有关的一整套相互依存的机构,它涉及信息沟通、资金转移和产品转移等。因此,一个完善的网络营销渠道应有三大功能:订货功能、结算功能和物流配送功能。相应地,一个网络营销渠道应由订货系统、结算系统及物流配送系统组成。

1) 订货系统

订货系统要能为消费者提供产品信息,同时要便于厂家获得消费者的需求信息,以求达到供求平衡。一个完善的订货系统可以最大限度地降低库存,减少销售费用。联想控股有限公司在其开通网上订货系统的当天,订货额就高达 8 500 万元,可见网上订货系统的发展潜力很大。

2) 结算系统

消费者购买商品后,可以运用多种方式进行付款,那么厂家(商家)也应相应地有多种结算方式。目前,国外流行的结算方式主要有信用卡结算、电子货币结算、网上划款等,但我国的银行业还不是很发达,特别是一般消费者都没有建立信用,因此只有部分人使用信用卡进行付款。目前,国内付款结算方式有信用卡结算、邮局汇款、货到付款等。我国一些银行也开通了网上支付手段,如招商银行一卡通配套的"一网通"、中国建设银行提供的网上银行和中国银行以信用卡为基础的电子钱包等。

3) 物流配送系统

物流是指计划、执行与控制原材料和最终产品从产地到使用地点的实际流程,并在盈利的基础上满足消费者的需求。产品一般分为有形产品和无形产品。无形产品如服务、软件、音乐等产品可以直接通过网络进行配送,现在许多软件都可以直接从网上购买和下载。配送系统主要研究、解决有形产品的配送问题。在国外已经相继成立了专业的配送公司,如著名的美国联邦快递集团,它的业务已覆盖全球,实现了全球快速的专递服务。

2. 网络营销渠道的类型

互联网的发展改变了营销渠道的结构。从总体上来看,网络营销渠道可分为网络直销渠道和网络间接营销渠道两种类型。

1) 网络直销渠道

网络直销渠道与传统的直接分销渠道一样,都没有营销中间商,商品直接从生产者转移给消费者或使用者。网络直销渠道也有订货功能、结算功能和物流配送功能。在网络直销中,生产企业可以通过建设网络营销站点,使消费者直接从网站订货;可以通过与一些电子商务服务机构合作,直接提供支付结算功能,解决资金流转问题。另外,生产企业还可以利用互联网技术,通过与一些专业物流公司合作,建立有效的物资体系。网络直销渠道一般适用于大型商品及生产资料的交易。

2) 网络间接营销渠道

网络间接营销渠道是指把商品由中间商销售给消费者或使用者的营销渠道。传统的间接分销渠道可能有多个中间环节,而由于互联网技术的运用,网络间接营销渠道只需要新型电子中间商这一中间环节即可。网络间接营销渠道一般适用于小批量商品及生活资料的交易。

5.3.3 网络营销促销策略

1. 网上折价促销

折价也称打折、折扣,是目前网上最常用的一种促销方式。网民在网上购物的热情远低于在商场超市等传统购物场所的,因此网上商品的价格一般都要比传统方式销售时低,以吸引人们购买。由于网上商品不能给人全面、直观的印象,也不可试用、触摸,再加上配送成本和付款方式的复杂性,造成消费者在网上购物和订货的积极性下降,而幅度比较大的折扣可以促使消费者进行网上购物并做出购买决定,因而大部分网上商品都有不同程度的价格折扣。

2. 网上变相折价促销

变相折价促销是指在不提高或稍微增加价格的前提下,提高产品或服务的品质,较大幅度地增加产品或服务的附加值,让消费者感到物有所值。

3. 网上赠品促销

赠品促销在网上的应用不算太多,一般在新产品推出试用、产品更新、对抗竞争品牌、开辟新市场等情况下利用赠品促销可以达到比较好的促销效果。赠品促销的优点:可以提升品牌和网站的知名度,鼓励人们经常访问网站以获得更多的优惠信息,能根据消费者索取赠品的热情程度而总结分析营销效果和对产品本身的反应情况等。

4. 网上抽奖促销

抽奖促销是网上应用较广泛的促销方式之一,也是大部分网站乐意采用的促销方式。抽奖促销是指以一个人或数人获得超出参加活动成本的奖品为手段进行商品或服务的促销。消费者或访问者可通过填写问卷、注册、购买产品或参加网上活动等方式获得抽奖机会。

5. 积分促销

积分促销在网络上的应用比传统营销方式要简单。网上积分活动很容易通过编程和数据库等来实现,并且结果可信度很高,操作起来相对简便。积分促销一般设置价值较高的奖品,消费者可通过多次购买或多次参加某项活动来增加积分以获得奖品。积分促销可以增加用户访问网站和参加某项活动的次数，提升用户对网站的忠诚度，提高网站的知名度等。

6. 网上联合促销

由不同商家联合进行的促销活动称为联合促销，联合促销的产品或服务可以起到一定的优势互补、互相提升自身价值的作用。如果应用得当，联合促销可起到相当好的促销效果，网络公司可以和传统商家联合，以提供在网络上无法实现的服务。

 案例

五芳斋粽子网络营销——老字号触网

老字号触网之路看起来一帆风顺，但在老字号网络销售的认知方面还存在着改进的空间。老字号产品网上销售情况跟现实生存状况不一定一样。比如，有些小吃如年糕，超过一定的时间，味道、口感都会有变化，这些虽然在门店卖得好，但是不适合在网络上销售。在物流方面，送达时间延迟同样会影响产品品质，还可能导致产品破损，这同样是需要注意的问题。老字号产品多有老旧的问题，所以产品的更新显得至关重要。同样，老字号产品的包装设计缺乏创意，所以未来老字号包装设计要融入自身的内涵价值及文化，契合现代生活方式。目前老字号在网上的多种销售平台，可分为淘宝之类的成熟平台、老字号自身独立的官方商城、零售商批发然后网上销售、老字号网店这四类，而老字号应该利用一个能够整合产品的平台进行销售。帮助老字号厂家挖掘品牌内涵及文化特色是老字号网络商店应做的重要事情。比如，曾有老字号网上商店整合上海老字号产品资源，如集合乐口福、大白兔奶糖、五香豆等经典上海老字号零食，组成"品味上海·记忆中的味道"礼盒，颇受市场欢迎。

老字号网络营销探索已经开始，不过目前需要做的最重要的不是销售数字，而是打造自己的品牌形象，传播生活方式、理念。

人们对老字号还多是停留在"知道"的层面，对它本身的文化内涵并不了解。并且，老字号多为一些年龄大的人群所熟悉，它在年轻群体中的认知度不够。因此，老字号首先要做好的是品牌宣传、产品定位、人群拓展。

老字号产品网络销售的优势是产品本身百年沉淀下来的形象、品质。网上销售的好处是服务范围更广，打破了原来局限于某一固定区域的现状。所以，老字号产品网络销售应将传统文化形象与现代营销方式结合起来。

5.3.4 网络营销定价策略

企业为了有效地促进产品在网上销售，就必须针对网上市场制订有效的价格策略。由于网上信息的公开性和消费者易于搜索的特点，网上的价格信息对消费者的购买起着重要的作用。消费者选择网上购物的原因有：一是网上购物比较方便；二是可从网上获取大量的产品信息，方便择优选购。网络营销定价策略很多，根据网络营销的特点，这里着重阐述低位定价策略、个性化定制生产定价策略、使用定价策略、折扣定价策略、拍卖定价策略和声誉定价策略。

1. 低位定价策略

借助互联网进行销售，比传统营销渠道的费用低，因此网上销售价格一般来说比流行的市场价格要低。采用低位定价策略就是在公开价格时一定要比同类产品的价格低。采取低价定位策略，一方面，可以节省大量的成本费用；另一方面，有利于扩大宣传，提高市场占有率并占领网络市场。在采用低价定位策略时，应注意以下三点：①在网上不宜销售那些消费者对价格敏感而企业又难以降价的产品；②在网上公布价格时要注意区分消费对象，要针对不同的消费对象提供不同的价格信息发布渠道；③因为消费者可以在网上很容易地搜索到价格最低的同类产品，所以在网上公布价格时要注意比较同类站点公布的价格，否则，价格信息的公布会起到反作用。

2. 个性化定制生产定价策略

个性化定制生产定价策略是指在企业能实行定制生产的基础上，利用网络技术和辅助设计软件，帮助消费者选择配置或者自行设计能满足自己需求的个性化产品，同时承担自己愿意付出的价格成本。这种策略是利用网络互动性的特征，根据消费者的具体要求来确定商品价格的一种策略。网络的互动性使个性化营销成为可能，也将使个性化定制生产定价策略有可能成为网络营销的一个重要策略。

3. 使用定价策略

所谓使用定价策略，就是消费者通过互联网注册后可以直接使用某企业的产品，消费者只需要根据使用次数进行付费，而不需要将产品完全买下来。这不仅减少了企业为完全出售产品而进行的大量不必要的生产和包装的浪费，还可以吸引那些有顾虑的消费者使用产品，扩大市场份额。采用这种定价策略，一般要考虑产品是否适合通过互联网传输，是否可以实现远程调用。目前，比较适合使用定价策略的产品有软件、音乐、电影等产品。

4. 折扣定价策略

为鼓励消费者多购买本企业的商品，可采用数量折扣定价策略；为鼓励消费者按期或提前付款，可采用现金折扣定价策略；为鼓励中间商淡季进货或消费者淡季购买，可采用季节折扣定价策略等。

5. 拍卖定价策略

拍卖定价策略是传统市场中常用的一种定价策略。它是指拍卖行受卖方委托，在特定场所公开叫卖，引导多个买方报价，利用买方竞争求购的心理，从中选择最高价格的一种定价策略。目前，许多拍卖行在网上进行有益的尝试，使拍卖定价策略在网络营销中得到了较快的发展。毫无疑问，网上拍卖是利用网络对传统拍卖进行的成功创新。网络提供了一个交易平台，改变了传统拍卖的低效率，同时大大降低了交易成本。

6. 声誉定价策略

声誉定价策略是指根据产品在消费者心中的声誉和社会地位来确定价格的一种定价策略。声誉定价策略可以满足部分消费者的特殊欲望，涉及地位、身份、财富、名望等，因此这一策略适用于一些传统的民族特色产品，以及知名度高、深受市场欢迎的驰名品牌。比如，劳力士手表的价格高达十几万元人民币，我国的景泰蓝瓷器在国际市场上的价格为两千多法郎，这些都是成功运用声誉定价策略的典范。为了使声誉得以维持，需要适当控制销售量。劳斯莱斯的价格在所有汽车中雄居榜首，除了其优越的性能、精细的全手工制作外，严格控制市场供给量也是一个很重要的因素。在网络营销中，如某零售商在消费者心中享有盛誉，则它出售的网络产品的价格可比其他零售商的高些。

5.3.5 网络营销客户关系管理策略

客户关系管理（customer relationship management，简称 CRM）的核心，是客户价值管理，通过一对一的营销，满足不同客户的个性化需求，提高客户的忠诚度，增加客户的满意度，从而提高企业的竞争力。之前的企业资源计划（enterprise resource planning，简称 ERP）热，旨在帮助企业理顺内部的管理流程,为企业的发展打下良好基础,而 CRM 的出现,则是为了使企业能够全面观察其外部的客户资源,并使企业的管理走向全面。

CRM 的具体产品很多,软件与软件之间各具特色,对于企业用户来说是很难选择的。通过对国内外的 CRM 产品的调查和分析,CRM 的软件功能大致如表 5-2 所示。

表 5-2 CRM 的软件功能

项　　目	主 要 功 能
客户和联系人管理	客户和联系人的基本信息,与此客户相关的基本活动和活动历史;订单的输入和跟踪;建议书和销售合同的生成
时间管理	日历;设计活动计划;进行事件安排;备忘录;进行团队事件安排;把事件的安排通知相关的人;任务表;预告/提示;记事本;电子邮件;传真
销售管理	业务记录;销售机会挖掘;客户的跟踪;市场业务报告;销售管理和控制
电话营销和电话销售	利用电话与客户、联系人和业务建立联系;记录电话细节,并安排回电;电话营销内容草稿;电话统计和报告;电话销售评估
营销管理	产品和价格配置器;营销百科全书;营销公告板;跟踪特定事件;安排新事件;信函书写;批量邮件;邮件合并;生成标签和信封
客户服务	服务项目的安排和重新分配;客户服务详细记录;生成事件报告;服务协议和合同;订单管理和跟踪;问题及其解决方法的数据库
呼叫中心	呼入呼出电话处理;互联网回呼;呼叫中心运行管理;通过传真、E-mail 等自动进行资料发送;呼入呼出调度管理;报表统计分析;管理分析工具
合作伙伴关系管理	与合作伙伴共享客户信息、产品和价格信息、公司数据库、与市场活动相关的文档、销售机会信息、销售管理工具和销售机会管理工具等
电子商务	个性化界面、服务;网站内容管理;店面;订单和业务处理;销售空间拓展;客户自助服务;网站运行情况的分析和报告
商业智能	预定义和用户定制的查询和报告;报表工具;系统运行状态监视器

传统企业引入电子商务后,企业关注的重点由内部向外部倾斜,CRM 理念正是基于对客户的尊重,建构与客户沟通的平台。CRM 系统通过电子邮件、移动通信软件等多种方式与客户保持沟通,一方面可以使企业更准确、全面地了解客户,根据客户的需求进行交易,并保存客户信息,在内部做到客户信息共享;另一方面可使企业对市场计划进行整体规划和评估,对各种销售活动进行跟踪,通过积累大量的动态资料,对市场和销售以及客户进行全面分析。

网络营销和 CRM 是相辅相成的两个环节,协调网络营销和 CRM 的关系十分重要。实施 CRM 后,企业能对指定的消费群体进行一对一的营销,成本低、效果好。互联网的出现,降低了客户关系管理的成本,这是电子商务的重要优势。网络还为客户与企业的沟通增加了渠道,通过这种渠道,企业可以及时地找到客户,即便无法做到及时通信,也能给客户留言,较之传真更加方便、安全。

案例

赵迎光与韩都衣舍——利用互联网提升运营效率

韩都衣舍创立于2006年,是中国最大的互联网品牌生态运营集团之一。凭借"款式多,更新快,性价比高"的产品理念,深得全国消费者的喜爱和信赖。2016年7月获批成为互联网服饰品牌第一股;2010年获"十大网货品牌"以及"最佳全球化实践网商"的称号;2012—2015年,在国内各大电子商务平台,连续四年行业综合排名均排第一;2014年,韩都衣舍女装取得了天猫历史上第一个全年度、双十一、双十二"三冠王",男装取得天猫原创年度第一名,童装列天猫原创年度第三名;2011年3月,获得IDG近千万美元的投资;2014年9月,获得由李冰冰、黄晓明、任泉三人成立的Star VC投资,成为其首个投资项目。通过内部孵化、合资合作及代运营等,韩都衣舍品牌群达70个,包含女装品牌HSTYLE、男装品牌AMH、童装品牌米妮·哈鲁、妈妈装品牌迪葵纳、文艺女装品牌素缕、美国户外品牌Discovery等知名互联网品牌,包括韩风系、欧美系、东方系等主流风格,覆盖女装、男装、童装、户外等全品类。韩都衣舍独创的"以产品小组为核心的单品全程运营体系(IOSSP)"是企业利用互联网提升运营效率的一个成功案例,入选清华大学MBA、长江商学院、中欧国际工商学院及哈佛商学院EMBA的教学案例库。

韩都衣舍成为具有全球影响力的时尚品牌孵化平台,向着基于互联网的时尚品牌孵化平台的目标不断迈进。立足于国内电子商务的广阔市场,韩都衣舍发展迅速,该得益于韩都衣舍的核心竞争优势——基于产品小组的单品全程运营体系。其独创的该套运营管理模式,在最小的业务单元上,实现了"责、权、利"的相对统一,对设计、生产、销售、库存等环节进行全程数据化跟踪,实现了针对每一款商品的精细化运营。

韩都衣舍旗下拥有韩风系品牌群、欧美系品牌群、东方系品牌群,公司计划通过自我孵化、战略收购、时尚云平台的搭建,在2020年完成基于服饰品类的50个以上的品牌群布局,实现100亿以上的交易规模。

5.4 网络营销常用技术手段

网络营销是建立在互联网基础上的,以营销为导向、网络为工具,由营销人员利用专业的网络营销工具,面向广大网民开展一系列营销活动的新型营销方式。其主要特点是成本低、效率高、传播广、效果好。

5.4.1 企业网站

企业网站是所有网络营销工具中最基本、最重要的一个,没有企业网站,许多网络营销方法将无用武之地,整体营销效果也会大打折扣。

企业网站的一般功能包括:通过网站的形式向公众传递企业品牌形象、企业文化等基本信息;发布企业新闻、人才招聘等信息;向供应商、分销商、合作伙伴、直接用户等提供某种信息和服务;网上展示、推广、销售产品;收集市场信息、注册用户信息,等等。

从企业的营销策略来看,企业网站本质上是一个开展网络营销的综合性工具。它的特点如下:①具有自主性和灵活性,企业网站是根据企业本身的需要建立的;②是主动性与被动性的矛盾统一体,这是企业网站与搜索引擎、电子邮件等其他网络营销工具在信息传递方式上的主要差异;③其功能需要通过其他网络营销手段才能体现出来,因为网站的推广是网络营销的首要职能;④其功能具有相对稳定性,这是其他网络营销手段和方法的基础。

为了能反映企业网站与网络营销的直接关系,按照企业网站的功能,可把企业网站分为两种基本类型:信息发布型网站和网上销售型网站。信息发布型网站属于企业网站的初级形式,不需要太复杂的技术,是各种网站的基本形态。它不具备直接在线销售的功能,致力于企业品牌、产品促销等方面的宣传。网上销售型网站的价值在于企业可通过其直接向用户销售产品或提供服务。

企业网站的网络营销功能主要有以下几种:①体现品牌形象,网站的形象代表着企业的网上品牌形象;②产品/服务展示,企业网站的主要价值在于灵活地向用户展示产品说明的文字、图片,甚至多媒体信息;③信息发布,拥有一个网站就相当于拥有一个强有力的宣传工具;④顾客服务,提供各种在线服务和帮助信息;⑤顾客关系,通过网络社区、有奖竞赛等方式吸引顾客参与,增进顾客关系;⑥网上调查;⑦资源合作,常见的资源合作形式包括交换链接、交换广告、内容合作、客户资源合作等;⑧网上销售。

5.4.2 网络广告

网络广告是指利用国际互联网这种载体,通过图文、多媒体形式发送旨在推广产品、服务或站点的信息传播活动。它是一种由广告主自行或者委托他人设计、制作,在网络上发布或向目标消费者传送的非人员推广形式的有偿信息传播。

1. 网络广告的类型

网络广告是一种常用的网站推广手段,是利用超文本链接功能实现的一种宣传方式。网络广告的表现形式丰富多彩,常见的网络广告有旗帜广告、按钮广告、漂浮广告、文字链接、电子邮件广告、分类广告、网上问卷调查等多种形式,其中旗帜广告又是最通用的,因此有时也将网络广告等同于旗帜广告。

1) 旗帜广告

旗帜广告又称为网幅广告、横幅广告等,通常大小为 468 像素×60 像素,一般是使用 GIF 格式的图像文件。

2) 按钮广告

按钮广告是从旗帜广告演变过来的一种广告形式,图形尺寸比旗帜广告要小,一般是 120 像素×60 像素,甚至更小。按钮广告一般只显示公司图标/品牌展示/宣传活动。

3) 漂浮广告

漂浮广告是会"飞"的按钮广告,可以根据广告主的要求并结合网页本身的特点设计"飞行"轨迹,增强广告的曝光率。

4) 文字链接

文字链接以纯文字形式体现广告内容,采用文字标识,点击链接到广告主指定的地址。此外,关键词广告也是另一种形式的文字链接广告。用户可通过关键词搜索的方式寻找所需的网站信息,而通过关键词定位的网站,效果更直接。例如,当用户搜索有关"服装"的信息时,可以播放与"服装"相关的旗帜广告,或将某些相关信息优先排序。

5) 电子邮件广告

通过电子邮件的形式,将广告内容发送到邮件订户的邮箱中,以极低廉的成本发送信息到目标消费者那里。

6) 分类广告

在访客多的 BBS(电子公告板)上发布广告信息,或开设专门的讨论区研讨解决有关问题,传播新信息等。Usenet 新闻组由众多的在线讨论组组成,自成一个体系,其中一个一个的组称为新闻组或讨论组,广告主可以选择不同的专题进行广告投放。

7) 网上问卷调查

广告主可以就某个产品或某项活动设立问卷,利用网络媒体的交互功能,由访问者直接在网上回答,生成统计数据。

通常,广告可通过各种媒介对商品或服务的信息进行传播,影响顾客的态度和需要,从而实现扩大销售的目标,事实上,互联网广告与传统广告有着不同的效果,如表 5-3 所示。

表 5-3 互联网广告与传统广告的比较

类别/项目	传播范围	时效性	资讯类型	接受程度
网络	全世界	实时	互动多媒体	高
平面媒体	区域性	滞后	文字、图片	中
广播	区域性	实时	声音	中
电视	区域性	实时	文字、图片、声音、影像	高

2. 网络广告投放策略

网络媒体的特点决定了网络广告策划的特定要求。例如:网络的高度互动性使网络广告不再只是单纯的创意表现与信息发布,广告主对广告回应度的要求会更高;网络的时效性非常重要,网络广告的制作时间短、上线时间快,受众的回应也是及时的,广告效果的评估与广告策略的调整也都必须是及时的。因此,传统广告的策划步骤在网络广告上运用可以说是应有很大的不同,这对现行的广告运作模式是一个很大的冲击。

1) 确定网络广告的目标

广告目标的作用是通过信息沟通使消费者产生对品牌的认识、情感、态度和行为的变化,从而实现企业的营销目标。在公司的不同发展时期有不同的广告目标,如形象广告、产品广告。对于产品广告来说,在产品的不同发展阶段,广告的目标可分为提供信息、说服购买和提醒使用等。

2) 确定网络广告的目标群体

简单地说,就是确定网络广告希望让哪些人来看,确定他们是哪个群体、哪个阶层、哪个区域,只有让合适的用户来参与广告信息活动,才能使广告有效地实现其目的。

3) 进行网络广告创意

①要有明确有力的标题,广告标题是一句吸引消费者的带有概括性、观念性和主导性的语言。②简洁的广告信息。③发展互动性,如在网络广告上增加游戏功能,提高访问者对广告的兴趣。④合理安排网络广告发布的时间因素,网络广告的时间策划是其策略决策的重要方面。它包括对网络广告时限、频率、时序及发布时间的考虑。时限是广告从开始到结束的时间长度,即企业的广告打算持续多久,这是广告稳定性和新颖性的综合反映。频率是在一定时间内广告的播放次数,网络广告的频率主要用在 E-mail 广告形式上。时序是指各种广告形式在投放顺序上的安排。发布时间是指广告发布是在产品投放市场之前还是之后。根据调查,消费

者上网活动的时间多在晚上和节假日。

4）正确确定网络广告费用预算

企业先要确定整体促销预算，再确定用于网络广告的预算。整体促销预算可以运用量力而行法、销售百分比法或竞争对等法等来确定，而用于网络广告的预算则可依据目标群体情况及企业所要达到的广告目标来确定，既要有足够的力度，又要以够用为度。量力而行法是指企业确定广告预算的依据是它们所能拿得出的资金数额。销售百分比法是指企业按照销售额（销售实绩或预计销售额）或单位产品售价的一定百分比来计算和决定广告开支。竞争对等法是指企业比照竞争者的广告开支来决定本企业广告开支的多少，以保持竞争上的优势。

5）选择网络广告发布渠道及方式

网上发布广告的渠道和形式众多，各有长短，企业应根据自身情况及网络广告的目标，选择网络广告发布渠道及方式。目前，网络广告可供选择的渠道和方式主要有主页形式、网络内容服务商（如新浪、搜狐、网易等）、专类销售网、企业名录、免费的 E-mail 服务等。

6）效果检测评价

网络广告效果检测评价的方法多种多样，主要是针对评价指标的一个检测评价。企业可以结合自身要求以及广告活动的目标、广告发布情况选择计量，主要的评价指标有：传统评估指标（如 GRP、REACH 等依然有用武之地）；点击率等指标；在线销售额的增长；广告期间及之后一段时间内顾客表单提交量，企业电子邮件的增长率，询问电话增长率等；与网络广告发布同期或稍后进行的网络调查的回复率。

 案例

廖斌与中国服装网——专业性服务

中国服装网立足于整个服装行业，致力于为服装领域相关企业提供专业性服务。与在网站建设、维护和运营等方面经验丰富、实力雄厚的厦门天心软件有限公司的紧密合作，使得中国服装网在建立之初就得到了广大服装行业客户的大力支持。中国服装网创始人廖斌，男，汉族，浙江金华人，1997 年 7 月参加工作，浙江师范大学计算机专业毕业，曾任浙江中服网络科技有限公司总经理、中国服装网 CEO，被业界与媒体誉为"中国服装电子商务第一人"。

中国服装网坚持"用信息、技术、服务为服装行业企业创造财富"的宗旨，为企业和相关人士提供以下三大主要服务。

（1）全面的资讯。中国服装网每日及时发布大量市场信息，含有企业、品牌、商机、样品招商、机构、渠道、媒体、展会等多个栏目，覆盖了行业信息资源、服装商务及知识的方方面面。

（2）高效的平台。中国服装网利用供求商机、产品展示等专业栏目为服装企业提供服装会员服务、广告宣传、市场分析、产品知识等特色服务。中国服装网以会员服务作为基础，利用自身优势，为服装行业企业提供专业、实惠、全面的商务服务，帮助越来越多的企业取得成功。

（3）温馨的服务。中国服装网使服装行业人士拥有了一个高效和谐的工作、学习、沟通场所。

5.4.3 整合营销

网络营销是一个整体课题，随着中小企业效率的提高及人们对网络营销的认识和运用，单一营销模式能带来的效果将会越来越小，网络整合营销策划对中小企业来说将会越来越重要。

整合营销基于互联网平台,整合互联网资源,全方面展示企业信息,树立品牌,宣传产品。

1. 论坛营销

人们很早就开始利用论坛进行各种各样的企业营销活动了,当论坛作为新媒体出现时就有企业在论坛里发布企业产品的一些信息,其实这就是论坛营销。论坛营销就是企业利用论坛这种网络交流平台,通过文字、图片、视频等方式发布企业的产品和服务信息,从而让目标客户更加深刻地了解企业的产品和服务,最终达到宣传企业品牌、加深市场认知度的目的的网络营销活动。

2. 微博营销

微博营销是指通过微博平台为商家、个人等创造价值而执行的一种营销方式。它注重价值的传递、内容的互动、系统的布局、准确的定位,微博的火热发展也使得其营销效果尤为显著。

3. 微信营销

微信营销是网络经济时代企业对营销模式的创新,是伴随着微信的火热发展产生的一种网络营销方式。微信不存在距离的限制,用户注册微信后,可与周围同样注册微信的朋友形成一种联系,用户订阅自己所需的信息,商家通过给用户提供信息来推广自己的产品。企业微信营销策略规划有如下几大步骤。

1) 定位企业微信平台

企业需要定位自己的平台:自己的微信公众号究竟要给粉丝提供什么内容,建立的初衷是为了彰显品牌、进行宣传,还是立足于服务,怎样为粉丝提供售后以及咨询服务,这都要提前考虑清楚。内容意味着营养,有营养才会有粉丝。

2) 定位目标人群

建立好微信公众平台后,企业需要定位自己的目标人群。结合自身对公众平台的期待,寻找符合自身平台的目标人群的特征。这里的特征包含性别、年龄、地域、消费习惯、生活习惯等,依据特征设定目标粉丝的满足比量表。符合设定条件和设定特征多的,优先去发展。

3) 调研目标人群

定位好目标人群之后,下面需要做的是对目标人群进行调研,了解目标人群的几个需求:喜欢什么内容,不喜欢什么内容,喜欢什么活动类型,喜欢什么时候接收消息,喜欢什么样的朋友,喜欢怎么参与活动。

4) 制订营销倾向点

做好目标人群调研后,需要制订营销的倾向点。简而言之,就是营销需要倾向于哪一类粉丝,需要倾向于哪一类活动,需要在什么时候做内容群发推送,这一切都需要做详细的安排。

5) 设定营销策略目标

选好倾向点之后,接下来就需要设定完整的营销策略目标了。集合粉丝增长量、图文转发率、图文打开率等多维度,设定一定时间周期的微信营销策略目标,作为微信公众平台运营的动力和目标。

6) 划定营销运营节点

设定好营销策略目标之后,需要对目标进行拆分,划定一个小阶段的运营目标。此外,需要考虑某阶段的时节、关键事件、企业的关键纪念日等多维度,争取在特定时节的节点上,做出爆发的效果。

7）制订具体营销运营策略

在节点划定好之后,需要有针对性地进行内容和活动策划,结合即将到来的阶段的时节、关键事件、企业的关键纪念日等多维度,按照时间点,有针对性地策划相应的内容和活动,制订运营策略。

8）执行监督到位

在具体营销运营策略制订好之后,建立执行团队和监督体系,保证实行到位。毕竟再好的策略一旦失去了执行力,也就没有了意义。

4. SNS营销

SNS(全称为social networking services,社会性网络服务)专指旨在帮助人们建立社会性网络的互联网应用服务。慢慢地,博客开始逐步发展、壮大,用户也发现总是自己一个人吆喝不够热闹,所以又想和其他用户沟通了,于是各种附属功能开始出现了,包括加好友、足迹、各种操作动态等,也就是所谓的SNS。

SNS在不断地加强用户联系之后,也开创了类似论坛的功能,也就是现在的群组。群组和论坛不同的是,其各个板块允许用户自己创建,相当于论坛自助管理。论坛自助管理是论坛的又一大突破,说明人是在不断进步的。中国的SNS有豆瓣、开心、腾讯朋友等,而国外一般都是用Facebook。可以这么说,SNS是论坛和博客的综合体,同时,又增加了用户之间的互动。有了SNS就可以搭建论坛站点,也可以搭建博客站点。值得一提的是,SNS与博客各有各的存在价值。有人说博客过时了,现在是SNS的天下,那是没有把博客和SNS分清楚,它们之间不存在新老交替的关系。

5. 病毒营销

病毒营销并非真的以传播病毒的方式开展营销,而是通过用户的口碑宣传网络,信息像病毒一样传播和扩散,利用快速复制的方式传向数以千计、数以百万计的受众。病毒营销是几乎所有的免费电子邮件提供商都会采取的推广方法。

6. Wiki营销

Wiki营销是一种建立在Wiki这种多人写作工具上的一种新型营销手段。它以关键字为主,将关键字作为入口,建立产品或公司品牌的相关链接。Wiki营销是针对关键字来进行的,所以面向的人群更加精确,对于广告主来说,Wiki营销可以提供很好的广告环境。

7. 网络营销联盟

网络营销联盟在我国还处于萌芽阶段,但在国外已经很成熟了,1996年亚马逊就通过这种新方式取得了成功。网络营销联盟包括三个要素:广告主、网站主和广告联盟平台。广告主按照网络广告的实际效果(如销售额、引导数等)向网站主支付合理的广告费用,以节约营销开支,提高企业知名度,扩大企业产品的影响,提高网络营销质量。

8. 事件营销

事件营销旨在策划具有新闻价值、社会影响以及名人效应的人物或事件,吸引媒体、社会团体和消费者的兴趣与关注,提高企业和产品的知名度、美誉度,树立健康的品牌形象;以小博大,让企业快速红遍网络。

9. 视频营销

视频营销将"有趣、有用、有效"的"三有"原则与"快者为王"结合在一起,这是越来越多企业选择将视频营销作为自己营销手段的原因。视频具有电视短片的种种特征,如感染力强、形式内容多样等,又具有互联网营销的优势,如互动性、主动传播性、传播速度快、成本低廉等。

可以说,视频营销将电视广告与互联网营销两者的优点集于一身。

10. QQ营销

QQ有着数以亿计的用户,QQ营销是指有针对性地添加QQ好友,建立QQ群,购买企业QQ,用QQ邮箱进行邮件营销。QQ空间可以上传公司的产品图片,发布公司的最新消息。同时,还可以在QQ签名和个人说明处添加公司的网址链接。随着QQ用户的不断增加,QQ营销也将逐渐成为一种主流的营销方式。

【案例分析】

雷军与小米——口碑参与式网络营销

小米公司正式成立于2010年4月,是一家专注于高端智能手机、互联网电视以及智能家居生态链建设的创新型科技企业。小米的logo是一个"MI"形,是"mobile Internet"的缩写,代表小米是一家移动互联网公司。小米的logo倒过来是一个心字,少一个点,意味着小米要让用户省一点心。"为发烧而生"是小米的产品理念,小米公司首创了用互联网模式开发手机操作系统、发烧友参与开发改进的模式。

"让每个人都能享受科技的乐趣"是小米公司的愿景。小米公司用极客精神做产品,用互联网模式干掉中间环节,致力于让全球每个人都能享用来自中国的优质科技产品。小米公司在互联网电视机顶盒、互联网智能电视,以及家用智能路由器和智能家居产品等领域也颠覆了传统市场。

小米相信用户就是驱动力,并坚持"为发烧而生"的产品理念。传统的商业营销逻辑是:因为信息不对称,传播就是砸广告、做公关,总之凡事就是比嗓门大。网络营销使得信息对称,一个产品或一个服务好不好,企业自己吹牛不算数了,大家说了算;好消息或坏消息,大家很快就可以通过社交网络分享。信息的公平对等特性,也使网络公共空间具备了极强的舆论自净能力,假的真不了,真的也假不了。

基于互联网思维的参与感,消费者选择商品的决策心理在这几十年里发生了巨大的转变。用户购买一件商品,最早是功能式消费,后来是品牌式消费,到近年流行起来的是体验式消费,而小米发现和正参与其中的是全新的"参与式消费"。为了让用户有更深入的体验,小米开放了做产品、做服务的企业运营过程,让用户参与进来。

社交网络的建立是基于人与人之间的信任关系的,信息的流动是信任的传递。企业建立的用户关系信任度越高,口碑传播越广。一个企业想拥有好口碑,好产品就是好口碑的发动机。如果产品品质是1,那么品牌营销就是它身后的0,没有前者全无意义,而如果产品给力,哪怕营销做得差一点,也不会太难看。

小米营销是口碑传播,口碑本源是产品,所以基于产品的卖点和表达卖点的基本素材是传播的生命线。小米的营销工作通过新媒体平台直面用户,而新媒体营销和传统媒体营销最大的不同是,营销不再是单向的灌输,用户和企业之间的信息对称,交互随时随地都在发生。这个时候,作为新媒体的运营人员,如果你不懂产品,就很难把产品的特点跟用户讲清楚,所以围绕发烧友做产品、做营销的方式才能得到空前的成功。更何况,小米要做的手机、电视等产品,都是标准化的大众市场产品。

"快"是第一个口碑节点,使用更流畅了。从深度定制安卓手机系统开始入手,当时MIUI主要是做刷机ROM。表面上看,用户是在使用手机硬件,但实际上绝大部分的操控体验本质上还是来自软件。当时很多刷机软件都是个人和一些小团队做的,它们都没有足够的实力或持续的精力来真正做好底层的优化。小米一上来就抓住"快",优化整个桌面的动画帧速,从每秒30帧到40帧、60帧,让指尖在屏幕滑动有丝般流畅感;逐个优化主要用户痛点,把打电话、发短信的模块优化得体验更好、速度更快,比如给常用联系人发短信,一般系统要3～5步,小米只需2步。

"好看"是第二个口碑节点。那个时候,相比苹果,安卓系统的原生界面算是难看的了。先优化程序让系统更快,大概三四个月后开始做"好看"。一年后,MIUI的主题已经到了可编程的地步,如果你有一定的编程能力,主题可以做得千姿百态。MIUI在手机主题这个点的产品设计上,论开放性和深度,整个安卓体系小米是做得最出色的。

"开放"是第三个口碑节点。小米允许用户重新编译定制MIUI系统。这带来了什么样的发展呢? 开放性就让很多国外的用户参与进来,他们自己发布了MIUI的英语版本、西班牙语版本、葡萄牙语版本等。这种开放策略吸引了国外很多发烧友用户去深度传播MIUI,国外的口碑又反过来影响了国内的市场传播,类似出口转内销。

【本章小结】

本章主要分析了网络营销的一些基本概念、网络市场调研与消费者行为分析、网络营销组合策略和网络营销常用技术手段。

网络营销是企业整体营销战略的一个组成部分,是建立在互联网基础之上、借助于互联网特性来实现一定营销目标的一种营销手段。网络营销相对于传统营销具有跨时空、多媒体、交互式、人性化、成长性、整合性、超前性、高效性、经济性等特征。网络营销的具体内容包括网上市场调查、网络消费者行为分析、网络营销策略的制订、网络产品和服务策略、网络价格营销策略、网络渠道选择与直销、网络促销与网络广告等。

网络市场调研的内容包括对消费者、竞争者以及整个市场情况的及时报道和准确分析。网络市场调研的一般程序是首先制订网络市场调研计划,然后选择网络营销渠道,最后确定时间、预算和人员需求。

网络营销组合策略包括产品策略、渠道策略、促销策略、定价策略和顾客关系管理策略。网络营销常用的技术手段包括企业网站、网络广告、论坛营销、微博营销、微信营销、SNS营销、病毒营销、Wiki营销、网络营销联盟、事件营销、视频营销和QQ营销等。企业可结合自己的实际情况,综合运用上述营销工具提高企业产品的销量。

【实训项目】

网络广告的设计与推广

1. 实训目的与要求

(1) 了解网络广告的类型。

(2) 掌握网络广告的发布与推广。

2. 实训重点

网络广告推广的方式。

3. 实训难点

旗帜广告的制作与推广。

4. 实训内容

(1) 阅读中国网络广告行业发展报告。

(2) 总结当前网络广告的种类、中国主流网络媒体及其排名顺序。

(3) 借助在线旗帜广告生成系统设计一则广告，广告的内容可以是大学生业余时间寻求兼职工作的信息内容。

(4) 借助贴吧、论坛和信息类网站把自己设计的旗帜广告发布出去。

(5) 对未来中国的中小企业开展网络营销所采取的策略给出切实可行的建议。

5. 备注说明

(1) 通过访问艾瑞网了解我国网络广告的发展现状。

(2) 利用广告牌生成器自主设计一条广告。

【练习题】

(1) 访问韩都衣舍(www.handu.com)，浏览网站内容，分析它成功的原因。韩都衣舍采用了哪些网络促销策略？

(2) 访问中国互联网络信息中心(www.cnnic.net.cn)，浏览网站内容，查阅该中心关于中国互联网发展的调查统计报告，明确我国网民的消费特征。

【复习题】

(1) 什么是网络营销？

(2) 网络营销的特点有哪些？

(3) 简述网络营销的内容。

(4) 简述网络市场调研的步骤。

(5) 常用的网络营销技术手段有哪些？

(6) 为什么一些人偏爱网上购物，而另一些人则不喜欢网上购物？网络消费者有哪些类型？

(7) 详细说明消费者网上购物的决策过程。

(8) 简述微博营销、微信营销和SNS营销的优势。

第六章　电子支付与网络银行

【学习目标】

☆ 理解电子支付的原理和过程。
☆ 了解网络银行的功能。
☆ 掌握电子货币的使用。
☆ 了解电子钱包的用途。
☆ 学会使用信用卡管理自己的账户。

 实务导入

网络支付——纸币会彻底消失？

"十年后现金很可能将不存在。"不久前,德意志银行联合首席执行官约翰·克赖恩在达沃斯预测说。近期中国人民银行筹备成立数字货币研究所的消息进一步引发热议,各界纷纷猜想央行(中央银行)的数字货币会渐行渐近。

纸币真的要消失了吗？发行数字货币又会对我们的生活产生什么影响呢？

中央银行发行的数字货币目前主要是替代实物现金,降低传统纸币发行、流通的成本,提升经济交易活动的便利性和透明度。

事实上,中国人口多、体量大,换一版纸币,小的国家几个月就可以完成,而中国则需要十年左右。因此在较长时期内,数字货币和纸币将并存流通。对于普通百姓来说,未来到银行取钱时,既可以选择兑换实物现金,也可以选择兑换数字货币。

有人或许会问,那数字货币与电子支付(如支付宝、微信支付等)有什么区别呢？在实际使用体验中,数字货币可能与电子支付方式的感受类似,但两者从本质上来看还是有着较大区别：支付宝、微信支付等只是电子支付方式,交易时所用的钱都是通过银行账户而来,实际上还是对应着一张张钞票,而数字货币就是钱。

此外,数字货币与大家熟知的 Q 币和各类游戏中充值的货币等虚拟货币也不一样,虚拟货币只能用真实货币购买,而不能转化成真实货币。

央行数字货币与较为著名的数字货币"比特币""莱特币""狗狗币"以及我国民间的"元宝币"等也有区别,"比特币"等数字货币没有集中的发行方,任何人都有可能参与制造并使其在全球流通,而央行数字货币是由央行发行加密的、有国家信用支撑的法定货币。

关于法定数字货币的原型系统研发正在进行中,至于中国法定数字货币的推出,目前暂无时间表。

很多人还会有疑问：数字货币发行后会改变货币流通量吗？我们手中的货币会因货币增发而缩水吗？

数字货币主要是指货币形态,货币的发行规模依然由央行控制,而至于发行纸币还是数字货币只是形态的变化,不会导致货币缩水。

现在发行数字货币尚处于探讨阶段,很多问题还在研究中。不过人们在实践中已越来越趋向于使用电子银行、电子支付而不愿携带纸币,以后市面上流通的纸币或随此趋势而减少。

相比于纸币,数字货币优势明显,不仅能节省发行、流通带来的成本,还能提高交易或投资的效率,提升经济交易活动的便利性和透明度。

不过数字货币发行后,以下这几类人要坐不住了。银行柜员:随着数字货币时代的到来,人们带的现金会越来越少,需要去银行办事的人自然也就少了,所需要的处理现金业务的柜员数量自然也就会减少。印钞厂和造币厂员工:随着市场上流通现金的减少,印钞厂和造币厂需要印刷的钞票和制造的货币也自然会减少。偷税、漏税人群:数字货币使得经济交易活动的透明度提高,洗钱、逃漏税行为将难上加难。

数字货币时代将到来,电子商务将如何面对这一机遇与挑战呢?

(1) 你使用过电子支付完成网络交易吗? 若有,描述一下你的交易过程。
(2) 电子支付的参与者都有哪些?
(3) 你认为电子支付安全吗? 结合实例说明。

6.1 电子支付

电子商务系统是指涉及商务活动的各方,包括商店、消费者、银行或金融机构、信息公司或证券公司和政府等,利用计算机网络技术全面实现在线交易电子化的过程。电子商务系统的关键在于完全实现网上支付功能。为了顺利完成整个交易过程,需要建立电子商务系统的电子交易支付方法和机制,还要确保参加交易的各方和所有合作伙伴都能够安全可靠地进行全部商业活动。

电子支付的业务类型按电子支付指令发起方式的不同,分为网上支付、电话支付、移动支付、销售点终端交易、自动柜员机交易和其他电子支付,而其中最主要的是存在于互联网上的网上支付。

另外,从金融法学界和电子商务法学界对电子支付的研究情况来看,电子支付有广义和狭义之分:广义的电子支付是指支付系统中所包含的所有以电子方式,或者说是以无纸化方式进行的资金的划拨与结算(包括网上支付、电话支付、移动支付等);而狭义的电子支付也称网上支付。随着信息技术和电子商务的深入发展,网上支付逐渐成为电子支付发展的新方向和主流。

6.1.1 电子支付的发展

电子商务强调以交易双方为主体,以银行支付和结算为手段,以客户数据库为依托的全新的商业模式。因此,电子支付与网络银行是电子商务发展的关键环节,利用电子商务进行商品买卖,必然会涉及支付的安全性、及时性、准确性。电子货币是指以金融电子化网络为基础,以商用电子化工具和各类交易卡为媒介,以计算机技术和通信技术为手段,以电子数据(二进制数据)的形式存储在银行的计算机系统中,并通过计算机网络系统以电子信息传递的形式实现流通和支付功能的货币。网络交易的电子货币系统包括电子支票系统、信用卡系统和数字现金系统等,它们的交易、支付和结算过程都有其独特性。

银行采用计算机等技术进行电子支付的形式有五种，分别代表着电子支付发展的不同阶段。

第一阶段是银行利用计算机处理银行之间的业务，办理结算。

第二阶段是银行计算机与其他机构计算机之间资金的结算，如代发工资等业务。

第三阶段是利用网络终端向消费者提供各项银行服务，如消费者在自动柜员机（ATM）上进行取、存款操作等。

第四阶段是利用银行销售终端（POS）向消费者提供自动的扣款服务，这是现阶段电子支付的主要方式。

第五阶段是最新发展阶段，电子支付可随时随地通过互联网络进行直接转账结算，形成电子商务环境。这是正在发展的形式，也将是 21 世纪的主要电子支付方式，我们又称这一阶段的电子支付为网上支付。

6.1.2 电子支付的特征和要求

众所周知，支付过程是整个商贸交易过程中很重要的一环，是双方实现商贸交易的目的。传统商贸交易普遍使用的是"三票一卡"（即发票、本票、汇票和信用卡）方式，虽然以票据交换取代了资金流，给实际支付业务处理过程带来了巨大的变化，但是这种方式下的业务处理仍然存在着很多弊病。现在采用网络交易的电子支付不仅能够提高结算效率，更重要的是加快了资金周转速度，降低了企业的资金成本。与传统的支付方式相比，电子支付具有以下特征。

一是电子支付是采用先进的技术通过数字流转来完成信息传输的，其各种支付方式都是采用数字化的方式进行款项支付的；传统的支付方式则是通过现金的流转、票据的转让及银行的汇兑等物理实体的流转来完成款项支付的。

二是电子支付是在一个开放的系统平台（即因特网）中运作的，传统的支付方式则是在较为封闭的系统中运作的。

三是电子支付使用的是最先进的通信手段，如 Internet、Extranet；传统的支付方式使用的则是传统的通信媒介。电子支付对软硬件设施的要求很高，一般要求有联网的计算机或手机、相关的软件及其他一些配套设施；传统的支付方式则没有这么高的要求。

四是电子支付具有方便、快捷、高效、经济的优势，消费者只要拥有一台上网的计算机或手机，便可足不出户，在很短的时间内完成整个支付过程。支付费用仅相当于传统支付方式的几十分之一，甚至几百分之一。

就目前而言，电子支付仍然存在一些缺陷，比如安全问题，这一直是困扰电子支付发展的关键性问题。大规模地推广电子支付，必须解决黑客入侵、内部作案、密码泄露等涉及资金安全的问题。还有一个支付的条件问题，消费者所选用的电子支付工具必须满足多个条件，并被商户认可。如果消费者的支付工具得不到商户的认可，或者说缺乏相应的系统支持，电子支付也还是难以实现。

网上支付是电子商务的基础核心，建立支付系统具有重大意义，同时也必须满足安全、可靠及便捷的要求。电子支付的具体要求有：完整认证（合法性）、信息完整、无拒付支付、有效的查账机制、隐私权保护、可靠的信息服务等。

6.1.3 网上支付系统构成

网上支付系统的基本构成（见图 6-1）包括如下几个部分。

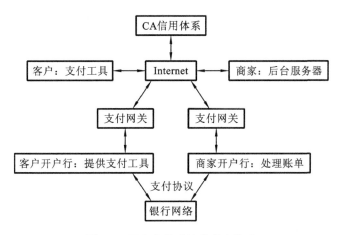

图 6-1 网上支付系统的基本构成

（1）商家。商家是指在网上销售产品或者服务的一方。
（2）客户。客户是指在网上购买产品或者服务的一方。
（3）商家开户行。商家开户行是指给商家提供金融服务业务的银行。
（4）客户开户行。客户开户行是指给客户提供金融服务业务的银行。
（5）CA 认证机构。CA 认证机构是指给互联网上参与网络交易的各方提供网络身份认证的服务部门。
（6）Internet。
（7）金融专用网。在我国,金融专用网是指中国国家金融通信网(CNFN),是把我国中央银行、各商业银行和其他金融机构有机地连接在一起的全国性与专业性的金融计算机网络系统。
（8）支付网关。支付网关是连接银行网络与因特网的一组服务器,主要作用是完成两者直接的通信、协议、转换和进行数据加密、解密,以保护银行内部网络的安全。实际上,支付网关起着数据转换与处理中心的作用。支付网关的建设关系着网上支付结算的安全以及银行系统的安全。

6.1.4 第三方支付

所谓第三方支付,就是一些与产品所在国家以及国外各大银行签约,并具备一定实力和信誉保障的第三方独立机构提供的交易支持平台。在通过第三方支付平台的交易中,买方选购商品后,使用第三方平台提供的账户进行货款支付,由第三方通知卖家货款到达,要求卖家进行发货;买方检验物品后,就可以通知付款给卖家,第三方再将款项转至卖家账户。

支付的结算方式可分为一步支付方式和分步支付方式。一步支付方式包括现金结算、票据(如支票、本票、银行汇票、承兑汇票)结算、汇转结算(如电汇、网上直转);分步支付方式包括信用证结算、保函结算和第三方支付结算。

在社会经济活动中,结算归属于贸易范畴。贸易的核心是交换。交换是交付标的物与支付货币两大对立流程的统一。在自由平等的正常主体之间,交换遵循的原则是等价和同步。同步交换,就是交货与付款互为条件,这是等价交换的保证。

传统的支付方式往往是简单的即时性直接付转,是一步支付。其中现金结算和票据结算适配当面现货交易,可实现同步交换;汇转结算中的电汇及网上直转也是一步支付,适配隔面现货交易,但若无信用保障或法律支持,会导致异步交换,容易引发非等价交换风险。

在现实的有形市场中,异步交换权且可以附加信用保障或法律支持来进行,但在虚拟的无形市场中,交易双方互不认识,不知根底,因此,支付问题曾经成为电子商务发展的瓶颈之一。卖家不愿先发货,怕货发出后不能收回货款;买家不愿先支付,担心支付后拿不到商品或商品质量得不到保证。博弈的结果是双方都不愿意先冒险,网上购物无法进行。为适应同步交换的市场需求,第三方支付应运而生。支付宝是国内领先的第三方支付平台,由阿里巴巴集团创始人马云创立。马云在进入C2C领域后,发现支付是C2C中需要解决的核心问题,因此就想出了支付宝这个工具,支付宝最初仅作为淘宝网为了解决网络交易安全所设的一个功能,该功能首先使用了"第三方担保交易模式",由买家将货款打到支付宝账户,由支付宝向卖家通知发货,买家收到商品确认后指令支付宝将货款划拨给卖家,至此完成一笔网络交易。2004年12月,支付宝独立为浙江支付宝网络科技有限公司。在2005年瑞士达沃斯世界经济论坛上,马云首先提出第三方支付平台。

第三方是买卖双方在缺乏信用保障或法律支持的情况下的资金支付中间平台,买方将货款付给买卖双方之外的第三方,第三方提供安全交易服务,其运作实质是在收付款人之间设立中间过渡账户,使汇转款项实现可控性停顿,只有双方意见达成一致才能决定资金去向。第三方发挥中介保管及监督的作用,并不承担什么风险,所以确切地说,这是一种支付托管行为,通过支付托管实现支付保证。

 **资料链接**

第三方支付的优缺点

第三方支付的优点:①比较安全,信用卡信息或账户信息仅需要告知支付中介,而无须告诉每一个收款人,大大减少了信用卡信息和账户信息失密的风险;②支付成本较低,支付中介集中了大量的电子小额交易,形成规模效应,因而支付成本较低;③使用方便,对支付者而言,他所面对的是友好的界面,不必考虑背后复杂的技术操作过程;④支付担保业务可以在很大程度上保障付款人的利益。

第三方支付的缺点:①这是一种虚拟支付层的支付模式,需要其他的"实际支付方式"完成实际支付层的操作;②付款人的银行卡信息将暴露给第三方支付平台,如果这个第三方支付平台的信用度或者保密手段欠佳,将带给付款人相关的风险;③第三方结算支付中介的法律地位缺乏规定,一旦该平台终结破产,消费者所购买的电子货币就可能成为破产债权,无法得到保障;④由于有大量资金寄存在支付平台账户内,而第三方支付平台并非金融机构,所以有资金寄存的风险;⑤由于涉及网络,当遇到黑客袭击时,资金安全存在很大风险。

6.2 电子货币

近年来,网络金融服务已经越来越普及了,如网上消费、个人理财、网上银行、网上投资、网络交易等,这些金融服务的特点都是通过电子货币进行电子支付和结算。电子商务是对传统商务的补充和变革,人们相信在使用电子商务获得便利的同时,安全支付是电子商务发展的关键。在电子商务交易中,电子支付和结算是核心,这涉及一个国家从事电子商务的基本条件,如网络基础设施、安全管理等。

6.2.1 电子货币的概念

电子支付系统的基础设施是金融行业的电子化和网络化,流通的支付工具是各类电子货币,支付功能要通过在线商用电子化工具及互联网中的交易信息来实现,电子支付的交易安全保证则通过网络交易安全认证机构的全过程监控、互联网本身的防火墙、信息加密措施,以及对恶意攻击和欺诈的实时跟踪检测防卫措施来实现。

电子支付系统是一个由买方(消费者)、卖方(电子商务企业或商家)、网络金融服务机构(包括商家银行、用户银行)、网络认证中心以及电子支付工具(如电子货币、信用卡、电子支票)和网上银行等组成的一个大系统。同时,电子支付系统应有安全电子交易协议或安全套接层协议等安全控制协议,这些涉及安全的协议构成了网上交易的可靠环境,网上交易与支付环境的外层,则由国家以及国际相关法律法规的支撑来实现。

1. 电子货币的产生

货币是一种固定充当一般等价物的特殊商品。货币的产生是生产力发展的必然结果。随着人类社会和科学技术的发展,货币的表现形式经历了商品货币、金属货币、纸币和电子货币几次大的变革。

电子货币是计算机介入货币流通领域后产生的,是现代商品经济高度发展,要求资金快速流通的产物。电子货币是利用银行的电子存款系统和各种电子清算系统记录和转移资金的,它使纸币和金属货币在整个货币供应量中所占的比例越来越小。电子货币的优点是明显的,它的使用和流通更方便,而且成本低。

电子货币的出现彻底改变了银行传统的手工记账、手工算账、邮寄凭证等操作方式。同时,电子货币的广泛使用也给普通消费者在购物、饮食、旅游和娱乐等方面的付款带来了更多便利。总之,电子货币是货币史上的一次重大变革。

电子货币最大的问题就是安全问题。电子货币与纸币一样都是没有价值的,而且多数情况下连纸币所具有的实物形式也没有,一切都是凭着计算机里的记录。那么,一旦银行计算机系统由于本身故障或遭受恶意破坏而造成数据错误,后果将是很严重的。另外,电子货币在传输过程中也有被篡改的危险。

2. 电子货币的特征

电子货币的产生、发展和在电子交易中的广泛使用,使人们不再受限于物理现金的携带和使用。公司、商店、银行将不会以人员数量、分支机构的数量、规模来区别大小,代之以营业额、信息交流量来排列经济座次。由于计算机网络的普及,我们身边的银行营业网点越来越少,网络银行呈现上升趋势,可以说,电子商务的高速增长正在对世界经济、金融状态产生深远的影响。

电子货币作为现代金融业务与现代科学技术相结合的产物,具有如下三个特征。

(1) 传统货币以实物的形式存在,而且形式比较单一。电子货币则不同,它是一种电子符号,其存在形式随处理的媒体而不断变化,如在磁盘上存储时是磁介质,在网络中传播时是电磁或光波,在CPU处理器中是电脉冲等。

(2) 电子货币在流通中是以相关的设备正常运行为前提的,新的技术和设备会引起电子货币新的业务形式的出现。

(3) 电子货币使用了电子化方法并采用了安全对策。电子货币的发行、流通、回收等过程是用电子方法进行的。电子货币的安全性,不是依靠普通的防伪技术,而是通过用户密码、软硬件加密系统和解密系统及路由器等网络设备的安全保护功能来实现的。

6.2.2 电子货币支付

目前,电子货币已和人们的生活密切相关,银行可以利用电子货币代发工资、代收费、进行储蓄通存通兑等。银行的存款、贷款、汇款等柜台服务,大都借助于计算机网络系统来实现,在某种程度上极大地开发了现有的银行系统的潜力。随着电子商务的发展,电子货币的形式日趋多样化,银行卡、电子支票、电子现金等就是电子货币的各种表现形式。

1. 电子货币的支付流程

在整个消费过程中,必须保护电子货币不被盗窃或更改,商家和银行要能验证电子货币是否属于自己的顾客,支付流程如下。

(1) 顾客在银行开设电子货币账户,购买、兑换电子货币,并从银行账户中提取一定数额的电子货币存在其电子钱包软件中,以供日后使用。

(2) 顾客浏览电子商务商家的网站,选购商品,在确定所购的商品后,向商家递交购物清单。

(3) 商家收到订单后,即向顾客的电子钱包发送支付请求,请求内容包括订单金额、可用币种、当前时间、商家银行、商家银行账户 ID 等。

(4) 顾客电子钱包将上述信息呈现给顾客,请求是否付款。

(5) 顾客同意支付后,使用电子货币支付所购商品的费用。

(6) 电子商务的商家与用户银行之间进行结算,用户银行将用户购买商品的费用划拨给商家。

电子货币是纸币货币的电子化。使用电子货币,顾客必须在银行开一个账户,并提供表明身份的证件。以后,当顾客想用电子货币消费时,可以通过互联网访问银行并提供身份证明。由认证中心颁发的数字证书通常用作数字身份证明。银行确认了顾客的身份后,发给顾客一定数量的电子货币,然后从顾客账户上扣除相同的金额。当然,银行会收取一小笔与所发的电子货币成正比的处理费。顾客将电子货币存在他的计算机硬盘的钱包里或智能卡上。顾客在浏览接受电子货币的商务网站时,就可消费这些电子货币了。简要地说,顾客将电子货币发给商家以支付商品/服务的费用,只有当商品送达顾客时,商家才能将电子货币交给发行银行,银行将此金额加进商家的账户中,但同样会收取一小笔服务费。

2. 电子货币支付的特点

(1) 商家和银行之间应该有协议和授权关系。

(2) 顾客、商家和电子货币的发行银行都需要电子货币软件。

(3) 适用于小额交易,因此适用于 B2C 模式的电子商务。

(4) 身份验证是由电子货币本身完成的。电子货币的发行银行在发放电子货币时使用数字签名;商家在每次交易中,将电子货币传送给银行,由银行验证电子货币的有效性。

(5) 电子货币的发行者负责用户和商家之间实际资金的转移。

(6) 电子货币与普通货币一样,可以存取和转让。

6.2.3 电子货币的不足和优点

1. 电子货币的不足

电子货币依赖于电子化和网络化,也会带给我们一些问题,主要表现为五个方面:税收问题、洗钱、外汇汇率的不稳定、货币供应的干扰、恶意破坏与盗用。

1) 税收问题

电子货币可以实现跨国交易,会给互联网税收带来许多问题。例如,美国的一家商店能向津巴布韦共和国的顾客征收销售税吗?如能征收,津巴布韦共和国当局能否分得一部分税金?更麻烦的是,用电子货币付税没有审计的记录,换一句话来说,电子货币同实际货币一样很难进行跟踪,税务部门很难追查,所以电子货币的这种不可跟踪性将很可能被不法分子用来逃税。

2) 洗钱

由于真正的电子货币无法进行跟踪,这又带来一个问题:洗钱。因为利用电子货币可以将钱送到世界上任何地方而不留下一点痕迹。如果调查机关想要获取证据,则需要检查网上所有的数据包并且破译所有的密码,这几乎是不可能的。

3) 外汇汇率的不稳定

电子货币将会增加外汇汇率的不稳定性。电子货币也是一个国家总货币供应量的组成部分,可以随时兑换成普通货币。普通货币有外汇兑换的问题,电子货币也同样存在这种问题。电子货币涉及的外汇兑换也要有汇率,这就需要在互联网上设立一个外汇交易市场。电子货币的汇率与现实世界里的汇率应该是一样的,即使不一致,套汇交易也马上就会使两者等同起来。在现实世界里,只有一小部分人或机构(如交易代理商、银行家和外贸公司等)能参与外汇市场交易;而在计算机里,任何人或机构都可以参与外汇市场交易。这是因为手续费低,而且人们不再受到国界的限制。这种大规模参与外汇市场交易的现象将会导致外汇汇率的不稳定。

4) 货币供应的干扰

因为电子货币可以随时与普通货币兑换,所以电子货币量的变化也会影响现实世界的货币供应量。如果银行发放电子货币贷款,电子货币量就可能增多,产生新货币。这样,当电子货币兑换成普通货币时,就会影响现实世界的货币供应。电子货币与普通货币一样有通货膨胀等经济问题,而且因其特殊性,这些问题可能还会更加严重。在现实世界里,国界和浮动汇率的风险在一定程度上抑制了资金的流动量,而电子货币却没有这样的障碍,而且电子货币没有国界、没有中央银行机构,可以由任意银行发放,所以即使政府想控制电子货币的数量也难以做到,这个因素将使中央银行对货币量的控制更加困难。在没有中央银行对电子货币量进行有效控制的情况下,计算机里发生金融危机的可能性比现实世界里更大。

5) 恶意破坏与盗用

同其他电子产品一样,电子货币也存在安全性问题。电子产品的一大特点就是易复制。要想流通电子货币,就一定要注意防止非法复制或重复使用电子货币。电子货币是存储在计算机里的,因此也可能遭到恶意程序的破坏。另外,如果不妥善地加以保护,电子货币也有被人盗用的危险。所以,一定要采取某些安全措施,如加密等,保护电子货币的存储和使用安全,否则电子货币就很难被用户接受。

2. 电子货币的优点

1) 匿名

匿名也是纸币货币的优点。顾客用电子货币向商家付款,除了商家以外,没有人知道顾客的身份或交易细节。

2）独立性

电子货币的独立性是指它和任何网络以及存储设备无关。也就是说，电子货币不依赖于专用的存放电子货币的存储机制，能够自由地穿越国界并能自动转换成接收国的货币。

3）可分解性

可分解性是电子货币同实际货币的一大区别。可分解性决定支付单位的大小，电子货币可独立于真正的货币进行定义，可由定义者决定，不受实际货币系统的限制。

4）不可跟踪性

不可跟踪性是电子货币的一个重要特性。电子货币交易可以保证交易的保密性，也就维护了交易双方的隐私权。除了双方的个人记录之外，没有任何关于交易已经发生的记录。因为没有正式的业务记录，连银行也无法分析和识别资金流向。正因为这一点，所以如果电子货币丢失了，就如同纸币货币丢失一样无法追回。

5）节省交易费用

电子货币使交易更加便宜，因为通过 Internet 传输电子货币的费用比通过普通银行系统支付要便宜得多。为了流通货币，普通银行需要维持许多分支机构、职员、自动付款机及各种交易系统，这一切都增加了银行进行资金处理的费用。电子货币利用的是已有的 Internet 和用户的计算机，所以费用低廉。

6）节省传输费用

通常，货币的传输费用比较高。这是因为普通货币是实物，实物的多少与货币金额是成正比的，金额越大，实物货币就越多。大额货币的保存和移动是比较困难和昂贵的。而且，电子货币的流动没有国界，在同一个国家内流通货币的费用跟在国家与国家之间流通的费用是一样的，这样就可以使国家与国家之间货币流通的费用比国内货币流通的费用高出许多的状况大大改观。

7）持有风险小

普通货币有被抢劫的危险，必须存放在指定的安全地点，保管的普通货币越多，所承担的风险越大，在安全保卫方面的投资也就越大，而电子货币不存在这样的风险。

8）支付灵活方便

货币最重要的特点就是方便性，如果电子货币要求特殊的软硬件或使用经验，那么它就限制了人们的使用。电子货币的使用范围比信用卡更广。信用卡支付仅限于被授权的商店，而电子货币支付却不必有这层限制。

9）防伪造

高性能彩色复印技术和伪造技术的发展使伪造普通货币变得更容易了，但这并不会影响到电子货币。

由电子货币所带来的诸多好处可以看出，使用电子货币可以扩大商业机会，促进互联网上经济活动的增长。中小企业可以利用这个机会增强自身的竞争力。因为通过互联网，企业跨国经营已不再是大型企业的专利，小企业也可以使用这种交易工具降低交易成本。电子货币的出现意味着用户可以花更少的钱得到更好的服务。

6.2.4 电子货币发展战略

电子商务是数字化社会的标志，它将在21世纪的国际商贸和社会生活中占据主导地位，目前,各国政府都在大力促进其发展。电子货币则是电子商务的核心,它将在国际金融活动中逐步发挥重要作用。从 1994 年开始,欧洲十国中央银行集团、欧洲中央银行、美国中央银行都发表了电子货币的发展报告。报告全面研讨了消费者保护、法律、管理、安全等诸多问题,提出发展战略并鼓励新型金融服务的开展。欧洲中央银行于 1998 年 8 月发表的报告"Report on Electronic Money"讨论了建立电子货币系统的最低要求。

(1) 严格管理。电子货币的发行需要进行严格管理。

(2) 明确可靠的法律准备。明确定义与电子货币相关方(如消费者、商家、银行和操作者)的权利和义务,并可明确作为判决依据。

(3) 技术安全保障。电子货币系统必须在技术、组织和处理过程方面做到足够安全,以防止盗窃活动,特别是防伪造。

(4) 防范犯罪活动。在电子货币方案中必须考虑防范洗钱等犯罪活动。

(5) 货币统计汇报。电子货币系统必须向相关国家中央银行汇报货币政策要求的有关信息。

(6) 可回购。电子货币发行商在电子货币持有者要求下可向中央银行一对一地回购货币。

(7) 储备要求。中央银行可以向所有电子货币发行商提出储备要求。

此外,应进一步注意的问题是,是否有系统规模、管理当局合作及电子货币跨国使用等。

6.2.5 电子货币的安全保证

电子货币消费存在着一个很大的问题:重复消费。要防止重复消费,主要的安全措施就是威胁起诉。复杂的加密算法是创建可追踪到电子货币持有人并且能防篡改的电子货币的关键技术。采用复杂的双锁技术,既保证了匿名安全性,又可在某人试图重复消费时发出警告。当同一货币发生第二次交易时,就会揭示出电子货币持有人的身份,而在正常情况下,电子货币要保护使用者的匿名要求。重要的是,要有一种措施既可保护电子货币持有人的匿名要求,又能保证内置的安全保护和防止重复消费。

对完全匿名的电子货币,重复消费是很难甚至是无法进行检测和防止的。匿名电子货币就像传统的钞票和硬币一样,无法跟踪是谁消费了。跟踪电子货币的一种方法,如为了防止洗钱,是在每笔电子货币交易中加上一个电子序列号。这样就将货币和一位顾客关联起来,但这并不能解决重复消费的问题。虽然某家发行电子货币的银行可检测出电子货币是否被二次消费,但是无法确认是顾客还是商家在进行欺诈。同时有序列号的电子货币就不再保证匿名,而匿名是顾客选择电子货币的主要原因。有序列号的电子货币也带来了一系列的隐私问题,因为商家可用序列号来跟踪顾客的消费习惯。

完全匿名的电子货币要求银行在所发行的电子货币上嵌入一个序列号,以实现对电子货币的数字签名,同时,也消除了电子货币同特定顾客之间的所有关联。这个过程如下:顾客随机创建一个序列号,然后把它传输给发行电子货币的银行;银行在顾客的随机序列号上加数字签名,然后把随机序列号、电子货币和数字签名打包发给顾客;顾客收到电子货币后,将原随机序列号剔除,但保留银行的数字签名。顾客这时就可用只有银行数字签名的电子货币了。顾客消费电子货币后,商家把它发给发行银行,因为有银行的数字签名,银行就可确认电子货币的真实性。但银行不知道谁是顾客,只知道这个电子货币是真实的,这就是真正的匿名货币。

案例

中本聪与比特币——虚拟货币

比特币的概念最初由中本聪在 2009 年提出。比特币是一种 P2P 形式的数字货币。点对点的传输意味着一个去中心化的支付系统。与大多数货币不同，比特币不依靠特定货币机构发行，它依据特定算法，通过大量的计算产生。比特币经济使用整个 P2P 网络中众多节点构成的分布式数据库来确认并记录所有的交易行为，同时使用密码学的设计来确保货币流通各个环节的安全性。P2P 的去中心化特性与算法本身可以确保无法通过大量制造比特币来人为操控币值。基于密码学的设计可以使比特币只能被真实的拥有者转移或支付。这同样确保了货币所有权与流通交易的匿名性。比特币与其他虚拟货币最大的不同是其总数量非常有限，具有极强的稀缺性。该货币系统曾在 4 年内只有不超过 1 050 万个，之后的总数量将被永久限制在 2 100 万个。比特币可以用来兑现，可以兑换成大多数国家的货币。使用者可以用比特币购买一些虚拟物品，比如网络游戏当中的衣服、帽子、装备等，只要有人接受，也可以使用比特币购买现实生活中的物品。

2014 年 9 月 9 日，美国电商巨头 eBay 宣布，该公司旗下支付处理子公司 Braintree 将开始接受比特币支付。该公司已与比特币交易平台 Coinbase 达成合作，开始接受这种相对较新的支付手段。虽然 eBay 市场交易平台和 PayPal 业务还不接受比特币支付，但旅行房屋租赁社区 Airbnb 和租车服务 Uber 等将可开始接受这种虚拟货币。

6.3 电子钱包

随着消费者在线购物热情的高涨，他们已开始厌倦了每次采购都重复输入送货地址和结算信息，这就是电子钱包要解决的问题。电子钱包的功能和实际钱包一样，可存放电子货币、所有者的身份证书、所有者地址以及在电子商务网站的收款台上所需的其他信息。电子钱包提高了购物的效率，顾客选好要采购的商品后，可立即点击自己的电子钱包，从而加速了订购的过程。

6.3.1 电子钱包的概念

电子钱包是电子商务活动中顾客购物常用的一种支付工具，是在小额购物或购买小商品时常用的新式钱包。从形式上来看，它与智能卡十分相似，而今天电子商务中的电子钱包则已完全摆脱了实物形态，成为真正的虚拟钱包了。

国民西敏寺银行集团开发的电子钱包 Mondex 卡是世界上最早的电子钱包系统，于 1995 年 7 月首先在斯温顿市试用。起初，Mondex 卡的名声并不那么响亮，不过很快就在斯温顿市打开了局面，被广泛应用于超级市场、酒吧、珠宝店、宠物商店、餐饮店、食品店、停车场、电话间和公共交通车辆之中。这是因为电子钱包使用起来十分简单，只要把 Mondex 卡插入终端，三五秒钟之后，Mondex 卡便被设备读取，一笔交易即告成功，读取器将从 Mondex 卡中所有的钱款中扣除掉本次交易的花销。此外，Mondex 卡还具有现金货币所具有的诸多属性，如作为商品尺度的属性、储蓄的属性和支付交换的属性，通过专用终端设备还可将一张卡上的钱转移到另一张卡上，而且卡内存有的钱一旦用光，还可通过专用 ATM 机将其本人在银行账户上的存款调入卡内。

在电子钱包内只能装电子货币,即装入电子现金、电子零钱、安全零钱、电子信用卡、在线货币、数字货币等,这些电子支付工具都可以支持单击式支付方式。

电子钱包是电子商务购物(尤其是小额购物)活动中常用的一种支付工具。电子钱包存放的是电子货币,如电子零钱、电子信用卡等。使用电子钱包购物,通常需要在电子钱包服务系统中进行,电子商务活动中电子钱包的软件通常都是免费提供的。

电子钱包用户通常在银行里都有账户。在使用电子钱包时,要先安装相应的应用软件,然后利用电子钱包服务系统把自己账户里的电子货币输进去。发生付款时,用户只需在计算机上单击相应的项目即可。

6.3.2 电子钱包的主要功能

1. 个人资料管理

消费者成功申请钱包后,系统将在电子钱包服务器为其开立一个属于个人的电子钱包档案,消费者可在此档案中增加、修改、删除个人资料。

2. 网上付款

消费者在网上选择商品后,登录到电子钱包,选择入网银行卡,向支付网关发出付款指令来进行支付。

3. 交易记录查询

消费者可对通过电子钱包完成支付的所有历史交易记录进行查询。

4. 银行卡余额查询

消费者可通过金融联电子钱包查询个人银行卡余额。

5. 商户站点链接

电子钱包内设众多商户站点链接,消费者可通过链接直接登录商户站点进行购物。

6.3.3 电子钱包的特性

1. 安全性

电子钱包用户的个人资料存储在服务器端,通过技术手段确保安全,不在个人计算机上存储任何个人资料,从而避免了资料泄露的危险。

2. 实用性

消费者成功申请电子钱包后,即在服务器端拥有了自己的档案,当外出旅游或执行公务时,不用再随身携带电子钱包资料即可进行网上支付。

3. 方便性

电子钱包内设众多商户站点链接,消费者可通过链接直接进入商户站点进行购物。

4. 快速性

通过电子钱包,完成一笔支付指令的正常处理只需 10~20 秒(视网络及通信情况而定)。

使用电子钱包的顾客通常在银行里都是有账户的。在使用电子钱包时,将有关的应用软件安装到电子商务服务器上,利用电子钱包服务系统就可以把自己的各种电子货币或电子金融卡上的数据输入进去。在发生收付款时,如果顾客要用电子信用卡付款,如用 Visa 卡或者 MasterCard 等付款时,顾客只要单击一下相应项目(或相应图标)即可。

网上购物使用电子钱包,需要在电子钱包服务系统中进行。电子商务活动中的电子钱包软件通常都是免费提供的,用户可以直接使用与自己银行账号相连接的电子商务系统服务器上的电子钱包软件,也可以通过各种保密方式利用因特网上的电子钱包软件。

6.3.4 电子钱包网络支付模式

1. 电子钱包的网络支付模式

电子钱包的网络支付模式是在电子商务过程中顾客利用电子钱包作为载体,选择其存放的电子货币(如信用卡、电子现金等),在 Internet 平台上实现即时、安全可靠的在线支付形式。

2. 电子钱包的网络支付流程

顾客使用计算机通过 Internet 连接商家网站,查找购买的物品。顾客检查且确认自己的购物清单后,利用电子钱包进行网络支付。如经发卡银行确认后被拒绝且不予授权,则说明此卡钱不够或没有钱,可换卡再次付款。发卡银行证实此卡有效且授权后,后台网络平台将资金转移到商家收单银行的资金账号,完成结算,并回复商家和顾客。商家按订单发货,与此同时,在商家或银行服务器端记录整个过程中发生的财务与物品数据,供顾客电子钱包管理软件查询。

在电子商务服务系统中设有电子货币和电子钱包的功能管理模块,称为电子钱包管理器。顾客可以用电子钱包管理器来改变保密口令或保密方式,用电子钱包管理器来查看自己银行账号上的收付往来的电子货币账目、清单和数据。在电子商务服务系统中还有电子交易记录器,顾客通过查询记录器,可以了解自己都买了哪些物品,购买了多少,也可以把查询结果打印出来。

电子钱包非常有用,因为顾客将电子购物车装满后,就到收款台确认其选择,这时他们会看到一页或两页要求输入姓名、地址、信用卡号和其他个人信息的表,顾客必须填满所有信息才能完成结账。

6.3.5 电子支票

电子支票是一种借鉴纸张支票转移支付、利用数字传递将钱款从一个账户转移到另一个账户的电子付款形式。电子支票的支付是在与商户及银行相连的网络上以密码方式传递的,多数使用公用关键字加密签名或个人身份证号码(PIN 码)代替手写签名。用电子支票支付,事务处理费用较低,而且银行也能为参与电子商务的商户提供标准化的资金信息,故而可能是最有效率的支付手段。

使用电子支票进行支付,消费者可以通过计算机网络将电子支票发到商家的电子邮箱,同时把电子付款通知单发到银行,银行随即把款项转入商家的银行账户,这一支付过程在数秒内即可实现。然而,这里面也存在一个问题,即如何鉴定电子支票及电子支票使用者的真伪。因此,就需要有一个专门的验证机构来对此进行认证,同时该验证机构还应像 CA 那样能够对商家的身份和资讯提供认证。

1. 电子支票的特点

(1) 电子支票与传统支票的工作方式相同,易于人们理解和接受。

(2) 加密的电子支票比基于公共密钥(简称公钥)加密的数字现金更易于流通,买卖双方的银行只要用公共密钥认证即可,数字签名也可以被自动验证。

(3) 电子支票适用于企业市场。企业运用电子支票在网上进行结算,可降低成本,很容易地与电子数据交换应用结合,推动电子数据交换基础上的电子订货和支付。

(4) 第三方金融服务者不仅可以从交易双方处抽取固定交易费用或按一定比例抽取费用,还可以以银行身份提供存款账目,从中获取收益。

(5) 电子支票要求把公共网络同金融结算网络连接起来,这就充分发挥了现有的金融结算基础设施和公共网络的作用。

2. 电子支票的支付过程

电子支票几乎和纸质支票有着同样的运作方式。用户先注册第三方账户服务器,然后开具电子支票,其中包含支付人姓名、支付人金融机构名称、支付人账户名、被支付人姓名、支票金额和支付人的数字签名。然后,用户以电子邮件或其他方式向卖方寄去一定金额的电子支票。卖方兑付前,要对电子支票进行背书。银行将签名认证和背书过的支票作为进行账户转账的依据,将支票金额从买方账户转到卖方账户。电子支票支付的基本流程如图6-2所示。

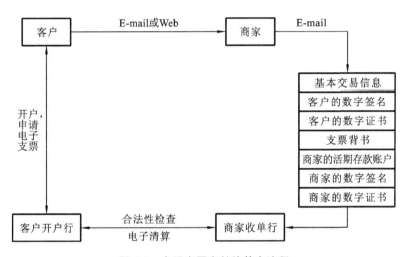

图 6-2　电子支票支付的基本流程

(1) 首先,客户到银行开设支票存款账户并存款,申请电子支票的使用权。

(2) 客户和商家达成购销协议并选择使用电子支票付款。

(3) 客户签发电子支票,主要包括以下五种信息:①有关支付的详细数据;②有关支票内容的数据;③对有关支票内容的数据用客户的签名私钥(私有密钥)加密后得到的客户的数字签名;④对客户的姓名和公钥用客户开户行的私钥加密后的"证明书1";⑤对客户开户行的行名和公钥用中央机构(可信任的第三方机构)的私钥加密后的"证明书2"。然后,将签写好的电子支票通过安全的 E-mail 方式或交互式 Web 方式传送给商家。

(4) 商家收到电子支票后的步骤如下。①用预先保存的中央机构的公钥对"证明书2"解密,这样商家就得到了客户开户行的公钥,该公钥的正确性是由中央机构保证的。②用客户开户行的公钥对"证明书1"解密,这样商家就得到了客户的公钥,该公钥的正确性是由客户的开户行保证的。③使用客户的公钥对客户的数字签名解密,并把解密的结果与支票的内容进行比较,如果一致,则可确认支票内容有效,在传输途中并未被篡改。④商家在确认支票内容无误的基础上,对电子支票背书并附加数字签名,再将从客户处收到的电子支票信息、支票背书以及数字证书通过支付网关发往收单行请求验证。

(5) 商家的收单行收到支票后,和客户的开户行一起对有关支票内容数据的合法性进行确认。如确认无误,则进行电子支票的兑现处理,即客户的开户行从客户的活期存款账户支出相应的金额,而商家的收单行则向商家的活期存款账户存入相应的金额。

 案例

浦发银行——布局移动支付

在经济环境发生变化时,多家银行都开始对内进行"微手术",用组织架构调整来提高效率。知情人士称,浦发银行董事会已一致通过总行部分业务板块组织架构优化调整的方案。

移动金融部作为组织架构调整的"先行先试者",几年前就已与中国移动展开跨界合作,排兵布局,并从战略构架、业务流程乃至产品服务等各个环节为浦发银行带来新变革,使浦发银行在移动支付领域率先发力,成为国内唯一一家将银行卡完整地从空中植入手机 SIM 卡,并实现诸多空中服务的商业银行。

浦发银行与中国移动联合研发的手机支付联名卡已经历了实际支付环境中的多重考验。对于浦发银行来说,"变"意味着创新突破,随着手机支付、手机银行、手机汇款、手机缴费等众多系列产品的上市,浦发银行已经在移动金融领域建立起较为明显的先发优势。

作为以稳健经营闻名的上市银行,伴随组织架构的微调,浦发银行的创新步伐明显加快,在移动支付领域率先布局,抢占高地,打造移动金融领先银行的雄心壮志逐渐显现。

6.4 信用卡支付

银行卡由银行发行,银行卡支付是银行提供电子支付服务的一种手段。信用卡就是一种常见的银行卡。信用卡具有购物消费、信用借款、转账结算、汇兑储蓄等多项功能,可在商场、饭店等许多场合使用,可采用刷卡记账、POS 结账、ATM 提取货币等多种支付方式。目前,在线购物大部分是用信用卡来进行结算的。

6.4.1 信用卡的特点

从交易过程可以看出,与普通货币相比,使用信用卡交易有以下优点。

1. 携带方便,不易损坏

信用卡一般用塑料制成,小巧轻薄,便于携带,而且不容易损坏;而普通货币一般由纸制成,容易污损。此外,所需数量较多时,普通货币携带也不方便。

2. 安全性好

信用卡有账户和口令,丢失后可以挂失,而且还有口令保护;而普通货币丢失后,就很难找回了。

3. 可以进行电子购物

信用卡支付可以通过网络进行,而普通货币没有这样的功能。

当然,信用卡也存在着一些安全问题。信用卡的安全已成为持卡人最关心的问题,很多人都担心因口令泄露而导致信用卡被盗用。事实上,信用卡被盗用的情况并不少见,大多数是安全措施不得力造成的。要想顺利地推进信用卡的应用,就一定要确实保证其安全性。

安全电子交易(SET)协议是一种新型的安全交易模式,它的一项重要功能就是保证信用卡交易的安全性。现在,SET 协议正在全球范围内推行。

在中国,随着金卡工程的启动和银行卡网络的建成,银行卡的应用环境越来越好,应用范围也越来越广泛。还有一些可以在同一地区或全国范围流通的银行卡,如中国银行的长城借记卡、中国工商银行的牡丹灵通卡、中国建设银行的龙卡、中国农业银行的金穗万事顺卡、招商银行的一卡通等,其基本功能都是用于电子支付,只是存在着一些业务范围的差异。信用卡与其他银行卡的一个重要区别在于,信用卡不仅是一种支付工具,还是一种信用工具。使用信用卡可以透支消费,这给用户带来了方便,但这同时也给银行带来了恶意透支的问题。

6.4.2 信用卡支付模型

1. 无安全措施的电子信用卡支付

买方通过网上从卖方订货,电子信用卡信息在互联网上传送,但无任何安全措施;卖方和银行之间使用各自现有的银行商家专用网络授权来检查信用卡的真伪。这种方法存在很多问题,例如:由于卖方没有得到买方的签名,如果买方否认购买行为,卖方将承担一定的风险;信用卡信息可以在线传送,但无安全措施,买方将承担信用卡信息在传输过程中被盗取的风险。无安全措施的电子信用卡支付模型如 6-3 所示。

图 6-3 无安全措施的电子信用卡支付模型

2. 简单加密的电子信用卡支付

当信用卡信息被买方输入浏览器窗口或其他电子商务设备时,信用卡信息就被简单加密,安全地作为加密信息通过网络从买方向卖方传递。采用的加密协议有 S-HTTP(安全超文本传输协议)、SSL(安全套接层)协议等。简单加密的电子信用卡支付模型如图 6-4 所示。

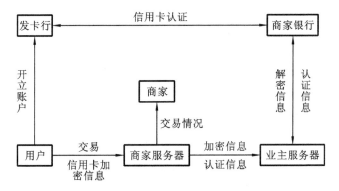

图 6-4 简单加密的电子信用卡支付模型

3. 第三方证明的安全电子交易信用卡支付

在买方和卖方之间启用第三方代理,目的是使卖方看不到买方的信用卡信息,避免信用卡在网上多次公开传输而导致信息被窃取。第三方证明的安全电子交易信用卡的具体支付过程为:买方在线或离线在代理人处开立账号,代理人持有买方信用卡号和账号;买方用账号从卖方处订货,即将账号传送给卖方;卖方将买方账号提供给代理人,代理人验证账号信息,将验证信息返回给卖方;卖方确定接受订货。通过第三方证明的安全电子交易信用卡支付模型如图 6-5 所示。

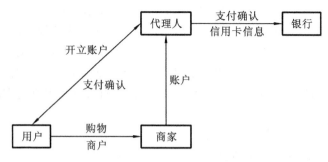

图 6-5　通过第三方证明的安全电子交易信用卡支付模型

4. 安全电子交易信用卡支付

SET 是安全电子交易的简称，它是由维萨卡国际组织、万事达卡国际组织和多家科技机构共同制定的进行在线交易的安全标准。SET 协议的出现就是为了保障互联网上信用卡交易的安全性。利用 SET 协议给出的整套安全电子交易的过程规范，可以实现电子商务交易的机密性、认证性、数据完整性等。

使用 SET 进行银行卡支付交易的工作流程如下。

(1) 购物者在支持 SET 的网站上购物，选择好商品并填写订单后，商家会用一份自己数字证书的副本作为给购物者的答复。

(2) 购物者选用 SET 方式进行付款。购物者发送给商家一个完整的订单及要求付款的指令，用 Hash 加密法对订单和付款指令生成消息摘要，由购物者进行数字签名，如图 6-6 所示。

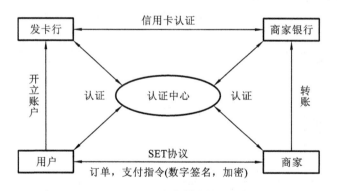

图 6-6　SET 方式支付过程示意图

(3) 购物者把信用卡号码用银行的公钥加密（商家永远不会见到信用卡号码），再用商家的公钥加密，生成数字信封，发送给商家。

(4) 商家用私钥打开数字信封，解密订单并验证消息摘要。商家的服务器将由 SET 加密的交易信息连同订单副本一齐转发给结算卡处理中心。

(5) 由银行将此交易信息解密并进行处理，同时验证商家的身份和传输消息的完整性。认证中心验证数字签名是否属于购物者，并检查购物者的信用额度。

(6) 银行将此交易信息发到购物者信用卡的发行机构，请求批准划拨款项。

(7) 商家收到购物者开户银行批准交易的通知。交易金额从购物者的信用卡账户里划拨给商家账户。

(8) 商家将订单确认信息通知购物者,发送商品或完成定购的服务。

(9) 购物者的终端软件记录交易日志,以备将来查询。

案例

渣打银行联手 VISA 推出国内首张电子旅行支票

2009 年,渣打银行联手 VISA 推出了国内首张电子旅行支票——"easigo 易世金"。与信用卡的不同之处在于,易世金的申请时间只需花 2～3 天,银行方面也不会对持有人进行信用审核。

易世金持有人可在境外约 2 400 万家接受 VISA 的餐厅、宾馆和商店内支付购物和服务的花费,同时还可以在境外带有 VISA/PLUS 标志的约 100 万台自动提款机上提取当地货币。但持有人在使用之前必须先存入 500～5 000 美元的现金,境外提现手续费为每笔 3 美元。

客户可在旅行前为易世金充入计划开支。"与信用卡不同的是,易世金是电子支票,可以直接刷卡支付消费,但客户不能透支,这可以有效控制预算,无须担心回国后收到高额账单。"渣打银行个人业务部负责人介绍说。与信用卡在国外提取现金收 5% 左右的手续费不同,易世金取现只收 0.3% 的手续费。

6.5 网络银行

在生活中,细心的消费者可以发现银行的网点少了,网上银行多了。网上银行又称网络银行、在线银行、电子银行、虚拟银行,通常是指银行利用 Internet 技术,向消费者提供开户、销户、查询、对账、跨行转账、信贷、网上证券、投资理财等传统服务项目,使消费者足不出户就能够安全便捷地管理活期和定期存款、支票、信用卡及个人投资等。

6.5.1 网上银行的概念

1. 网上银行的发展

1985 年 10 月,英国出现了第一个全自动化银行,即苏格兰拉斯哥银行的 TSB 支行。

1989 年 10 月,英国米兰银行开创了电话银行业务,随后,又出现了英国巴克莱银行和国民西敏寺银行等全自动化银行,英国劳合银行在伦敦的牛津大街创办了未来银行。

1996 年 6 月,美国有三家银行联手在 Internet 上创办了世界上第一家新型的网络银行,称为美国安全第一网络银行,这也是在 Internet 上提供大范围和多种银行服务的第一家银行,其前台业务在 Internet 上进行,后台处理只集中在一个地点进行,这样,业务处理速度快、服务质量高、服务范围广。作为第一家网络银行,仅仅在它开业后的短短几个月里,就有近千万人次上网浏览,这给金融界带来了极大的震撼,于是很多银行立即紧跟其后在网络上开设银行,随即此风潮逐渐蔓延至全世界,网络银行走进了人们的生活。

1997 年 4 月,菲律宾的一家全能银行(城市银行 Urban Bank)开办了家庭虚拟银行服务。之后不久,在北美,IBM 公司联合 15 家银行,投资 1 亿美元开发基于 Internet 的企业银行;香港汇丰银行也和微软公司合作开发企业银行。1998 年 1 月,CFB 银行与 HP 公司合作在香港开通了首家网上银行系统,此后华夏银行也同 HP 公司合作建成台湾首家 Internet 网上银行系统。紧接着,中国银行宣布成为第一家为消费者提供网上银行服务的中国大陆银行。几个月后,慈善总会成为招商银行的又一商户,招商银行为其"慈善募拍"网站提供资金结算渠道。可见,从在线服务这一要领引入中国至今,网络银行已经开始进入实际发展阶段。

网上银行从概念上来讲有两种发展模式:一种发展模式是指完全依赖于Internet网络发展起来的全新电子银行,这类银行几乎所有的银行业务交易都要依靠互联网进行,如成立于1996年6月的"美国安全第一网络银行"就是通过Internet网络提供全球范围的金融服务,这家网上银行向消费者提供的是全新的服务手段,消费者足不出户便可进行存款、取款、转账、付款等业务;另一种发展模式是指现在传统银行运用公共Interent服务,开展传统的银行业务交易处理服务,通过其发展家庭银行、企业银行等服务。

目前,世界各大银行都开始把目光转向网上银行,各家网上银行纷纷上线,也使得银行间的竞争越来越激烈。

2. 网上银行的功能

目前,网上银行一般分为银行业务项目模块、网上银行服务模块、信息发布模块以及商务服务模块。

(1) 银行业务项目模块。银行业务项目模块主要包括储蓄业务、对公业务、信用卡业务、国际业务、信贷及特色服务等子功能模块。

(2) 网上银行服务模块。网上银行服务模块主要包括家庭银行、企业银行、学生银行、小额购物等子功能模块。

(3) 信息发布模块。信息发布模块主要包括国际市场外汇行情、对公利率、储蓄利率、汇率、国际金融信息、证券行情、银行信息等子功能模块。

(4) 商务服务模块。商务服务模块主要包括资本市场、企业银行服务、政府服务等子功能模块。

3. 网上银行所提供的服务

从目前国内外一些银行在网上银行实现的功能分析可以看到,无论是国外已经发展成熟的网上银行还是国内初生的网上银行,它们所提供的服务并无太大区别,大体可以分为以下三类。

(1) 信息服务类。信息服务类是指通过建立网页,不区分消费者对象,将信息发送给浏览者,使浏览者能够了解银行信息。

(2) 查询类。比如:查询信用卡余额、交易历史等,特别是企业综合账户业务,通过记录交易额为消费者提供了方便的理财渠道;集团消费者可以通过网上银行服务查询集团各子公司的账户余额,交易信息,划拨集团内部公司之间的资金,进行账户管理等服务。

(3) 交易类。交易类提供转账服务、个人支票的签发,如企业可以通过互联网实现支付和转账。

目前,Internet上实现的银行业务处理主要是信用卡业务、家庭银行业务、企业银行业务等消费者与银行间关系较密切的部分。信用卡业务的授权、清算都可以通过Internet进行处理;家庭银行业务则包括存款余额、交易明细、票据兑现、利息的查询及电子转账等。

 资料链接

互联网+金融

用技术打破信息壁垒,以数据跟踪信用记录,互联网技术优势正在冲破金融领域的种种信息壁垒,互联网思维正在改写着金融业竞争的格局。"互联网+金融"的实践,正在让越来越多的人享受更高效的金融服务。

在十二届全国人大三次会议上,李克强在政府工作报告中首次提出"互联网+"行动计划。李克强所提出的"互联网+"在较早相关互联网企业讨论聚焦的"互联网改造传统产业"的基础上已经有了进一步的深入和发展。2015年3月22日,央视新闻联播头条介绍了"互联网+金融"的典型模式,主要有以下两种:新型的网络金融服务公司,利用大数据、搜索等技术,让上百家银行的金融产品可以直观地呈现在用户面前;传统银行用融资服务吸引商户,再通过对商户的资金流、商品流、信息流等大数据的分析,为这些中小企业提供灵活的线上融资服务,在提高用户黏度的同时,也节约了银行自身的运营成本。截至目前,工、农、中、建、交五大国有商业银行都把互联网金融提升到了战略地位。中国银监会更是专门成立了一个部门——普惠金融部,首次将互联网金融纳入普惠金融渠道。

6.5.2 创建网上银行的驱动因素

1. 网上银行是网上经济发展的必然结果

(1) 由于电子商务活动无时间和空间的限制,国家的界限也将在某种程度上消失,世界金融业的竞争更加激烈。同时,电子商务需要处理好信息流、物流和资金流中的各个环节,才能健康运行和发展。顺应这种需求,网上银行就产生了。

(2) 在网上首先发展信息流,继而产生物流,有物的交换也就必然带来支付活动,由此产生网上资金流的需求。

(3) 电子商务系统要求商场、厂家、政府管理部门、银行以及认证机构连接网络,保证信息流、物流和资金流的通畅,而资金流是否通畅,在电子商务中至关重要。网上银行的产生和发展可以很好地解决这一问题。

2. 网上银行是电子商务的必然产物和发展趋势

无论是传统的交易,还是新兴的电子商务,资金的支付都是完成交易的重要环节,所不同的是,电子商务强调支付过程和支付手段的电子化。在电子商务中,作为支付中介的商业银行在电子商务中扮演着举足轻重的角色,无论是网上购物还是网上交易,都需要网上银行来进行资金的支付和结算。商业银行作为电子化支付和结算的最终执行者,是连接商家和消费者的纽带,是网上银行的基础,它所提供的电子支付服务是电子商务中的最关键要素和最高层次,直接关系电子商务的发展前景,商业银行是否能有效地实现支付手段的电子化和网络化是电子交易成败的关键。

电子商务给经济和贸易带来了重大的影响,而经济领域中的银行业必然受到波及,使得金融环境竞争加剧,银行不得不重新审视自身的服务方式。为适应电子商务的发展,银行业必须利用现有优势,加快本国经济发展,增加银行服务手段,提供更加便捷迅速、安全可靠的支付服务。已有多位专家预测,在未来五年里,银行分行的开设将逐渐减少,自动取款机ATM的增长率也将逐渐减缓,而电话语音及网上银行的使用将大幅度增加,因此网上银行是电子商务的必然产物和发展趋势。

3. 银行自身的发展为网上银行的发展奠定了基础

近年来,伴随着电子商务的迅猛发展,银行自身也得到了长足的发展,这就为网上银行的发展奠定了基础,创造了条件。各种现代银行支付系统、大额在线支付系统、小额批量支付系统、电子联行系统、自动化清算系统、自动化对公业务系统、银行储蓄通存通兑系统、电子支付系统和安全电子交易系统等得到广泛的应用。

随着国际贸易的繁荣与发展,跨国投资迅速增加,银行国际业务迅猛发展,银行之间的竞争加剧,各银行都在向全能化、国际化、集约化和多样化方向发展,因此世界各银行金融业都十分重视科学技术。现代高新技术的高速发展,尤其是计算机科学和信息科学的进步为银行的变革创造了有利的条件。虚拟现实信息的发展和应用,网上银行的出现与发展,很清晰地向人们回答了未来银行的发展方向问题,基本统一了人们的思想。网上银行为世界各银行的发展指明了方向。

6.5.3 网上银行发展的主要问题

1. 网络安全问题

网上银行最核心的问题就是安全问题和管理问题。由于网络不受空间、时间的限制,因此银行无法采取措施预料黑客的攻击。消费者在消费时,必须确认在网络上输入的机密性资料(如密码及账户号码等)不会被盗用;此外,输入的交易资料不会被篡改,同时,须正确迅速地传送到接收端系统。对提供服务的金融工作人员来说,需要确定自己的系统不会受到黑客的侵入,以免造成业务损失及服务停顿。

传统的安全工作主要是利用防火墙来管理,然而在金融在线交易下,防火墙仍有其不足之处。防火墙是保证网络安全的产品,它主要以监管网络协议(如 TCP/IP、HTTP、IPX 等)、通信包、网络服务及网址等方式来确保网络的安全,即扮演着守门人的角色,以阻挡不当的信息及不合法使用者的侵入。但网上银行基本上属于一个开放的环境,任何一个申请网上银行账户的消费者均可合法进入。为此,如何提高网上银行的安全及增强网上消费者对网上金融服务设施的信任,是今后发展网上银行的重要课题之一。现在有安全系统层协议、安全电子交易标准、身份认证等措施。随着网络带宽的日益扩充,上网人口快速成长,网上银行必将成为银行的主要发展方向。在这股潮流中,网上银行将呈现出更多元的面貌。

2. 网上交易的法律问题

今后,在网上银行这一领域里,各方当事人均通过 Internet 进行货币交换、资金转移和商品流通,因此无论是网络本身的差错还是人为因素都可能引起争执甚至法律诉讼。为此,网上交易的法律也是必须解决的重要问题。

3. 网络拥挤问题

目前,Internet 主要集中在美国。两个欧洲国家(无论它们国内的基础通信设施多么先进或开放)之间传输的 Internet 信息很可能都要经由美国的节点。大多数亚洲国家之间传输的信息也是如此。结果,使这些美国的节点出现了信息极度拥挤和严重滞后的现象。通过在亚洲、美国与加勒比地区、欧洲和澳大利亚的重要位置交换节点,可增强和补充现有的互联网络系统,但随着 Internet 各种应用的增加,网络的拥挤问题仍将存在,在这些问题获得根本解决之前,业务量极大的银行之间在 Internet 上传输的信息量将会受到一定的影响和制约。

4. 网上银行的消费群体问题

每一种商业形态都有自己的消费群体(客户群)。那么,网上银行今后又会有哪些群体?它们有什么特点?这些也是网上银行业务发展要研究的问题。从目前的统计来看,Internet 使用者的平均年龄为 35 岁,比计算机使用者的平均年龄 40 岁还小 5 岁。另外,热衷于网络的男性比女性多一倍。这些都意味着今后网上银行的消费群体将以青壮年为主,男性用户将多于女性用户。据调查表明,为 Interent 上的消费群体提供合适的网上金融产品也必将是发展网上银行要研究的课题之一。

案例

P2P 理财

P2P 是 peer-to-peer 的缩写,即个人对个人,又称为点对点网络借贷。P2P 直接将人们联系起来,让人们通过互联网直接交互,使得网络上的沟通变得更容易、更直接,真正地消除了中间商,为企业和个人提供了更多的便利。P2P 理财就是通过互联网理财。

关于 P2P 网络借贷平台的起源,一般有两种说法:一种说是尤努斯(又称尤纳斯)教授,另一种说是英国的 Zopa。随着贷款行业的不断发展,也有很多企业在小额贷款里脱颖而出。尤努斯生于 1940 年,他的贡献是做了穷人的银行,解决了穷人的借贷需求,其银行模式跟现有的各大银行没有任何差别。英国的 Zopa 则完全是基于 21 世纪计算机网络技术的快速发展而应运而生的新模式,网络的高效化使传统的借贷模式可以从 N21(运用网络做直销)、12N(企业网上申请贷款)的两步走模式,直接跨越到 N2N(个人对个人放款)模式,省去了中间银行,这也是 Zopa 所宣称的"摒弃银行,每个人都有更好的交易"的来源。P2P 网络借贷平台充分发展的结果是把银行从借贷业务链中挤出去。P2P 网络借贷平台的 N2N 模式可以兼顾银行和民间借贷的双重优势。

P2P 理财线上模式是纯粹的 P2P,在这种平台模式上纯粹进行信息匹配,帮助资金借贷双方更好地进行资金匹配,但缺点明显,这种线上模式并不参与担保。线下 P2P 模式是指将线上模式借贷流程中的审核、贷款发放等流程放在线下进行。线下模式审核和银行贷款审核方式无二,一般需要抵押物,募集资金由线上模式平台自主支配,贷给借款人,目前大多数 P2P 理财平台其实都是线下模式。线上 P2P 模式是纯线上、纯信用的网络借贷,贷款申请、投标、风险审核、贷款发放都在线上进行,企业只是提供一个双方合作的平台。

6.5.4 我国网上银行所面临的挑战

1. 我国网上银行的发展取决于信息基础设施规模

网上银行是基于信息网络通信的商务活动,为此需要建设必要的信息基础设施。我国的信息基础设施的建设正在起步阶段,需要在教育、能源、交通等各种基础设施的建设方面进行大量的投资,因此信息基础设施建设的资金缺口非常大。

2. 我国网上银行的发展取决于人员素质

国外有一种评价信息社会的坐标体系,其内容包括:社会基础结构,如在学人数、读报人数等;信息基础结构,如人均电话数、电视数、卫星覆盖率等;计算机基础结构,如人均微机数、联网率、用于软件/硬件的开销等。评价的结果为:得分在 300 分以上的国家为 55 个,我国排第 49 位;300 分以下的国家为 150 个。也就是说,人员素质的提高,可以促进电子商务的发展,进而促进网上银行的发展。否则,人们使用计算机都很困难,就更不用谈进行电子商务,发展网上银行了。

3. 我国网上银行的发展取决于信息终端设备的普及程度

信息基础设施建成后,必须与信息终端设备相连才能实现网上银行,因此信息终端设备的普及程度将成为网上银行发展的制约因素。中国的东部、西部、中部地区的发展还极不平衡,中西部信息终端设备的相对贫乏将成为这一地区发展网上银行的极大障碍。

4. 我国网上银行的发展需要建立必要的法律框架

我国网上银行的发展需要建立必要的法律框架,具体是指银行和消费者之间的网上金融服务所必须明确和遵守的法律义务和责任,而我国在这方面的法律法规还不完善。

5. 我国网上银行的发展需要制定必要的网络介入标准

各国信息技术发展水平不同,采用的网络介入标准不同,使得国家与国家之间的网上银行活动遇到网络介入标准的问题。对采用不同信息技术的用户进行网上服务活动,关键是要建立不同技术之间的网络接入标准。

6. 我国网上银行的发展需要政府和企业客户的积极参与和推动

信息产业处于政府垄断经营或政府高度管制之下,没有政府的积极参与和帮助将很难快速发展网上银行。

7. 我国网上银行的发展需要解决安全问题和可靠问题

要建立网上银行,就要建立强大的、动态的、可伸缩的、灵活的系统,让消费者享受简易、安全、及时和轻松的电子购物和电子服务。网上银行要提供完整的信息、所有金融资料的认证及机密信息的加密,并为消费者提供信用卡的储存、管理及购物所需的证明。网上银行可回应厂家发出的付款通知,批示持卡人选择付款银行的信用卡;还可以验证商家,以便给买家提供安全的交易,允许商家确认付款核准的情况并安全地执行交易处理;允许发卡银行对其信用卡持卡人发出凭证、取款机构对其商家发出证明。同时,网上银行还要健全便利和通用的安全认证,这既可方便消费者和银行,又可提高安全性。总之,网络发展日新月异,网上银行在国际上作为一种银行服务发展趋势已不可逆转,世界各国都在争先恐后地创建网上银行。对于我国的银行系统来说,网上银行是一套全新的业务和新的技术,由于网络的基础建设还很薄弱,法律、管理还有待完善,网上银行的建设还有一段路要走,同时,由网上银行引出的许多新问题需要我们在认识、理解的基础上逐步完善。但我们应该抓住当前的发展契机,积极创造条件,为创建我国的网上银行而努力。我国的金融电子化发展很快,创办网上银行可以借鉴发达国家已经取得的经验和教训,多走捷径,少走弯路,这对于提高投资效益和投入效率很有益处。

【本章小结】

本章介绍了电子支付和网络银行的基础知识,网上支付是电子支付的一种形式,它是通过第三方提供的与银行之间的支付接口进行的即时支付方式,这种方式的好处在于可以直接把资金从用户的银行卡账户转到网站账户中,汇款马上到账,不需要人工确认。客户和商家之间可采用信用卡、电子钱包、电子支票和电子现金等进行网上结算。

从网上支付业务的发展情况来看,银行提供网上支付服务已经介入了 B2C、B2B 电子商务。在 B2C 电子商务中,银行通过与 B2C 电子商务平台供应商合作,为个人用户提供支付结算服务;在 B2B 电子商务中,银行对 B2B 结算业务的支持已从单纯地在网上为企业用户提供网上支付转账结算服务,发展到介入企业的采购和分销系统,支付结算的手段也从单纯的转账功能发展到结合企业综合授信额度的网上信用证服务。从 B2C 网上支付的技术形式来看,基于 SSL 的支付系统是网上支付的主流形式,而基于 SET 的网上支付的发展则相对缓慢。银行同时提供基于 SSL 的小额网上支付和基于数字证书的无限额支付,发展形势良好。我国网上支付体系的发展还受到社会信用制度等因素的限制,信用是电子商务发展的关键前提之一,但从我国的信用制度现状来看,社会整体的信用制度不够健全,严重影响到市场主体对电子商务安全性的认知程度的提升;同时,由于基础通信设施不发达、企业信息化程度较低等因素的制约,网上支付体系的发展可谓任重道远。

【案例分析】

腾讯公司的Q币——虚拟货币是财富吗?

电子货币与虚拟货币既有区别又有联系。如果不算上银行系统的电子货币,网络虚拟货币大致可分为三类。

第一类是大家熟悉的游戏币。在单机游戏时代,主角靠打倒敌人等方式积累货币,并用其购买游戏装备,但只能在自己的游戏机里使用。那时,玩家之间没有"市场"。自从互联网建立起门户和社区、实现游戏联网以来,虚拟货币便有了"金融市场",玩家之间可以交易游戏币。于是许多城市都出现了"血汗造币工厂","工厂老板"雇几个"劳工"不分昼夜地打游戏,将赚来的金币和装备在"黑市"上出售,甚至有些网吧老板免费让人玩游戏,条件是要把打到的游戏币和"宝物"上交。这种"贸易"确实受到了一些玩家的欢迎:只要肯出人民币,就可以省去漫长的"修炼"过程,完成"资本积累",何乐而不为?而"工厂老板"也乐不可支:天天收钱,却不用缴一分钱的税。"造币工厂"多了,"市场"上还出现一些专业的虚拟货币"倒爷",到处低价收购游戏币再高价卖出。

第二类是门户网站或者即时通信工具服务商发行的专用货币,用于购买本网站内的服务。使用最广泛的当属腾讯Q币,可用来购买会员资格、QQ秀等增值服务。腾讯Q币可通过银行卡充值,与人民币的"汇率"是1:1,不过官方渠道只允许单向流动,腾讯Q币不能兑换人民币。在腾讯公司的网络游戏里,Q币可以兑换游戏币;如果用户养了只QQ宠物,Q币还可以兑成宠物使用的"元宝"。腾讯Q币与其他专用虚拟货币一样,都存在线下的交易平台。

第三类是网络虚拟货币,它似乎生来就是为了攻占现实货币的地盘。美国贝宝公司发行的一种网络货币,可用于网上购物。消费者向公司提出申请,就可以将银行账户里的钱转成贝宝货币——这相当于银行卡付款,但服务费要低得多,而且在国际交易中不必考虑汇率。无论是哪种虚拟货币,其发行都不受中央银行的管制。它们与商场的代金券本质雷同,却因为身处虚拟空间而获得了巨大的领土。现实与虚拟之间,界限已变得如此模糊。

由于网络游戏的迅速发展,网络游戏职业玩家越来越流行。在互动性质的游戏中,网络游戏是最受欢迎和发展最快的一个领域。游戏比赛会被直播,职业玩家甚至会像体育明星那样受欢迎以及得到报酬。

网站专用货币的首要作用是带动了增值服务的小额支付。每次的增值服务费只有一两元,消费者为了安全也不愿通过银行、电信方式支付。网站开发自有支付体系,在某种程度上是"被逼"的。游戏币的故事则全然不同:遍布大中小城市的"造币工厂"夜以继日地生产着游戏币和高级装备,在浙江省丽水一带几乎已形成"产业集群"。一些生产魔兽币的"工厂老板"称,他们的魔兽币大量出口国外,不仅贡献GDP,而且是在"为国家创汇"。这种"财富",真的是财富吗?像腾讯Q币、百度币一类需要充值的网络货币可以看作"人民币的网络账户",不具有完全的虚拟性;而游戏币是通过打击怪物产生的,不具备商品的价值属性。同样的,QQ秀之类的增值服务是以美术设计为卖点,可以看作商品;而游戏里的宝剑则不同,其价值全在游戏商的掌控之中。用一句话概括,就是划清虚拟与现实的界限,两者不得互相交易。虚拟财产是无形的,依赖游戏而存在,并且其属性全靠人为设定,对社会经济没有价值。

【实训项目】

移动支付市场现状调查

1. 实训目的与要求

（1）了解移动支付的市场普及率。

（2）判断移动支付服务提供商的核心竞争力和竞争对手。

2. 实训重点

调查移动支付市场现状，撰写调查报告。

3. 实训难点

调查问卷的设置。

4. 实训内容

（1）移动支付的优缺点是什么？

（2）当前的移动支付服务提供商有哪些？怎么对它们进行分类？

（3）各移动支付服务提供商的盈利模式是什么？

（4）你认为移动支付未来的发展方向是什么？

5. 备注说明

（1）参考中国互联网络信息中心的各类网络应用调研报告来写移动支付市场现状调查报告。

（2）亲身体验移动支付并感受其方便性。

【练习题】

（1）去当当网的网上书店买一本自己喜欢的书，使用本章学习的相关知识，选择一种适合自己的支付方式进行网上支付。

（2）浏览中国银行网站，查看其网上银行能提供哪些支付服务。

【复习题】

（1）电子支付具有哪些特征和具体要求？

（2）电子货币的不足和优点有哪些？

（3）简述信用卡的特点。

（4）网上银行的特点有哪些？

（5）我国网上银行所面临的挑战是什么？

（6）简述电子支付与传统支付的区别。

（7）简述移动支付的过程和特点。

（8）分析网上银行存在的必要性和发展中存在的问题。

第七章　电子商务物流及供应链管理

【学习目标】

☆ 掌握电子商务物流管理和供应链管理的概念。

☆ 了解供应链管理中各种方法的应用。

☆ 理解电子商务下的物流管理模式、应用的信息技术。

☆ 掌握电子商务物流供应链管理的重要性。

☆ 明确电子商务物流对网络交易的影响。

实务导入

王卫与顺丰优选——生鲜美食网购

顺丰优选是由顺丰倾力打造,以全球优质安全美食为主的网购商城。网站于2012年5月31日正式上线,目前网站商品数量超过一万余种,其中70%均为进口食品,采自全球60多个国家和地区。全面覆盖生鲜食品、母婴食品、酒水饮料、营养保健、休闲食品、饼干点心、粮油副食、冲调茶饮及美食用品等品类。网站致力于成为用户购买优质、安全美食及分享美食文化的首选平台。

随着人们生活水平的提高,健康安全的进口类中高端食品消费必然会成为社会主流的消费趋势,顺丰优选将利用顺丰速运集团的资源,放眼全球优质美食,逐步实现全球产地直采,缩短供应链,让用户享受到真正0污染、安全健康、优质优价的全球美食。

顺丰优选是顺丰商业旗下的电商平台,经营精选的特色食品,并通过开放平台引入更为丰富的商品,涵盖全球美食、3C百货、海淘商品等多个品类,不断满足消费者对品质生活的需求。顺丰优选秉承顺丰速运的服务理念和服务优势,强调食品安全与优良品质,力求把每个购物体验环节都做到最好,提供安全、便捷和舒适的网购体验,致力于成为最可信赖的美食网购平台,带给客户更有品质的生活享受。

质量管控:顺丰优选成立质量与食品安全部门,引入全球领先的质检认证标准SGS,实现从采购到销售的全流程监管。地方特色馆:为地方特产提供从品牌包装到流通、销售的全供应链管理服务。家庭宅配:顺丰优选的家庭高端定制服务,用户可根据家庭需求选择不同的商品组合与服务。企业日配:顺丰优选为企业用户提供下午茶定制化搭配方案,专车服务,每日定时送达。全球美食:专享世界特色美食,足不出户坐等全球美味。产地直采:专注原产地采购,国内外直采正品保障。全程冷链:专业冷链存储运输,生鲜美食品质无忧。顺丰直达:专属物流快速送达,原汁原味新鲜到家。

(1) 顺丰优选供应链管理的特点是什么？
(2) 物流在电子商务交易中起什么样的作用？
(3) 电子商务下的物流管理包括哪些具体内容？

7.1　物流与供应链管理概述

我国物流业起步较晚，随着国民经济的飞速发展，物流业的市场需求持续扩大。进入 21 世纪以来，在国家继续加强和改善宏观调控政策的影响下，物流业保持较快的增长速度，物流体系不断完善，行业运行日益成熟和规范。

7.1.1　物流的定义

物流是供应链活动的一部分，是为了满足客户的需要而对商品、服务以及相关信息从产地到消费地的高效、低成本流动和储存进行规划、实施与控制的过程。

物流是指利用现代信息技术和设备，在物品从供应地向接收地流动的过程中，根据实际需要，将运输、储存、装卸、搬运、包装、流通加工、配送、信息处理等功能有机结合起来实现用户要求的过程。物流是随商品生产的出现而出现的，随着商品生产的发展而发展的，所以物流是一种古老的、传统的经济活动。

物流是为了满足客户的需求，以最低的成本，通过运输、保管、配送等方式，实现原材料、半成品、成品或相关信息由商品产地到商品消费地所进行的计划、实施和管理的全过程。

物流是一个控制原材料、制成品、产成品和信息的系统，从供应开始经各种中间环节的转让而到达最终消费者手中的实物运动，以此实现组织的明确目标。现代物流是经济全球化的产物，也是推动经济全球化的重要服务业。近年来，世界现代物流业呈稳步增长的态势，欧洲、美国、日本成为当前全球范围内的重要物流基地。

物流业的快速发展，一方面为保证国民经济协调、平稳、较快地发展发挥了基础和支撑保障作用；另一方面也成为调整产业结构、转变经济发展方式、开拓新经济增长点的重要手段。2011 年，我国工业物流整合速度加快，商贸物流整合趋势明显。

物流的构成包括物体的运输、配送、仓储、包装、搬运装卸、流通加工，以及相关的物流信息等环节。

物流活动的具体内容包括用户服务、需求预测、订单处理、配送、存货控制、运输、仓库管理、工厂和仓库的布局与选址、搬运装卸、采购、包装、情报信息等。

基于物流的专业性，第三方物流是指生产经营企业为集中精力搞好主业，把原来由自己处理的物流活动，以合同方式委托给专业物流服务企业，同时，通过信息系统与物流服务企业保持密切联系，以达到对物流全程管理控制的一种物流运作与管理方式。

货物物流运输按运输设备及运输工具的不同，可以有多种不同的运输方式，如表 7-1 所示。

表 7-1 货物物流运输方式的比较

方式	优点	缺点	适合运输的货物
铁路	运量大、速度快、运费较低、受自然因素影响小、连续性好	造价高、消耗金属材料多、占地面积大、短途运输成本高	大宗、笨重的货物,如矿石、金属、牲畜等
公路	发展快、应用广、机动灵活、周转快、装卸方便、对自然条件适应性强	运量小、耗能多、成本高、运费高	短程、量小的货物
水路	历史悠久、运量大、投资少、成本低	速度慢、灵活性、连续性差,受自然条件影响大	大宗、远程、时间要求不高的货物,如粮食、矿产等
航空	速度快、效率高	运量小、耗能多、运费高、投资大、技术要求严格	急需、贵重、数量不大的物品
管道	气体不挥发,液体不外流,损耗小、连续性强、平稳安全、管理方便、运量大	设备投资大,灵活性差	原油、成品油、天然气等液体状或气体状货物

7.1.2 供应链的含义

供应链的概念是在 20 世纪 80 年代初提出的,但其真正发展却是在 20 世纪 90 年代后期。原文"supply chain"直译是"供应链",但实质上,链上的每一个环节都含有"供"与"需"两个方面的含义,供应总是因为有了需求才发生的,没有需求,也就无须谈供应。国外也有称"demand/supply chain"的,因此有的学者译为"供需链",本书仍沿用"供应链"的提法。作为供应系统,通常是指 logistics(后勤体系)的内容。后勤体系是"从采购到销售",而供应链是"从需求市场到供应市场"。供应链管理则译自英文的"supply chain management(SCM)"。

所谓供应链,是指产品生产和流通过程中所涉及的原材料供应商、生产商、批发商、零售商以及最终消费者组成的供需网络,即由物料获取、物料加工,并将成品送到用户手中这一过程所涉及的企业和企业部门组成的一个网络。

供应链是重要的流通组织形式和市场营销方式。它以市场组织化程度高、规模化经营的优势,有机地连接生产和消费,对生产和流通有着直接的导向作用。电子商务将供应链的各个参与方连接为一个整体,实现了供应链的电子化管理,这也正是要讨论供应链及其管理的必要所在。

供应链管理与物流一体化的区别如表 7-2 所示。

表 7-2 供应链管理与物流一体化的区别

阶段	阶段 1:1960 年前	阶段 2:1960—1980 年	阶段 3:1980—1990 年	阶段 4:1990 年以后
管理特点	仓储和运输	总成本管理	物流一体化管理	供应链管理
管理关注点	运作性能	优化运作成本和顾客服务	战术/战略物流计划	整个供应链
功能特点	功能分散	功能集合	物流功能集合	伙伴关系,虚拟组织

7.1.3 供应链的类型

根据供应链的研究对象及其范围,供应链可分为企业供应链、产品供应链和基于供应链合作伙伴关系(供应链契约)的供应链等。

以网状结构划分,供应链可分为发散性的供应链网(Y形供应链网)、会聚型的供应链网(A形供应链网)和介于上述两种模式之间的供应链网(T形供应链网)等。

以分布范围划分,供应链可分为公司内部供应链、集团供应链、扩展供应链和全球网络供应链等。

根据供应链的稳定性,供应链可分为稳定的供应链和动态的供应链等。

根据供应链的功能模式,供应链可分为市场反应性供应链和物理有效性供应链等。

根据生产决策的驱动力,供应链可分为推动型的供应链和拉动型的供应链等。

7.1.4 供应链管理与传统管理的区别

供应链管理与传统管理的区别有如下几点。

(1) 供应链管理把供应链中所有节点企业看作一个整体,供应链管理涵盖整个物流从供应商到最终用户的采购、制造、分销、零售等职能管理领域和过程。

(2) 供应链管理最关键的是需要采用集成的思想和方法来统筹管理整个供应链的各个功能,而不仅仅是对传统节点企业的管理、技术方法等资源进行简单的连接。

(3) 供应链管理强调和依赖战略管理,最终是对整个供应链进行战略决策。

(4) 供应链管理具有更高的目标,通过管理库存和合作关系去达到高水平的服务,而不是仅仅像传统管理完成一定的市场目标。

(5) 传统管理是把市场基于企业状况(如行业、产品、分销渠道等)进行划分,然后对同一区域的客户提供相同水平的服务;供应链管理则强调根据客户的状况和需求,决定服务方式和水平。

 案例

陈文与青年菜君——生鲜电商的"痛点"

青年菜君由陈文、任牧、黄炽威合伙创立,获创业工厂数百万天使投资;2014年获"盐商杯"创业大赛一等奖,收获100万元奖金;2016年,沪上著名生鲜电商美味七七刚刚倒下,青年菜君又传出遭遇资金危机或将破产清算的消息。

青年菜君初期模式是为都市白领提供半成品蔬菜(净菜),用户用手机App下单,第二天在地铁口取件。后来,由于地铁口人流量大,管理混乱,运营成本高,改为在社区设立自提点。2015年融资后,在北京160多个社区设立自提点,几乎覆盖整个北京,自提点使用的是冷链自提柜。

通常,在超市或农贸市场,净菜的摊位都不大,足以说明这是一个较小的市场。消费者中,有心思回家烧菜的,一般都会自己去买菜,虽然下班后很多菜场已经关门,但他们可以选择早上在附近菜场购买,或者周末去超市采购一下,选择的余地更多,而且成本可以节约一半左右,同时,这样的蔬菜比处理好的净菜更容易保鲜;相比之下,那些不会烧饭的,一般就到附近的小饭馆解决了,净菜只是解决了部分买菜和备菜的麻烦,这虽然是很创新的一个想法,但在当下,一方面,自提柜本身的成本不低,同时在各个小区的摆放成本也不低。除了成本高,生鲜自提柜的使用效率也很低,即使是全部满箱,一天也最多有两次取件,对比一下饮料自动售卖机,就知道这个周转率有多么的低了。

自2016年以来,生鲜电商领域多家公司经营困难。生鲜电商的"痛点"在于:生鲜电商的市场远远没有培养起来,生鲜商品的非标准化问题、损耗居高不下、冷链配送保鲜难做、成本高等。

生鲜电商必须解决以下问题:有一定的货源,产品标准化,解决物流问题,宣传推广,打造品牌,建立口碑等。随着美味七七的倒闭、本来生活网和天天果园对O2O战略的调整,以及青年菜君的资金断链,生鲜电商进入洗牌阶段,行业门槛逐渐提高。但随着对行业的不断摸索和深入,相信在不久的将来,生鲜电商领域一定会有巨头诞生。

7.2 供应链管理内容

近年来,随着我国经济结构调整的深入,对企业节能减排的要求更加严格,企业只有通过强化环境保护的自我约束机制,来降低产品和生产过程相关的环境污染所带来的生产经营风险。绿色供应链管理能使整个供应链的资源消耗和环境副作用最小,并能有效地满足日益增长的绿色消费需求,从而提高供应链的竞争力。

7.2.1 供应链管理实践内容

供应链管理的最终目的是用于指导各行业供应链管理的实践,而从供应链管理实践的角度而言,供应链管理必然包括以下几个方面。

1. 供应链管理要求采用合适的管理策略

不同行业、不同产品类型要求采用不同的供应链管理策略,供应链管理的首要目标是建立与自身行业及产品特征相适合的供应链类型。

2. 供应链管理是对供应链上各协同业务的管理

协同是供应链管理思想的核心,是供应链管理的最终目的,供应链协同表现为供应链的组织成员间互相配合来完成某种工作,甚至供应链成员一起实现共同的战略构想。

供应链协同按其层次可分为操作和业务流程协同、管理和业务标准协同、战略协同。业务流程和业务标准的协同要求往往是同步的,供应链企业协同一致实现共同战略,是协同的最高级层次。供应链协同按其内容可分为订单协同、财务资金协同、需求预测协同、需求计划协同等。

3. 供应链管理以订单协同为核心,实现订单的快速响应

订单记载和传达了从最终客户到零售商、经销商、产品商和制造商、部分供应商的需求信息,订单的下达、响应和满足是供应链业务流程开始和结束的标志,订单协同是各协同工作开展的基础和最终目的,因而必然是供应链各协同业务的核心,即要求对订单快速响应。

4. 供应链管理对供应链渠道组织、非渠道组织进行管理

供应链管理基于最终客户需求,重点关注以核心企业为中心的渠道的商业流程优化,也就是以渠道为核心管理范围,条件成熟时适当扩展到金融服务提供商、物流服务提供商、制造外包商和研发服务提供商等。

5. 供应链管理的目标

供应链管理的目标是实现整条供应链的成本最低,以增强供应链上各企业的竞争能力,给最终客户创造最大的让渡价值。

6. 供应链管理的实现要应用信息技术

供应链的直接处理内容是供应链上相关企业的信息资源,信息资源的处理依赖于信息技术的应用。

7.2.2 供应链管理改进模型

供应链管理模型包括如下内容。

1. 供应链管理体系结构

供应链管理体系结构的四个组成部分分别是供应链组织、业务流程、供应链绩效和供应链战略能力,这四个部分具有一定的层次关系,组织是基础,供应链具体运作体现为组织内、组织间的业务流程,供应链上组织的参与程度、业务流程的运转情况决定了供应链的绩效,并最终决定了供应链的战略能力。

2. 供应链管理改进

供应链管理改进表现为以下几个方面。

1)组织参与

面向外部管理的供应链管理首先需要各单个企业作为供应链组织参与,供应链管理的重点和核心是渠道成员,供应链管理展开的过程首先也应该对这些渠道成员进行管理;在供应链管理改进的过程中,要逐渐实现对各级渠道成员、非渠道成员直至所有的供应链成员的协同管理。

2)订单驱动,流程改进

基于订单流程在供应链流程中的基础性地位,供应链的流程改进必然是由订单的流程改进开始,换句话说,是由订单驱动的。供应链的订单流程改进后,高效率的订单业务流程要求物流、资金流相匹配,必然引至需求预测、计划、配送、仓储、财务、库存等业务流程的提升,最终达到整个供应链业务流程改进的目的。

3)协同、高效率,供应链绩效提升

组织共同参与、组织内和组织间业务流程改进的结果是供应链绩效的提升,供应链绩效提升直接表现为供应链在业务、信息、内外部管理方面协同能力的增强。

3. 竞争能力提升

供应链管理的目的在于提高行业内企业的战略能力,进而增强整个行业的竞争能力,供应链管理的改进是一个延续性的、永不结束的工作。可能从一段时间来看,供应链管理改进取得了一定的效果,供应链上企业战略能力得到了增强,但不能就此止步,还可以采取纳入更多的供应链组织、继续优化现有的流程、提升供应链各项业务绩效等方式进一步推进供应链管理改进,以便增强行业的竞争能力。

4. 供应链管理模型的特点

1)层次性

供应链管理包含了供应链组织、业务流程、供应链绩效、供应链战略能力这四个层次,虽然这四个层次管理的核心和侧重点不同,但却是互相支撑、互为一体的。

2)过程性

供应链管理改进体现为组织参与、流程改进和供应链绩效提升这几个过程。供应链管理改进本身也是行业竞争能力提升的一个过程,这些过程是互相关联、互为一体、互相促进的。

3) 延续性

竞争能力增强和行业供应链管理改进是延续性工作,这也决定了组织参与、流程改进、供应链绩效提升等工作将是延续的、永不结束的。

供应链管理的产生是许多管理学的思想和方法相互渗透、相互融合的结果。可以在许多管理学科中找到供应链管理的雏形,它位于物流管理、业务流程重组、战略管理以及营销管理等学科发展的交汇点上,如图 7-1 所示。但供应链管理绝不是这些管理学内容的叠加,它需要从一个全新的角度进行考察和理解。

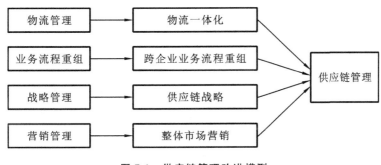

图 7-1 供应链管理改进模型

7.2.3 供应链管理改进策略

1. 在战略的高度上进行全程供应链管理

供应链管理已经是关系企业生死存亡的竞争战略。企业要想在竞争中生存取胜,必须联合上下游的供应商、分销商、零售商,在供应链各环节降低产品成本,在终端市场降低产品的最终价格,从而取得市场的优势地位。

战略高度的供应链管理是全程供应链管理。全程供应链管理包括以下几个方面。

(1) 全程供应链管理是涵盖供应链规划、执行和评估改进的整个过程:供应链规划阶段完成厂址选择、产能设计、销售网络规划、物流规划、战略采购规划等全局性工作;供应链执行以对需求的预测与计划为起点,以贯通全程的订单为核心,以物流、资金流、信息流的流转为实现方式,以产成品到达消费者手中为最终结果;供应链评估改进要求利用绩效评估体系对既有的供应链运作进行评估,根据评估的结果确定供应链的改进方向和举措。

(2) 全程供应链管理是贯通供应链供应、分销和销售各个环节的管理,全程供应链不仅要实现这几个环节内,还要实现这几个环节间业务流程的畅通。

(3) 全程供应链管理是对供应链体系内各组成成员的管理,管理的主体和对象不仅包括核心企业、供应商、分销商、零售商等渠道成员,还要进一步扩展到物流服务商、金融服务商、研发服务提供商和供应链管理平台提供商。

只有在战略高度确定全程供应链管理思想,才能按供应链管理模型改进供应链管理、增强行业竞争能力,最优化解决供应链管理的主要问题。

2. 销售渠道的管理是关键突破点

供应链上的组成成员除了制造商、分销商、代理商、零售商等渠道成员之外,还包括金融服务提供商、物流服务商、研发服务提供商等,供应链各个环节对最终客户价值最大化的贡献各不相同,贡献最大的是各渠道成员,因此渠道管理是供应链管理的核心。

以销售为中心的行业,销售渠道承担了向最终消费者传递产品、收回生产和投资收益的重任,因此销售渠道管理又是渠道管理的核心内容。

基于以上对供应链渠道管理的分析,销售渠道管理的重心应该放在以下几个方面。

(1) 渠道组织管理。渠道组织管理是指对渠道体系内众多代理商、分销商、零售商的存货能力、服务能力、销售能力、财务能力等基本信息建档,对分销商的信用情况进行管理,根据销售及市场情况对渠道体系内成员的数量、位置进行合理规划。

(2) 渠道产品管理。渠道产品管理有多个细分行业,每个细分行业又有多个产品线的多种产品,需要对产品分类、产品信息、产品价格等方面进行管理,针对不同的渠道成员提供不同价格的不同产品。

(3) 渠道订单管理。渠道订单管理是渠道管理最重要的方面,包括产品询报价、产品订购、销售退货等订单流程管理,也包括市场需求计划的管理。

(4) 渠道库存管理。渠道库存管理是指管理销售渠道中的产品、促销品、备品、备件、回收包装物的库存,实现基于订单的收发货管理、自动补货管理和渠道库存调配管理,全面掌握产品、促销品、回收包装物等在整个渠道中的分布情况。

(5) 渠道事件管理。渠道事件管理是指对渠道内冲货、压货等渠道事件进行管理,使企业能够全面监控渠道成员的行为,实现渠道成员间的良好协同。

销售渠道管理作为供应链管理的核心,对于最优化解决供应链协同、供应链订单响应、供应链渠道管理、供应链成本控制等主要问题是非常必要的。

3. 制订与细分行业特征相对应的供应链管理策略

众多细分行业的供应链管理既有共性,又有个性,进行供应链管理时既要遵循一些共同的原则,也要针对所属细分行业的特征制订相应的供应链管理策略。

 案例

麦当劳与美国夏晖公司——第三方物流服务

在麦当劳的物流中,质量永远是权重最大、被考虑最多的因素。麦当劳重视品质的精神,在其每一家餐厅开业之前便可见一斑。餐厅选址完成之后,首要工作是在当地建立生产、供应、运输等一系列的网络系统,以确保餐厅得到高品质的原料供应。无论何种产品,只要进入麦当劳的采购和物流链,必须经过一系列严格的质量检查。麦当劳对土豆、面包和鸡块都有特殊的、严格的要求。比如,在面包生产过程中,麦当劳要求供应商在每个环节加强管理,如:装面粉的桶必须有盖子,而且要有颜色,不能是白色的,以免意外破损时碎屑混入面粉而不易分辨;各工序间运输一律使用不锈钢筐,以防杂物碎片进入食品中。

谈到麦当劳的物流,不能不说到美国夏晖公司,它几乎是麦当劳御用的物流公司,美国夏晖公司与麦当劳的合作,至今在很多人眼中还是一个谜。麦当劳没有把物流业务分包给不同的供应商,美国夏晖公司也从未移情别恋,这种独特的合作关系,不仅仅建立在忠诚的基础上,麦当劳之所以选择美国夏晖公司,在于后者为其提供了优质的服务。

麦当劳对物流服务的要求是比较严格的,在食品供应中,除了基本的食品运输之外,麦当劳要求物流服务商提供其他服务,比如信息处理、存货控制、贴标签、生产和质量控制等诸多方面,这些"额外"的服务虽然成本比较高,但却使麦当劳在竞争中获得了优势。

7.3 供应链管理方法

供应链管理与优化的方法很多,并且每个企业都不尽相同。例如,DELL 的供应链的确很优秀,但是 DELL 的供应链策略几乎很难被移植。所以,一味地去借鉴别人的供应链,不如安下心来专注研究自己的供应链。原因就是:每个企业都不一样,都有自己的特点。

7.3.1 电子订货系统

EOS(electronic order system,电子订货系统)是指将批发、零售商场所发生的订货数据输入计算机,通过计算机通信网络连接的方式将资料传送至总公司、批发商、商品供货商或制造商处。因此,EOS 能处理从新商品资料的说明直到会计结算等所有商品交易过程中的作业,可以说 EOS 涵盖了整个商品流通过程。在寸土寸金的情况下,零售业已没有许多空间用于存放货物,在要求供货商及时补足售出商品的数量且不能有缺货的前提下,更需采用 EOS。

1. EOS 流程

EOS 是由许多零售店和批发商组成的大系统的整体运作方式。EOS 基本上是在零售店的终端利用条码阅读器获取准备采购的商品条码,并在终端机上输入订货材料,利用网络传到批发商的计算机中;批发商开出提货传票,并根据传票同时开出拣货单,实施拣货,然后依据送货传票进行商品发货;送货传票上的资料便成为零售商的应付账款资料及批发商的应收账款资料,并传到应收账款的系统中去;零售商对送到的货物进行检验后,便可以陈列和销售了。

2. EOS 的构成要素

从商品流通的角度来看电子订货系统,我们不难得出批发商和零售商、商业增值网络中心、供货商在商品流通中的角色和作用。

1) 批发商和零售商

采购人员根据 MIS 提供的功能,收集并汇总各机构要货的商品名称、要货数量,根据供货商的可供商品货源、供货价格、交货期限、供货商的信誉等资料,向指定的供货商下达采购指令。采购指令按照商业增值网络中心的标准格式进行填写,经商业增值网络中心提供的 EDI 格式转换系统而成为标准的 EDI 单证,经由通信网络将订货资料发送至商业增值网络中心,然后等待供货商发回的有关信息。

2) 商业增值网络中心

商业增值网络中心不参与交易双方的交易活动,只提供用户连接界面,每当接收到用户发来的 EDI 单证时,便自动进行 EOS 交易伙伴关系的核查,只有互为伙伴关系的双方才能进行交易,否则视为无效交易;确定有效交易关系后还必须进行 EDI 单证格式检查,只有交易双方均认可的单证格式,才能进行单证传递;对每一笔交易进行长期保存,供用户今后查询或在交易双方发生贸易纠纷时,可以将商业增值网络中心所储存的单证内容作为司法证据。

商业增值网络中心是通过通信网络让不同的计算机或各种连线终端相通,使情报的收发更加便利的一种共同情报中心。实际上在这个通信网络中,商业增值网络中心也发挥了巨大的功能。商业增值网络中心不单单是负责资料或情报的转换工作,也可与国内外其他地域的商业增值网络中心相连并交换情报,从而扩大了客户资料交换的范围。

3) 供货商

商业增值网络中心转来的 EDI 单证，经商业增值网络中心提供的通信网络和 EDI 格式转换系统而成为一张标准的商品订单，根据订单中内容和供货商的 MIS 提供的相关信息，供货商可及时安排出货，并将出货信息通过 EDI 传递给相应的批发商和零售商，从而完成一次基本的订货作业。

当然，交易双方交换的信息不仅仅是订单和交货通知，还包括订单更改、订单回复、变价通知、提单、对账通知、发票、退换货等许多信息。

3. EOS 的优势

EOS 可使零售业做到压低库存甚至做到零库存，减少交货失误，改善订货业务，并通过 EOS 建立商店综合管理系统，促进批发业提高服务质量，建立高效的物流体系，提高工作效率。

 案例

周富裕与周黑鸭——两成销售收入都给了物流

湖北周黑鸭管理有限公司（简称周黑鸭）是一家专业从事鸭类、鹅类、鸭副产品和素食产品等熟卤制品生产的品牌企业，现有职工近 3 000 人，年加工生产鸭类产品 5 000 千克以上。主要经营"周黑鸭"系列产品，产品享誉全江城，创始人相信"食＝人＋良"，做食品的人，必须讲良心。

相比线下，周黑鸭线上渠道的利润率略低，因为线上熟食销售需要匹配冷链运输，导致物流成本高企，加之营销推广成本也较高，摊薄了总利润。周黑鸭正在尝试多元化的解决方案，旨在降低这两大成本。

目前，周黑鸭淘宝渠道总销售额的 18% 需要支付给物流。首先是人力成本，周黑鸭负责电商业务的 70 位成员中，打包、发货、仓储类的员工有 28 位，比客服团队要多出 3 位，占比最高。其次，周黑鸭线上销售的产品为 5 天保质期的锁鲜装和 180 天保质期的真空装，锁鲜装销售额占到总体的 70%，这意味着周黑鸭的绝大部分产品需要冷链运输。

2016 年，周黑鸭总体销售规模超过了 20 亿元，电商在总体销售收入中占比不到 10%，但是每年的增长速度都会翻番。在未来三到五年时间里，整个电商平台的收入将能够占到整个集团收入的 30% 以上。

7.3.2 快速反应

1. QR 的含义

QR(quick response，快速反应)，是 1984 年从美国纺织服装业发展起来的一种供应链管理方法。它是美国零售商、服装制造商以及纺织品供应商开发的整体业务概念，目的是减少原材料到销售点的时间和整个供应链上的库存，最大限度地提高供应链的运作效率。

QR 要求零售商和供应商一起工作，通过共享 POS 信息来预测商品的未来补货需求，以及不断地预测未来发展趋势以探索新产品的机会，以便对消费者的需求能更快地做出反应。在运作方面，双方利用 EDI 来加速信息流，并通过共同组织活动来使得前置时间和费用最小。

QR 的着重点是对消费者需求做出快速反应。QR 的具体策略有待上架商品准备服务、自动物料搬运等。

实施 QR 可分为以下三个阶段。

第一阶段：对所有的商品单元条码化，即对商品消费单元用 EAN/UPC 条码标识，对商品贸易单元用 ITF-14 条码标识，而对物流单元则用 UCC/EAN-128 条码标识，利用 EDI 传输订购单报文和发票报文。

第二阶段：在第一阶段的基础上增加与内部业务处理有关的策略，如自动补库与商品即时出售等，并采用 EDI 传输更多的报文，如发货通知报文、收货通知报文等。

第三阶段：与贸易伙伴密切合作，采用更高级的 QR 策略，以对客户的需求做出快速反应，在 QR 实施的第三阶段，每个企业必须把自己当成集成供应链系统的一个组成部分，以保证整个供应链的整体效益。

2. QR 的实施步骤

实施 QR 需要经过六个步骤，具体如图 7-2 所示。每一个步骤都需要前一个步骤作为基础，并比前一个步骤要求更高的回报，但是需要额外的投资。

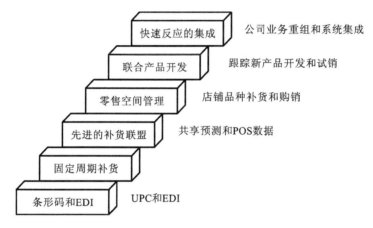

图 7-2 实施 QR 的六个步骤

3. 实施 QR 的成功条件

实施 QR 的成功条件有如下几个方面。

1）改变传统的经营方式、经营意识和组织结构

企业要树立通过与供应链各方建立合作伙伴关系，努力利用各方资源来提高经营效率的现代经营意识。零售商在垂直型 QR 系统中起主导作用，零售店铺是垂直型 QR 系统的起始点。在垂直型 QR 系统的内部，可通过 POS 数据等销售信息和成本信息的相互公开和交换，来提高各个企业的经营效率。明确垂直型 QR 系统内各个企业之间的分工协作范围和形式，消除重复作业，建立有效的分工协作框架，必须改变传统的事务作业的方式，通过利用信息技术实现事务作业的无纸化和自动化。

2）开发和应用现代信息处理技术

开发和应用现代信息处理技术涉及条码技术、EOS、POS 系统、EDI 技术、电子资金转账、卖方管理库存、连续补货等。

3）与供应链各方建立战略合作伙伴关系

与供应链各方建立战略合作伙伴关系的具体内容包括以下两个方面：一是积极寻找和发现战略合作伙伴；二是在合作伙伴之间建立分工和协作关系。合作的目标定为削减库存、避免缺货现象的发生、降低商品风险、避免大幅度降价的现象发生、减少作业人员和简化事务性作业等。

4）改变传统的对企业商业信息保密的做法

改变传统的对企业商业信息保密的做法包括：将销售信息、库存信息、生产信息、成本信息等与合作伙伴交流共享，并在此基础上，要求各方一起发现问题、分析问题和解决问题。

5）缩短生产周期和降低商品库存

缩短生产周期和降低商品库存，具体来说，供应方应努力做到：缩短商品的生产周期；进行多品种少批量生产和多频度少数量配送，减少零售商的库存，提高顾客服务水平；在商品实际需要将要发生时采用 JIT 方式组织生产，减少供应商自身的库存。

7.3.3 有效客户反应

1. ECR 产生的背景

ECR（efficient consumer response，有效客户反应）的产生可归结于 20 世纪商业竞争的加剧和信息技术的发展。20 世纪 80 年代，特别是到了 90 年代以后，美国食品杂货业零售商和生产厂家的交易关系由生产厂家占据支配地位转换为由零售商占主导地位，在供应链内部，零售商和生产厂家为了取得供应链的主导权，为商家品牌和厂家品牌占据零售店铺货架空间的份额展开激烈的竞争，使得供应链各个环节间的成本不断转移，供应链的整体成本上升。

从零售商的角度来看，新的零售业态（如仓储商店、折扣店）大量涌现，日杂百货业的竞争更加激烈，它们开始寻找新的管理方法。

从生产商的角度来看，为了获得销售渠道，直接或间接降价，牺牲了自身的利益，生产商希望与零售商结成更为紧密的联盟，以实现双赢。

从消费者的角度来看，过度竞争忽视了消费者的需求（高质量、新鲜、服务好和合理价格）。许多企业通过诱导型广告和促销来吸引消费者转移品牌。可见，ECR 的产生背景是要求从消费者的需求出发，提供满足消费者需求的商品和服务。

2. ECR 的含义

ECR 是在食品杂货业分销系统中，分销商和供应商为消除系统中不必要的成本和费用，给客户带来更大效益而进行密切合作的一种供应链管理方法。

ECR 的最终目标是建立一个具有高效反应能力和以客户需求为基础的系统，使零售商及供应商以业务伙伴的方式合作，提高整个食品杂货业供应链的效率，而不是单个环节的效率，从而降低整个系统的成本、库存和物资储备，同时为客户提供更好的服务。

通过 ECR，如计算机辅助订货技术，零售商无须签发订购单即可实现订货。供应商则可利用 ECR 的连续补货技术，随时满足客户的补货需求，使零售商的存货保持在最优水平，从而提供高水平的客户服务，并进一步加强与客户之间的关系。同时，供应商也可从商店的销售数据中获得新的市场信息，改变销售策略。对分销商来说，ECR 可使其快速分拣运输包装，加快订购货物的流动速度，进而使消费者享用更新鲜的物品，增加购物的便利性和选择性，并加强消费者对特定物品的偏好。

3. 实施 ECR 的原则与要素

1）实施 ECR 的原则

（1）以较少的成本，不断致力于向食品杂货供应链客户提供更优的产品、更高的质量、更好的分类、更好的库存服务以及更多的便利服务。

（2）ECR 必须由相关的商业带头人启动。该商业带头人应决心通过代表共同利益的商业联盟取代旧式的贸易关系而达到获利的目的。

（3）必须利用准确、适时的信息以支持有效的市场、生产及后勤决策。这些信息将以 EDI 的方式在贸易伙伴之间自由流动，这将影响以计算机信息为基础的系统信息的有效利用。

（4）必须随其不断增值的过程，即从生产、包装，直至流动到最终客户的购物篮中，以确保客户能随时获得所需的产品。

（5）必须采用通用一致的工作措施和回报系统。该系统注重整个系统的有效性（即通过降低成本与库存以及更好的资产利用，实现更优价值），清晰地显示出潜在的回报（即增加的总值和利润），促进对回报的公平分享。

2）实施 ECR 的要素

实施 ECR 的要素如下。

（1）高效产品引进。通过采集和分享供应链伙伴之间时效性强的、更加准确的购买数据，提高新产品销售的成功率。

（2）高效商店品种。通过有效的利用店铺的空间和店内布局，来最大限度地提高商品的获利能力，如建立空间管理系统等。

（3）高效促销。通过简化分销商和供应商的贸易关系，使贸易和促销的系统效率最高，如消费者广告（优惠券、货架上标明促销）、贸易促销（远期购买、转移购买）等。

（4）高效补货。从生产线到收款台，通过 EDI，以需求为导向的自动连续补货和计算机辅助订货等技术手段，使补货系统的时间和成本最优化，从而降低商品的售价。

4．ECR 的实施方法

1）为变革创造氛围

对于大多数组织来说，改变对供应商或客户的内部认知过程，将比实施 ECR 的其他相关步骤更困难，时间花费得更长。创造 ECR 的最佳氛围首先需要进行内部教育以及通信技术和设施的改善，同时也需要采取新的工作措施和回报系统。另外，企业或组织首先必须具备言行一致的、强有力的高层组织领导。

2）选择初期 ECR 同盟伙伴

对于大多数刚刚实施 ECR 的企业来说，建议成立 2~4 个初期同盟。每个同盟都应首先召开一次会议，来自各个职能区域的高级同盟代表就怎样启动 ECR 进行讨论。成立 2~3 个联合任务组，专门开发已证明能取得巨大效益的项目。

以上计划的成功将增强企业实施 ECR 的信心。经验证明：往往要花上 9~12 个月的努力，才能赢得足够的信任和信心，才能在开放的、非敌对的环境中探讨许多重要问题。

3）开发信息技术投资项目

虽然在信息技术投资不大的情况下就可获得 ECR 的许多利益，但是具有很强的信息技术能力的企业要比其他企业更具竞争优势。

5．ECR 与 QR 的比较

ECR 主要以食品杂货业为对象，其主要目标是降低供应链各环节的成本，提高效率；QR 主要集中在一般商品和纺织服装业，其主要目标是对客户的需求做出快速反应，并快速补货。这是因为食品杂货业与纺织服装业经营的产品的特点不同：食品杂货业经营的产品多数是一些功能型产品,每一种产品的寿命相对较长(生鲜食品除外),因此订购数量过多(或过少)所造成的损失相对较小。纺织服装业经营的产品多是创新型产品,每一种产品的寿命相对较短,因此订购数量过多(或过少)所造成的损失相对较大。两者的共同特征表现为超越企业之间的界限,通过合作追求物流效率化,具体表现在如下三个方面。

1) 贸易伙伴间商业信息的共享

零售商将原来不公开的POS系统产品管理数据提供给制造商或分销商,制造商或分销商通过对这些数据的分析来实现高精度的商品进货、调整计划,降低产品库存,防止出现次品,进一步使制造商能制订、实施适应消费者需求的生产计划。

2) 商品供应方涉足零售业并提供高质量的物流服务

作为商品供应方的分销商或制造商比以前更接近位于流通最后环节的零售商,特别是零售业的店铺,从而能保障物流的高效运作。当然,这一点与零售商销售、库存等信息的公开是紧密相连的,即分销商或制造商的零售补货是在对零售店铺销售、库存情况迅速了解的基础上开展的。

3) 企业间订货、发货业务通过EDI实现订货数据或出货数据的传送无纸化

企业间通过积极、灵活运用这种信息通信系统来促进相互间订货、发货,使业务高效化。计算机辅助订货(CAO)、卖方管理库存、连续补货以及建立产品与促销数据库等策略,打破了传统的各自为政的信息管理、库存管理模式,体现了供应链的集成化管理思想,适应市场变化的要求。

从具体实施情况来看,建立世界通用的唯一的标识系统以及用计算机连接的能够反映物流、信息流的综合系统,是供应链管理必不可少的条件,即在POS信息系统基础上确立各种计划和进货流程。也正因为如此,EDI的导入,从而实现最终顾客全过程的货物追踪系统和贸易伙伴间的沟通系统的建立,成为供应链管理的重要因素。

 资料链接

互联网+农业——物流是关键

"互联网+"代表着现代农业发展的新方向、新趋势,也为转变农业发展方式提供了新路径、新方法。"互联网+农业"是一种生产方式、产业模式与经营手段的创新,通过便利化、实时化、物联化、智能化等手段,对农业的生产、经营、管理、服务等农业产业链环节产生了深远影响,为农业现代化发展提供了新动力。以"互联网+农业"为驱动,有助于发展智慧农业、精细农业、高效农业、绿色农业,提高农业质量效益和竞争力,实现传统农业向现代农业的转型。

"互联网+农业"就是依托互联网的信息技术和通信平台,使农业摆脱传统行业中消息闭塞、流通受限制、农民分散经营、服务体系滞后等难点,使现代农业坐上互联网的快车,实现中国农业集体经济规模经营。

"互联网+农业"于电商而言,拓展了发展空间。一张流传于网上的照片,直观地展现了各大电商在农村的布局:某村庄房屋的外墙上,两幅巨大的墙体广告"针锋相对",一边是"生活想要好,赶紧上淘宝",另一边则是"发家致富靠劳动,勤俭持家靠京东"。各大电商发挥各自的优势,积极在农业领域大展拳脚,看重的无疑是"农产品网上卖"的巨大市场空间。

"互联网+农业"于农户、消费者而言,增进了互联互动。消费者通过互联网与农户沟通,质量靠得住的农产品能够得到更快、更广的传播推广,消费者安心又放心,农户省时又省力,

实现了互利共赢。互联网的开放、快速、传播特性,则将倒逼着农企更加注重品牌、特色,挖掘文化内涵,树立起农业"百年老店"的形象。

7.3.4 企业资源计划

1. ERP 的含义

ERP 是在 MRP Ⅱ 和 JIT 的基础上,通过前馈的物流和反馈的物流、资金流,把客户需求和企业内部的生产活动以及供应商的制造资源结合在一起,体现完全按用户需求制造的一种供应链管理思想的功能网链结构模式。

在实施 MRP 时,与市场需求相适应的销售计划是 MRP 成功的最基本要素。如果销售领域能准确、及时提供每个时间段的最终产品需求的数量和时间,则企业就能充分发挥 MRP 的功能,有效地实现 MRP 的目标。从这一思路出发,人们把 MRP 的原理应用到流通领域,发展出营销配送需求计划 DRP(distribution requirement planning)。1981 年,Oliver W. Wight 在材料需求计划的基础上,将 MRP 的领域由生产、材料和库存管理扩大到营销、财务和人事管理等方面,提出了制造资源计划(manufacturing resource planning,MRP Ⅱ)。

JIT 方式最早由日本丰田汽车公司以看板管理的名称开发出来,并应用于生产制造系统,其后 JIT 方式的及时思想被广泛地接受并得到了大力推广。近年来,在供应链管理中,特别是由制造业和零售业组成的生产销售联盟中,极其重视 JIT 哲学。及时生产、及时管理、及时采购等概念都是在 JIT 哲学的影响下产生的。

应该指出的是,及时管理方式与材料需求计划在经营目标、生产要求方面是一致的,但在管理思想上是不同的。MRP 讲求推动概念和计划性,而 JIT 讲求拉动概念和及时性。ERP 认为库存必要,而 JIT 认为一切库存都是浪费。

随着网络通信技术的迅速发展和广泛应用,为了实现柔性制造,迅速占领市场,取得高回报率,生产企业必须转换经营管理模式,改变传统的"面向生产经营"的管理方式,转向"面向市场和顾客生产",注重产品的研究开发、质量控制、市场营销和售后服务等环节,把经营过程的所有参与者,如供应商、客户、制造工厂、分销商网络纳入一个紧密的供应链中。

作为一项重要的供应链管理的运作技术,ERP 在整个供应链的管理过程中,更注重对信息流和资金流的控制,同时,通过企业员工的工作和业务流程,促进了资金、材料的流动和价值的增值,并决定了各种流的流量和流速。

2. MRP 是 ERP 系统的核心功能

任何制造业的经营生产活动都是围绕其产品开展的,制造业的信息系统也不例外,ERP 就是从产品的结构或物料清单(对食品、医药、化工行业则称为配方)出发,实现了物料信息的集成,形成了一个上小下宽的锥状产品结构,即其顶层是出厂产品,是企业市场销售部门的业务,底层是采购的原材料或配套件,是企业物资供应部门的业务,介于其间的是制造件,是生产部门的业务。如果要根据需求的优先顺序,在统一的计划指导下,把企业的产、销、供信息集成起来,就离不开产品结构(或物料清单)。从产品结构上,能反映出各个物料之间的从属关系和数量关系,它们之间的连线反映了工艺流程和时间周期。换一句话来说,通过一个产品结构就能够说明制造业生产管理常用的期量标准。

通俗地说,MRP 是一种保证既不出现短缺,又不积压库存的计划方法,解决了制造业所关心的缺件与超储的矛盾。所有 ERP 软件都把 MRP 作为其生产计划与控制模块,MRP 是 ERP 系统不可缺少的核心功能。

3. MRPⅡ是ERP系统的重要组成部分

MRP解决了企业物料供需信息集成,但是还没有说明企业的经营效益。MRPⅡ同MRP的主要区别就是MRPⅡ运用管理会计的概念,用货币形式说明了执行企业资源计划带来的效益,实现了物料信息同资金信息的集成。衡量企业经营效益首先要计算产品成本,产品成本的实际发生过程,还要以MRP系统的产品结构为基础,从最底层采购件的材料费开始,逐层向上将每一件物料的材料费、人工费和制造费(间接成本)累加起来,得出每一层零部件直至最终产品的成本。再进一步结合市场营销,分析各类产品的获利性。MRPⅡ把传统的账务处理同发生账务的事务结合起来,不仅说明账务的资金现状,而且追溯资金的来龙去脉。

ERP系统是一个高度集成的信息系统,它必然体现物流信息同资金流信息的集成。传统的MRPⅡ系统主要包括的制造、供销和财务三大部分依然是ERP系统的重要组成部分。所以,MRPⅡ的信息集成内容既然已经包括在ERP系统之中,就没有必要再突出MRPⅡ。总之,从管理信息集成的角度来看,从MRP到MRPⅡ再到ERP,是制造业管理信息集成的不断发展和深化的结果,每一次发展都是一次质的飞跃,然而又是一脉相承的。

 案例

联邦快递(FedEx)——智能化运输管理系统

联邦快递是全球最具规模的快递运输公司,成立于1971年,为全球超过235个国家及地区提供快捷、可靠的快递服务。联邦快递是一家国际性快递集团,提供隔夜快递、地面快递、重型货物运送、文件复印及物流服务。其员工数量在全球分布约14万,每个工作日运输约330万件包裹,拥有677架飞机,总部设于美国田纳西州孟菲斯。

联邦快递网站(www.fedex.com)被国际互联网专家研究组公认为世界顶尖网站之一,是20世纪90年代中期第一个为用户提供网上货运和跟踪服务的功能型网站。

联邦快递构建了智能化的运输管理系统,该系统在车辆运输路径的选择、仓库作业计划、建立控制与评价模型等方面有较强的业务处理能力。联邦快递配备了第三代速递资料收集器Ⅲ型DIAD,可几乎同时收集和传输实时包裹传递信息,也可以让客户及时了解包裹的传送现状。

联邦快递的运输管理系统能与企业网络无缝连接,向企业用户建议总体等待时间最短的运输方法,通过Web页面直接介入到用户的物资运输当中,使得任何公司在逻辑上都可以直接将联邦快递庞大的空运系统和陆地车队当作自己的资源,有利于促进企业间的广泛合作。

7.4 电子商务物流管理

电子商务物流管理,是指在社会再生产的过程中,根据物质资料实际流动的规律,应用管理的基本原理和科学方法,对电子商务物流活动进行计划、组织、指挥、协调、控制和决策,使各项物流活动实现最佳协调与配合,以降低物流成本,提高物流效率和经济效益。简而言之,电子商务物流管理就是研究并应用电子商务物流活动规律对物流全过程、各个环节和各个方面的管理。

7.4.1 物流在电子商务中的地位

在电子商务给物流带来巨大变化的同时,物流在电子商务活动中的地位与作用也显得日益重要,物流是电子商务的重要组成部分,并成为其核心竞争力。

1. 物流业是电子商务的支点

如果电子商务能够成为 21 世纪的商务工具,它将像杠杆一样撬起传统产业和新兴产业,在这一过程中,现代物流产业将成为这个杠杆的支点。

工业及商业企业必须立刻调整战略,把物流管理作为降低企业总成本的主要手段,把物流能力作为企业的核心竞争力;物流企业必须加快改制、改组、整合资源的速度,提升服务能力,加速实现网络化、规模化,并与国际物流接轨。

2. 物流现代化是电子商务的基础

物流系统的效率高低是电子商务成功与否的关键,而物流效率的高低很大一部分取决于物流现代化的水平。

物流现代化包括物流技术现代化和物流管理现代化两个方面。物流技术现代化包括软技术现代化和硬技术现代化两个方面。

物流管理现代化就是应用现代经营管理思想、理论和方法,有效地管理物流,在管理人才、管理思想、管理组织、管理方法、管理手段等方面实现现代化,并把这几个方面的现代化内容同各项管理职能有机地结合起来,形成现代化物流管理体系。物流管理现代化的目标是实现物流系统的整体优化。

物流现代化中最重要的部分是物流信息化,物流的信息化是电子商务物流的基本要求,是企业信息化的重要组成部分,表现为物流信息的商品化、物流信息收集的数据化和代码化、物流信息处理的电子化和计算机化、物流信息传递的标准化和实时化、物流信息存储的数字化等。物流信息化能更好地协调生产与销售、运输、储存等环节的联系,对优化供货程序、缩短物流时间及降低库存都具有十分重要的意义。

7.4.2 电子商务的物流管理

电子商务物流是伴随电子商务技术和社会需求的发展而出现的,它是电子商务实现经济价值不可或缺的重要组成部分。电子商务所独具的电子化、信息化、自动化等特点,以及高速、廉价、灵活等诸多好处,使得电子商务物流在其运作、管理等方面也有别于一般物流。

电子商务的物流管理包括电子商务的物流管理目标、电子商务的物流过程、电子商务的物流技术、电子商务的物流费用等内容。

1. 电子商务的物流管理目标

在电子商务交易过程中,物流是重要的一环,电子商务的物流管理目标如下。

1)高水平的企业管理

管理科学的发展为流通管理的现代化、科学化提供了条件,促进了流通产业的有序发展。同时,要加强对市场的监管和调控力度,使之有序化和规范化。总之,一切以市场为导向,以管理为保障,以服务为中心,加快科技进步是电子商务物流的根本出路。

2)高素质的人员配置

电子商务物流能否充分发挥各项功能和作用,完成应承担的任务,人才配置是关键。为此,电子商务物流配送中心必须配备数量合理、具有一定的专业知识和较强的组织能力的决策人员、管理人员、技术人员和操作人员,以确保电子商务物流中心的高效运转。

3）高水平的装备配置

电子商务服务的物流据点（如配送中心）面对着成千上万的供应商和消费者,以及瞬息万变的市场,需要为众多消费者提供商品配送,及时满足消费者的不同需要,这就要求必须配备现代化装备和应用管理系统,具备必要的物质条件,尤其是要重视计算机网络的运用。利用计算机网络可以广泛收集信息,及时进行分析比较,通过科学的决策模型,迅速做出正确的决策,这是解决系统化、复杂化和紧迫性问题最有效的工具和手段。同时,采用现代化的配送设施和配送网络,将会逐渐形成社会化大流通的格局,专业化的生产和严密组织的大流通对物流手段的现代化提出了更高的要求。

2. 电子商务的物流过程

电子商务物流系统的基本业务流程因电子商务企业性质不同而有所差异。虽然各种类型的电子商务企业的物流组织过程有所差异,但从电子商务的物流过程来看,还是具有许多相同之处。具体来说,其基本业务流程一般都包括进货、进货验收、保存、分拣、包装、分类、组配、装货、运输、交货等。与传统物流模式不同的是,电子商务的每个订单都要送货上门,而有形店铺销售则不用,因此电子商务的物流成本更高,配送路线的规划、配送日程的调度、配送车辆的合理利用难度更大。与此同时,电子商务的物流过程可能会受到更多因素的制约。

在电子商务环境下,消费者通过上网点击购物,完成了商品所有权的交割过程,即电子商务物流过程,但电子商务活动并未结束,只有商品和服务真正转移到消费者手中,电子商务活动才算完成。电子商务物流的一般过程如图7-3所示。

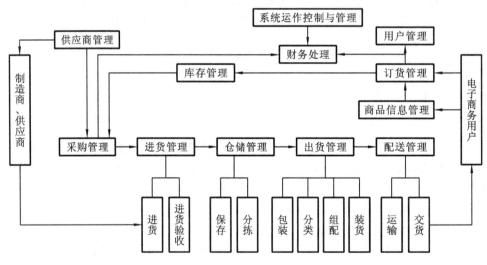

图7-3 电子商务物流的一般过程

3. 电子商务的物流技术

电子商务的物流技术是指在电子商务物流活动中,把商品（或物资）进行移送和储存,为社会提供无形服务的技术。它的作用是把通过电子商务方式提供的各种商品（或物资）从生产者一方转移给消费者。物流技术水平的高低直接关系到电子商务物流活动各项功能的完善和有效实现。

电子商务的物流技术包括硬技术和软技术两个方面。

硬技术主要包括：①与电子商务物流密切相关的基础设施，如仓库、公路、车站、港口及机场等；②机械技术，如装卸机械、分拣机械、包装机械及运输机械等；③材料技术，如集装材料和包装材料等；④物流信息与通信技术，如与客户和供应商保持联系的计算机系统与通信网络等技术。

软技术主要包括：①规划技术，如对流通形态和硬技术进行规划研究与优化改进；②运用技术，如对运输工具的选择使用、装卸方法、库存管理、资源与劳务调配等；③评价技术，如成本控制与核算及系统绩效评价等。

电子商务物流系统是为电子商务活动服务的，因此必须适应电子商务多样化、个性化、柔性化及舒适、快捷和灵活的需求，使自身具有最佳的重构性能。也就是说，物流技术需要不断更新，使其具有更好的柔性，才能适应电子商务系统发展变化的需求。

从目前物流技术发展趋势看，以下物流技术发展比较迅速。

1）运输技术

运输技术的发展可从运输工具的专门化、运输路线的规划、运输配载的优化及运输全过程的跟踪控制技术等方面来体现。

2）仓储技术

仓储技术的发展是现代物流发展的典型体现。目前，集高度自动化保管和搬运结合为一体的自动化仓库、自动分拣出货系统、自动流程式分类系统等硬技术，以及以库存控制理论为典型代表的仓储软技术都成为电子商务物流研究的技术领域。

3）搬运技术

由于搬运作业的复杂性，搬运技术和相应的设备也呈现出多样化的特点。除了传统的叉车和连续传送带外，机械手、机器人、轨道式自走台车，以及机电一体化的无人搬运车等高速、间歇式系统正在成为这一领域研究和应用的热点。

4）包装技术

包装技术是指包含包装材料、包装设备和包装方法在内的相关技术。包装材料常常是包装改革的新内容，新材料往往导致新的包装形式与包装方法的出现。包装设备的发展是包装技术水平提高的标志，目前出现的各种自动化包装机械和包装容器的自动生产线使包装水平有了很大的提高。包装技术还涉及防震、防潮、防水、防锈、防虫和防鼠等技术。

5）集装单元化技术

集装单元化技术是一种物流硬技术（如设备、器具等）与软技术（如方法、程序等）的有机结合。它既涉及设备、器具的机械化和自动化技术，又有合理组织这些硬件使之充分发挥作用的管理技术。集装单元化技术的推广使用，使传统的包装和装卸搬运工具发生了根本变革。集装箱本身就成为仓储包装物和运输器具，可使物资在仓储、运输和装卸搬运等环节有效地实现合理化、省力化和低成本，是一种很有发展前景的储运方式。

6）物流信息技术

物流信息技术是电子商务物流中极为重要的领域之一。商务电子化的目的就是打破时空界限，快速、高效地完成交易过程，而作为电子商务服务系统的物流系统更需要借助信息传播的有效性和共享性，实现物流全过程的有效组织与控制。这一领域也是物流技术中发展最快的领域，从数据采集的条形码系统到配送跟踪的GPS（全球定位系统），乃至货物配载和运输规划的决策支持工具，以及用于客户服务、信息查询和反馈的计算机网络和通信系统硬件、软件都在日新月异地变化。

4. 电子商务的物流费用

电子商务物流在将商品(或物资)从生产者手中转移给消费者的过程中,必然产生大量的物流费用,因此控制和降低物流费用将成为电子商务物流管理中最为关键的环节之一,也是人们利用电子商务的一个主要目的。

要加强电子商务物流成本的管理,首先必须明确在当今电子商务活动中物流成本的特征及相应的问题。目前,我国大多数企业采用的财务会计制度中没有单独的物流项目,一般是将所有发生的成本都列在费用一栏中,这样做的结果是很难对企业发生的各种物流费用做出准确、全面的计算和分析。加上有很多是物流部门无法掌握的成本,如物流服务中过量服务产生的成本等。另外,由于物流成本的各项目间存在着此消彼长的关系,即某些项目成本的减少,可能会引起其他项目成本的增加。综合以上各种原因,更增加了电子商务物流成本管理的难度。

实现电子商务物流现代管理,首先要全面、准确地把握包括电子商务系统内外发生的各项物流成本在内的整体物流成本,也就是说,要降低物流成本必须以系统整体成本为对象。

进行电子商务物流费用的管理,不仅要把握企业对外的物流费用,更要掌握企业内部发生的物流费用。也就是说,对物流成本的计算,除了通常所理解的仓储、运输等传统物流费用外,还应当包括流通过程中的基础设施投资、商品在库维持等一系列费用,诸如配送中心的建设、EDI 等信息系统的构筑、商品在库保存等相关的费用都是现代物流管理中重要的物流费用。当然,投资的费用还应考虑投资可能获得的收益和回报率等因素。

另外,从消费者的角度来看,电子商务物流管理中最敏感的方面就是物流服务质量的管理与控制。

 **资料链接**

物流的定位与 GPS

GPS 意为"卫星测时测距导航/全球定位系统",是以卫星为基础的无线电导航定位系统。

GPS 起初只应用在军事上,后转为民用,被广泛应用于商业和科学研究上。GPS 的空间部分使用了 24 颗卫星组成的星座,卫星高度约 20 200 千米,分布在 6 条升交点互隔 60°的轨道面上,每条轨道上均匀分布着 4 颗卫星,相邻两轨道上的卫星相隔 40°,使得在地球任何地方至少同时可看到 4 颗卫星。

传统的 GPS 在户外运转良好,但在室内或卫星信号无法覆盖的地方效果较差,而且如果所在位置上空没有 3 颗以上的卫星,那么系统就无法从冷启动状态实现定位。

现代的 GPS 借助于定位服务器强大的运算能力,采用复杂的定位算法以降低接收信号弱等不利因素的影响,从而提高定位精度和灵敏度。定位平台将经纬度信息传送到应用服务平台,或者通过无线网络传送回终端满足定位应用。

在 GPS 卫星信号和无线网络信号都无法单独完成定位的情形下,CDMA 定位系统会组合这两种信息源,只要有一颗卫星和一个小区站点就可以完成定位,解决了传统的 GPS 无法解决的问题。CDMA 定位系统的基础设施辅助设备还提供了比常规 GPS 高出 20 dB 的灵敏度,性能的改善使 GPS 混合式定位方式可以在现代建筑物的内部深处或市区的楼群间正常工作。

7.4.3 电子商务物流的发展趋势

电子商务时代的来临,给全球物流带来了新的发展,使物流具备了一系列新的特点。

1. 信息化

电子商务时代,物流信息化是电子商务的必然要求。物流信息化表现为物流信息的商品化、物流信息收集的数据库化和代码化、物流信息处理的电子化和计算机化、物流信息传递的标准化和实时化,以及物流信息存储的数字化等。因此,条形码技术、数据库技术、EOS、EDI、QR、ECR、ERP 等在我国的物流中将会得到普遍的应用。没有物流的信息化,任何先进的技术设备都不可能应用于物流领域,信息技术及计算机技术在物流中的应用将会彻底改变世界物流的面貌。

2. 自动化

自动化的基础是信息化,自动化的核心是机电一体化,自动化的外在表现是无人化,自动化的效果是省力化。另外,自动化还可以扩大物流作业能力,提高劳动生产率,减少物流作业的差错等。我国的物流业起步晚,发展水平低,自动化技术的普及还需要相当长的时间。

3. 网络化

物流网络化的基础也是信息化,这里指的网络化有两层含义:一是物流信息网络化,二是物流组织网络化。

物流网络化是物流信息化的必然结果,是电子商务物流活动的主要特征之一。目前,全球网络资源的可用性及网络技术的普及为物流网络化提供了良好的外部环境。

4. 智能化

智能化是物流自动化、信息化的一种高层次应用,物流作业过程中大量的运筹和决策,如库存水平的确定、运输(搬运)路径的选择、自动导向车的运行轨迹和作业控制、自动分拣机的运行等都需要借助于大量的知识才能解决。在物流自动化的进程中,物流智能化已成为电子商务物流发展的一个新趋势。

5. 柔性化

柔性化本来是为实现"以顾客为中心"的理念而在生产领域提出的。但要真正做到柔性化,即能真正根据消费者需求的变化来灵活调节生产工艺,没有配套的柔性化的物流系统是不可能达到目的的。柔性化的物流正是适应生产、流通与消费的需求而发展起来的一种新型物流模式。这就要求物流配送中心根据消费者需求"多品种、小批量、多批次、短周期"的特点,灵活组织和实施物流作业。

另外,物流设施和商品包装的标准化,物流的社会化和共同化也是电子商务物流发展的新特点、新趋势。

 资料链接

物联网技术

物联网技术的核心和基础仍然是互联网技术,它是在互联网技术基础上延伸和扩展的一种网络技术;其用户端延伸和扩展到了任何物体与物体之间的信息交换和通信。因此,物联网技术的定义是:通过射频识别、红外感应器、全球定位系统、激光扫描器等信息传感设备,按约定的协议,将任何物体与互联网相连接,进行信息交换和通信,以实现对物体的智能化识别、定位、追踪、监控和管理的一种网络技术。

物联网指的是将无处不在的末端设备、设施,包括具备"内在智能"的传感器、移动终端、工业系统、数控系统、家庭智能设施、视频监控系统等和"外在使能"的如贴上 RFID 的各种资产、携带无线终端的个人与车辆等"智能化物件或动物"或"智能尘埃",通过各种无线的或有线的长距离或短距离通信网络实现互联互通、应用大集成,以及基于云计算的 SaaS 营运等模式,在内网、专网或互联网环境下,采用适当的信息安全保障机制,提供安全可控乃至个性化的实时在线监测、定位追溯、报警联动、调度指挥、预案管理、远程控制、安全防范、远程维保、在线升级、统计报表、决策支持、领导桌面等管理和服务功能,实现对万物的高效、节能、安全、环保的"管、控、营"一体化。

7.4.4 电子商务物流的发展策略

面对电子商务发展的新形势,物流企业应当感到任重道远,应当不失时机地抓住机遇,认真制订物流业大发展的战略和策略。其中,以下几点特别重要。

1. 寻求政府支持

建立和发展适应网络经济形势的物流业是一个大的社会工程,要全区域甚至全社会统一认识,形成合力,特别是要得到政府的支持,政府应当出面组织策划和实施。之所以要政府出面,是因为这牵涉着像产业重组这样的几乎涉及社会所有企业单位和人们的革命性的变化,没有政府妥善的规划组织,仅靠企业自己是很难实现的。

2. 组建的配送中心、物流企业一开始就要合理规划布局

物流业是一个系统,应当组成一个相互联系、相互区别、相互分工协作、有着等级层次结构的物流企业体系。各个小区设一个综合配送中心,负责小区的供货送货;若干个小区联合起来,建立大的物流中心,负责向各个小区配送中心供货送货。还要有更大的物流中心,如港口码头、铁路站点,负责向全区甚至向国内外转运物资。不同的物流企业承担不同的功能,彼此互相协作又互相支持,构成一个功能齐全、布局合理的物流企业体系。

3. 采用第三方物流模式

第三方物流模式是一种完全专业化的物流模式。生产企业专搞生产,把生产企业的原材料进货供应、所生产的产品的销售送货等物流业务全部交给物流企业去承担。物流企业是生产企业的大管家,既负责"后"勤,又负责"前"勤。只有这样,物流企业才能充分、合理、有效地组织利用资源,既保证自己的经济效益,又保证生产企业的经济效益。

建立第三方物流模式,最大的困难是体制。生产企业担心自己成了物流企业的附属品,成了物流企业的供应仓库。其实这种想法是狭隘的。物流企业直接面对市场,它根据市场的需要来组织调控若干生产企业的生产,形成一个经济联合体来面对市场。

4. 为适应电子商务的需要,配送中心的功能应有所变化

配送中心的基本功能应当包含以下几个方面的内容。

1)储存

无论是生产企业生产出来的还是从外地转运来的、供应本区域生产或生活需要的商品,都要储存到配送中心的仓库里,以备送货用。

2)运输

运输也就是送货和进货。根据网上销售的信息,将网上销售的商品送到用户手中。另外,还要及时进货,既保证及时吸纳生产企业的产品,又保证货物不脱销。

3）包装、装卸、流通加工等

传统的配送中心都有包装、装卸、流通加工等功能，但在电子商务环境下的配送中心，还要特别增加以下两个功能：商品展示功能和零售功能。因为在取消了大多数商店后，人们通常都在网上的虚拟商店中购物，不再到实体商店中购物。但在节假日，人们有时也想逛逛商场，看看实物。所以，配送中心也需要满足这些顾客的需求而增设商品展示和零售功能，但这些顾客的需求量可能不会太大，所以附设在物流中心和配送中心比较合适。如果顾客的需求量很大，或者配送中心不愿增设商品展示和零售功能，则必须保留适量的超级商场。

5．建立物流企业要立足于高科技、高起点

网络经济时期实际上就是一个高科技经济模式。物流企业要适应电子商务，就要努力采用高科技、建立在高起点上。

第一，物流企业要上网，要在网上建立站点，提供信息。除了介绍公司、仓库、货物信息以外，特别是要提供给用户所关注的送货信息，如用户已经购买的货物送货了没有，什么时候送的，送了多少。

第二，要有高水平的、先进的储运设施；要有足够的仓库储存场所，先进的包装、装卸及存放设备设施，应当有舒适、宽敞的商品展示和零售场所；要有强大、先进的运输车队和强大的吞吐能力；还要有无线通信设备，随时可以上网联系。

【本章小结】

本章介绍了电子商务物流的特点，说明了供应链管理的重要性。物流是指物质实体从供应者向需求者的物理移动，它由一系列制造时间价值和空间价值的经济活动组成，包括运输、保管、配送、包装、装卸、流通加工及物流信息处理等。物流的构成包括：物体的运输、配送、仓储、包装、搬运装卸、流通加工，以及相关的物流信息等环节。供应链是指由产品生产和流通过程中所涉及的原材料供应商、生产商、批发商、零售商以及最终消费者组成的供需网络，即由物料获取、物料加工，并将成品送到用户手中这一过程所涉及的企业和企业部门组成的一个网络。绿色供应链管理能使整个供应链的资源消耗和环境副作用最小化，并能有效满足日益增长的绿色消费需求，从而提高供应链的竞争力。

电子商务物流管理就是研究并应用电子商务物流活动规律对物流全过程、各个环节和各个方面的管理。在电子商务给物流带来巨大变化的同时，物流在电子商务活动中的地位与作用也显得日益重要，物流是电子商务的重要组成部分，也是其核心竞争力。

【实训项目】

我国农产品的电子商务商业模式分析

1．实训目的与要求

（1）了解我国农产品的电子商务商业模式。

（2）分析我国农产品的电子商务商业模式的优势与存在的问题。

2．实训重点

分析我国农产品的电子商务商业模式。

3．实训难点

我国农产品的电子商务商业模式的优势分析。

4. 实训内容

登录中国地理标志产品商城(www.cndlbz.com),选择特色农产品或者你自己家乡的特色农产品进行可行性分析。

(1) 我国农产品的销售渠道有哪些?

(2) 我国农产品的电子商务物流存在哪些问题?

(3) 我国农产品的网络销售应该采取哪些措施?

5. 备注说明

(1) 调研我国农产品网络营销的现状。

(2) 通过访问艾瑞网了解我国农产品电子商务物流存在的问题。

【案例分析】

陈平与宅急送——视服务为生命

宅急送是一家物流公司,创建于1994年1月18日,宅急送经过二十几年的快速发展,已有员工逾2万人,车辆2 000余台。截至2016年1月27日,在全国共有30个分公司,7个航空基地,247个独立城市营业所,40个市内营业所,179个营业厅,1 220个操作点,705个外网,共计网络机构2 440个,网络已覆盖全国地级以上城市。

宅急送以"安全、准确、亲切,视服务为生命"为经营训诫。自1994年成立以来,宅急送以跨越式的发展速度,在全国建立了庞大的"快运网络",以优质服务赢得了国内上千家著名企业以及广大消费者的信赖。以"诚信、和谐、高效,追求卓越"的企业精神,矢志成为民族快运行业的一面旗帜,挑起中国快运追赶世界水平的重任。宅急送在全国有3 000多个经营网点,网络覆盖全国2 000多个城市和地区;分别在华北、华东、华南、华中、东北、西北、西南设有7个物流基地,40个运转中心,75 000平方米的配送中心,同时拥有42个航空口岸,360条航线,近1 500个航班,620条物流班车线,依托成熟的快运平台,宅急送每年进出港货物逾亿件,真正做到了"物畅其流,货通天下"。

"宅急送"商号和圆形猴标的诞生源于陈东升在日本留学时的构想。宅急送创建于1994年1月18日,当时只有7个人、3部车、一间26平方米的办公室,主要做零散的家政服务。1995年与日本一城株式会社的合资,使宅急送的业务配送范围和专业技术都有了一个质的飞跃。1998年,宅急送开始向全国进军,并逐步在全国完成七大区域的网络布局。2002年,北京、上海、广州三大物流基地建成,并以基地为中心开通辐射全国的干支线物流班车,初步形成了自己的物流干线及运输网络。

2008年,由于无法忍受家族内部纷争,同时宅急送的发展轨迹和预期存在差距,创始人陈平出卖了其所持有的所有宅急送股权,其大哥陈显宝最终接手了宅急送。之后一年,陈平自立门户成立了星晨急便,并于2011年11月与鑫飞鸿正式合并,更名为星晨急便·鑫飞鸿。2012年8月14日,宅急送2012年第一届董事会召开,会议一致通过陈显宝为宅急送公司董事长,郑瑞祥为宅急送公司总裁。至此,宅急送形成以郑瑞祥为核心,以刘东屯、陆国荣、汪映极为领导集体的经营管理团队。此次调整使宅急送的经营权顺利地从创始人手中交到了没有亲缘关系的职业经理人手中,在管理上对宅急送来说是一个重大突破,一个家族式企业从此管理权与经营权分离,迈向现代化管理企业,决策更加科学,经营更加有条理。

宅急送三日退:收到货款后三日内将所代收货款汇至您所提供的账号。退款模式:网上银行支付。收费标准:最低5元/票,费率10 000元以下3‰,10 000元(含)以上2.5‰,最高100元/票。指定银行:中国建设银行、中国交通银行、招商银行、中国民生银行、兴业银行、上海浦东发展银行、深圳发展银行、中国工商银行、中国农业银行、广东发展银行、农村信用社、中国光大银行。

宅急送即日退:指定银行24小时精准退款服务,24小时到账。2009年6月18日,宅急送物流代收货款推出"即日退",退款时效大大提速,为业内首次推出24小时精准退款服务。2009年10月18日,"即日退"推出周末退款,24小时到账有保障。

【练习题】

(1) 登录1号店(www.yhd.com),分析1号店物流配送信息系统的作用和特点。
(2) 访问申通快递(www.sto.cn),浏览网站内容,了解申通快递物流的配送流程。
(3) 登录宅急送(www.zjs.com.cn),分析如何具体提升宅急送的核心竞争力。
(4) 登录亚马逊中国(www.amazon.cn)和当当网(www.dangdang.com),了解这两个电子商务网站的物流策略,并对这两个网站的物流模式进行比较。

【复习题】

(1) ERP与MRPⅡ的区别是什么?
(2) ERP系统的功能组成是什么?
(3) 供应链管理的内容有哪些?
(4) 如何实现电子商务物流系统的合理化?
(5) 举例说明B2C网站电子商务物流配送的特点。

第八章　电子商务安全技术

【学习目标】

☆ 了解电子商务的安全性需求。
☆ 掌握防火墙技术。
☆ 了解虚拟专用网络技术、网络反病毒技术。
☆ 了解数字签名及数字时间戳。
☆ 掌握数字证书与CA认证中心。
☆ 理解电子商务安全协议（SSL安全协议、SET安全协议）。

实务导入

比特币病毒——互联网匿名敲诈病毒

广州的一家科技公司的电脑，曾经遭比特币病毒感染，重要资料文件均遭感染无法正常使用，被敲诈每个文件支付1.25个比特币（约人民币5 000元）才给解密。原来，之前公司来了一位新同事，由于来不及购买新电脑，就把仓库里一台很长时间没有用的电脑临时给他用，由于电脑没有安装安全软件，该同事通过U盘拷贝东西后使其感染了比特币病毒，硬盘中的文件被加密，无法使用。

由于该公司电脑上未安装相关杀毒软件，不符合相关杀毒软件反勒索服务的理赔条件，无法获得赔付，这次事件让该公司损失惨重。

比特币敲诈病毒于2014年在国外流行，2015年初在国内陆续被发现。这类敲诈病毒也被称为勒索软件，是近年数量增加最快的网络安全威胁之一，是不法分子通过锁屏、加密文件等方式劫持用户资产或资源并以此向用户敲诈钱财的一种恶意软件。这类木马会加密受感染电脑中的docx、pdf、xlsx、jpg等114种格式文件，使其无法正常打开，并弹窗"敲诈"受害者，要求受害者支付1.25个比特币作为"赎金"。这类木马一般通过全英文邮件传播，木马程序的名字通常为英文，意为"订单""产品详情"等，并使用传真或表格图标，极具迷惑性。"比特币敲诈者"木马家族的作者名叫作艾维盖尼耶·米哈伊洛维奇·波格契夫（Evgeniy Mikhailovich Bogachev），是一名俄罗斯黑客，波格契夫仅凭"终结者宙斯"木马病毒以及"比特币敲诈者"勒索病毒，就令12个国家超过一百万台计算机感染，经济损失超过1亿美元。

数据显示，仅2016年上半年，我国国内就有超过58万台电脑遭到了敲诈者病毒的攻击，且有多达5万多台电脑最终感染了敲诈者病毒，平均每天约有300台国内电脑感染敲诈者病毒。

敲诈者病毒主要通过以下途径和方式传播。网络钓鱼和垃圾邮件：网络罪犯通过伪造邮箱的方式向目标发送邮件，这些邮件中会包含具有威胁的附件或在邮件正文中加入钓鱼网址链接。坑式攻击：网络罪犯会将恶意软件植入到企业或个人经常访问的网站之中，一旦访问了这些网站，恶意程序就会利用设备上的漏洞对其进行感染。捆绑传播发布：借助其他恶意软件传播渠道,与其他恶意软件捆绑发布传播,或者捆绑正常的软件进行传播。借助移动存储介质传播:借助 U 盘、移动硬盘、闪存卡等可移动存储介质传播。

企业用户五大防护措施:不要轻易打开陌生人的邮件,特别是主题和附件包含 payment、invoice 字样的邮件;可以逐步部署云桌面,实现集中维护,彻底避免此类攻击;开启安全软件的实时防护功能和云安全查杀功能,并及时升级特征库;开启相关杀毒软件针对敲诈者病毒开发的文档保护功能,主动阻止恶意加密文档和图片的行为。

从最近几年国内流行的敲诈者病毒的传播过程看,360 安全卫士等安全软件对各类敲诈者病毒及其最新变种一直都能够进行防护和查杀,用户需要开启杀毒功能,并及时更新,确保企业免受敲诈者病毒的侵害。同时,用户需要养成良好的电脑使用习惯和采取相应的安全防护措施,从而远离敲诈者病毒攻击。

(1) 分析信息和资金安全对电子商务交易的重要性。
(2) 举例说明 B2C 网站如何实现电子商务安全的交易。
(3) 消费者对电子商务安全技术的具体要求体现在哪里?

8.1 电子商务安全概述

每个新生事物的产生在给我们的生活带来方便的同时,几乎都伴随着不利于人们的另一面,Internet 也同样如此。在设计之初,由于只考虑方便性、开放性,Internet 产生了严重的安全问题,极易受到黑客的攻击或有组织群体的入侵,因而电子商务安全无疑会受到更严重的威胁。

8.1.1 电子商务安全现状

1. 国内外的电子商务状况

1998 年春,曾有人轻而易举地从多个商业网站窃取了 8 万多张信用卡的资料(包括账号及密码)。2000 年 2 月,接连几家知名国际网站遭到网络黑客的攻击,造成美国华尔街股市的动荡。印度共和国国防部发现他们的核试验数据被黑客在互联网上公之于众。在美国,据对 560 多家企业、大学、政府机构的调查表明,它们中 85% 都遭到过黑客的攻击,总损失达 1 亿美元。在中国,网络安全的现状令人担忧,国内各大网络几乎都不同程度地遭到过黑客的攻击。

在电子商务交易中,商家、客户和银行等各参与方是通过开放的 Internet 连接在一起的,相互之间的信息传递也要通过 Internet 来进行,如何建立一个安全、快捷的电子商务应用环境,对信息提供足够的保护,已经成为商家和客户都十分关心的问题。

信息安全技术在电子商务系统中的作用非常重要,它守护着商家和客户的重要机密,维护着商务系统的信誉和财产,同时为服务方和被服务方提供极大的方便,因此,只有采取必要和恰当的技术手段才能充分提高电子商务系统的可用性和可推广性。电子商务系统中使用的安全技术包括网络安全技术、加密技术、数字签名、密钥管理技术、认证技术、防火墙技术以及相关的一些安全协议标准等。

2. 电子商务中存在的安全威胁

传统的交易是面对面的，比较容易保证建立交易双方的信任关系和交易过程的安全性，而电子商务活动中的交易行为是通过网络进行的，买卖双方互不见面，因而缺乏传统交易中的信任感和安全感。电子商务交易过程中买卖双方都可能面临的安全威胁如下：

（1）由于非法入侵者的侵入，造成商务信息被篡改、盗窃或丢失；

（2）商业机密在传输过程中被第三方获悉，甚至被恶意窃取、篡改和破坏；

（3）虚假身份的交易对象及虚假订单、合同；

（4）贸易对象的抵赖，如拒绝承认双方已商定的价格、数量、合同，拒绝承认收到的货款或者商品等；

（5）计算机系统故障对交易过程和商业信息安全所造成的破坏。

因而，我们可以看出电子商务的发展面临着来自多方的威胁，存在着许多安全隐患。

 资料链接

网购个人信息安全保护措施

《消费者权益保护法》《网络交易管理办法》首次明确了保护消费者个人信息的内容，不但规定了经营者收集、使用消费者个人信息应当经消费者同意外，还规定了对侵害消费者个人信息的经营者予以相应的处罚，全国人大常委会也通过了《关于加强网络信息保护的决定》，这将有助于有效遏制消费者个人信息被滥用的现象。

要想避免个人信息被非法泄露和使用，还需要消费者个人提高自我保护意识：不要在公用计算机或公共 Wi-Fi 上进行网络购物；下载、办理相关的电子证书；不点击商家发来的非购物平台链接；养成不浏览不明网站的习惯；网购前要保证自己使用的终端设备是安全的，没有感染木马病毒等；定期更改登录密码和交易密码；尽可能使用第三方支付；尽量选用终端设备（如手机、电子盾等）随机密码支付；定期对自己使用的网购终端设备进行查杀毒等。

个人信息数据安全，需要每一位消费者重视，不能认为无关紧要，一部分消费者对各种记载自己个人信息的单据、资料随手丢弃，没有很好保存或及时销毁。所以，要从根本上解决这个问题，不仅需要继续建立和完善相关的法律制度，消费者提高自我保护意识也是必不可少的。

8.1.2 电子商务的安全性需求

电子商务的安全性需求可以分为两个方面：一方面是对计算机及网络系统安全性的要求，表象为对系统硬件和软件运行安全性和可靠性的要求、系统抵御非法用户入侵的要求等；另一方面是对电子商务信息安全的要求。

电子商务系统技术使在网上购物的顾客能够极其方便、轻松地获得商家和企业的信息，但同时也增加了某些敏感或有价值的数据被滥用的风险。买方和卖方都必须保证在因特网上进行的一切金融交易运作都是真实可靠的，并且要使顾客、商家和企业等交易各方都具有绝对的信心，因而因特网电子商务系统必须保证具有十分可靠的安全保密技术，也就是说，必须保证网络安全的五大要素：信息的保密性、信息的完整性、信息的不可否认性、交易者身份的真实性、系统的可靠性。

1. 信息的保密性

信息的保密性是指信息在存储、传输和处理过程中,不被他人窃取。要保证信息的保密性,需要防止入侵者侵入系统;对商业机密(如信用卡信息等)要先经过加密处理,再进行网络传输。

2. 信息的完整性

信息的完整性包括信息在存储中不被篡改和破坏,以及在传输过程中收到的信息和原发送信息一致。前面提到的信息的加密处理只能保证信息不被第三方看到,不能保证信息不被篡改。信息的完整性要求系统能够识别信息是否被篡改或者破坏,从而决定是否使用信息。

3. 信息的不可否认性

信息的不可否认性是指信息的发送方不可以否认已经发送的信息,接收方也不可以否认已经收到的信息。由于商情千变万化,交易一旦达成应该是不能被否认的,否则,必然会损害一方的利益。例如,订购黄金,订货时金价较低,但收到订单后,金价上涨了,如收单方否认收到订单的实际时间,甚至否认收到订单的事实,则订货方就会蒙受损失。因此,电子交易通信过程的各个环节都必须是不可否认的。

4. 交易者身份的真实性

网上交易的双方很可能素昧平生,相隔千里。要使交易成功,首先要能确认对方的身份,商家要考虑客户是不是骗子,而客户也会担心网上的商店是不是一个玩弄欺诈的黑店。因此,能方便而可靠地确认对方的身份是交易的前提。对于为顾客或用户开展服务的银行、信用卡公司和销售商店,为了安全、保密、可靠地开展服务活动,都要进行身份认证的工作。对于有关的销售商店来说,它们是不知道顾客所用的信用卡的号码的,商店只能把信用卡的确认工作完全交给银行来完成。银行和信用卡公司可以采用各种保密与识别方法,确认顾客的身份是否合法,同时,还要防止发生拒付款问题,以及确认订货和订货收据信息等。

5. 系统的可靠性

系统的可靠性是指计算机及网络系统的硬件和软件工作的可靠性,是否会因为计算机故障或者其他原因(如停电)造成信息错误、失效或丢失。提高系统的可靠性主要是要选择质量好、可靠性高的硬件和软件,并且要考虑系统配置的优良与否,还要配置良好的备用电源和防雷设施。系统维护人员要经常对系统进行保养和维护,不可以让系统带故障运行等。

 案例

信息泄密症及其防范措施

信息泄密症是指在工作、生活各个交往环节中个人信息遭到泄漏、不法侵害的社会现象。

在20世纪90年代后,随着电子商务时代的迅猛发展,人们的生活方式发生了很大的改变,招聘、旅游、购物、理财等都可以通过网络进行,银行卡、购物卡以及各种各样的会员卡都给我们的生活带来了便利,与此同时,个人信息泄漏的现象也如影随形,凭借现代网络及其他传媒平台,个人信息批量处理和传递越来越容易,包括姓名、职业、电话、家庭住址等在内的个人信息资料遭到不当收集、贩卖、恶意使用的现象随处可见,不请自来的电话、短信、电子邮件、推销广告等令人不胜其烦,更有甚者,一些不法之徒利用这些信息从事诈骗、勒索等违法犯罪活动,更使人们处于防备状态之中。

关于信息泄密症的防范有以下措施。①尽可能隐藏自己的真实信息。例如,所用用户名、密码等尽可能跟自己没有关系,让他人不易猜到。各处密码尽可能各不相同,防止受撞库所害。要做到这点有难度,专家建议的做法是设定一套统一规则,然后在各网站稍加区分。例如,在京东的密码里加入 jd,网易的密码里加入 163。②永远不要点击不可信的网址链接。很多短信诈骗都是因为机主点击网址后手机中毒所致。③不要扫描无法确认安全性的二维码。二维码相当于图形版的网址链接,近年来,通过二维码传播的病毒呈加速上升趋势。④公共场所,不可信的免费 Wi-Fi 千万别连。不法分子会在公共场所搭建不设密码的 Wi-Fi,手机用户一旦连上,信息和资料就可能被盗取。⑤不要通过不可信的渠道下载手机应用软件。别觉得安装个软件而已,有问题卸载就好。一旦装上恶意程序,你的钱和个人信息可能马上就没了。⑥在自己的移动社交软件,如 QQ、微信、微博中不要大量、频繁地上传自己或亲人的真实照片,不要随意添加陌生网友,避免网络欺诈。

8.2 网络安全技术

8.2.1 防火墙技术

1. 防火墙的概念

古时候,人们常常在寓所之间砌一道砖墙,一旦发生火灾,它能够防止火势蔓延到其他的寓所,这种墙因此得名"防火墙",主要是进行火势隔离。在当今信息社会里,则存在着某种程度的信息隔离的要求。于是人们就借用了古代"防火墙"的概念,只不过信息世界中的防火墙是由先进的计算机硬件和软件系统构成的。

防火墙是指设置在不同网络(如可信任的企业内部网和不可信的公共网)或网络安全域之间的一系列部件的组合。防火墙是不同网络或网络安全域之间信息的唯一出入口,能根据企业的安全策略控制(如允许、拒绝、监测等)网络的信息流,且本身具有较强的抗攻击能力。防火墙是提供信息安全服务、实现网络和信息安全的基础设施。防火墙的作用如同一个安全门,为门内的部门提供安全,控制那些允许出入该受保护环境的人或物。

典型的防火墙建立在一个服务器/主机机器上,也称堡垒,是一个多边协议路由器。这个堡垒与两个网络连接:一边与内部网相连,另一边与 Internet 相连。它的主要作用除了防止未经授权的来自或对 Internet 的访问外,还包括为安全管理提供详细的系统活动的记录。在有的配置中,这个堡垒经常作为一个公共 Web 服务器或一个 FTP 或 E-mail 服务器使用。通过在防火墙上运行的专门 HTTP 服务器,可使用代理服务器,以访问防火墙的另一边的 Web 服务器。

2. 防火墙的分类

(1)按防火墙的软、硬件形式分,防火墙可以分为软件防火墙、硬件防火墙和芯片级防火墙三种。

软件防火墙运行于特定的计算机上,它需要用户预先安装好的计算机操作系统的支持,一般来说,这台计算机就是整个网络的网关,俗称个人防火墙。软件防火墙就像其他的软件产品一样,需要先在计算机上安装并做好配置才可以使用。在防火墙厂商中,做网络版软件防火墙最出名的莫过于 CheckPoint。使用这类防火墙,需要网管对所工作的操作系统平台比较熟悉。

这里说的硬件防火墙是指"所谓"的硬件防火墙,"所谓"二字是针对芯片级防火墙来说的。它们最大的区别在于是否基于专用的硬件平台。目前,市场上大多数防火墙都是这种"所谓"的硬件防火墙,它们都基于 PC 机,也就是说,它们和普通的家庭用的 PC 机没有太大的区别。在这些 PC 机上可运行一些经过裁剪和简化的操作系统,最常用的有老版本的 Unix 操作系统、Linux 操作系统和 FreeBSD 操作系统。值得注意的是,由于此类防火墙采用的依然是别人的内核,因此依然会受到 OS 操作系统的安全性影响。

传统硬件防火墙一般至少应具备三个端口,分别接内网、外网和 DMZ 隔离区(也称非军事化区),现在一些新的硬件防火墙往往扩展了端口,常见的四端口防火墙一般将第四个端口作为配置口、管理端口,很多防火墙还可以进一步扩展端口数目。

芯片级防火墙基于专门的硬件平台,没有操作系统。专有的 ASIC 芯片促使它们比其他种类的防火墙速度更快,处理能力更强,性能更高。做这类防火墙较出名的厂商有 NetScreen、Fortinet、Cisco Systems 等。这类防火墙由于是专用 OS 操作系统,因此防火墙本身的漏洞比较少,不过价格相对较高。

(2) 按防火墙的应用部署位置分,防火墙可以分为边界防火墙、个人防火墙和混合式防火墙三大类。

边界防火墙是最为传统的那种防火墙,它们是内、外部网络的边界,对内、外部网络实施隔离,保护边界内部网络。这类防火墙一般都是硬件类型的,价格较贵,性能较好。

个人防火墙安装在单台主机中,防护的也只是单台主机。这类防火墙被广大的个人用户使用,通常为软件防火墙,价格较便宜,性能也较差。

混合式防火墙可以说就是分布式防火墙或者嵌入式防火墙,它是一整套防火墙系统,由若干个软、硬件组件组成,分布于内、外部网络边界和内部各主机之间,既对内、外部网络之间的通信进行过滤,又对网络内部各主机间的通信进行过滤。它属于最新的防火墙技术之一,性能最好,价格也最贵。

总之,防火墙是在一个被认为是安全和可信的内部网络和一个被认为是不那么安全和可信的外部网络之间提供一道保护屏障,它决定了外部人员可以访问哪些内部的服务,以及哪些外部服务可以被内部人员访问。但需要注意的是,防火墙技术只是防止外部入侵,内部也必须有防御措施,所以杀毒软件也同样很重要。

8.2.2 虚拟专用网络技术

1. 虚拟专用网络技术的含义

虚拟专用网络(VPN)的英文全称是 virtual private network。顾名思义,我们可以把虚拟专用网络理解成是虚拟出来的企业内部专线。它可以通过特殊的加密通信协议在连接在 Internet 上的位于不同地方的两个或多个企业内部网之间建立一条专有的通信线路,就好比是架设了一条专线一样,但是它并不需要真正地去铺设光缆之类的物理线路。这就好比去电信局申请专线,但是不用给铺设线路的费用,也不用购买路由器等硬件设备。VPN 技术原是路由器具有的重要技术之一,目前,交换机、防火墙设备或 Windows 2000 等软件也都支持 VPN 功能。简而言之,VPN 的核心就是利用公共网络来建立虚拟私有网。

从另一个角度来说,VPN 是指在公众网络上所建立的企业网络,并且此企业网络拥有与专用网络相同的安全、管理及功能等特点,它替代了传统的拨号访问,利用 Internet 公网资源作为企业专网的延续,节省昂贵的长途费用。VPN 乃是原有专线式企业专用广域网络的替代方案,VPN 并非改变原有广域网络的一些特性,如多重协议的支持、高可靠性及高扩充度,而是在更为符合成本效益的基础上来实现这些特性。

2. VPN 技术和防火墙技术的区别

防火墙建立在用户和 Internet 之间,用于保护用户的计算机和网络不被外人侵入和破坏。VPN 是在 Internet 上建立一个加密通道,用于保护用户在网上进行通信时信息不被其他人截取或者窃听,VPN 需要通信双方的配合。

3. VPN 的工作原理

VPN 的主要作用就是利用公用网络(主要是互联网)将多个私有网络或网络节点连接起来。通过公用网络进行连接可以大大降低通信成本。

一般来说,两台连接上互联网的计算机只要知道对方的 IP 地址,是可以直接通信的,不过位于这两台计算机之后的网络是不能直接互联的,原因是这些私有网络和公用网络使用了不同的 IP 地址或协议,即私有网络和公用网络之间是不兼容的。VPN 的工作原理就是在这两台直接和公用网络连接的计算机之间建立一条专用通道,两个私有网络之间的通信内容经过这两台计算机或设备打包通过公用网络的专用通道进行传输,然后在对端解包,还原成私有网络的通信内容转发到私有网络中。这样,对于两个私有网络来说,公用网络就像普通的通信电缆,而接在公用网络上的两台计算机或设备则相当于两个特殊的线路接头。

4. VPN 的解决方案

针对不同的用户要求,VPN 有三种解决方案:远程访问虚拟专用网络、企业内部虚拟专用网络和企业外联虚拟专用网络,这三种类型的 VPN 分别与传统的远程访问网络、企业内部网以及企业网和相关合作伙伴的企业网所构成的外联网相对应。

8.2.3 网络反病毒技术

1. 网络反病毒技术的含义

随着网络的高速发展,网络的安全问题日益突出。近几年来,黑客攻击、网络病毒等屡屡曝光,国家相关部门也一再三令五申要求切实做好网络安全建设和管理工作。前面我们讲过,防火墙技术只是防止外部入侵,内部也必须有防御措施,所以杀毒软件也同样很重要。这样,网络反病毒技术的发展就显得尤为重要。总的来说,网络反病毒技术包括预防病毒技术、检测病毒技术和消毒技术等。

1)预防病毒技术

它通过自身常驻系统内存,优先获得系统的控制权,监视和判断系统中是否存在病毒,进而阻止计算机病毒进入计算机系统对计算机系统进行破坏。这类技术的特点是:加密可执行程序、引导区保护、系统监控与读写控制(如防病毒卡)等。

2)检测病毒技术

它是通过对计算机病毒的特征来进行判断的技术,如自身校验、关键字、文件长度的变化等。

3)消毒技术

它通过对计算机病毒的分析,开发出具有删除病毒程序并恢复原文件的软件。

2. 网络防病毒软件的主要能力

1）病毒查杀能力

病毒查杀能力是衡量网络版杀毒软件性能的重要因素。用户在选择软件时不仅要考虑可查杀病毒的种类数量，更应该注重其对流行病毒的查杀能力。很多厂商都以拥有大病毒库而自豪，但其实很多恶意攻击是针对政府、金融机构、门户网站的，而并不对普通用户的计算机构成危害。过于庞大的病毒库不仅会降低杀毒软件的工作效率，而且会增大误报、误杀的可能性。

2）对新病毒的反应能力

对新病毒的反应能力也是考察防病毒软件查杀病毒能力的一个重要方面。通常，防病毒软件供应商都会在全国甚至全世界建立一个病毒信息收集、分析和预测的网络，使其软件能更加及时、有效地查杀新出现的病毒。这一收集网络体现了软件商对新病毒的反应能力。

3）病毒实时监测能力

对网络驱动器的实时监控是网络版杀毒软件的一个重要功能。当网吧、学校、机关等有一些老式机器因为资源、系统等问题不能安装杀毒软件时，就需要用该功能进行实时监控。同时，实时监控还应识别尽可能多的邮件格式，具备对网页的监控和从端口进行拦截病毒邮件的功能。

4）快速和方便的升级能力

与个人版杀毒软件一样，只有不断更新病毒数据库，才能保证网络版防病毒软件对新病毒的查杀能力。升级的方式应该多样化，防病毒软件厂商必须提供多种升级方式，特别是对于公安、医院、金融等不能连接到公共互联网络的用户，必须要求厂商提供除 Internet 以外的本地服务器、本机等的升级方式。自动升级的设置也应该多样。

5）智能安装和远程识别

对于中小企业用户，由于网络结构相对简单，网络管理员可以手工安装相应的软件，只需要明确各种设备的防护需求即可。但对于计算机网络应用复杂的用户（如跨国机构、国内连锁机构、大型企业等），在选择软件时，应该考虑到各种情况，要求能提供多种安装方式，如域用户的安装、普通非域用户的安装、未联网用户的安装和移动用户的安装等。

6）管理方便和易于操作

系统的可管理性是系统管理员尤其需要注意的问题，对于那些多数员工对计算机知识不是很了解的单位，应该限制客户端对软件参数的修改权限；对于软件开发、系统集成等科技企业，根据员工对网络安全知识的了解情况以及工作需要，可适当开放部分参数设置的权限，但必须做到可集中控制和管理；对于网络管理技术薄弱的企业，可以考虑采用远程管理的措施，把企业用户的防病毒管理交给专业防病毒厂商的控制中心专门管理，从而降低用户企业的管理难度。

7）对资源的占用情况

防病毒软件进行实时监控都或多或少地要占用部分系统资源，这就不可避免地要降低系统性能。如一些单位上网速度太慢，有一部分原因是防病毒软件对文件过滤带来的影响。企业应该根据自身网络的特点，灵活配置网络版防病毒软件的相关设置。

8）系统兼容性与可融合性

选购防病毒软件时需要考虑系统兼容性的问题。防病毒软件的一部分常驻程序如果跟其他软件不兼容将会带来很多问题,如导致某些第三方控件无法使用,甚至影响系统的运行。在选购安装防病毒软件时,应该严密测试,以免影响系统的正常运行。对于不同操作系统的企业,还应该要求网络版防病毒软件能适应不同的操作系统平台。

 **资料链接**

支付宝的安全措施

支付宝(中国)网络技术有限公司(下称支付宝)是国内领先的独立第三方支付平台,由阿里巴巴集团于 2004 年创办。支付宝用户覆盖了 C2C、B2C 及 B2B 领域,主要提供支付及理财服务,涉及网购担保交易、网络支付、转账、信用卡还款、手机充值、水电煤缴费、个人理财等方面,拥有超 4.5 亿实名用户。

支付宝在进入移动支付领域后,为零售百货、电影院线、连锁商超和出租车等多个行业提供服务,并与国内外 180 多家银行以及 VISA、MasterCard 国际组织等机构建立战略合作伙伴关系,成为金融机构在电子支付领域最为信任的合作伙伴。

支付宝在支付安全方面采取了措施。①数字证书。数字证书是由权威公正的第三方机构签发的证书,它对网上信息进行加密、解密、数字签名和签名验证,确保网上信息传递的机密性和完整性。当用户申请数字证书后,只能在安装数字证书的电脑上进行支付。若要在其他电脑上执行支付操作,需要重新验证手机安装一个新的数字证书。②安全保护问题。设置 3 个只有自己清楚的安全保护问题,如果发现有人已篡改支付宝账号密码,还能及时通过安全保护问题及时找回并更改为新密码。③手机动态口令。这是基于手机绑定的更高级别的安全保护产品,在申请了收集动态口令服务之后,银行账户信息修改、证书验证、找回密码、一定额度的账户资金变动都需要手机验证码(动态密码)确认。④支付盾。这是支付宝推出的安全解决方案,是联合第三方权威机构一起推出的安全产品。使用时需要插入支付盾才可以进行付款、收货、提现等涉及金额支出的操作。⑤安全险。支付宝已推出账户安全险,能保障支付宝快捷支付、余额、余额宝、招财宝以及理财资产等资金的安全,资金被盗最高可赔 100 万元,保费每年 1 元且无限次赔付。

8.3 信息认证技术

8.3.1 数字签名

1. 数字签名的概念

所谓数字签名,就是通过某种密码运算生成一系列符号及代码组成电子密码进行签名,来代替书写签名或印章。对于这种电子式的签名还可进行技术验证,其验证的准确度是一般手工签名和图章的验证无法比拟的。数字签名是目前电子商务、电子政务中应用最普遍、技术最成熟、可操作性最强的一种电子签名方法。它采用规范化的程序和科学化的方法,用于鉴定签名人的身份以及对一项电子数据内容的认可。它还能验证出文件的原文在传输过程中有无变动,确保传输电子文件的完整性、真实性和不可抵赖性。

2. 数字签名的使用

实现数字签名有很多方法,目前数字签名采用较多的是公钥加密技术,如基于 RSA

Date Security 公司的 PKCS(public-key cryptography standards)、DSA(Digital Signature Algorithm)、X.509、PGP(pretty good privacy)。1994 年，美国国家标准协会(ANSI)公布了数字签名标准而使公钥加密技术得到了广泛应用。公钥加密系统采用的是非对称加密算法。目前的数字签名是建立在公钥体制基础上的，它是公钥加密技术的另一类应用。

现在应用广泛的数字签名方法主要有 RSA 签名、DES 签名和 Hash 签名三种。这三种方法可单独使用，也可综合使用。数字签名是通过密码算法对数据进行加、解密变换实现的，DES 算法、RSA 算法都可实现数字签名。但这三种方法或多或少都有缺陷，或者没有成熟的标准。下面以 Hash 签名为例介绍数字签名的主要过程。

Hash 签名是最主要的数字签名方法，也称为数字摘要(digital digest)法或数字指纹(digital finger print)法。它与 RSA 签名不同，该签名方法是将数字签名与要发送的信息紧密联系在一起，它更适合于电子商务活动。将一个商务合同的个体内容与签名结合在一起传递比分开传递合同和签名更加可信和安全。

数字摘要法也称为安全 Hash 编码法(SHA，全称为 secure Hash algorithm)或 MD5(MD standard for message digest)，由 Ron Rivest 设计。该编码法采用单向 Hash 函数将需加密的明文摘要成一串 128 bit 的密文，这一串密文也称为数字指纹，它有固定的长度。这样，这串摘要就可成为验证明文是否是"真身"的"指纹"了。

文件只有加入数字签名及验证才能真正实现在公开网络上的安全传输。加入数字签名和验证的文件传输过程如下。

(1) 发送方首先用 Hash 函数从原文得到数字签名，然后采用公钥体系用发送方的私钥对数字签名进行加密，并把加密后的数字签名附加在要发送的原文后面。

(2) 发送方选择一个私钥对文件进行加密，并把加密后的文件通过网络传输到接收方。

(3) 发送方用接收方的公钥对私钥进行加密，并通过网络把加密后的私钥传输到接收方。

(4) 接收方使用自己的私钥对密钥信息进行解密，得到私钥的明文。

(5) 接收方用私钥对文件进行解密，得到经过加密的数字签名。

(6) 接收方用发送方的公钥对数字签名进行解密，得到数字签名的明文。

(7) 接收方用得到的明文和 Hash 函数重新计算数字签名，并与解密后的数字签名进行对比，如果两个数字签名是相同的，说明文件在传输过程中没有被破坏。

如果第三方冒充发送方发出了一个文件，因为接收方在对数字签名进行解密时使用的是发送方的公钥，只要第三方不知道发送方的私钥，解密出来的数字签名和经过计算的数字签名必然是不相同的，这就提供了一个安全确认发送方身份的方法。

安全的数字签名使接收方可以得到保证：文件确实来自发送方。鉴于签名私钥只有发送方自己保存，他人无法做一样的数字签名，因此能够保证收发双方的利益。

8.3.2 数字时间戳

在电子商务的发展过程中，数字签名技术也有所发展。数字时间戳技术就是数字签名技术一种变种的应用。

在电子商务交易文件中，时间是十分重要的信息。在书面合同中，文件签署的日期和签名一样均是十分重要的防止文件被伪造和篡改的关键性内容。数字时间戳服务是网上电子商务安全服务项目之一，能提供电子文件的日期和时间信息的安全保护，由专门的机构提供。

如果在签名时加上一个时间标记,即是有数字时间戳的数字签名。

时间戳是一个经加密后形成的凭证文档,它包括三个部分:①需加时间戳的文件的摘要;②DTS 收到文件的日期和时间;③DTS 的数字签名。

一般来说,时间戳产生的过程为:用户首先将需要加时间戳的文件用 Hash 编码加密形成摘要,然后将该摘要发送到 DTS,DTS 在加入了收到文件摘要的日期和时间信息后再对该文件加密(数字签名),最后送回用户。

书面签署文件的时间是由签署人自己写上的,而数字时间戳则不然,它是由认证单位 DTS 来加的,以 DTS 收到文件的时间为依据。

8.3.3 数字证书与 CA 认证中心

1. 数字证书

1) 数字证书的概念和内容

数字证书就是网络通信中标志通信各方身份信息的一系列数据,其作用类似于现实生活中的身份证。它是由一个权威机构发行的,人们可以在交往中用它来识别对方的身份。

最简单的证书包含一个公开密钥、名称以及证书授权中心的数字签名。一般情况下,证书中还包括密钥的有效时间、发证机关(证书授权中心)的名称、该证书的序列号等信息,证书的格式遵循 X.509 国际标准。

一个标准的 X.509 数字证书包含以下内容:

(1) 证书的版本信息;

(2) 证书的序列号,每个证书都有一个唯一的证书序列号;

(3) 证书所使用的签名算法;

(4) 证书的发行机构名称,命名规则一般采用 X.509 格式;

(5) 证书的有效期,现在通用的证书一般采用 UTC 时间格式;

(6) 证书所有人的名称,命名规则一般采用 X.509 格式;

(7) 证书所有人的公开密钥;

(8) 证书发行者对证书的签名。

2) 使用数字证书的意义

前面已经提到,因特网电子商务系统必须保证具有十分可靠的安全保密技术,也就是说,必须保证网络安全的五大要素,即信息的保密性、信息的完整性、信息的不可否认性、交易者身份的真实性和系统的可靠性。

数字证书提供了一种在网上验证身份的方式。安全证书体制主要采用了公钥体制,其他还包括对称密钥加密、数字签名、数字信封等技术。

我们可以使用数字证书,通过运用对称和非对称密码体制等密码技术建立起一套严密的身份认证系统,从而保证:①信息除发送方和接收方外不被他人窃取;②信息在传输过程中不被篡改;③发送方能够通过数字证书来确认接收方的身份;④发送方对于自己的信息不能抵赖。

3) 数字证书的原理

数字证书采用公钥体制,即利用一对互相匹配的密钥进行加密和解密。每个用户可设定一把特定的仅为本人所知的私钥,用它进行解密和签名;同时设定一把公钥并由本人公开,为一组用户所共享,用于加密和验证签名。当发送一份保密文件时,发送方使用接收方的公钥对数据加密,而接收方则使用自己的私钥解密,这样信息就可以安全无误地到达目的地了。通过数字的手段保证加密过程是一个不可逆的过程,即只有用私钥才能解密。

4)数字证书的颁发

数字证书是由认证中心颁发的。根证书是认证中心与用户建立信任关系的基础,在用户使用数字证书之前必须下载和安装。用户可以从相关网站上直接下载并安装。

认证中心是一家能向用户签发数字证书以确认用户身份的管理机构。为了防止数字凭证的伪造,认证中心的公钥必须是可靠的,认证中心必须公布其公钥或由更高级别的认证中心提供一个电子凭证来证明其公钥的有效性,后一种方法导致了多级别认证中心的出现。

数字证书颁发过程如下:①用户产生了自己的密钥,并将公钥及部分个人身份信息传送给一家认证中心;②认证中心在核实用户身份后,将执行一些必要的步骤,以确认请求确实由用户发送;③认证中心再发给用户一个数字证书,该数字证书内附有用户的密钥等相关信息,同时,还附有对认证中心公钥加以确认的数字证书,当用户想证明其公钥的合法性时,就可以提供这一数字证书。

2. CA 认证中心

CA 认证中心就是一个负责发放和管理数字证书的权威机构。对于一个大型的应用环境,认证中心往往采用一种多层次的分级结构,各级的认证中心类似于各级行政机关,上级认证中心负责签发和管理下级认证中心的证书,最下一级的认证中心直接面向最终用户。CA 认证中心的作用如图 8-1 所示。

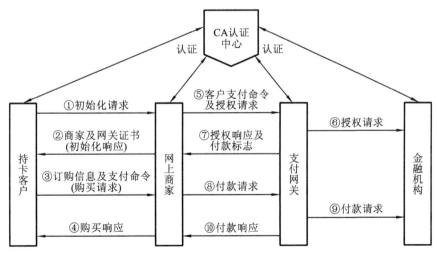

图 8-1 CA 认证中心的作用

认证中心主要有以下几种功能。

1)证书的颁发

认证中心接收、验证用户(包括下级认证中心和最终用户)的数字证书申请,将申请的内容进行备案,并根据申请的内容确定是否受理该数字证书申请。如果中心接受该数字证书申请,则进一步确定给用户颁发何种类型的证书。新证书用认证中心的私钥签名以后,发送到目录服务器供用户下载和查询。为了保证消息的完整性,返回给用户的所有应答信息都要使用认证中心的签名。

2）证书的更新

认证中心可以定期更新所有用户的证书,或者根据用户的请求来更新用户的证书。

3）证书的查询

证书的查询可以分为两类:一是证书申请的查询,认证中心根据用户的查询请求返回当前用户证书申请的处理过程;二是用户证书的查询,这类查询由目录服务器来完成,目录服务器根据用户的请求返回适当的证书。

4）证书的作废

当用户的私钥由于泄密等原因造成用户证书需要申请作废时,用户需要向认证中心提出证书作废请求,认证中心根据用户的请求确定是否将该证书作废。

另外一种证书作废的情况是证书已经过了有效期,认证中心自动将该证书作废。认证中心通过维护证书撤销列表(CRL,全称为 certificate revocation list)来完成上述功能。

5）证书的归档

证书具有一定的有效期,证书过了有效期之后就将作废,但是我们不能将作废的证书简单地丢弃,因为有时我们可能需要验证以前的某个交易过程中产生的数字签名,这时我们就需要查询作废的证书。基于此类考虑,认证中心还应当具备管理作废证书和作废私钥的功能。

总的来说,基于认证中心的安全方案应该很好地解决网上用户身份认证和信息安全传输问题。一般一个完整的安全解决方案包括以下几个方面:

(1) 认证中心的建立;

(2) 密码体制的选择,现在一般都采用混合密码体制(即对称密码和非对称密码的结合);

(3) 安全协议的选择,目前较常用的安全协议有:SSL、S-HTTP 和 SET 等。

其中,认证中心的建立是实现整个网络安全解决方案的关键和基础。

国内常见的 CA 认证中心如下:

(1) 中国商务在线(www.fuwuwang5.com);

(2) 中国金融认证中心(www.cfca.com.cn);

(3) 北京数字认证股份有限公司(www.bjca.org.cn);

(4) 湖北省数字证书认证管理中心有限公司(www.hbeca.com.cn);

(5) 中国邮政集团公司(www.chinapost.com.cn);

(6) 上海市数字证书认证中心(www.sheca.com);

(7) 天津市电子认证中心(www.tjca.org.cn);

(8) 广东省电子商务认证有限公司(www.cnca.net)。

 案例

黄劲与走秀网——保证高端消费者安全购物

走秀网成立于 2008 年,是中国成长最快、最受瞩目的时尚类 B2C 电子商务平台,连续多年蝉联"中国时尚电子商务第一"。2011 年入选"全球最具价值 100 家网络新锐",成为上榜的三家中国网站之一。

走秀网是国内领先的时尚电子商务公司。公司总部位于深圳,设有美国、欧洲、亚太三个海外分部,建立起了完善的全球采购和供应体系。公司一直积极引导国际品牌进入中国消费市场,包括更富有价格竞争力的奢侈品牌、更丰富的国际一二线品牌、国际设计师品牌以及部分国内知名品牌。目前,走秀网在线销售品牌超过 3 000 个,商品近 10 万种,涵盖服装、箱包、鞋、珠宝配饰、钟表、化妆品、家居等品类。

黄劲,走秀网联合创始人、首席战略官,美国得克萨斯大学奥斯汀分校 MBA,对外经济贸易大学经济学学士。黄劲曾在金新信托股份有限公司、云电光彩投资有限公司等机构工作多年,在国际贸易、零售、媒体和互联网等领域积累了超过 15 年的投资和运营经验。走秀网是中国时尚和奢侈品电子商务的领导者,拥有众多国内外著名品牌公司的官方网络销售授权,是中国互联网协会评定的最高级 AAA 互联网诚信企业。走秀网拥有上千家知名供应商,集聚上千个品牌,45 000 多件商品;在美国组建了专业供应链管理公司,并在纽约、伦敦、巴黎、米兰、东京、巴塞罗那、苏黎世、洛杉矶、悉尼、首尔等地设立有时尚买手办公室,为中国高端消费者提供"全球品牌,本地购买"服务。

8.4 电子商务安全协议

要实现电子商务的安全交易,交易双方必须遵守统一的安全协议。目前,在电子商务交易中最常用的安全协议主要有 SSL 安全协议和 SET 安全协议。

8.4.1 SSL 安全协议

SSL 安全协议最初是由网景通信公司设计开发的,又称为安全套接层协议,主要用于提高应用程序之间的数据的安全系数。SSL 安全协议的整个概念可以被总结为:一个保证任何安装了安全套接层的客户和服务器间事务安全的协议,它涉及所有 TC/IP 应用程序。

1. SSL 安全协议服务

SSL 安全协议主要提供以下三个方面的服务。

1) 认证用户和服务器的合法性

认证用户和服务器的合法性,使得它们能够确信数据将被发送到正确的客户机和服务器上。客户机和服务器都有各自的识别号,这些识别号由公钥进行编号,为了验证用户是否合法,安全套接层协议要求在握手交换数据时进行数字认证,以此来确保用户的合法性。

2) 加密数据以隐藏被传送的数据

安全套接层协议所采用的加密技术既有对称密钥技术,又有公钥技术。在客户机与服务器进行数据交换之前,交换 SSL 初始握手信息,在 SSL 初始握手信息中采用各种加密技术对其加密,以保证其机密性和数据的完整性,并且用数字证书进行鉴别,这样就可以防止非法用户进行破译。

3) 保护数据的完整性

安全套接层协议采用 Hash 函数和机密共享的方法来提供信息的完整性服务,建立客户机与服务器之间的安全通道,使所有经过安全套接层协议处理的业务在传输过程中都能完整、准确无误地到达目的地。

如图 8-2 所示,SSL 安全协议是一个保证计算机通信安全的协议,对通信对话过程进行安全保护。例如,一台客户机与一台主机连接上了,首先是要初始化握手协议,然后就建立了一个 SSL 进行对话,直到对话结束,安全套接层协议都会对整个通信过程加密,并且检查其完整性,这样一个对话时段算一次握手。而 HTTP 协议中的每一次连接就是一次握手,因此,与 HTTP 协议相比,安全套接层协议的通信效率会高一些。

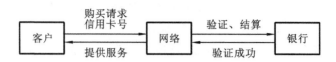

图 8-2　SSL 安全协议的应用示意图

2. SSL 安全协议通信过程

SSL 安全协议的通信过程如下。

(1) 接通阶段:客户通过网络向服务商打招呼,服务商回应。

(2) 密码交换阶段:客户与服务器之间交换双方认可的密码,一般选用 RSA 算法。

(3) 会谈密码阶段:客户与服务商间产生彼此交谈的会谈密码。

(4) 检验阶段:检验服务商取得的密码。

(5) 客户认证阶段:验证客户的可信度。

(6) 结束阶段:客户与服务商之间相互交换结束的信息。

当上述动作完成之后,两者间的资料传送就会加密,另一方收到资料后,再将编码资料还原。即使盗窃者在网络上取得编码后的资料,如果没有原先编制的密码算法,也不能获得可读的有用资料。

发送时信息用对称密钥加密,对称密钥用非对称算法加密,再把两个包绑在一起传送过去。接收的过程与发送正好相反,先打开有对称密钥的加密包,再用对称密钥解密。

在电子商务交易过程中,由于有银行参与,按照 SSL 安全协议,客户的购买信息首先发往商家,商家再将信息转发给银行,银行验证客户信息的合法性后,通知商家付款成功,商家再通知客户购买成功,并将商品寄给客户。

SSL 安全协议是国际上最早应用于电子商务的一种网络安全协议,至今仍然有很多网上商店在使用。在传统的邮购活动中,客户首先寻找商品信息,然后汇款给商家,商家再将商品寄给客户。在这里,商家是可以信赖的,所以客户先付款给商家。在电子商务的开始阶段,商家也会担心客户购买后不付款,或使用过期的信用卡,因而希望银行给予认证。SSL 安全协议正是在这种背景下产生的。

SSL 安全协议运行的基点是商家对客户信息保密的承诺。但在上述流程中,我们也可以注意到,SSL 安全协议有利于商家而不利于客户。客户的信息首先传到商家,商家阅读后再传至银行,这样,客户资料的安全性便受到威胁。商家认证客户是必要的,但整个过程中缺少了客户对商家的认证。在电子商务的开始阶段,由于参与电子商务的公司大都是一些大公司,信誉较高,这个问题没有引起人们的重视。随着电子商务参与的厂商迅速增加,对厂商的认证问题越来越突出,SSL 安全协议的缺点就完全暴露了出来。SSL 安全协议将逐渐被新的电子商务协议(例如 SET 安全协议)所取代。

8.4.2　SET 安全协议

在开放的因特网上处理电子商务,保证买卖双方传输数据的安全成为电子商务的重要问题。为了克服 SSL 安全协议的缺点,满足电子交易持续不断增加的安全要求,达到交易安全及合乎成本效益的市场要求,VISA 国际组织与 MasterCard、Microsoft、IBM 等公司联合,于 1997 年 5 月 31 日推出了用于电子商务安全交易的行业规范——安全电子交易协议。安全电子交易的英文全称是 secure electronic transaction,简称 SET。这是一个为在线交易而设立的一个开放的、以电子货币为基础的电子付款系统规范。SET 安全协议在保留对客户信用卡认证的前提下,又增加了对商家身份的认证,这对于需要支付货币的交易来讲是至关重要的。由于设计合理,SET 安全协议得到了许多大公司和消费者的支持,已成为全球网络的工业标准,其交易形态将成为未来电子商务的规范。SET 安全协议已获得 IETF(Internet Engineering Task Force,互联网工程任务组)的认可,是电子商务的发展方向。

1. SET 支付系统的组成

SET 支付系统主要由持卡人、商家、发卡行、收单行、支付网关、认证中心等六个部分组成。对应地,基于 SET 安全协议的网上购物系统至少包括电子钱包软件、商家软件、支付网关软件和签发证书软件等。

2. SET 安全协议的工作流程

第一步 消费者利用自己的 PC 机通过因特网选定所要购买的物品,并在计算机上输入订货单,订货单上应有在线商店、购买物品的名称及数量、交货时间及地点等相关信息。

第二步 通过电子商务服务器与有关在线商店联系,在线商店做出应答,告诉消费者所填订货单的货物单价、应付款数、交货方式等信息是否准确,是否有变化。

第三步 消费者选择付款方式,确认订单签发付款指令,此时 SET 安全协议才开始介入。

第四步 在 SET 安全协议中,消费者必须对订单和付款指令进行数字签名,同时,利用双重签名技术保证商家看不到消费者的账号信息。

第五步 在线商店接受订单后,向消费者所在银行请求支付认可。信息通过支付网关到收单银行,再到电子货币发行公司确认。批准交易后,返回确认信息给在线商店。

第六步 在线商店发送订单确认信息给消费者。消费者端软件可记录交易日志,以备将来查询。

第七步 在线商店发送货物或提供服务并通知收单银行将钱从消费者的账号转移到商店账号,或通知发卡银行请求支付。

在认证操作和支付操作中间一般会有一个时间间隔,例如,在每天下班前请求银行结算当天的账。前两步工作流程与 SET 安全协议无关,从第三步开始,SET 安全协议才起作用,一直到第七步。在处理过程中,通信协议、请求信息的格式、数据类型的定义等,SET 安全协议都有明确的规定。在操作的每一步,消费者、在线商店、支付网关都通过认证中心来验证通信主体的身份,以确保通信的对方不是冒名顶替,所以,也可简单地认为 SET 安全协议充分发挥了认证中心的作用,以维护在任何开放网络上的电子商务参与者所提供信息的真实性和保密性。

【本章小结】

本章详细分析了电子商务安全的需求,说明了电子商务安全的重要性,虽然电子商务安全是"三分技术、七分管理",但是电子商务安全技术是网络交易的基础。

信息安全技术在电子商务系统中的作用非常重要,它守护着商家和客户的重要机密,维护着商务系统的信誉和财产,同时为服务方和被服务方提供了极大的方便,因此只有采取恰当的技术手段才能充分提高电子商务系统的可用性和可推广性。电子商务系统中使用的安全技术包括网络安全技术、加密技术、数字签名、密钥管理技术、认证技术、防火墙技术以及相关的一些安全协议标准等。

商务交易安全则紧紧围绕传统商务在互联网络上应用时产生的各种安全问题,在计算机网络安全的基础上,如何保障电子商务过程的顺利进行,即实现电子商务的保密性、完整性、可鉴别性、不可伪造性和不可抵赖性。

计算机网络安全与商务交易安全实际上是密不可分的,两者相辅相成,缺一不可。没有计算机网络安全作为基础,商务交易安全就犹如空中楼阁,无从谈起;没有商务交易安全保障,即使计算机网络本身再安全,仍然无法达到电子商务所特有的安全要求。

【实训项目】

银行网站的安全分析

1. 实训目的与要求
（1）了解银行网站的功能和特点。
（2）分析网络支付的过程。
（3）分析第三方支付的安全性。

2. 实训重点
银行网站的功能。

3. 实训难点
第三方支付的安全性。

4. 实训内容
登录浦发银行(www.spdb.com.cn),进行可行性分析。
（1）银行网站的功能和特点是什么?
（2）个人银行和企业银行有什么区别?
（3）分析第三方支付存在的问题和应该采取的措施。

5. 备注说明
（1）通过访问艾瑞网了解我国第三方支付的发展现状。
（2）使用网络支付并了解互联网金融的安全性。

【案例分析】

中国工商银行网上银行支付——安全技术保障

中国工商银行(www.icbc.com.cn,全称:中国工商银行股份有限公司)于1984年成立,是中国五大银行之首,世界五百强企业之一,拥有中国最大的客户群,是中国最大的商业银行。中国工商银行是中国最大的国有独资商业银行,基本任务是依据国家的法律和法规,通过在国内外开展融资活动来筹集社会资金,加强信贷资金管理,支持企业生产和技术改造,为我国经济建设服务。

1997年12月,中国工商银行就在互联网上开办了自己的网站,并于2000年2月正式开办网上银行业务。中国工商银行网上银行的目标是:通过大力发展电子银行,构建包括企业网上银行、个人网上银行、手机银行、多媒体自助终端等在内的完整的电子银行服务体系,使客户需要的功能基本上都能够通过网上银行实现,让客户可以足不出户就能够安全、便捷地办理银行业务。

中国工商银行网上银行集银行、投资、理财于一体，能够为客户提供包括账户查询、转账、7×24 小时汇款、缴费站、网上外汇、网上证券、网上保险、网上期货、在线支付、集团理财、资金归集等多种服务，是目前国内功能最强大的网上银行之一。

在技术体系方面，中国工商银行网上银行采用多层次体系结构，包括安全层、接入层、应用层、数据库层和后台主机接口层。其中，安全层运行统一的认证和安全管理；接入层是网上银行及其他渠道的接入口，处理客户端请求及将应用层处理结果反馈给客户端；应用层主要是完成网上银行的业务逻辑处理；数据库层用于存储网上银行的各类数据信息；后台主机接口层主要是实现网上银行业务的交易处理过程。

在支付安全方面，中国工商银行网上银行采用了标准的 SSL 安全协议对通信进行端到端加密，并采用了网络防火墙和网络入侵检测系统，构建了立体的安全防护体系。

（1）使用具有专利技术的客户证书——U 盾。只要保证 U 盾、U 盾密码、账号（别名）、登录密码和支付密码等不被同一个人窃取，客户便可以放心、安全地使用网上银行。

（2）使用电子银行口令卡。对于使用口令卡的客户，只要保管好自己的口令卡，保证登录卡号、登录密码、口令卡不被同一个人盗取，同样可以放心、安全地使用网上银行。

（3）使用注册卡号和网上银行密码。使用注册卡号和静态密码自助注册的客户除了可以在中国工商银行认定的特殊限额特约网站上进行消费支付外，不能办理其他对外转账支付业务。

除了以上几种客户身份确认措施外，中国工商银行网上银行还推出了自助开关对外转账、预留信息验证、余额变动提醒、唯一 ID 登录、小 e 安全检测等，全方位确保客户安全使用网上银行。

【练习题】

（1）登录淘宝网服务中心（service.taobao.com），分析网店信用评价体系的优点和不足。
（2）访问走秀网（www.xiu.com），浏览网站内容，了解奢侈品消费安全性。
（3）登录美丽说（www.meilishuo.com），了解社区型女性时尚导购的安全需求。

【复习题】

（1）什么是数字证书？它有何用途？
（2）简述非对称密钥加密的过程，并分析其优缺点。
（3）简述对称密钥加密的过程，并分析其优缺点。
（4）简述防火墙的定义及其工作原理。
（5）简述防火墙的分类。
（6）什么是数字签名？
（7）什么是 SSL 安全协议？其有哪些优缺点？
（8）什么是 CA 认证中心？

第九章　电子商务系统规划

【学习目标】

☆ 了解电子商务系统的构成。
☆ 明确电子商务系统规划的内容。
☆ 掌握电子商务系统规划的方法。
☆ 学会电子商务战略的制订。

 实务导入

孙德良与中国化工网——行业网站系统规划

中国化工网是由网盛科技创建并运营的,是国内第一家专业化工网站,也是目前国内客户量最大、数据最丰富、访问量最高的化工网站。中国化工网建有国内最大的化工专业数据库,内含40多个国家和地区的2万多个化工站点,含25 000多家化工企业,20多万条化工产品记录;建有包含行业内上百位权威专家的专家数据库;每天新闻资讯更新量上千条,日访问量突破1 000 000人次,是行业人士进行网络贸易、技术研发的首选平台。其兄弟网站"全球化工网"集一流的信息提供、超强专业引擎、新一代B2B交易系统于一体,享有很高的国际声誉。

1997年10月,毕业于沈阳工业大学计算机专业的孙德良从国内早期网络公司"讯业"辞职,开始创业,并于1997年11月开通国内第一个专业化的垂直化工网站China Chemical Network英文版,此即"中国化工网"最早的版本。中国化工网行情中心,以中国化工网庞大的产品、信息、客户数据库和资讯合作网络为基础,共分新闻热点、行情专递、专家评述、数据统计、行情论坛五大板块,油品、橡胶、塑料、化工四大专区。整个中心融石化、化工资源之精华,集产品(油品、塑料、橡胶、化工等四大类)、市场(近100个专业市场)、厂商(1 200余家代表性生产厂家、3 000余名贸易商)于一体,旨在打造一个专业、免费、及时、全面的综合性化工资讯平台。

中国化工网自创建以来,始终坚持以客户服务为宗旨,不断推陈出新、完善服务内容、强化服务质量的举措得到了一致好评。中国化工网以强大的人才优势、技术优势和服务体系逐步确定了其行业权威地位,提供橡塑、化工、冶金、纺织、能源、农业、建材、机械、电子、电工、五金、仪器、汽车、照明、安防、服装、服饰、家电、百货、礼品、家具、食品等40多个大类商品的在线采购批发和营销推广。

中国化工网的主要服务项目有:专业的化工企业网站建设;化工企业网上推广、产品信息发布;网上化工贸易信息撮合;专业的化工资讯电子杂志订阅;专业、及时的化工市场行情信息服务;专业的化工企业电子商务解决方案;享受《网上化工资源》的强力推广。中国化工网的专业信息集成:汇集每天最新的国际国内化工新闻信息、化工行情、化工资讯;超过七十八万人次的日访问量,其中有三分之一来自海外;拥有国内最大的化工产品数据库、化工企业数据库;每天有3 000多条来自国内外的产品供求信息;功能强大的化工搜索引擎,提供多种形式的产品检索方式。

中国化工网的每条信息都经过专业的反垃圾信息系统过滤,甚至需要经过严格的人工审核,以确保信息的真实有效。平台经过专业技术人员的优化,对各搜索引擎收录快、排名好,同时也为中小企业量身定制各种服务内容,企业可根据信息量和广告推广效果,选择适合自己的套餐服务。作为最专业的信息服务运营商,针对个人用户提供了获取和发布个人商品、服务信息的平台,可以让用户进行及时有效的信息及服务需求的发布;同时可以为合作伙伴提供最准确的目标消费用户群体、最直接的产品与服务展示平台、最有效的市场营销效果及客户关系管理等多方面、多层次的服务。

预习题

(1) 分析 B2B 行业网站的电子商务系统的特点。
(2) 你认为 B2C 电子商务交易系统应该具有哪些功能?
(3) 在电子商务系统规划上如何具体体现创新和创意?

9.1 电子商务系统概述

电子商务系统建设是企业应用电子商务的第一步,是一个包括商务、技术、支付、物流等许多角色与要素的系统工程。在建设电子商务系统之前,必须充分研究涉及电子商务系统的所有因素,全面分析、统筹规划,形成尽可能完善的电子商务系统设计方案,并在此基础上有条不紊地进行电子商务系统建设。

9.1.1 电子商务系统的构成

从技术角度来看,电子商务系统由三部分组成:企业内部网、企业内部网与互联网的连接、电子商务应用系统。

1. 企业内部网

企业内部网由 Web 服务器、电子邮件服务器、数据库服务器、电子商务服务器、协作服务器、账户服务器和客户端 PC 机组成,所有这些服务器和 PC 机都通过先进的网络设备集线器或交换器连接在一起。Web 服务器最直接的功能是可以向企业内部提供一个 WWW 站点,借此可以完成企业内部日常的信息访问;电子邮件服务器为企业内部提供电子邮件的发送和接收;数据库服务器和电子商务服务器通过 Web 服务器和由自己对企业内部和外部提供电子商务处理服务;协作服务器主要保障企业内部某项工作能协同进行,例如,在一个软件企业,企业内部的开发人员可以通过协作服务器共同开发一个软件;账户服务器提供企业内部网络访问者的身份验证,不同的身份对各种服务器的访问权限不同;客户端 PC 机上要安装有 Internet 浏览器,如 Internet Explorer 或 Netscape Navigator,借此访问 Web 服务器。

在企业内部网中,每种服务器的数量随企业情况的不同而不同。例如,如果企业内访问网络的用户比较多,可以放置一台企业 Web 服务器和几台部门级 Web 服务器,如果企业的电子商务种类比较多样或者电子商务业务量比较重,可以放置几台电子商务服务器。

2. 企业内部网与互联网的连接

为了实现企业与企业之间、企业与用户之间的连接,企业内部网必须与互联网进行连接,但连接后,就会产生安全性问题,所以在企业内部网与互联网连接时,必须采用一些安全措施或具有安全功能的设备,这就是所谓的防火墙。

为了进一步提高安全性,企业往往还会在防火墙外建立独立的Web服务器和电子邮件服务器供企业外部访问用,同时,在防火墙与企业内部网之间,一般会有一台代理服务器,代理服务器的功能有两个:一是安全功能,即通过代理服务器可以屏蔽企业内部网内的服务器或PC机,当一台PC机访问互联网时,它先访问代理服务器,然后代理服务器再访问互联网;二是缓冲功能,代理服务器可以保存经常访问的互联网上的信息,当PC机访问互联网时,如果被访问的信息存放在代理服务器中,那么代理服务器将把信息直接送到PC机上,省去对互联网的再一次访问,可以节省费用。

3. 电子商务应用系统

在建立了完善的企业内部网,实现了企业内部网与互联网之间的安全连接后,企业已经为建立一个好的电子商务系统打下了良好的基础,在这个基础上再增加电子商务应用系统,就可以进行电子商务活动了。一般来讲,电子商务应用系统主要以应用软件的形式实现,它运行在已经建立的企业内部网之上。电子商务应用系统分为两个部分:一部分是完成企业内部的业务处理和向企业外部用户提供服务,比如,用户可以通过互联网查看产品目录、产品资料等;另一部分是极其安全的电子支付系统,电子支付系统使得用户可以通过互联网在网上购物、支付等,真正实现了电子商务。

9.1.2 电子商务系统规划的原则

电子商务是企业数据的信息化,对于大型企业电子商务系统,尤其要重视强调系统规划设计。如果不重视电子商务系统的统筹规划,或者不按照事先的统筹规划进行电子商务系统建设,建成后的电子商务系统很可能出现协同困难,难以实现系统的预期功能,难以实现系统建设的目标,从长远看还会造成资源浪费,使得将来必须为之付出更高的系统改进与整合成本。

1. 电子商务系统规划建设步骤

电子商务系统是商务与技术结合的产物,所以在电子商务应用的全过程中,都必须充分兼顾商务和技术两个方面的因素,以科学、合理的程序展开系统设计、建设和应用工作。如果按阶段划分,要实现电子商务应用,电子商务系统建设大致需要经过下列四个阶段。

1) 定位需求分析阶段

定位需求分析阶段是实现电子商务应用计划的第一步。这一阶段的工作主要是进行充分的商务分析,主要包括需求分析(包括企业自身需求分析、市场需求分析以及客户需求分析等)和市场分析(包括市场环境分析、客户分析、供求分析和竞争分析等)两个方面。

在电子商务条件下,随着市场范围的扩大,创新速度的加快,竞争的压力越来越大,竞争的频率越来越高,因此,必须对拟建的电子商务系统在未来可能面临的竞争尽可能做出分析,最大限度地避免竞争失利。此外,还要对企业自身状况进行分析,包括对企业组织、管理、业务流程、资源、未来发展的分析,等等。要结合电子商务的特点,从供应链的角度重新审视企业组织、管理与业务流程,寻找与电子商务的最佳结合部。

2) 规划设计阶段

在完成定位需求分析的基础上,在掌握电子商务最新技术进展的情况下,充分结合商务和技术两个方面的因素,提出电子商务系统的总体规划、系统角色、总体格局,也即确定电子商务系统的商务模式及与商务模式密切相关的网上品牌、网上商品、服务支持和营销策略四个要素。

电子商务系统设计工作可以由此展开,也即从子系统、前台、后台、技术支持、系统流程、人员设置等各个方面全面构建电子商务系统。此阶段工作完成的好坏,将直接关系到后续电子商务系统建设和将来电子商务系统运行和应用的成败。

3)建设变革阶段

建设变革阶段的工作分为两条线:一条线是按照电子商务系统设计,全面调整、变革传统的组织、管理和业务流程,以适应电子商务运作方式的要求;另一条线是按照电子商务系统设计,全面进行计算机软硬件配置、网络平台建设和电子商务系统集成,完成电子商务系统技术支持体系的建设,从技术上保障电子商务系统的正常运作。

4)流程整合运行阶段

建设变革阶段完成后,就可以将经过变革的组织、管理和业务流程,与已经建好的电子商务技术平台整合起来,进行电子商务系统的试运行。再经过必要的调整、改进以后,实现电子商务应用的工作就可以进入整合运行阶段,开始实现电子商务应用。

企业电子商务系统的建设绝不是一劳永逸的,必须在系统应用的过程中,根据企业商务和网络技术等各个方面的变化,不断创新、改进、完善,以确保和提高企业电子商务系统的竞争能力。

 资料链接

电子商务网站模板

网站模板在这里指的是网站页面模板,当网站中有许多页面版式色彩相同,将其定义为网页模板,并定义其中部分可编辑、部分不可利用网页模板制作其他页面时就会很方便,不易出错。网站模板就是已经做好的网页框架,可使用网页编辑软件将模板原有的图片和文字替换成自己的内容,再发布到自己的网站上。一般按以下要求进行网页模板的制作:要沉稳,不要花里胡哨;要素净、大气,不要五彩缤纷;要有个性、有风格,要突出行业的特点。

网站模板,顾名思义就是以已经成形的网站作为框架,可以在后台设置网站的一些信息,把这个网站改变成自己需要的网站,最为直接的就是一些网站提供的自助建站和众所周知的博客,另外还有一些公司把自己公司已经设计好的网站进行一些修改再套用,如修改风格、网站名称等信息,但大致格式及里面的代码并未改动,此网站就是模版网站,它们最大的特点就是省时、省力,操作简单。网站模板就是已经做好的网页框架,每个网站模板压缩包均包含 PSD 图片文件(可用 Photoshop、ImageReady 或 Fireworks 修改)、按钮图片 PSD 文件、Flash 源文件和字体文件,推荐使用 Dreamweaver 软件向 NNT 流量网站模板添加内容。

2. 电子商务系统规划的实施原则

1)以商务为本

电子商务,归根结底是计算机网络技术在商务中的应用,商务才是重点,电子只是手段。在进行电子商务系统设计时,应该以商务为主,以技术为辅,将技术作为满足商务需求、实现商务目标的手段。就企业而言,要立足企业的业务需求,着眼企业的未来发展,紧密配合企业发展的战略,最终要落实到企业效益的增长上。

2) 市场需求为先

随着互联网的普及,消费者需求日新月异,不要被各种各样的电子商务模式、应用软件、解决方案和网络平台牵着鼻子走。必须研究对电子商务的需求,让需求告诉电子商务企业应该怎样应用电子商务,市场需求是进入电子商务领域的最好"专家"。

3) 突出系统性

企业电子商务系统的建设是一项包括商务和技术的许多环节、许多要素在内的系统工程,与企业本身的各个部分、各个环节也有着密不可分的关系。在电子商务系统的规划设计过程中,必须充分考虑可能与拟建企业电子商务系统相关联的所有方面,制订尽可能周全、完善的企业电子商务系统规划设计方案。必要的时候,应该设立专门机构,统一负责企业电子商务系统的建设工作及建成以后的系统运作管理。

4) 完善资源整合

任何一个企业都是由各种各样的资源组合而成的。资源包括资金、人才、品牌、技术和产品等一切能够为企业带来或创造价值的有形或无形的资产。企业经营的本质就是通过不断的资源配置、组合、调整与交易,实现企业资源总价值的不断提升。电子商务以其快速、丰富、互动和廉价的优势,成为对企业资源进行重新组合的有力手段。要通过电子商务系统重组企业资源,实现企业组织、管理和业务模式的创新发展,以增强企业竞争力和未来发展潜力。

5) 流程设计和再造

电子商务绝不是对传统商务流程的简单电子化、网络化,电子商务流程也不是传统商务流程的简单复制。电子商务条件下的信息交流工具和商务运作方式,为设计和实现更加先进、更加合理、更加有效的商务流程创造了条件。

6) 培养复合型电子商务人才

电子商务系统设计是商务人员与技术人员共同的事,需要这两类人才通力合作。事实上,在系统设计的某些阶段,商务人员的作用甚至比技术人员的作用还要大,比如商务分析。最好有兼具商务和技术两个方面知识才能的复合型电子商务人才,如果没有,则应当加紧物色或者培养,因为电子商务系统设计需要这种复合型电子商务人才,而电子商务系统建设和运行同样需要他们。

 资料链接

社区化电子商务

社区化电子商务模式主要是以社区发展为重心,以人为本,充分挖掘信息,提供关系性服务,以便更好地促进社交活动。通过社区化的发展与完善,寻求电子商务盈利模式。这种模式的价值就在于强大的黏性和一定规模后的价值指数增长。巨大的黏性会聚合越来越多的受众,历史选择与锁定让非专有技术成为世界上最流行的技术。

SNS 是 2008 年迅速发展壮大的,SNS 是一个很有潜力的领域,但目前 SNS 网站的盈利却不尽如人意。如国内的校内网、开心网等,虽然拥有很大的流量,但盈利模式却很模糊,在融资方面也遇到了一些困难。看起来,广告是一个很好的盈利点,但是目前这些社区网站的广告效果并不怎么样,没有收到什么实质性的效果。视频和游戏看起来也是很好的盈利方向,但视频和游戏产品的产生和淘汰都不同程度地造成盈利上的困难。究竟社区网站要怎么盈利？目前已经有很多社区网站在尝试着与电子商务结合，做社区化电子商务。同样，对电子商务来说，社区化也能带来很多好处。

9.1.3 电子商务系统与企业战略

电子商务时代，必须制订与之相应的企业战略，只有这样企业才能适应电子商务带来的经营变化。事实上，电子商务正在逐步取代传统的商务活动，成为新的商贸活动手段，互联网的兴起和电子商务的发展打破了时空的界限，使传统的贸易方式和经济活动发生了根本改变，从而为中小型企业同大型企业在同一个起跑线上竞争创造了有利的条件。

1. 电子商务系统的选择

在国内网络环境日益成熟的背景下，企业的电子商务距离我们越来越近，随着时代的发展，应运而生的专业电子商务网站也越来越多。对我国的企业用户来说，由于资金、人力的限制，其市场推广实力普遍欠缺，可以说，企业最适合通过电子商务网站借力发挥。

对于迫切需要开展电子商务的企业来说，可以从以下几个方面来选择电子商务系统。

1）模式

要正确地选择电子商务网站的发展经营模式，网站正确的发展经营模式能使企业自身在网上营销和推广中少走弯路，尽量节省不必要的开支，创造最大的利润。一个好的电子商务网站在市场定位中会切身去考虑商家和消费者的利益，使商家能够充分发挥自身优势，在产品的营销和推广中根据市场的需求及时做出变化，从而使消费者满意网站提供的一切服务。

2）技术

这里的技术主要是指搜索引擎技术，因为购物网站意味着海量的商品信息，直接面临的就是商品搜索。先进的搜索引擎技术能使消费者更方便、迅速、准确地找到所需的产品，在极大地减少搜索时间的同时，带来更愉悦的购物体验。网上购物的理想境界是足不出户、随心购物、应有尽有。试想，蜗牛般的搜索速度，只能让心急的消费者半途放弃，并永久地放弃这个网站。

3）价格

在网上建立网络商店需要向网站缴纳一定的费用和佣金，这些费用虽然和自己建立网站的费用相比不算什么，但是既然花钱了就一定要物有所值。因此，一定要选择既物有所值又放心的电子商务网站。

4）服务

客户服务是网上购物不可忽视的关键环节，据相关调查显示，42％的人认为商家信用、产品质量和售后服务是目前网上交易的最大问题。因此，企业选择电子商务网站时，对网上支付、物流配送、售后服务等环节，也要一一严格把关。

总而言之，企业需要选择好一个电子商务网站，从而加快企业迈进电子商务时代的进程，为企业提供了更好的、更周全的服务，以使消费者能够在网上尽情购物，真正体验购物乐趣。

2. 企业电子商务发展存在的问题

电子商务网络营销已经给企业带来了明显的经济效益，企业必须从企业自身的现状、整个社会环境等方面出发，发挥网络营销的成本优势，实现企业利益最大化。

目前，企业电子商务发展存在的问题主要有以下几个方面。

1）竞争意识不强

绝大多数企业还把竞争焦点定位于实体市场,没有充分认识到知识经济时代,抢占网络信息虚拟市场的必要性和紧迫性。即使已经进行电子商务的企业,也并未真正认识到电子商务的作用,尤其是传统企业的改造,更加应该借助、发挥网络销售的优势。

2）产品种类少

目前,我国企业用于网络营销的产品很少,不能形成较大的规模,尤其是一些行业网站,非常有必要完善产品的种类。

3）营销方式单一

大部分上网企业的网络营销仅仅停留在网络广告和促销上,只是将厂名、品名、地址、电话挂在网上,而且很少有企业拥有自己独立的域名网址,开展其他网络营销活动的更是寥寥无几,网络对企业的巨大优势与潜力远远没有被挖掘。

4）社会化配送滞后

社会化配送跟不上,货物递送成本高,网络营销产品不能占有价格上的优势,又没有风险保障,使得企业不敢在网络营销上进行大的尝试。

5）网上支付安全机制和配送法规不健全

网上交易安全是第一位的,必须建立健全网络交易双方的安全机制,保证企业和消费者的权益,规范电子商务交易的行为。

3. 企业电子商务的发展战略

针对现阶段企业电子商务发展的现状和问题,现从以下几个方面对企业的电子商务制订发展战略。

1）拟定电子商务的总体规划

拟定电子商务的总体规划是实施电子商务的第一步,电子商务的总体规划包括电子商务商业模式的选择和目标与计划的制订等。进入电子商务之前,企业首先要弄清楚电子商务要通过何种机制达到何种目的,即设计商业模式。简单地说,商业模式就是:卖什么?卖给谁?怎么卖?怎么结算?根据零点研究咨询集团及其他部门之前的调查结果得出:网民上网的主要目的排在前列的是阅读新闻、发送电子邮件、聊天等,而上网购物的并不多,且上网用户以男性、年轻人、高学历、中等收入以上者居多。企业可以根据这些调查结合自己的具体情况来设计商业模式。

2）进行目标市场定位

目标市场就是企业要服务的顾客群。只有定位了服务对象和服务的区域范围,企业才能决定要生产、销售何种产品,以何种手段进行促销及网页设计要突出哪些特点等。网络销售和单向营销的传统模式不同,它是双向营销,所以定位目标市场必须了解自己的产品是否适应上网用户的各种情况;根据上网用户以男性、年轻人、高学历、中等收入以上者居多的情况,目标市场的定位有以下多个界定:

（1）男性消费者市场;

（2）中青年消费者市场;

（3）具有较高文化水准的职业层市场;

（4）中等收入阶层市场;

（5）不愿意面对售货员的顾客市场等。

3) 加强网站的推广

一个企业的网站好比一座城市,网站的用户好比这座城市中的人口,城市的环境和服务水平等因素决定了城市人口的多少,网站人口的多少更取决于网站的建设和服务。因此,设计推广网站是进行电子商务的前提条件。

推广网站的方法很多,大体可以分为两类:一类是利用传统媒体,如报纸、电视、各种公司宣传品、名片、广告衫等宣传网址;另一类是利用互联网的资源推广网站,将网上广告精练压缩,送到网上经常被网民访问的地方,如一些交流网点、讨论组和电子信箱等。

4) 选择最佳的配送及支付结算方式

社会化配送、支付结算方式是电子商务发展过程中企业自身无法从根本上解决的两个环节,只能采取变通的方式来解决。目前,货到付款是大部分电子商务企业现阶段采取的主要支付方式,通常这种方式可以解决消费者网上购物的安全问题。

5) 建立高效信息收集系统

信息网络时代,谁最先获得信息,谁就获得市场,获得财富。企业要成功地实行电子商务,一定要建立一个高效的信息收集系统。通过网站的设计,企业必须建立一个良好的数据库,收集信息,分析信息,了解市场的需求动向及企业自身的经营情况,以及企业的产品在网上受欢迎的程度等,从而优化自身的资源配置,最大限度地降低成本,提高效益。

6) 建立稳定的顾客群

现代顾客需要的是个性化服务,网络服务系统为顾客提供了全新的工具:全天候、即时、互动、了解信息、释疑解难等。这些特性迎合了现代顾客的个性化消费需求。所以,越来越多的企业把电子商务整合到营销计划中,使顾客服务成为电子商务必不可少的环节之一。电子商务的发展前景深远,人类将进入更加完善的信息网络时代,虚拟空间、虚拟社会已经建立,随着新一代的成长,网络消费观念将会成为一种必然。随着新技术的飞跃发展,企业应该不断制订新的战略、策略,以适应需求的变化。

9.1.4 电子商务系统的成本效益评估

企业在实施电子商务的时候,总会发生一定的成本,如寻找商机所发生的成本,处理收集信息所发生的成本和为电子商务配备人员所发生的成本等。显然,企业应该详细分析:实施电子商务的时候应该发生哪些成本?不应该发生哪些成本?哪些是变化的成本?

1. 企业实施电子商务应该发生的成本

企业实施电子商务所应该发生的成本是企业为建立、应用和运行电子商务系统所必须发生的成本。如果没有这些成本支出,企业就无法实施电子商务或无法得到电子商务的好处,这些应该发生的成本包括如下几点。

1) 电子商务的接入成本

电子商务的接入成本是企业为建立电子商务系统所发生的成本,是对企业实施电子商务具有基础意义的成本。这种成本一旦发生,就是一种沉没成本,不管后来方案如何变化,它都是固定不变的。

2) 购置、维护硬件和软件所发生的成本

企业实施电子商务除了必须具备一定的硬件(如电子计算机、服务器、交换机和网络等)作为载体,还必须具备相关的电子商务软件才能完成其功能。硬件一般可向电脑公司购买。软件方面,可以购买已经成熟的商品软件,也可委托其他单位或自己组织人员针对自身的特点开发。电子商务系统运行以后,必须对硬件和软件进行日常维护工作,才能保证其正常运行。

3）系统人力资本的投入

实施电子商务以后,还必须配备相关的人员、建立相关的机构,具体负责系统的日常运行。这些人员在招聘的时候需要花费选择成本,进入企业后还要对其进行教育培训,需要支付其工资。

4）交易成本

企业通过电子商务系统与其他企业发生商务活动也需要发生成本,这些成本主要由三部分构成:①为保证合同的有效性而在合同契约签订前发生的成本,如对对方的调研费用;②企业签订合同的过程中所发生的成本,如双方讨价还价、起草合同、协商合同条款和最后签订合同过程中所花费的成本;③合同签订以后为监督、实施合同而发生的成本。

5）电子商务系统的维护成本

现在越来越多的企业建立了电子商务系统,企业间信息的共享程度也越来越高,但是企业为了保证自己的竞争优势,都有自己的专有技术和信息。专有技术和信息区别于非专有技术和信息的最大特点是具有排他性。公开的网络环境为商业间谍和黑客等不法之徒窃取企业的机密提供了方便之门,因此企业在建立自己的电子商务系统之后,必须建立专门的制度、购买专门的设备和软件来防范系统中信息的被盗和泄密。系统的保密程度越高,花费的成本也就越高。

2. 企业实施电子商务应避免发生的成本

企业在建立和运行电子商务系统的过程中所发生的成本,属于直接发生的成本,但还有一些成本,它们并不是直接发生的,属于间接成本,企业必须防止和避免这些间接成本的发生。

1）系统技术依赖的负面成本

企业建立好电子商务系统后一般不会轻易改变,如果技术更新换代,也只是沿着同类技术的路径走下去。系统的技术依赖对企业的正面作用是有利于企业积累经验,使企业在竞争中取胜。但是,系统的技术依赖也具有负面效应,就是不可避免地对新的、更有效的、类型不同于原系统的技术的抵制。

2）操作技术不配套而发生的成本

不可否认,我国企业的信息化进程与信息技术水平良莠不齐,差距很大,甚至在同一个企业中,也存在不同档次的操作系统与管理方法混用的问题。一些企业拥有相当先进的设备,但没有采用与之配套的管理方法,使大量的工作仍然停留在手工方式上,这是我国企业与国外先进企业差距的一个典型标志。

3）弥补信息流动性陷阱而发生的成本

信息的流动性陷阱是信息供给与信息需求不对称在企业中的一种特殊反映。随着现代信息网络技术的发展,更多的信息流动渠道开通,信息的供给大大增加了,由于缺乏有效的信息需求,以致出现了信息泛滥。这时,如果企业没有相应的信息处理方法,就产生了信息流动性陷阱:一方面,企业强烈的市场信息需求面对的是大量泛滥的、不适用或无法采用的信息;另一方面,企业对市场和技术信息有比较强烈的需求意识,但由于信息消费能力不足,影响需求意识转化为切实的需求行动。

3. 企业实施电子商务的成本变化趋势

随着新技术的不断出现,互联网发展的步伐越来越快,消费者需求日新月异,从而使企业实施电子商务的成本有以下变化趋势。

1) 现代企业的电子商务成本的绝对量有增大的趋势

电子商务成本的绝对量有增大的趋势是指在总量上电子商务成本比企业的其他成本增长要快得多,这是因为随着实施电子商务企业的增多,从而产生规模效益,电子商务给企业带来的效益越来越大,其成本收益率高于企业平均成本收益率,即电子商务成本总量的增大不会影响企业收益的提高,反而有助于企业效益的提高。

2) 电子商务的硬件投入成本相对减少,软件投入成本有增大的趋势

由于技术的进步,硬件的性能有不断提高的趋势,而其价格却在不断下降。硬件投入成本相对减少的含义是:相对过去而言,硬件的投入绝对值是增加了,但相对软件投入成本而言,不如软件投入成本增加得快。软件投入成本主要是指相关电子商务软件及信息服务、信息交流、人员信息处理能力的培训等方面的成本,客户在与企业进行业务往来的时候,所接触的是软件,而硬件隐藏在背后。

3) 纠正成本和保护成本有增大的趋势

在电子商务系统中,纠正成本的支出可以防止信息泛滥、信息虚假,以求信息可靠、真实。企业将外部的信息引入企业经营中,难免会发生变形,甚至错误,这时就需要付出纠正成本。现在互联网上过量和虚假的信息越来越多,这就需要企业加大纠正成本的支出。现代企业间的竞争越来越激烈,企业的竞争对手总是千方百计地搜集甚至盗窃企业的机密信息。为防止企业的机密信息被盗和泄密,企业必须强化电子商务系统的安全程度,因此必须加大保护成本的支出。

4) 为使电子商务系统的处理能力更强、速度更快、兼容性更好,企业必须支出升级成本

现代信息技术的快速发展使得企业电子商务系统更新换代的步伐越来越快,相应地,升级成本的支出也加大了。

总之,企业的电子商务成本有继续增大的趋势,它直接影响着企业的成本构成,并决定了企业的效益。因此,必须对电子商务系统的每一项成本支出进行认真分析,尽量减少支出,只有这样才能更好地提高企业效益。

9.1.5 电子商务系统开发常用组件

1. 新闻发布系统

(1) 新闻分类管理。新闻分类管理包括新闻分类添加、新闻分类修改、新闻分类删除。
(2) 新闻维护。新闻维护包括新闻添加、新闻修改、新闻删除。
(3) 新闻列表显示。新闻列表显示包括最新新闻标题列表显示、分类新闻标题列表显示、热门新闻标题列表显示、专题新闻标题列表显示。
(4) 新闻检索。新闻检索主要是指新闻标题检索。

2. 留言板系统

留言板系统包括添加留言和留言列表显示。留言管理包括留言回复、留言修改和留言删除。

3. 论坛系统(标准版)

论坛系统(标准版)包括论坛文章发表、论坛文章标题列表、论坛文章跟帖、论坛文章显

示及跟帖显示。论坛维护可实现论坛文章删除、论坛文章跟帖删除和网站用户系统一体化功能。

4．论坛系统（专业版）

（1）论坛两级分类管理。论坛两级分类管理包括论坛主分类添加、论坛主分类修改、论坛主分类删除、论坛子分类添加、论坛子分类修改、论坛子分类删除。

（2）论坛用户系统。论坛用户系统包括用户注册、用户信息修改、论坛文章发表、论坛文章标题列表、论坛文章跟帖、论坛文章显示及跟帖显示。

（3）论坛功能权限控制。论坛功能权限控制包括浏览权限配置、发帖权限配置、主版版主配置、IP信息配置、过滤字符设定、论坛文章检索。

（4）常用功能。常用功能包括论坛公告、论坛信息、会员列表、最新主题、最热主题。

（5）论坛维护。论坛维护包括论坛文章删除、论坛文章跟帖删除、用户删除。

5．网上调查系统

（1）调查题目及项目设置。调查题目及项目设置包括调查题目及项目添加、调查题目及项目修改、调查题目及项目删除、调查界面自动生成、调查结果显示（条形比例图）。

（2）客户反馈系统。客户反馈系统包括客户反馈提交、客户反馈及管理员回复显示列表、管理员查询反馈表。

（3）反馈表回复。反馈表回复包括邮件回复、界面回复。

6．产品发布及查询系统

（1）产品分类管理。产品分类管理包括产品分类添加、产品分类修改和产品分类删除。

（2）产品管理。产品管理包括产品信息添加、产品信息修改和产品信息删除。

（3）产品目录显示。产品目录显示包括最新产品目录显示、热门产品目录显示和随机产品信息展示。

（4）产品分类检索。产品分类检索包括产品详细信息显示、产品评论。

7．网上远程订单系统

（1）用户订单。用户订单包括用户在线申请订单、用户订单跟踪与查询。

（2）管理员确认。管理员就订单联系客户并确认（邮件确认或界面确认）。

（3）订单状态管理。订单状态管理包括添加状态、修改状态和删除状态。

8．网上商店系统

（1）商品分类检索。商品分类检索包括商品销售统计分析、购物车功能和收银台功能。

（2）商品分类管理。商品分类管理包括商品分类添加、商品分类修改和商品分类删除。

（3）商品目录管理。商品目录管理包括商品目录添加、商品目录修改和商品目录删除。

（4）商品信息管理。商品信息管理包括商品信息添加、商品信息修改和商品信息删除。

（5）用户在线购物。用户在线购物包括用户申请订单和订单状态查询。

（6）在线支付。在线支付涉及银行电子支付系统。

（7）商品展示模块。商品展示模块包括最新商品展示、热销商品展示、推荐商品展示和特惠商品展示。

9．在线技术支持系统

（1）技术咨询问题分类管理。技术咨询问题分类管理包括分类添加、分类修改和分类删除。

（2）技术咨询知识库分类。技术咨询知识库分类包括分类添加、分类修改和分类删除。

(3) 问题智能查询。问题智能查询包括咨询表单提交、典型问题加入知识库。
(4) 问题回复。问题回复包括邮件回复、界面回复。

 案例

郭凡生与慧聪网——满足不同行业的客户差异化需求

慧聪网成立于1992年,是国内B2B电子商务服务提供商。慧聪网注册企业用户已超过1 500万名,买家资源达到1 120万名,覆盖行业超过70余个,员工2 500名左右。

2003年12月,慧聪国际在香港挂牌上市,为国内信息服务业及B2B电子商务服务业首家上市公司。慧聪网有买卖通,买家总量超过800万家,日新增当天采购商机5 000多条。买卖通会员不仅可以通过自己的商务中心来查询符合自己需要的采购信息,自己亲自订阅采购商机,还可以通过专门在线洽谈会、IM等即时通信工具来获得一手采购信息。企业可以通过买卖通建立起集合产品展示、企业推广、在线洽谈、身份认证等多种功能的网络商铺。

2008年9月1日,中国领先的B2B电子商务网站慧聪网宣布正式推出行业专属服务。这个针对不同行业的客户差异化需求而为企业量身定做的网上做生意、结商友的诚信平台,其最大亮点在于"个性化"服务(精准的求购信息、网络和纸媒推广的全面覆盖、新闻营销深度打造企业品牌),将立足于跨行业优势,不断提升行业服务深度、广度,确保每一位买卖通会员均能享受到专门的精细化服务。慧聪网行业专属服务还体现在其给行业客户的"优先"上:客户可以优先获得买家求购信息及优先参加买家线上、线下的采购会;收录入当年行业大全名录,参加国内重大的业内展会及活动;卖家推荐,定期将企业产品定时、定点通过邮件、IM等推荐给优质买家,而企业重大的产品、活动等事件通过慧聪网第一时间在互联网平台做新闻发布;此外,也可以优先获得行业内知名专家、顾问咨询服务。慧聪网行业专属服务的推出,迎合了市场对B2B平台信息行业性配套的要求,也是慧聪网在保持线下业务优势的同时,对线上业务的进一步拓展和创新,不仅有利于提高客户满意度,还大大增强了对行业客户的黏性。

9.2 电子商务系统规划

面对网络时代引起的传统商业模式的改变,一些大的行业早就做到了未雨绸缪,已经率先进入了电子商务时代,但是有的企业则感到茫然和无助。对于企业来说,能否迅速登上互联网这辆快车,决定着企业能否适应一个新的时代。面对挑战和机遇,电子商务企业必须提高自己的竞争能力,以在全球化的经济大潮中求得更广阔的生存与发展空间。

9.2.1 电子商务系统规划概述

企业电子商务战略转移过程,常常意味着市场需求的变化逼迫着一个转型的电子商务系统发生革命性的变化。

一般的电子商务系统的建设,应该服从于企业的电子商务计划,在建设过程中需要考虑到企业商务模式的变更、业务流程的更新,考虑到新的技术和服务方式,这就要求在建设电子商务系统之初,必须结合企业实施电子商务的整体战略,在较高层次上审视未来系统所要达到的目的,确定系统的体系结构,以便为后续的设计开发工作提供一个清晰的思路;否则,建设的电子商务系统只会是将企业既有的业务简单地搬到 Internet 上的一个信息系统而已。

1. 电子商务系统规划的概念

系统规划的目的,是为完成未来的某个目标设计相关的实施步骤,其主要内容是给出达到这一目标的行动计划,要求指明行动过程中的人员组织、人物、时间及安排。

电子商务系统规划是指以实现企业核心业务转向电子商务为目标,给定未来企业的电子商务战略,设计支持未来这种转变的电子商务系统的体系结构,说明系统各个组成部分的结构及其组成,选择构造这一系统的技术方案,给出系统建设的实施步骤及时间安排,说明系统建设的人员组织,评估系统建设的开销和收益。

2. 电子商务系统规划的特点

电子商务系统规划是从战略层次或者决策层次做出的,因此,在规划中对未来电子商务系统的描述是概要性的、逻辑性的,并不阐述系统实现的细节和技术手段。

电子商务系统的规划并不强调未来系统怎么做,但一定要明确给出系统未来的目标与定位,即做什么,具体定位必须明确。

因此,电子商务系统规划依据企业电子商务的目标来完成,服务于企业电子商务的整体战略。

3. 电子商务系统规划的内容

考察电子商务系统规划时,我们常常会发现:电子商务系统所要处理的企业核心商务逻辑与传统的商务逻辑相比发生了重大的变化,也就是说,系统规划的前提条件——企业的商务模式是变化的。同时,电子商务所强调的企业间的协作也促使我们的视角必须扩大,即从企业的内部信息流逐渐扩展到企业与其外部环境(如合作伙伴、客户、商务中介等)之间的信息交换,进而谋求企业之间的商务自动化。

电子商务系统规划的过程,是一个集企业商务模式变革和系统开发于一体的过程,电子商务系统规划和企业商务模式转变是不可分割的。电子商务系统规划是需要以企业流程再造为前提的,如果脱离了企业商务模式的变革而单纯考虑系统规划,那么未来的电子商务系统所支持的仅仅是企业现有商务活动的网上翻版,不能从根本上支持企业价值链的增值过程,所以,电子商务系统规划不仅仅是对支持企业电子商务的信息系统进行规划,还包括电子商务战略规划。

电子商务战略规划的目的是明确企业将核心业务从传统商务模式转移到电子商务模式所需要采取的策略,确定企业的商务模型(就是确定企业在电子商务时代如何做生意)。

电子商务系统规划是一种战术层的规划,它侧重以商业模式为基础,规划支持企业未来商务活动的技术手段,确定未来信息系统的体系结构。

电子商务系统规划确定了企业未来的核心业务路线,给出了电子商务系统开发可依据的基本框架,由于这种规划过程侧重于技术的实现,所以其参与人员是以熟悉网络和计算机技术的各类工程技术人员为主。

9.2.2 电子商务系统规划可行性分析

为了在 21 世纪激烈的市场竞争环境下生存并发展,企业必须适应电子商务的模式,但是考虑到目前企业所处的环境以及其自身的一些弱点,企业不能立刻抛弃传统的商务模式,而是应该在继续保持传统商务模式的基础上,应用电子商务来改造传统的商务模式。电子商务模式吸收了传统商务模式的精华,并且利用先进的信息技术手段对其加以改进,从而降低成本、提高服务水平,实现企业自身与合作伙伴、客户、供应商等利益相关者的互赢。基于已经建立的环境基础,实施电子商务系统规划是可行的。

1. 政府为企业实施电子商务提供了政策支持

2000年1月22日,中华人民共和国信息产业部(2008年3月更名为中华人民共和国工业和信息化部)审议并通过了《中国电子商务发展战略纲要》,现已成为我国企业从事电子商务活动的指导性文件。同时,国家三部委采取一系列举措来推进中小企业信息化发展,从而引导中小企业发展电子商务。

2. 网络基础设施的大量投入为电子商务提供了硬件支持

多年来,国家在信息化基础设施方面投入了大量人力、物力和财力,已基本建成了覆盖全国的大容量、高速率光缆传输网络。

3. 大量的电子商务提供商提供了电子商务应用平台的保障

电子商务提供商专门为企业提供虚拟主机空间租用,并承担了电子商务平台制作与维护,这样就免去了企业自己购买专用设备和分流专业人员维护的高额费用,大大降低了企业电子商务的运营成本。

4. 信息化教育为电子商务提供了人才保障

电子商务实现的关键因素之一是信息化人才。目前,我国正采取多种手段和不同的形式,积极地开展信息化人才的培训工作。教育部门正大力普及网络知识,在许多大专院校经济、贸易等专业院系开设电子商务专业,为电子商务培养大量的高素质复合型人才。

5. 网民规模对电子商务发展提供了支持

2013年1月15日,中国互联网络信息中心在京发布了第31次《中国互联网络发展状况统计报告》(以下简称《报告》)。《报告》显示,我国网民规模达5.64亿,截至2012年12月,我国网络购物用户规模达到2.42亿,网络购物使用率提升至42.9%。与2011年相比,网购用户增长4 807万人,增长率为24.8%。在网民增长速度逐步放缓的背景下,网络购物应用依然呈现迅猛的增长势头,2012年全年用户绝对增长量超过2011年,增长率高出2011年同期4个百分点。

9.2.3 电子商务系统规划常用方法

电子商务系统强调战略与电子商务技术的相互作用关系,而非单纯的企业信息化支撑企业战略这样一种单向的作用关系。在电子商务理念的指导下,电子商务系统规划方法也需要有所调整与优化。

通常,在电子商务的理念下,企业的电子商务系统规划方法往往包括以下几个环节。

1. 企业战略审计

企业战略审计是指对企业的战略进行重新评估和审计,充分考虑互联网技术对企业内外部环境的作用,尤其是企业战略模式的创新问题,将企业的战略从工业时代的战略转化为信息时代的战略,这个环节的作用类似于传统企业在业务、管理信息化过程中所做的业务流程再造。

2. 企业信息化战略制订

信息化是企业电子商务的基础,企业必须充分考虑自身的电子商务资源与能力,由此制订相应的电子商务职能战略。

按照迈克尔·波特的企业战略竞争理论,企业需要形成的核心竞争力包括低成本战略和产品歧异战略。企业的信息化可以在这两个方面都有所贡献:首先会在帮助企业提高效率和降低成本方面体现出来;其次在服务领域信息化的生产模式方面,会直接创造出新颖的服务来获得竞争优势,比如,联邦快递的递送查询服务,便是建立在信息化基础之上的。

可以这样来看待信息化对竞争优势的作用,在企业内部的主要贡献体现在成本控制方面,流程重组和准确的数据分析基本上都是以降低成本为目的的;在客户服务方面,则有许多新的技术可以帮助企业实现新的项目,体现对客户的关怀,这个方面的贡献随着知识经济的到来,有越来越明显的作用,随着客户对信息技术认识的提高,自然会选择那些能够运用新技术的企业。

3. 信息系统规划

在进行企业战略审计和企业信息化战略制订后,可借鉴成熟的信息系统规划方法,对企业信息系统进行规划,信息系统规划的方法很多,这里介绍一种比较常用的方法,即关键成功因素法。

通过战略的审计与识别,企业获取了信息时代的企业战略,再识别达成该战略的关键成功因素,即找出达到这样的战略目标需要哪些关键因素,然后确定关键成功因素的性能指标。从这些关键成功因素中,企业可以逐渐分解出企业战略对信息系统的需求。

例如,一家制造企业,已经具备了愿景、使命、价值观以及总体战略,为了达成这些目标,企业进行了具体的战略部署,并明确了这些部署的关键绩效指标。为了促进这些关键绩效指标的改善,企业确定了如下电子商务建设的内容。

(1)建立知识管理系统,管理研发档案,促进研发知识的共享,在知识管理系统中实现知识共享、竞争情报、网上教学、实时沟通等功能。

(2)建立电子商务平台,通过网络实现物料采购、生产外协等合作,保证公司采购质高价廉的原材料,同时提高与供应商、政府部门之间配合的效率。

(3)建立客户关系管理系统,通过 Web 网站、E-mail 邮件系统、呼叫中心、自动传真回复系统等,向客户提供 365×24 小时的不间断服务。

4. 信息化相关资源规划

信息化相关资源规划是由信息系统规划的结果得出的,即企业根据信息系统规划的结果,逐一分解信息系统对各项资源(例如,信息化组织、信息化人员、硬件、网络、信息安全、资金等)的需求,这项规划类似于企业的其他职能规划。

多、快、好、省是企业提出的项目建设原则,对于客户来说,这些仍然是其所追求的方向,企业如果能够满足这些要求,自然能够获得竞争优势。现代企业更是在强调新颖、快捷、低价的环境中求生存、求发展的,这些方面既是企业的战略目标,也是企业参与竞争的直接体现。

在信息化战略中需要把握的重要方向便是创造企业竞争优势,信息化规划、项目选型、项目实施都需要为实现这些目标而做出具体的部署,脱离战略目标则可能使企业的投资得不到理想的回报。

电子服务

电子商务已经越来越电子服务化,这是必然的趋势,随着网络交互性越来越重要,电子服务成为新的制胜点。

网络服务交易与网络购物最本质的区别就在于它交易的物品是看不见、摸不着的服务商品,如淘宝网的产品代购,就是卖服务的一种体现,而且呈现出越来越受欢迎的趋势。以前,这些服务都是通过传统的中介机构来实现交换,而网络服务交易就是将这种中介机构网络化、平台化。网络服务交易的优势在于可以实现服务的异地化、便捷化。同时,网络服务交易还传承了网络购物的优势,即更便宜,第三方支付交易更安全。

从目前很多网站的改变上我们可以看出,它们越来越重视服务,而用户群体也越来越重视服务。因为对目前的大部分用户来说,网上的转移成本是比较小的,一旦发现更好的服务,便会很容易发生转移。长久吸引新顾客和保持顾客忠诚度的必要一点就是做好服务。

电子服务是一个竞争激烈的领域,企业和服务提供商要在这个领域做好并且取胜的话,需根据市场的特点和顾客的趋势,将传统手段与电子手段相结合,为顾客提供满意的服务。

9.3 电子商务战略制订

电子商务作为一种新兴的商业模式,具有极大的潜力,能推动企业打破原有企业战略的束缚,彻底改变企业的运作流程,增强顾客与供应商的联系,开拓新的市场。同时电子商务还能充分利用信息技术,培育和发展良好的竞争环境,提升参与企业的综合竞争力,构建基于供应链、信息交流和技术创新的战略联盟。电子商务能为企业带来如此多的便利,它极大地改变了人们的生活方式,同时也在迅速地改变着我们的商业活动形式。

9.3.1 网络交易体系的优势

在互联网时代,电子商务之所以发展迅速,一定有其原因。在传统企业普及电子化和网络化的同时,我们必须认识到:商务活动已经在技术上实现了一次质的飞跃。

互联网遍及世界的每一个角落,处在全球任何一个位置上的企业都可以通过普通电话线与其贸易伙伴传递商业信息和文件。这种由互联网创造的商务模式打破了时间和空间的限制,可以使企业快速、方便地实现商品交换,无形的、交互式的网络交易体系大有取代传统市场之势。

互联网的使用费用比传统的各种信息交流方式的使用费用低得多,这一点对中小企业来说尤为重要。在过去的市场竞争中,很多大企业往往靠自身过硬的技术优势和庞大的销售网络,在同行中具有很强的竞争力,中小企业往往难以企及。电子商务时代的到来,使中小企业与大企业在因特网上拥有同样的竞争机会,中小企业只要通过因特网就可在全球范围内物色贸易伙伴,寻找贸易机会,寻求更大的发展空间。

电子商务可以完成包括网上宣传、网上交易、网上支付、网上服务、网上管理等在内的几乎所有的商业功能,完全可以代替传统的贸易方式。

利用互联网可以实行 7×24 小时的营销模式,同时不需要增加额外的营销费用,因为利用互联网,顾客可以自助进行咨询、下订单和采购,无须人工干预。

利用电子商务,企业可以与顾客进行交互式沟通,顾客可以根据自身需要对企业提出新的要求和服务需求,企业可以及时根据自身情况针对顾客需求开发新产品或提供新服务。例如,亚马逊根据顾客需求,很快将网上商店的商品从书籍扩展到音像制品和玩具等新产品。

9.3.2 发展电子商务战略的四个阶段

企业实现电子商务并不是一蹴而就的,我国企业信息化程度低,起步晚,加上体制等方面的障碍,电子商务发展需要循序渐进,在企业信息化的过程中,可将企业电子商务开发和应用分为四个相互关联的阶段,即基础阶段、企业信息集成整合阶段、企业内部流程信息化阶段及电子商务实现阶段。

1. 基础阶段

基础阶段主要是加强基础管理,即推动企业标准化工作,整理基础数据,改善业务流程,甚至进行必要的体制变革,为企业信息化提供一个良好的环境。企业信息化素有"三分技术,七分管理,十二分数据"之说,可见基础之重要。实践也证明,很多企业上系统失败,多是因为基础没打好。企业先不要盲目上系统,而要打造好环境,花点时间打好基础是值得的,即使不上系统也可大大提高管理水平和管理素质,如企业需要上系统,也是水到渠成,可以大大降低风险,一举两得。

2. 企业信息集成整合阶段

现在不少企业做了大量信息化的工作,也有很多的投资和资源,由于各方面的原因,这些资源的价值没有充分发挥出来,都基于部门平台不一、数据格式不统一,这种组织和技术决策上的原因造成了信息孤岛,导致了信息私有化和资源的不能共享。要解决此问题必须成立权威的信息化决策机构和管理机构,统一规划,统一平台,解决各自为政、各立山头的问题,使新增投资不走老路,对已形成的信息孤岛要进行整合,在充分利用已有资源的条件下,打破壁垒,统一平台。

3. 企业内部流程信息化阶段

在前两个阶段的基础上,要在企业关键部门,如产、供、销、技术部门建立起相互联通、相互共享且能进行信息交换的系统。企业内部信息化要统一规划,根据企业条件分阶段实施,不能贪大求洋、一哄而上,全部上可能全部垮。没有存量的企业,在结构上要与电子商务接轨,采用 B/S 模式,对于老企业,要在整合阶段,逐步把 C/S 模式改造成 B/S 模式或混合模式。

4. 电子商务实现阶段

电子商务实现阶段也可以分两步走:第一步建设 Intranet,借助 Internet 建设企业内部互联网,即供内部使用的企业信息门户,也像访问 Internet 一样;第二步整合 Internet/Intranet,通过代理和反向代理进行内外部的相互访问,从而形成完整的企业电子商务环境,开展网上订购和网上销售。

第二步可分为以下几个阶段:第一阶段是让企业可以单独在网上被人看到,也就是信息发布;第二阶段是单独建立自己的门户网站;第三阶段是通过网络来解决企业的内部管理,包括网上交易等。

9.3.3 电子商务的战略定位

电子商务模式与传统商务模式相比具有无可比拟的优势,因此,随着计算机技术、通信技术和信息技术的迅猛发展,Internet技术的全球普及,电子商务正酝酿着一场新的商业革命。作为电子商务主力军的企业,在这场革命中必将面临多方面的重大变革和创新,企业必须要有前瞻性,为迎接和投入这场革命做好全方位的准备。

电子商务作为一种竞争战略,可以在上述几个方面加强电子商务企业对抗某一股竞争力量的竞争优势。著名的80∶20公式指出,公司80%的利润来自20%的老顾客,公司与新顾客的交易费用是与老顾客交易的5倍,培养顾客的忠诚度是公司营销中最重要的任务。电子商务是以顾客为中心的,网络数据库中存储了大量现有顾客和潜在顾客的相关数据资料,公司可以根据顾客需求提供特定的产品和服务,具有很强的针对性和时效性,可极大满足顾客需求。同时,借助网络数据库可以对目前销售的产品满意度和购买情况进行分析调查,及时发现问题、解决问题,确保顾客满意,以便更好地建立顾客的忠诚度。公司可在改善顾客关系的同时,通过合理配置销售资源,降低销售费用,增加公司收入。例如,对高价值顾客可以配置高成本销售渠道,对低价值顾客可以配置低成本销售渠道。网络数据库营销是流行的关系营销的坚实基础,关系营销就是建立顾客对品牌的忠诚度,确保一对一营销,满足顾客的服务要求。针对顾客的理性和知识性,企业可以邀请顾客参与产品的设计和生产,从而最大限度地满足顾客的需求。

电子商务战略在规划执行后还应注意控制,以适应企业业务变化和技术发展变化。电子商务战略的实施是一个系统工程:一是加强对规划执行情况的评估,评估是否充分发挥了该战略的竞争优势,评估是否有改进的余地;二是对执行规划时的问题进行识别和改进;三是对技术进行评估和采用。

目前,网络技术发展迅速,成本不断降低而功能显著增强,如果跟不上技术发展的步伐,很容易丧失电子商务的时效性和竞争优势,采取新技术可能会改变原有的组织和管理规划,因此,技术控制也是网络数据库营销中一个显著的特点。

电子商务是有别于传统的市场营销的新的营销手段,它在控制成本费用、市场开拓和与顾客保持关系等方面有很大的竞争优势。但是,电子商务的实施不是简单的某一个技术方面的问题或某一个网站的建设问题,它还涉及对企业整个营销战略、营销部门管理和规划,以及营销策略制订和实施等方面进行调整。

【本章小结】

电子商务系统规划是指以支持企业开发电子商务系统为目标,确定电子商务的发展战略,给定未来电子商务系统的商务模式和模型,设计电子商务系统的总体结构,说明解决方案各个组成部分的结构及其组成,选择构造这一方案的技术方案,给出方案建设的实施步骤及时间安排,说明方案建设的人员组织,评估方案建设的开销和收益。

电子商务发展迅速,必须制订比较全面的、长远的发展计划。规划的目的是为完成未来的某个目标而设计相关的实施步骤,其主要内容是给出达到这一目标的行动计划,要求指明行动过程中的人员组织、任务、时间及安排,并论证其可行性。

【实训项目】

电子商务网站结构分析

1. 实训目的与要求

（1）了解电子商务系统模式。

（2）分析电子商务系统的特点。

（3）分析常见的 B2B 和 B2C 交易系统的结构。

2. 实训重点

电子商务系统的特点。

3. 实训难点

B2C 交易系统的结构分析。

4. 实训内容

登录亚马逊（www.amazon.cn）和当当网，进行可行性分析。

（1）比较这两个网站系统的特点。

（2）分析这两个网站的市场定位及这两个网站的核心竞争力。

（3）分析团购网站存在的问题和应该采取的措施。

5. 备注说明

（1）通过访问艾瑞网了解我国网站系统的结构特点。

（2）使用团购网站订购并体验团购的过程。

【案例分析】

曹国伟与新浪网——内容增值服务

新浪是一家服务于中国及全球华人社群的网络媒体公司。新浪通过门户网站新浪网、移动门户手机新浪网和社交网络服务及微博客服务新浪微博组成的数字媒体网络可帮助广大用户通过互联网和移动设备获得专业媒体和用户自生成的多媒体内容并与友人进行兴趣分享。

新浪通过旗下多家地区性网站提供针对当地用户的特色专业内容，并提供一系列增值服务。手机新浪网为 WAP 用户提供来自新浪门户的定制信息和娱乐内容。新浪微博是基于开放平台架构的寄存自生和第三方应用的社交网络服务及微博客服务，提供微博和社交网络服务，帮助用户随时随地与他人联系和分享信息。

新浪旗下五大业务主线，即提供网络新闻及内容服务的新浪网、提供移动增值服务的新浪无线、提供 Web2.0 服务及游戏的新浪互动社区、提供搜索及企业服务的新浪企业服务、提供网上购物服务的新浪电子商务，向广大用户提供包括地区性门户网站、移动增值服务、搜索引擎及目录索引、兴趣分类与社区建设型频道、免费及收费邮箱、博客、影音流媒体、分类信息、收费服务、电子商务和企业电子解决方案等在内的一系列服务。

新浪互动社区为用户提供多种形式的网络社区服务，包括新浪博客、新浪微博、新浪播客、新浪邮箱、新浪相册、新浪论坛、新浪圈子、新浪招帖栏等多种产品平台。在新浪互动社区中，这些产品之间彼此协同，为用户创造一个可以自由发布信息、分享资源、沟通交流、结实朋友的虚拟生活空间。

新浪在无线增值服务领域亦居领导地位，通过高速无线互联网接入和丰富多彩的无线数据业务,实现网上冲浪、移动办公、网页浏览、文件传输等功能。同时,新浪无线在加强网络深度覆盖、提高网络运行质量、增加数据业务信道和全面增强数据业务支撑能力等方面也是遥遥领先的。新浪短信:覆盖交友、下载、订购、点播等产品种类,旗舰产品有头条新闻、新闻冲浪、每日笑话、恋爱宝典等。新浪彩信:为千万用户提供彩信服务,最大的特色是支持多媒体功能,传递功能全面的内容和信息,包括文字、图像、声音、数据等各种多媒体格式。

新浪企业服务是指新浪网作为互联网技术、信息传播、服务、产品提供商,凭借新浪网优秀的品牌力量,整合现有的各种技术和互联网媒体资源优势,以搜索引擎、企业邮箱、分类信息、企业黄页、产业资讯及城市门户网站等强势产品,打造出的全方位网络信息化服务平台。基础应用型服务:企业邮箱依靠新浪网的技术与网络服务,为企业提供集中管理的、以企业域名为后缀的专业邮箱,充分体现企业品牌形象,方便企业主管人员统一管理。

2013年,新浪微博推出移动支付。新浪对外证实其微博平台正在研发一项移动支付服务,申请的第三方支付牌照也进入公示阶段,这表明新浪微博正在加速布局第三方支付和移动支付,为今后在微博上推广购物服务做准备。

2013年3月20日,新浪正式获得中国证监会下发的基金销售支付结算牌照,这是新浪继获得中国人民银行颁布的第三方支付资质牌照以后又一重要的金融许可证,为其进军互联网金融领域铺平了道路。

【练习题】

(1) 登录中国化工网(china.chemnet.com),分析B2B网站系统规划的实用性和特点。

(2) 访问中国网库(www.99114.com),浏览网站内容,了解中国网库的竞争力体现在哪几个方面。

(3) 登录新浪网(www.sina.com.cn),了解门户网站系统规划的具体内容。

【复习题】

(1) 阐述电子商务系统的构成。
(2) 电子商务系统规划的原则是什么?
(3) 简述电子商务系统规划的内容。
(4) 制订电子商务战略要注意哪些问题?
(5) 电子商务系统规划可行性分析具体包括哪些内容?
(6) 为你自己感兴趣的行业编写一份电子商务系统规划报告。

第十章　电子商务网站运营和管理

【学习目标】

☆ 了解电子商务网站运营的内容和意义。
☆ 熟悉电子商务网站管理的层次与模式。
☆ 掌握电子商务网站的设计方法。
☆ 明确电子商务网站发布与推广的途径方法。
☆ 理解电子商务网站的评价方法。

 实务导入

王府井网上商城——分享互动式购物体验

王府井网上商城是王府井百货集团官方购物网站,创立于1955年,被誉为"新中国第一店",现为中国国内专注于百货业态发展的最大零售集团之一,也是在上海证券交易所挂牌的上市公司。长期以来,王府井百货矢志不渝地探索着一条民族商业发展壮大之路,在不断改革创新与实践中完成了从传统百货向现代百货的转型,实现了由单体型企业向连锁化、规模化零售企业集团的转化。王府井百货已经构筑了以北京为中心,覆盖华南、西南、华中、西北、华北等五大区域的销售网络,在17个城市开设了25家大型百货门店,形成了处于不同发展阶段的门店梯次。公司经营的百货门店总建筑面积超过110万平方米,从业人员超过5万人,是中国国内专注于百货业态最大的连锁集团。

为了实现王府井百货集团和其电子商务公司的战略和业务目标,满足公司的业务规划和需求,集团旨在打造一个以顾客为中心,从功能层面、交互层面、心理满足层面等满足顾客对网上商城的需求和希望,提供真正有用、好用并且想用的网上购物平台,给顾客以一种前端的卓越体验;有效的利用实体店资源,实现线上线下销售的整合,支持跨渠道的销售模式,实现线上线下用户服务的整合,提供跨渠道的统一的用户体验。王府井百货电子商务公司定位于面向品位、品质、时尚和追求购物乐趣的消费者的B2C精品购物平台。依托王府井百货品牌优势,充分借助实体店的品牌和商品资源优势,以成熟品类为切入点,以互联网技术和营销创新为驱动力,以客户体验为基本,以商务智能为支撑,建立系统的、独立的电子商务运营体系;重点经营国际、国内知名品牌、流行品牌、网络热销商品和自有品牌商品等百货商品;为顾客带来丰富的商品选择、诚信便捷的服务和分享互动式的购物体验。

2008年,王府井百货启用了新的企业视觉标识系统。新的形象缎带用隐藏的方式组成了王府井百货英文字母"W",暗含了缎带包裹礼物时的细心,表达了愉悦欢快之情。通过改变标识,向世界展现具有鲜明品牌化、现代化、国际化的王府井百货忠于"人文购物、人性服务"的经营理念,注重顾客体验,致力于为顾客创造高品位的人文购物环境。

王府井百货希望,顾客在此不仅仅是购买商品,更多的是享受购买乐趣,得到愉悦的购物体验。为此,王府井百货关注每一个细节。在购物过程中,王府井百货会从顾客需求出发,用自己的专业水准帮助顾客购买到最合适的商品,帮顾客想得更细致、更全面。每一个王府井百货人在建设企业的同时,也在积极努力地承担应尽的责任与义务。先后捐建百所希望小学,创建京郊"一团火"希望图书馆,开展捐献眼角膜"光明行动",以切实行动推动社会进步,创造和谐社会。在地震等灾难面前,王府井百货迅速做出反应,勇于承担社会责任,积极组织捐款、捐物,开展大型公益活动,以热忱之心、拳拳之情去回报社会,温暖人民。

 预习题

(1) 分析 B2C 电子商务网站运营的特点。
(2) B2B 和 B2C 电子商务网站在管理上有哪些区别?
(3) 从消费者角度说明电子商务网站运营的重要性体现在哪里。

10.1 电子商务网站运营

21世纪是"眼球经济",电子商务要求的是整个生产经营方式价值链的改变,是利用信息技术实现商业模式的创新和变革。完整的电子商务交易环节,包含商品信息查询、询价、洽谈、签订电子合同、电子支付和快速配送等一系列过程,每个阶段都影响着电子商务的发展和效用,存在较高风险。因此,企业必须在进行外部环境、客户需求、竞争对手、市场定位等分析的基础上,以自身的实力为基础,从战略高度规划电子商务的实施与运作。当前开展电子商务的企业日益增多,网上贸易的竞争程度将比传统贸易还要激烈,如果没有一个清晰的战略管理思想,没有全面而深入的实施计划,草率地建立网站,是不可能为企业带来实际的效益甚至点击率的。

10.1.1 网站运营的内容

企业网站应该建立在合理的网站规划前提之下,网站规划既有战略性的内容,又包含战术性的内容,网站规划应站在网络营销战略的高度来考虑。网站规划的主要意义就在于树立网络营销的全局观念,将每一个环节都与网络营销目标结合起来,增强针对性,避免盲目性。

企业网站建设的成功与否与建设网站前的网站规划有着极为重要的关系。在建设网站前应明确建设网站的目的,确定网站的功能,确定网站规模、投入费用,进行必要的市场分析等。只有这样,才能避免在网站建设中出现很多问题,从而使网站建设顺利进行。

网站运营是指在网站建设前对市场进行分析,确定网站的目的和功能,并根据需要对网站建设中的技术、内容、费用、测试、维护等做出规划。网站运营对网站建设起到计划和指导的作用,对网站的内容和维护起到定位的作用。

1. 建设网站前的市场分析

(1) 对相关行业进行市场分析,分析市场有什么样的特点,是否适合在互联网上开展公司业务。
(2) 对市场主要竞争者进行分析,了解竞争对手的上网情况及其网站规划、功能作用。
(3) 分析公司自身条件、市场优势及公司建设网站的能力(费用、技术、人力等)。

2. 建设网站的目的及功能定位

(1) 为什么要建设网站?是为了宣传产品进行电子商务,还是为了建设行业性网站?

是企业的需要还是市场开拓的延伸?

(2)整合公司资源,确定网站功能。根据公司的需要和计划来确定网站的功能,网站功能可分为产品宣传型、网上营销型、客户服务型、电子商务型等。

(3)根据网站功能,确定网站应达到的目的。

(4)企业内部网的建设情况和网站的可扩展性。

3.网站技术解决方案

根据网站的功能来确定网站技术的解决方案。

(1)是采用自建服务器,还是租用虚拟主机?

(2)选择操作系统。Unix 操作系统、Linux 操作系统还是 Window 2000/NT 操作系统?分析投入成本、功能、开发、稳定性和安全性等。

(3)采用系统性的解决方案。IBM 公司、HP 公司等提供的企业上网方案、电子商务解决方案,还是企业自己开发?

(4)网站安全性措施、支付安全措施,如防黑客、防病毒方案。

(5)相关程序开发,如网页程序 ASP(动态服务器页面)、JSP(爪哇服务器页面)、CGI(通用网关接口)和数据库程序等。

4.网站内容规划

(1)根据网站的目的和功能规划网站内容,一般企业网站应包括公司简介、产品介绍、服务内容、价格信息、联系方式、网上订单等基本内容。

(2)根据网站的目的和企业特点,确定关键字,进行搜索引擎优化方面的规划。

(3)电子商务类网站要提供会员注册信息、详细的商品服务信息、信息搜索查询、订单确认、付款、个人信息保密措施、相关帮助等。

(4)如果网站栏目比较多,则考虑由网站编程专人负责相关内容。注意:网站内容是网站吸引浏览者最重要的因素,无内容或不实用的信息不会吸引匆匆浏览的访客。可事先对人们希望阅读的信息进行调查,并在网站发布后调查人们对网站内容的满意度,以便及时调整网站内容。

5.网站建设中的网页设计

(1)网页美术设计一般要与企业整体形象一致,要符合 CI 规范,要注意网页色彩、图片的应用及版面规划,保持网页的整体一致性。

(2)在新技术的采用上要考虑主要目标访问群体的分布地域、年龄阶层、网络速度、阅读习惯等。

(3)制订网页改版计划,如半年到一年时间进行较大规模的改版和信息更新等。

6.网站建设中网站的维护

(1)服务器及相关软硬件的维护,对可能出现的问题进行评估,制定响应时间。

(2)有效利用数据是网站维护的重要内容,因此,应高度重视数据库的维护。

(3)网站信息内容要及时更新、调整、维护等。

(4)制定相关网站维护的规定,将网站维护制度化、规范化。

7.网站建设中网站的测试

网站发布前要进行细致、周密的测试,以保证正常浏览和使用。网站的主要测试内容有以下几点。

(1)服务器的稳定性、安全性。

（2）程序及数据库测试。
（3）网页兼容性测试，如浏览器、显示器。
（4）根据需要的其他测试。

 案例

木内正夫与无印良品——简约的设计

无印良品是一个日本杂货品牌，在日文中意为"无品牌标志的好产品"。产品类别以日常用品为主。产品注重纯朴、简洁、环保、以人为本等理念，在包装与产品设计上皆无品牌标志。产品从铅笔、笔记本、食品到厨房的基本用具都有。最近也开始进入房屋建筑、花店、咖啡店等产业类别。

无印良品虽然极力淡化品牌意识，但它遵循统一设计理念所生产出来的产品无不诠释着无印良品的品牌形象，它所倡导的自然、简约、质朴的生活方式也大受高品位人士的推崇。1980年，世界经济增长陷入低迷，日本也经历了严重的能源危机。当时的消费者不仅要求商品有好的品质，也希望价格从优。在这种情况下，"无品牌"概念在日本诞生了。当年，木内正夫创办了"无印良品"公司，向市场推出了第一批无品牌产品。这些产品包装简洁，降低了成本，所使用的口号是"物有所值"。

无印良品的最大特点之一是极简，它的产品拿掉了商标，省去了不必要的设计，去除了一切不必要的加工和颜色，简单到只剩下素材和功能本身。在商品开发中，无印良品对设计、原材料、价格都制定了严格的规定。由于对环保再生材料的重视和将包装简化到最基本状态，无印良品也赢得了环境保护主义者的拥护。此外，无印良品从不进行商业广告宣传，在产品设计上汲取了顶尖设计师的想法以及前卫的概念，这就起到了优秀广告的作用。生产的产品被不同消费群体接受，这也为其起到了宣传作用。有人认为，与其说无印良品是一个品牌，不如说它是一种生活的哲学。它不强调所谓的流行，而是以平实的价格还原了商品价值的真实意义，并在似有若无的设计中，将产品升华至文化层面。

10.1.2　网站运营的目标分析

电子商务网站不仅要展示与推广企业或机构的产品和服务，达到与客户及合作伙伴的实时信息交流与沟通，实现信息流、资金流和物流的协调有序的快速流动，而且要体现企业或机构的管理理念及品牌形象。对于一般的中小企业或机构而言，技术的实现完全可以外包给专业的公司，而电子商务战略规划、商业模式策划、电子商务网站架构设计、电子商务网站运行中信息资源的管理等却是公司外部人员无法决定的。

网站做得再漂亮，如果没有丰富的信息内容和完善的商业模式支撑，是不可能带来实际的效益和利润的。因此，网站建设前期从战略和战术层面进行的策划与准备，建设后的具体运营，以及如何做出特色等方面才是网站经营的效益和利润所在。

因此，开展电子商务必须先考虑以下几个问题：企业为什么要开展电子商务？能在网上开展哪些业务？企业的商业模式如何才能带来竞争优势和实际利润？电子商务网站如何建设才能满足企业开展网上业务的需求？需要什么样的人力和技术投资才能获得长远的发展？

1. 电子商务网站的定位

企业开展电子商务的目的是首要问题，即电子商务网站建设的目标，也就是我们应该怎样定位即将建设的网站。

下面是企业建设电子商务网站常用的几种定位。

1）宣传推广

宣传推广是指通过 Internet 达到宣传企业形象，提高企业知名度，展示企业产品和服务，挖掘更多商业机会，发布企业的最新动态和经营状况，扩大销售渠道等广告宣传的目的。在我国，由于缺乏很好的电子商务环境，如企业内部信息化基础、安全支付、物流配送等方面都很薄弱，很多企业将宣传和推广企业产品及服务作为建设网站的出发点。

2）交流沟通

Internet 能帮助企业加强和客户的沟通，并建立起一种更密切的实时互动交流的关系，也可以使企业与供应商、经销商、中介机构、运输商等合作伙伴建立更为便捷的交流渠道。目前很多企业网站都自建了留言本、论坛等功能，便于相互间的交流沟通，获取相关的反馈信息，还提供相关的标准文件、合同等资料的下载功能。

3）在线客户服务

很多企业网站现在都集成了网站即时通信工具，能实时提供在线客户服务、在线短信功能，实现了随时随地进行无阻碍沟通，极大地丰富了企业在线信息咨询、技术支持服务的手段，而且像这样的工具很多都是免费的。

4）网上交易

通过网站这个平台，进行网上交易，提供产品或服务的展示，可以接受客户的在线订单，条件允许的可以实现在线支付、结算和选择配送方式。如果网站提供的是无形的产品或服务，如咨询、下载、在线升级等，就可以实现完全的电子商务，从选择、订购、支付到配送都能在网络上进行。

5）企业信息门户

企业信息门户应采用标准的浏览器，通过为企业的决策者、客户、供应商、雇员和合作伙伴提供一个统一的访问入口，根据访问者的不同角色，进入权限对应的界面进行信息的浏览和业务操作。

网站作为企业信息门户的作用主要体现在以下几个方面。

（1）内部信息系统集成。将 Web 技术与企业内部的业务运作系统集成起来，通过标准的浏览器访问内部信息系统的信息，并进行相关操作，为企业员工提供一个简单、标准的个人界面，实现网上交易和企业内部的管理信息系统的信息共享和业务协同，促进企业内部业务流程的信息水平。

（2）对外业务的开展。通过与外部相关信息系统集成，企业信息门户可以使企业、客户、合作伙伴及供应商甚至政府之间的业务往来更加便利。例如，面向政府机构，建立报关、EDI、申请审批、缴税等与政府信息系统的接口。

2. 网站运营的商务分析

企业不可能将所有的业务都搬到网上，特别是对于传统企业，在上网之初往往选择典型的业务进行实践，然后通过与内部信息资源的整合逐步实现电子商务的战略。显然，企业应以自身商务需求、商品特色及行业特点等作为选择的出发点。

1）自身商务需求分析研究

分析企业面临的不断变化的外部环境和内部业务流程，根据企业的发展战略决定企业开展电子商务的策略。从企业最迫切的商务需求入手，看哪个环节、哪个方面是企业最薄弱、最需要通过网络平台来改善和加强的。根据企业的实际商务需求，就可以将网站的功能定位于客户服务、及时沟通、降低成本、提高客户满意度。

2）商品特色及行业特点

根据企业所售商品的特色进行分析，如果是低档的通用性较强或标准化程度高的商品，就十分适合在网上销售，还可以根据商品特色来设计网站的订购流程。从行业来讲，金融保险、信息咨询、计算机设备、数码产品、旅游服务、音像出版等行业都十分适合在网上开展业务。目前，我国由于资金流和物流还达不到通畅的程度，因此电子商务最适合的行业是服务业，特别是以信息为主体的服务业，因为不需要任何实物形式的交割，整个贸易过程完全可以通过 Internet 来完成，容易实现真正意义上的完全电子商务。而对于在行业中是主导者或具有明显的竞争优势的企业，由于其品牌知名度，消费者非常认可，可以考虑建立自己的网站进行销售。

3）目标客户调查与分析

调查与分析目标客户，了解网站可能服务的对象及其需求，规划与设计符合目标客户群的商务网站，为目标客户提供所需的产品或服务，以及满足目标客户的兴趣与爱好，吸引目标客户对网站的注意力，就会留住客户并增强网站的指向性，使企业网站不仅仅停留在公司的形象宣传、信息发布与简单的信息浏览的层面上，而是真正成为满足客户需求的网站，从而增大电子商务成功的可能性。对于个体客户，要关注他们的区域分布、年龄构成、受教育程度、购物习惯与购买倾向，并关注客户对网上交易的态度，对有关付款方式、送货方式的选择习惯。对于公司客户，要关注他们所处的行业、区域分布、商业需求、接受新技术的程度等。

4）竞争对手调查分析

在进行电子商务网站规划时，竞争对手的调查分析是不可缺少的重要内容。尤其是如果竞争对手已经在网上开展了业务，就必须分析现有的和潜在的竞争对手的情况，研究竞争对手网站的运行情况和运行效果，然后根据研究结果指定自己网站的发展战略和网站设计方案。可以利用搜索引擎、行业协会网站等来寻找和自己提供相同或类似产品和服务的公司，或力图满足相同客户群体需求的公司，研究竞争对手的网站定位及其开展的业务。具体分析竞争对手网站的商业模式、设计风格、功能模块、业务流程、产品/服务特色、网上客服效率及其信息更新频率等方面的情况，然后确定自己的电子商务网站战略定位。

3. 可行性分析

可行性分析是指在当前组织下，项目的开展是否已经具备必要的资源及其他条件。网站实施的可行性分析主要包括技术可行性分析、经济可行性分析和管理可行性分析。其中，技术可行性分析主要是指构建与运行电子商务网站所必需的硬件、软件及相关开发技术对电子商务业务流程的支撑分析；经济可行性分析是指构建与运行网站的投入与产出效益分析；管理可行性主要是指保证电子商务网站构建与运行所需要的人力资源以及组织设计和管理制度的分析。

1）技术可行性分析

电子商务网站开发涉及的技术包括搭建平台的各种硬件（如各种网络接入设备、服务器）、各种系统软件（如操作系统、Web 服务器软件、数据库管理系统）、各种网站开发技术（如 HTML、XML）、各种服务器端的编程技术（如 ASP、PHP、ISP、NET 等）。开发网站的企业必须根据网站的功能和性能需求、平台以后的可扩展性，以及与原有系统的兼容性等因素进行网站所需硬件和系统软件的选型,以此来搭建网站运行的基本平台。对于各种动态网站的开发,必须根据项目的实际情况,综合考虑其开发时间、开发难度、运行效率、安全性等。进行技术可行性分析时,最重要的一点就是技术的选择和利用,必须能支持网站功能的实现,并最终为实现网站建设的目标而服务。

2)经济可行性分析

经济可行性分析主要是指网站开发项目中对投入成本的估算和产出效益的评估,以判断项目从经济上是否可以开展,首先确定网站建设的成本,并考虑网站的投入和产出。经济可行性分析包括以下内容。

(1)网站开发费用。按照国内网站建设市场的报价标准,按页面元素(如页面模板、数据库、动画图片、多媒体文件、动态脚本分别计价)或开发人员工时(如按每人×每小时工作量计算费用)计算。

(2)网站维护费用。网站信息更新、纠错、备份恢复、二次开发等费用都要计算在内。

(3)网站运行管理费用。网站运行要消耗大量耗材,还有设备折旧、安全保护、管理等费用。它还包括网站的推广,这方面的费用考虑得比较多,包括各种广告(传统媒体如广播、电视、杂志、报纸、宣传单、户外广告媒体等,网络媒体如邮件、BBS、QQ群、短信等)宣传、搜索引擎优化与竞价等。

(4)网站收益。网站收益包括直接收益(如广告收入、信息服务收费、交易佣金提成、会员费等)和间接收益(如品牌的认同、客户满意度的提高)。

3)管理可行性分析

要保证电子商务网站建设的顺利开展,必须有一个由具备各种不同知识和技能的人员组成的高效团队。这些人员包括网站系统架构设计师、页面美工、专职页面素材设计人员(如Flash动画、各种动态效果客户端脚本设计)、服务器端编程人员、数据库设计人员、信息采编人员、网站维护和推广人员、负责组织协调的项目管理人员等。要建设并实际投入运行一个电子商务网站,实际上还需要懂得企业商务流程、熟悉网络环境的系统规划分析人员,负责整个网站的功能定位和业务流程设计。这样一个分工明确、知识结构完整、协同高效的开发团队是电子商务网站顺利构建和运行的组织保证。

10.1.3 网站运营的意义

从营销的观点来看,每一步工作都是为营销做准备的,比如:注册一个简单易记的域名是为了网站品牌营销的需要;网页优化设计是为了搜索引擎排名的需要;一个响亮而又意义明确的网站名对网站的推广具有更加重要的意义。网站运营是有效开展网络营销必不可少的重要环节。

网站运营是网络营销战略计划的重要组成部分,网站运营既有战略性的内容,又包含战术性的内容。一个优秀的网站运营规划应该站在网络营销战略的高度来考虑,所有的战术都是为战略服务的。

网站运营是网络营销的重要内容,是网站建设的基础和指导思想,决定了一个网站的发展方向,同时对网站推广也具有指导意义。与网络营销计划相比,网站规划侧重于网站本身,但并不仅仅是为了网站建设的需要,应该站在网络营销的全局来看待网站规划,在网站规划阶段就将计划采用的营销手段融合进来,而不是等待网站建成之后才考虑怎么去做营销(网络营销计划侧重于网站发布之后的推广)。

网站运营的主要意义就在于树立电子商务的全局观念,将每一个环节都与网络营销目标结合起来,增强针对性,避免盲目性。电子商务战略是游击战与阵地战的结合,是各种营销手段的组合,网站运营对网络营销计划同样具有重要意义,具有与电子商务运营同等重要的价值,两者不可互相替代。

 案例

原生态购物网

在快节奏的现代生活中,可以卸掉压力与矫饰的不是 BOSS 和 GUCCI 服装,反而是七彩的牛肋巴土布、流水般的艾德莱丝绸。在浮躁拥挤的都市中,可以给人喜悦与放松的不是电玩和香水,而是婉转的葫芦丝和刻着六字真言的松石手链。

原生态购物网愿意吸引热爱民族风格、珍视原始自然、追求生命本质的时尚伙伴为会员。为了会员的切身利益,原生态购物网游历新疆维吾尔自治区、内蒙古自治区、宁夏回族自治区、西藏自治区、贵州、云南,踏访村寨古镇和世外桃源,搜罗最能代表各民族地域风情的好东西,分类细述其佩戴、使用文化,每天不断刷新收藏。

原生态购物网设立民族工坊、民族服装、民间工艺、民族乐器、民族图腾、特色街六个频道,提供饰品、服装、家居用品、传统乐器、玩具、吉祥物、佛珠、生肖守护神等上万种风格独特的商品。

原生态购物网拥有多位民间老艺人和一流的时尚设计师,多间自有工坊和迅速扩张的加盟店。

原生态购物网监督这些常常是独一无二的自然、优美、手工化的产品,每一件都经过严格挑选,物有所值,来自原创地,而不粗制滥造。客户可以提出自己的需求,如款式、尺码、色调、材质等,原生态购物网能为其进行满意的定制服务。

10.2 电子商务网站管理

到 2010 年年底,全球网站总量为 2.55 亿个,2011 年年底增至 5.55 亿个,同比增长 117.6%。就域名类型来看,".com"域名数量由 2010 年年底的 8 880 万个增至 2011 年年底的 9 550 万个。在此期间,".net"域名网站数量仅增长 60 万个,而".org"域名网站新增数量为 130 万个。2011 年期间,".info"域名网站数量为 760 万个,".biz"域名网站数量为 210 万个。网站数量日益庞大的同时,电子商务发展迅速,交易模式和安全技术日新月异,使得电子商务网站更新快捷。市场在变化,消费者需求在变化,电子商务网站必须与时俱进,加强网站的管理和维护。

10.2.1 网站管理的内容

建设网站不是目的,电子商务网站最重要的是实现电子商务交易,很多企业在完成网站建设的工作后,就等着访问者来浏览,甚至预期订单接踵而至,应该说这种想法过于简单了。因此,所有的电子商务企业都应该知道如何定期更新、管理和维护自己的网站。就像一栋房子或者一部汽车,如果长期搁置无人维护,必然变成朽木或者废铁。网站也是一样,只有不断地更新、管理和维护,才能留住已有的浏览者并且吸引新的浏览者,最终达成电子商务交易。

网站管理的内容包括：①公司新闻的更新及维护；②产品资料的更新及维护；③网站版面风格的更新及维护；④网站域名、主机（服务器）的维护，企业邮局的管理与维护；⑤网站资料备份服务；⑥提供网站流量统计报告服务；⑦5×8小时电话咨询；⑧客户电子邮件的及时回复和互动沟通。

10.2.2 网站管理的实际案例

众所周知，B2B和B2C是电子商务的两种重要交易模式，B2B就是企业对企业的电子商务，除了在线交易和产品展示外，B2B的业务更重要的意义在于将企业内部网通过B2B网站与客户紧密结合起来，通过网络的快速反应，为客户提供更好的服务，从而促进企业的业务发展。

B2C就是商家与顾客之间的商务活动，也就是通常所说的网上购物，企业、商家可充分利用电子商城提供的网络基础设施、支付平台、安全平台、管理平台等共享资源有效地、低成本地开展自己的商业活动。

电子商务网站的系统模块包括在线采购系统、销售管理系统、在线培训系统、业务展示系统、客户服务系统、电子邮件管理系统、会员管理系统、产品数据库模型、新闻发布系统、网页制作系统、供货商查询系统、代理商支持系统和后台管理系统等。

B2B/B2C电子商务系统的主要功能包括网上交易、订货、付款、客户服务和货物递交等售中、售前和售后服务，以及市场调查分析、财务核计及生产安排等多项利用Internet开发的商业活动。

B2B/B2C电子商务网站管理的具体内容如下。

1. B2B/B2C网站的前台内容界面

B2B/B2C网站的前台内容界面是供用户登记注册、了解产品信息、下单采购的平台，前台主要栏目包括公司新闻、产品目录、新产品推荐、在线订单、智能化导购、服务信息、信息反馈等。

2. B2B/B2C网站的数据库

B2B/B2C网站的数据库采用SQL数据库。

（1）用户数据库。用户数据库可记录、管理用户资料及用户自定义资料。

（2）产品数据库。产品数据库包括库存、生产周期、成本、包装资料、技术参数、价格资料等。

（3）管理数据库。管理数据库包括订单管理、订单处理进度管理、订单统计功能、货款管理功能、各种报表生成、业务员跟踪等。

3. B2B/B2C网站的后台管理

1）CRM客户关系管理系统

（1）客户资料。客户资料包括客户描述、客户信用等级评估、客户所处地区销售现状、客户以往的下单情况、客户统计资料、客户正在处理的订单、客户付款情况、客户反馈的信息。

（2）客户自己建立的记录。客户可自行编辑自己的各种资料，查询自己的业务历史记录数据，并可形成统计报表。

2）产品和用户资料管理系统

产品的各项资料和图片都可以在后台编辑修改、增加或删除。后台的数据将进行权限处理,有权限的管理员才能更改其中的数据。管理员可以管理用户权限、产品信息等内容,也可以定义业务处理的流程和方式。

3）工作流程管理系统

工作流程管理包括订单管理、订单处理进度管理、订单统计功能、货款管理功能、各种报表生成、业务员进度跟踪。

通过后台程序,控制整个交易过程,并形成记录和报告。系统会自动提醒业务员注意处理未完成的工作。

4．B2B/B2C 网站的主要功能描述

（1）用户管理。用户管理包括用户注册、申请、审批、用户权限管理、用户信息管理。

（2）用户个人资料管理。用户可以建立自己的数据记录,并进行咨询、订购、支付等操作。用户的操作主要由系统智能化生成,各项记录和编辑过程以选单形式为主,用户很少需要用键盘输入记录。系统可自动记录用户的重要事件和数据。

（3）产品展示。产品展示包括分类、检索、产品列表信息、报价及包装运输资料、库存资料等。

（4）订单管理。订单管理包括售前咨询、正式订购、交付情况、结算情况,所有资料可分类统计,系统会自动提醒处理未完成的工作等。

（5）业务员工作管理。业务员工作管理包括：系统自动记录业务员的客户的重要事件和数据(如订单、支付记录等),系统自动跟踪业务员所负责的客户资料,系统自动提醒业务员处理未完成的工作,系统可统计业务员的工作业绩,系统可生成业务员的各种报表(如所负责的客户未支付的货款报表等)。

5．B2B/B2C 网站的辅助功能

B2B/B2C 网站的辅助功能包括以下几个部分的内容。

（1）购物指南。

（2）人工智能导购。

（3）客户服务中心。客户服务中心涉及 FAQ(常见问题解答)、产品说明书电子版下载、技术支持和咨询、用户信息反馈、BBS 沟通、交易管理规范等。

（4）新闻中心。新闻中心涉及新产品发布、网上会晤、公关新闻、促销信息、公司新决策、企业动态等。

（5）搜索引擎。搜索引擎涉及客户信息搜查、产品搜索等。

10.2.3　网站管理的原则

登录电子商务网站,必须仔细阅读网站管理的原则,如果对协议的任何条款有异议,可以选择不注册为会员,如果注册为会员,则意味着将自愿遵守以下规则,并完全服从电子商务网站的统一管理。

网站管理的原则包括如下几个部分的内容。

1．对帖子、回复进行具体的说明

在提问或回复的时候,内容要具体详细。问题的内容越详细,回复也就越详细,而回复越详细也就越容易让人理解。

2. 检查帖子/提问是否重复

在发帖/提问之前,请先对帖子/问题内容进行搜索,其中,是否已经有过得到解决的类似问题。在确认没有满意的答案后再发帖/提问。

3. 检查帖子的区域归属是否正确

发帖之前请确认其与所选择的发帖区域的定位是否一致。

4. 学会表示感谢

对所有解答问题的会员表示感谢,尊重他人的劳动成果。

5. 互相尊重

发帖、回复、评论时的语气请尽量友好,避免给他人以责问、逼问、轻视、嘲笑等感受,要有诚意并正确地表达。

 资料链接

网站管理维护过程中不要犯的七大错误

(1)让用户等待。用户希望互联网速度快,如果服务器速度慢,或者图片需要两分钟才能下载完,可能就会失去潜在的用户。为了进行有效的营销,需要将信息快速放到用户眼前。

(2)技术上过于傲慢。不要假定所有人都有最新版的程序,例如,不是所有人都安装了Macromedia Flash,尽量采用HTML和文字。

(3)不在线下营销。虽然网上营销的目的是提高网站流量,但是不会永远在线。要有效地宣传一个网站,也需要进行线下宣传。

(4)网站没有加入搜索引擎。令人吃惊的是,很多人经常使用搜索引擎,但是并没有在自己的网站加入自己使用的搜索引擎,应该以手动的方式在自己的网站加入搜索引擎,确保它被放在合适的地方。

(5)不让客户为你进行宣传,也就是线下营销所说的口碑。免费提供有宣传语的T恤衫或者将链接传给你的朋友就是性价比很高的营销。

(6)不收集电子邮件地址。为了进行有效的营销,就要有营销对象,应抓住各种机会收集用户的电子邮件地址。

(7)发垃圾邮件。不要屈服于垃圾邮件的诱惑,要通过合法的邮件列表进行营销,如果拿不准是否属于垃圾邮件,就不要发。

10.3 电子商务网站设计

电子商务这一概念是于20世纪80年代末首先提出的,随着互联网技术的迅速发展,电子商务逐渐渗透现代商业的各个领域。同时,电子商务网站建设有多种类型,其中,最为常见的是在互联网上建立虚拟商场,为人们提供一种新的购物方式。由于互联网这种媒体的特殊性,网上购物和传统的购物方式在许多方面有很大的差别。

10.3.1 网站设计的目标与原则

人们在网上购物的过程可以分为两个阶段:第一阶段是观察与查找当前这个网站提供

什么样的商品,并对它们进行比较,决定是否购买;第二阶段是付款结账。在第一个阶段,客户不断地主动搜寻和分析处理与所要选购的商品有关的各种信息,故具有很强的客户驱动特性。这和在商场购物不同,商场有服务员,可以招呼客户、解说、促成交易,而网上虚拟商店没有服务员,只能以精心制作的、可用性强的网页来吸引客户,并使客户能方便地找到其想要的东西,从而增加成交机会。第二个阶段则由客户驱动转为系统驱动,借助特别制作的网页,系统引导客户输入一定的个人信息,如家庭住址、信用卡号码等,同时告诉客户可供选择的付款方式和送货方式。

因此,在电子商务网页设计中,必须充分考虑客户的使用要求,可用性对电子商务网站的正常经营和发展至关重要。

电子商务网站设计的原则有如下几点。

1. 高质量的内容

客户访问电子商务网站是为了获取其感兴趣的商品或服务,所以网页的内容必须突出重点,避免夸张,装饰部分不宜太多,以免喧宾夺主。在计算机显示屏上阅读容易产生视觉疲劳,且阅读速度比看书速度约慢25%,所以网页设计与杂志美编有很大不同,高质量的网页在内容编排上必须简洁明了,便于浏览;如果涉及的信息数量比较大,则应使用超文本将其拆分成多个网页。信息显示格式也是必须仔细考虑的一个重要方面,如字符应足够大,尽量少用移动、Flash等动态显示方式,正文和背景的颜色对比要符合人的视觉特点等。

2. 及时更新

对于电子商务网站来说,要根据市场行情的波动随时更新网页上的价格信息,经常提供新的商品或服务,并做些促销活动以刺激客户的购买欲望。在内容更新的同时,还要注意保持网页在结构上的相对一致性,以使老客户能方便快速地找到其所需要的各种信息。

3. 响应时间短

许多研究表明,用户对网站的满意度和对系统的控制感有密切的关系,而用户对系统的控制感在很大程度上取决于系统的响应速度。用户觉得系统立即响应的时间范围是0.1~1秒,超出1秒钟会让用户注意到延迟,为缩短系统响应时间,比较简单的一种解决办法是尽量减少网页上的图片与多媒体(如动画、录像、闪烁等)的使用。但是作为电子商务网站,很多场合需要采用图示或多媒体演示,以致不得不适当降低系统的响应速度。

4. 易于使用

最大限度地提高用户在网上的操作绩效,并尽量减少发生误操作的可能性。为此,在电子商务网站设计中需要解决好界面一致性的问题。增强界面一致性不仅有利于提高用户的操作绩效和满意度,还可减少操作错误。同时,界面美观水平与使用者对界面可用性的主观评价呈正相关,与操作绩效也呈正相关。衡量网页外观设计质量的四个主要指标是美观、图文比例、结构和总体布局,而美观这一指标最为重要。

10.3.2 网站设计中的优化页面

与传统的购物方式相比,网上购物具有方便、快捷等优点。但是,网上开设的虚拟商场和客户在空间上是分离的,两者间只有通过网络才能传递信息。因此,电子商务网页在设计上必须符合人们的使用要求,以便最大限度地提高人们在网上搜索信息和进行其他各种操作的绩效,并增强人们对网上购物的满意度和安全感。随着互联网的普及,在电子商务网页设计中还应当考虑残障人士等特殊人群的需要。

1. 确定受众

一般来说,绝大多数普通受众比较关注图形、插件、applets(小应用程序)和其他有关的高级 Web 浏览器特性。对企业来说,页面的实用可能比漂亮更重要;对用户来说,没有什么比在页面上能够快速下载更重要了。简而言之,精简页面是一条最佳的捷径。

2. 不能依赖图形

就网站设计而言,的确能够通过成功的图形设计招徕访问者。但并非所有的访问者都可以完全看到图片,某些人为了加快存取网络的速度已经关闭了浏览器端的图形。简而言之,图形并不能正确地在客户端加载。

然而,图形经常被用作导航按钮。如果仅仅通过图片来提供站点导航的话,某些访问者将不能完全或者正确地退出网站。如果使用一个图形映射的方式给内容列表,可以在该页的最后使用一个纯文本方式的表格来处理,这样会好得多。如果使用图形按钮,最好还是有简单的导航文字提示。

3. 保持页面技巧

网站一定要重视图形的处理,最好的方法是让图形文件的尺寸尽量小,让每一个图形文件小于 30 KB,千万不要使用非常大的页面。注意:浏览者通常没有耐心等待网页慢慢打开,若在三秒钟内,网页不能正常显示,浏览者可能就会打开其他的网页。

10.3.3 网页设计技巧

首先需要了解网站的页面组成,网站一般包括以下几个部分。①首页,网站的门面,如同公司的形象,特别注重设计和规划。②框架页,网站的主要结构页面,又称次首页、内页,框架页在大型网站里往往就是首页,如一些门户网站。框架页是网站内部主要栏目的首页,讲究风格的一致性,并与主页呼应。③普通页,网站主要的承载信息的页面,设计要求不高,但要求链接准确、文字无误、图文并茂,并沿袭网页的风格。④弹出页。弹出页一般用于广告、新闻、消息及与其他网站的链接等,一般用得很少。

通过上面的分析,我们可以看出:从功能上来看,首页主要承担着树立企业形象(当然不仅仅是首页)的作用;框架页在导航方面起着重要的作用,比如,各栏目内部主要内容的介绍都可以在框架页中体现再进入普通页,让浏览者能够迅速了解网站各栏目的主要内容,择其需要而浏览;普通页则是主要的信息页面,也是网站的最终页面,这种结构在大型企业的网站里非常重要,而对于规模较小、页面数量不多的中小型企业网站,有时框架页就起着普通页的作用;弹出页,如果不是很有必要,建议最好不要用。

下面详细介绍各页面的设计技巧。

1. 与众不同——首页设计技巧

网站首页是企业网上的虚拟门面,在此,提醒上网的企业注意自己门面的设计,决不能敷衍了事、马马虎虎。对于设计精美的宣传品,相信消费者或多或少会对有关的产品产生好感,即使不会购买,也必然会对这些产品形成一定程度的认同;而对于设计毛糙的宣传品,消费者则会怀疑其内容的真实性,从而对其产品或服务产生怀疑。网站的设计也一样,网站的页面就好比是无纸的印刷品。既然如此,我们便因此而得出一个结论:精良和专业网站的设计,如同制作精美的印刷品,会大大刺激消费者(访问者)的购买欲望;反之,企业所提供的产品或服务将不会给消费者(访问者)留下较好的印象。

首页在设计过程中一定要明确应以设计为主导,通过色彩、布局给访问者留下深刻的印象,当然,我们不能为了设计而设计,我们的目的是营销,与众不同才能突出特色。

2. 风格保持一致——内页设计技巧

如何保持网站风格的一致,是内页设计过程中要考虑的重要方面,可以尝试以下几种设计方式。

1) 结构的一致性

网站的统一性在网站营销中占有重要的地位,而网站结构是网站风格统一的重要手段,包括网站布局、文字排版、装饰性元素出现的位置、导航的统一、图片的位置等。浏览国外著名的电子商务网站,会发现网站的结构具有惊人的一致性,所不同的是色彩或内容。在结构的一致性中,我们要强调网站标识性元素(即网站或公司名称、网站或企业标识、导航及辅助导航的形式和位置、公司联系信息等)的一致性,这种方式是目前网站普遍采用的,可减少设计和开发的工作量,同时更有利于以后的网站维护与更新。

2) 色彩的一致性

保持网站主体色彩的一致性,只改变局部色块,优点是一个独特色彩的网站会给人留下很深刻的印象,因为人的视觉对色彩要比布局更敏感,更容易在大脑中形成记忆符号。在色彩的一致性中,我们强调的是如果企业有自身的 CI 形象,最好在互联网中沿袭这个形象,给观众网上网下一致的感觉,更有利于企业形象的树立。设计时通常选取一两种主要色彩,几种辅助色彩。

3) 利用导航取得统一

导航是网站的一个重要组成部分,一个出色的、富有企业特性的导航会给人留下深刻的印象。比如,将企业标识寓于导航之中,或将导航设计在整个网站布局之中等,花点力气在导航上,也会设计出一个出色的站点。

4) 特别元素的一致性

在网站设计中,个别具有特色的元素(如标识、象征图形、局部设计等)重复出现,也会给访问者留下深刻的印象。

5) 利用图像取得统一

网页中的图像在使用上一定要慎之又慎,尤其是一些动画,网页中充斥着各种可有可无的动画,而这些动画根本与本企业内容无关。认真检查网页中的动画,将没用的删掉。这里我们所说的利用图像取得统一,绝不是在每页中放置几个动画,而是作为网站结构一部分的局部图像,根据网页内容的不同,配以相应的图像或动画,从而形成页面的连续性。

3. 丰富多彩——色彩搭配

在网页设计中,难处理的也就是色彩搭配的问题了。如何运用最简单的色彩表达最丰富的含义、体现企业形象是网页设计人员需要不断学习和探索的课题,如何进行色彩搭配是一门学问,必须在实践过程中去体会。

1) 运用相同色系色彩

所谓相同色系,是指几种色彩在 360°色相环上位置十分相近,在 45°左右或同一色彩不同明度的几种色彩。这种搭配的优点是易于使网页色彩趋于一致,对于网页设计新手有很好的借鉴作用,这种用色方式容易塑造网页和谐统一的氛围,缺点是容易造成页面的单调,因此往往利用局部加入对比色来增加变化,如局部对比色彩的图片等。

2) 运用对比色或互补色

所谓对比色,是指色相环相距较远,在 100°左右,视觉效果鲜亮、强烈。互补色则是色相环上相距最远的两种色彩,即相距180°,其对比关系最强烈、最富有刺激性,往往使画面十分突出。这种用色方式容易塑造活泼、韵动的网页效果,特别适合体现轻松、积极素材的网站,缺点是容易造成色彩太花,使用中要注意色彩使用的度。

值得注意的是,以上两种用色方式在实际应用中要注意主体色彩的运用,即以一种或两种色彩为主,其他色彩为辅,不要几种色彩等量使用,以免造成色彩的混乱。

3）使用过渡色

过渡色能够神奇地将几种不协调的色彩统一起来,在网页中合理地使用过渡色能够使设计者的色彩搭配技术更上一层楼。过渡色包括几种形式:两种色彩的中间色调,单色中混入黑、白、灰进行调和,单色中混入相同色系色彩进行调和等。

4. 简约大气——版面布局

一般来说,企业网站首页的布局比较灵活,这里所说的布局主要是指内页的版面布局。中小型企业网站的内页布局一般比较简单,即一栏式版面布局,从排版布局的角度而言,我们还可以设计成等分两栏式、三栏式、多栏式,不等分两栏式、三栏式、多栏式等,但浏览器的幅面有限,一般不宜设计成三栏以上的布局。

在版面布局中主要是考虑导航、必要信息与正文之间的布局关系。比较多的情况是在顶部放置必要的信息,如公司名称、标识、广告条及导航条,或将导航条放在左侧而右侧是正文等,这样的布局结构清晰、易于使用。当然,设计者也可以尝试这些布局的变化形式,例如:左右两栏式布局,一半是正文,另一半是形象的图片、导航;或正文不等两栏式布置,通过背景色区分,分别放置图片和文字等。设计者在设计中应注意多汲取好的网站设计的精髓。

案例

闲鱼网——淘宝二手平台

闲鱼是阿里巴巴旗下闲置交易平台App客户端(iOS版和安卓版)。会员只要使用淘宝或支付宝账户登录,无须经过复杂的开店流程,即可达成包括一键转卖个人淘宝账号中"已买到的宝贝"、自主手机拍照上传二手闲置物品以及在线交易等在内的诸多功能。下载并使用全新概念的"闲鱼"App,个人卖家能获得更大程度的曝光量、更高效的流通路径和更具优势的物流价格等,让闲置的宝贝以最快的速度奔赴天南海北的新主人手中,物尽其用。

闲鱼之上,不只有交易,有着共同爱好、趣味相投的人们正在集结起来。使用改版后的"闲鱼",用户可以"一键转卖"淘宝上已买到的宝贝。在使用淘宝账号登录、点击进入"闲鱼"客户端一键转卖功能后,就会跳出用户在淘宝所买到的宝贝列表;点击宝贝后面的"一键转卖",便可轻松设置转让价、所在地、联系人等信息。在"闲鱼"手机软件中,网民出售的闲置物品被分为手机、相机/摄像机、电脑/电脑配件、女装、男装等详细类别,用户点击进入后可以浏览这些商品,也可以在检索栏中直接输入商品名称或者卖家名称进行检索。目前,使用苹果iOS和谷歌安卓操作系统的手机都可以下载"闲鱼"客户端软件。淘宝二手平台的一份用户调研报告显示,几乎人人都有闲置物品,而超过一半的用户倾向于将闲置物品放在一边不做处理。导致这种局面的原因是大部分用户没有闲暇时间及精力再去倒卖闲置物品,而小部分用户则是不知道倒卖二手商品的渠道。淘宝推出二手交易App,迎合了很多用户变"闲"为"现"的想法,也响应了社会低碳生活的号召。

10.4 电子商务网站评价

随着网络的发展,越来越多的电子商务网站持续运营与发展。对电子商务网站进行评价,以提高服务质量与盈利能力日渐受到企业的重视与关注,因此必须从不同角度分析电子商务网站,利用不同方法与技术手段进行网站评价。

电子商务网站评价指标体系分为三个层次:第一层是电子商务网站的总水平,它是以网站建设和网站应用两个方面的指标为一级指标,加权后给出电子商务网站总的评价;第二层是电子商务网站建设和网站应用的要素层,它根据电子商务网站建设和网站应用所涉及的核心要素,把2个一级指标分为6个核心要素子系统,即分为6个二级指标,分别予以评价;第三层是电子商务网站建设和网站应用的判别层,它在6个二级指标基础上进一步分解,组成25个三级指标,分别在指标本质含义上予以识别和评价。

10.4.1 电子商务网站建设的评价指标

电子商务网站建设的评价指标包括网站功能评价指标、网站内容评价指标和网站实施评价指标。

1. 网站功能评价指标

1) 商务模式创新度

商务模式创新度包括以下几个部分:①与原有的商务、业务模式比较有哪些创新,如观念、内容创新,制度、方法创新,管理创新,组织机构扁平化,盈利模式创新等;②网上增加哪些新的业务和服务;③业务流程改革、优化程度。

2) 网站功能覆盖率

电子商务网站功能可细分为前台功能和后台功能。

前台功能主要包括商品目录及分类搜索、商品展示、会员(消费者与商家)注册、购物导航、订单流程、支付流程、认证功能、客户信息反馈与沟通渠道(社区)等。

后台功能主要包括商品管理、订单处理(业务流程处理)、账户管理、模板管理、内容管理、送货管理、商务同盟管理、客户资料管理等。

网站功能覆盖率是指网站功能涵盖前台功能和后台功能的程度,主要反映电子商务在核心业务(主营业务)中应用的比例、电子商务占商务总业务量的比例、电子商务在上下游企业与消费者之间业务中的应用程度等。

3) 网站的功能与网站建设目标符合度

网站的功能与网站建设目标符合度包括信息展示、在线交易、在线支付、在线物流等目标实现程度。网站的功能及商务模式的设计与企业的发展战略、市场定位有关。

4) 网站技术性能指标

网站技术性能指标包括:①先进性,采用的技术体系与相关设备是否代表主流技术与先进水平;②实用性,技术方案的设计与业务模式的符合度,方案的成熟度、可扩展性、伸缩性;③安全可靠性,系统的安全可靠性、容错性、安全等级等。

2. 网站内容评价指标

1) 电子商务的应用深度

电子商务的应用深度是指网上信息流、资金流和物流集成化的程度。

(1) 初级应用:网上仅有信息流,发布商品信息、洽谈、促销,开展非支付型电子商务。

(2) 中级应用:网上有信息流、资金流,实现网上交易与网上支付,开展支付型电子商务。

(3) 高级应用:网上有信息流、资金流和物流,上下游企业应用集成,开展协同电子商务。

2) 网站内容信息的质量评价指标

网站内容信息的质量评价指标包括网站所提供信息的完整性、真实性和关联度。

(1) 商品信息的完整性。商品信息的完整性涉及:商品品种、规格、质量,商品相关知识,商品服务个性化,文字、图像、声音等多媒体信息。

(2) 商品信息内容的真实性。商品信息内容的真实性包括准确性、条理性和时效性,并要求网页美观大方。

(3) 商品信息的关联度。关联度主要是指深度和层次性。

3) 网站内容信息的数量

网站内容信息的数量是指网站所提供的信息量、数据量、栏目数量、网页数量、信息条数。

3. 网站实施评价指标

网站实施评价指标包括网站实施计划任务完成度、网站建设计划管理与进度控制、财务管理与预算控制等。

10.4.2 电子商务网站应用的评价指标

电子商务网站应用的评价指标包括网站运行状况的评价指标、网站服务质量的评价指标和网站经济效益的评价指标。

1. 网站运行状况的评价指标

1) 商务网站访问率

商务网站访问率包括:日均点击率;日均访问的独立客户数、独立 IP 数、企业上网数和注册会员数;客户平均访问停留时间;平均响应时间(如邮件、电话、短信等)。

2) 信息更新率

信息更新率是指网站内容的时效性、更新频度,可按实时、日、周、月、年分级。

3) 网站营销推广力度

网站营销推广力度包括网站链接率、链接网站的数量、媒体影响力、广告投放量、媒体曝光率等。

4) 电子商务采购率

电子商务采购率包括电子商务采购量占总采购量的比例和电子商务采购额占采购总额的比例。

5) 电子商务销售率

电子商务销售率包括电子商务销售量占总销售量的比例、电子商务网上订单量占总订单量的比例和电子商务销售额占销售总额的比例。

6) 电子商务交易率

电子商务交易率是指电子商务交易额占总交易额的比例。企业网站电子商务交易率是指该企业电子商务交易额占企业总交易额(总营业额)的比例。网络公司门户网站电子商务交易率是指所有会员客户通过该门户网站成交的交易总额占所有会员客户营业总额（总营业额之和）的比例。电子商务交易额包括商务网站网上洽谈、签约、成交的合同金额和网上支付及网下支付的交易额。

2．网站服务质量的评价指标

1）客户满意度

客户满意度涉及企业对用户满意度的提升作用和企业对消费者满意度的提升作用。

企业对用户满意度的提升作用反映在商务网站运行一个年度内上下游企业用户满意度的提升率上。企业对消费者满意度的提升作用反映在商务网站运行一个年度内企业客户满意度的提升率上。

2）内部职工满意度

内部职工满意度包括领导班子对商务网站的满意度和内部职工对商务网站的满意度。

3）企业服务质量

企业服务质量是指商务网站运行一个年度内，企业服务质量提升与改善的效果，包括减少客户投诉，缩短客户响应时间，提升客户忠诚度等。

3．网站经济效益的评价指标

（1）成本降低率。成本降低率是指对比一个会计年度，网站实施前后对比，商务活动成本所需费用降低的比例。

（2）收益增长率。收益增长率是指对比一个会计年度，网站实施后比实施前相应的商务活动所创收入增长的比例。

（3）资金周转率提高率。资金周转率提高率是指对比一个会计年度，网站实施后比实施前每年资金周转次数增长的比例。

（4）投资回报率。投资回报率是指在对应的一个会计年度内，电子商务网站总投入的收益率。它包括投入/产出比和初始投资回收期两个部分。

投入/产出比是指在对应的一个会计年度内，电子商务网站总投入（含货币资金、货物折合资金、人力折合资金）与总收入之比。初始投资回收期是指从投资建设开始，经过多长时间收回总投资。

10.4.3　电子商务网站的诊断

现在的电子商务网站越来越多，也越来越复杂，在现在的商务活动中，对网站进行诊断是网络营销管理的一项基本内容，网站专业性诊断评价对于提高网络营销的效果具有重要的价值。随着网络营销对企业经营重要性的不断增长，网站评价也必将受到企业的重视，网站诊断评价也将从理念进入网络营销的操作层面。相应地，如何进行网站专业性诊断评价的问题也将受到越来越多的关注。

对电子商务网站进行诊断，一般来说，主要涉及以下几个方面的内容。

1．网站结构

网站结构是为了向用户表达企业产品的信息而采用的网站布局、栏目设置、信息的表现形式等。

2．网站内容

网站内容是用户通过企业网站可以看到的所有信息，也就是企业希望通过网站向用户传递的所有信息。网站内容包括所有可以在网上被用户通过视觉或听觉感知的信息，如文字、图片、视频、音频等。一般来说,文字信息是企业网站的主要表现形式。

3. 网站功能

网站功能系统是为了实现发布各种信息、提供服务等必需的技术支持系统。网站功能直接关系到可以采用的网络营销方法以及网络营销的效果。

4. 网站服务

网站服务是指网站可以提供给用户的价值,如问题解答、优惠信息、资料下载等。网站服务是通过网站功能和网站内容来实现的。

在明确了网站评价指标之后,可对网站进行诊断。对网站进行诊断,既可以自己进行评价,也可以请值得信任的专业机构来做这项工作。一些简单的指标可以借助一些网站评价工具来进行,这些工具包括网站链接错误检测、网站下载速度测试、网站搜索引擎优化状况测试等。这里需要指出的是,综合性的网站专业性评价不可能完全通过检测工具自动实现,因为自动评价的指标是非常有限的,而且对网站个性化功能和服务方面几乎是无能为力的,因此,无论是请专业机构评价还是自己评价,都必须要有网络营销专业人士的人工评价,通过各种在线评测工具获得的数据只能作为一般参考。

在电子商务实践中,其实困难最大的地方在于企业无法自己建立一套有效的网站评价指标,目前,大多数企业网站的设计都是听从网站建设服务商的建议和安排,而这些服务商对网站的专业性问题同样存在很多误区,使得众多的企业网站成了企业的形象工程。此外,网站专业性评价与一般意义上的网站评比是不同的概念,网站评比通常是利用网站流量指标、外观表现等少量指标来实现网站的排名,更多的是表现为在商业上的价值,获得较高排名的网站会得到更多的关注。因此,在网络营销中,网站评比常作为一种推广手段,而网站专业性评价则是网络营销管理的需要,以提高网络营销效果为目的,注重的是实际效果而不是用户的注意力,因此这种评价具有内部参考的含义,而不是用来获得新闻价值。在网站评价中,也有部分竞争者习惯比较评价的内容,但这并不影响访问量的排名,而是作为竞争者分析的一种手段,了解竞争者网站的专业性,更有利于全面认识自己网站的电子商务竞争力。

【本章小结】

随着互联网的普及和发展,电子商务成为企业和商家的最终选择,它具有开放性、国际性、实时性、互动性和低成本的特点。电子商务的实施和运作依赖于电子商务系统,电子商务网站是电子商务系统工作和运行的主要承担者和表现者,建立一个功能完善、界面美观、符合企业自身情况的电子商务网站,是企业成功实施电子商务的重要保证。

建立电子商务网站并不是最终目的,而仅仅是进行电子商务活动的开端。在网站运作后,只有不断改进设计、提供更多的服务,不断更新、增添信息,电子商务网站才会具有生命活力,从而实现建立网站的最终目的。

电子商务网站的维护和管理是网站建设生命周期中持续时间最长的环节,也是资源投入最多的阶段。电子商务网站维护的目的是让网站能够长期稳定地运行在 Internet 上,及时调整和更新网站的内容,在瞬息万变的信息社会中抓住更多的网络商机。这个阶段工作质量的好坏,直接关系到该电子商务网站目标的最终实现。

电子商务网站的维护和管理包括多层次、多类型的工作,既有日常的维护管理,又有定期或不定期的更新;既有信息技术层面的网页外观设计的优化,又有营销和管理层面的创意。

【实训项目】

电子商务网店诊断和网站信用评价机制分析

1. 实训目的与要求
（1）了解网店和网站的信用评价机制。
（2）分析网店和网站盈利模式的诊断。
（3）分析常见的网店和网站的核心竞争力。
2. 实训重点
网店和网站的信用评价机制。
3. 实训难点
网店和网站盈利模式的诊断。
4. 实训内容
登录淘宝网，分析各类商品的销售额排名，进行可行性分析。
（1）分析网站信用评价的必要性。
（2）分析网站信用评价的流程。
（3）分析网店存在的问题和信用评价的措施。
5. 备注说明
（1）通过访问艾瑞网了解我国网店和网站的发展现状。
（2）体验网络购物的过程并分析运营存在的问题。

【案例分析】

于刚和1号店——为顾客带来价值

2008年7月11日，1号店正式上线，开创了中国电子商务行业"网上超市"的先河。其独立研发出多套具有国际领先水平的电子商务管理系统，拥有多项专利和软件著作权，并在系统平台、采购、仓储、配送和客户关系管理等方面大力投入，打造自身的核心竞争力，以确保高质量的商品能低成本、快速、高效地流通，让顾客充分享受全新的生活方式和实惠方便的购物。2016年6月，京东宣布与沃尔玛达成深度战略合作。作为合作的一部分，沃尔玛旗下的1号店将并入京东。消息宣布后，京东股价上涨近5％。

1号店是国内首家网上超市，由世界500强Dell前高管于刚和刘峻岭联合在上海张江高科园区创立。1号店的核心优势在于1号店自主研发的五大模块组成的超级平台，具有高效率、低成本、高兼容性、可扩性。全国布局1号店在现有北京、上海、广州、成都、武汉、泉州、济南七大运营中心的基础之上，再在广东洪梅开建华南地区最大的自动化B2C电商仓库，在上海推出"准点达"，并推出"全国包邮"策略。1号店PIS（价格智能管理系统）通过实时监控全网70多家主流电商的1 700万种商品的价格和库存信息，根据1号店的价格策略实时调整价格，保证了1号店的价格竞争优势。同时，在价格规范监管方面，1号店在2013年上线了基准价流程，并在公司内部设立专人负责价格巡查，通过系统和人工方式对价格进行更为严格、规范的管理。从2013年起，1号店开始对仓储、配送进行ISO9001质量管理体系认证。同时，1号店制订了"4＋1"质量控制安全管理体系，即在供应商审核、产品入库检查、存储配送管理、产品质量问题追溯等4个关键环节制订了详细的产品质量安全监督流程,并对供应商违法违规的供货行为一查到底,全力维护消费者权益。数据显示,通过严格的标准管理,在2013年,1号店临期不良商品投诉达到5.6个西格玛水平,即临期不良商品投诉率仅为十万分之二。为了降低货损率、提升物流效率,1号店推出"托盘共用体系",已经被"品牌直通车"合作品牌商宝洁、联合利华、雀巢、百事等跨国巨头采用;而"品牌直通车"同样是1号店的模式创新,通过与300个全球品牌达成销售信息、市场营销活动、库存备货、物流绿色通道、顾客满意度、运营数据、全球经验等七个层面的"直通",为顾客提供更安全可信、更具价格优势的产品和服务。

1号店移动端业务也取得了长足进步,与此同时,与微博、微信等网络应用的互联互通成为1号店在移动互联网时代的新选择。只要在新浪微博中添加1号店应用,把自己的微博账号与1号店账号关联绑定,在1号店购买商品的最新物流信息即可以私信通知形式即时发送至用户的微博账号。用户可通过新浪微博手机客户端查看和接收近3个月内的订单配送情况、待支付订单、发货状态等一系列相关订单信息,随时随地掌握订单最新状态。通过打通与微信相关的数据,1号店将整个网站最热销的商品的条码数据库与微信后台数据库对接,用户用微信"扫一扫"条码,即可显示相关商品在1号店上的售价,点击即跳转到1号店的购物界面,操作起来非常方便。未来,1号店还将加深与微信的进一步合作。除了完善全品类商品信息和条码库外,还会考虑接入微信支付,对接手机购物App掌上1号店,并在1号店微信公众账号内部实现CRM、销售、用户互动等多种功能。

【练习题】

(1) 登录王府井网上商城(www.wangfujing.com),分析传统百货零售业网站的运营管理模式。

(2) 访问58同城(bj.58.com),浏览网站内容,了解本地化信息服务网站的竞争力体现在哪里。

(3) 登录中粮我买网(sh.womai.com),了解农产品电子商务网站运营的现状和发展趋势。

【复习题】

(1) 简述网站运营的内容。
(2) 简述网站运营的目标。
(3) 简述网站运营的意义。
(4) 简述网站管理的内容。
(5) 简述网站设计的目标。
(6) 简述网页的设计技巧。
(7) 简述网站设计中优化页面的内容。
(8) 简述网站的推广方式。
(9) 你认为评价B2C电子商务网站的指标有哪些?

第十一章　移动电子商务

【学习目标】

☆ 掌握移动电子商务的基本概念。
☆ 明确移动电子商务的发展状况。
☆ 掌握移动电子商务的特点。
☆ 掌握移动电子商务的特征。

 实务导入

张小龙与微信——基于社交的互动平台

微信是腾讯公司于2011年1月21日推出的一个为智能终端提供即时通信服务的免费应用程序,由张小龙所带领的腾讯广州研发中心产品团队打造。微信支持跨通信运营商、跨操作系统平台通过网络快速发送免费(需消耗少量网络流量)语音短信、视频、图片和文字,同时,也可以使用基于位置的社交插件"摇一摇""漂流瓶""朋友圈""公众平台""语音记事本"等。截止到2016年第二季度,微信已经覆盖中国94%以上的智能手机,月活跃用户达到8.06亿,用户覆盖200多个国家、超过20种语言。此外,各品牌的微信公众账号总数已经超过800万个,移动应用对接数量超过85 000个,广告收入增至36.79亿元,微信支付用户则达到了4亿左右。微信提供公众平台、朋友圈、消息推送等功能,用户可以通过"摇一摇""搜索号码""附近的人"及扫二维码方式添加好友和关注公众平台。2013年11月,微信注册用户量突破6亿,成为亚洲地区拥有最大用户群体的移动即时通信软件。自2016年3月1日起,微信支付对转账功能停止收取手续费;同日起,对提现功能开始收取手续费。2016年3月10日,微信官方首次公布"企业微信"的相关细节,并于2016年4月18日通过应用宝正式发布安卓版。2016年8月,微信与支付宝同获香港首批支付牌照,意欲争夺新市场。

微信的基本功能如下。聊天:支持发送语音短信、视频、图片(包括表情)和文字,支持多人群聊。添加好友:微信支持查找微信号添加好友(具体步骤:点击微信界面下方的朋友们→添加朋友→搜号码,最后输入想搜索的微信号码,然后点击查找即可)、查看QQ好友添加好友、查看手机通信录添加好友、分享微信号添加好友、摇一摇添加好友、二维码查找添加好友和漂流瓶接受好友等7种方式。实时对讲机功能:用户可以通过语音聊天室和一群人语音对讲,但与在群里发语音不同的是,这个聊天室的消息几乎是实时的,并且不会留下任何记录,在手机屏幕关闭的情况下也仍可进行实时聊天。

微信支付是集成在微信客户端的支付功能,用户可以通过手机完成快速的支付流程。微信支付向用户提供安全、快捷、高效的支付服务,以绑定银行卡的快捷支付为基础。支持支付场景:微信公众平台支付、App(第三方应用商城)支付、二维码扫描支付、刷卡支付,用户展示条码,商户扫描后,完成支付。用户只需在微信中关联一张银行卡并完成身份认证,即可将装有微信App的智能手机变成一个全能钱包,之后即可购买合作商户的商品及服务,用户只需在自己的智能手机上输入密码,无须任何刷卡步骤即可完成支付,整个过程简便、流畅。自2016年3月1日起,微信支付对转账功能停止收取手续费;同日起,对提现功能开始收取手续费。具体收费方案为,每位用户终身享受1 000元免费提现额度,超出部分按银行费率收取手续费,目前费率均为0.1%,每笔最少收0.1元。微信红包、面对面收付款等功能不受影响,免收手续费。

预习题

(1) 分析移动电子商务对交易过程的影响。
(2) 对传统电子商务和移动电子商务的交易环节进行比较分析。
(3) 以你自己的亲身体验说明移动支付的重要性体现在哪些方面。

11.1 移动电子商务基础

21世纪是信息时代,以手机平台为基础的移动电子商务,已经逐渐受到各行业知名品牌企业主的认可和青睐,WAP站点具有强大的互动性,带有注册、下载等需要用户参与互动形式的内容,积淀了WAP媒体的电子商务特性,广告主通过WAP能够获得受众手机号码等信息,进而可以有效地进行受众细分和定位。在WAP媒体中,移动梦网、3G门户、空中网等站点最受广告主青睐。此外,移动梦网依托于移动电信运营商的支持,在市场中具有较大的影响力,目标市场主要以高端人群为主。而相比之下,独立WAP网站内容更丰富,也更有特色,其覆盖人群以白领和学生为主。

11.1.1 移动电子商务的基本概念

移动电子商务是将因特网、移动通信技术、短距离通信技术及其他信息处理技术完美的结合,使人们可以在任何时间、任何地点进行各种商贸活动,实现随时随地的线上线下购物与交易、在线电子支付,以及各种交易活动、商务活动、金融活动和相关的综合服务活动等。

移动电子商务是由电子商务的概念衍生出来的,电子商务以PC机为主要界面,是有线的电子商务;而移动电子商务,则是通过手机、PDA这些可以装在口袋里的终端与我们见面,无论何时何地都可以开始。有人预言,移动电子商务将决定21世纪新企业的风貌,也将改变生活与旧商业的地形地貌。

移动电子商务就是利用手机、PDA等无线设备进行B2B或B2C的电子商务,以前这些业务一贯是在有线的Web系统上进行的。与传统通过电脑(台式PC、笔记本电脑)平台开展的电子商务相比,拥有更为广泛的用户基础。截至2011年年底,我国互联网网民数量达到5.13亿人,全国手机用户达100 692万户,其中,手机网民规模达到3.6亿人;随着3G牌照的发放,爱立信公司曾对腾讯控股有限公司表示,预测2011年移动宽带用户数将超越固定宽带用户数。因此,移动电子商务具有更为广阔的市场前景。

在国内,移动电子商务理论方面的专家朱海松在其《无线营销:第五媒体的互动适应性》一书中提到,电子商务的问题就是媒介的问题,也就是企业在制订电子商务战略和策略时所需要考虑的问题,是选择一个什么样的传播载体的问题。移动电子商务就是指利用以手机为主要传播平台的第五媒体,直接向受众定向和精确地传递个性化的即时信息,通过与消费者的信息互动达到市场沟通的目的。

在国外,美国国际咨询公司前首席执行官弗雷德里克·纽厄尔和波士顿大学助理教授凯瑟琳·纽厄尔·莱蒙在他们的著作《无线营销:随时随地客户关系管理的新营销战略》中提到,新的移动电子商务模式是一个双向的、上下颠倒的方式。真正的实时电子商务是"客户激发—商家反应—客户反应"的模式,用一句话说就是互动电子商务;日本的藤田明久在2003年发表了《无线营销:让6 000万人动起来》,紧接着2004年他又发表了《无线营销:IT时代的整体解决方案》。在他的著作中,着重研究了移动电子商务的特性和科技时代移动电子商务应用的整体解决方案。

事实上,移动电子支付将带来更大的商机,基于"移动+社交+地理位置"的应用已经成为移动互联网的趋势。从用户层面来说,"移动+社交+地理位置"的定位,会给企业和创业者带来很多短期的机会。移动互联网区别于传统互联网,一定要利用"移动"的专长,而"地理位置"的定位就是移动非常有价值的专长之一。当你知道地理位置了,你就可以知道你的朋友是否在你附近,你的附近有什么好吃的,或者哪个商场里面有什么商品在打折——你可以想象各方面基于地理位置的应用。为用户提供的服务应该是很体贴地把他所需要的东西呈现在他的面前。

社交应用也是移动互联网非常好的一个发展方向,通过微博、微信等平台,能够将产品、理念、机会甚至行为进行病毒式传播。社交网络是一个低摩擦的信息传递平台,非常有价值。随着移动互联网的快速发展和与日常生活的日益融入,手机电子支付会越做越好,这也会带来很大的商机。

11.1.2 移动电子商务的特点

移动电子商务能随时、随地、随身地利用碎片化时间进行电子商务交易,这已经成为电子商务发展的未来方向。

1. 方便

移动终端既是一个移动通信工具,又是一个移动POS机或移动的银行ATM机。用户可随时随地进行电子商务交易和办理银行业务,包括支付。

2. 不受时空控制

移动电子商务是电子商务从有线通信到无线通信、从固定地点的商务形式到随时随地的商务形式的延伸,其最大优势就是移动用户可随时随地获取所需的服务、应用、信息和娱乐。用户可以在自己方便的时候,使用智能电话或PDA查找、选择及购买商品或其他服务。

3. 安全

使用手机银行业务的客户可更换为大容量的SIM卡,使用银行可靠的密钥,对信息进行加密,传输过程全部使用密文,确保了安全可靠。

4. 开放与包容性

移动电子商务因为接入方式无线化,使得任何人都更容易进入网络世界,从而使网络更广阔、更开放;同时,移动电子商务使网络虚拟功能更具现实性,因而更具包容性。

5. 潜在用户规模大

从计算机和移动电话的普及程度来看,移动电话远远超过了计算机。从消费用户群体来看,手机用户中基本包含了消费能力强的中高端用户,而传统的上网用户中以缺乏支付能力的年轻人为主。由此不难看出,以移动电话为载体的移动电子商务不论在用户规模上,还是在用户消费能力上,都优于传统的电子商务。

6. 易于推广使用

移动通信所具有的灵活、便捷的特点,决定了移动电子商务更适合大众化的个人消费领域,比如:自动支付系统,包括自动售货机、停车场计时器等;半自动支付系统,包括商店的收银柜机、出租车计费器等;日常费用收缴系统,包括水、电、煤气等费用的收缴等;移动互联网接入支付系统,包括登录商家的 WAP 站点购物等。

7. 迅速灵活

用户可根据需要灵活选择访问和支付方法,并设置个性化的信息格式。电子商务服务选择越多,提供的服务形式越简单,将会使移动电子商务越快发展起来。但是,移动电子商务要想像基于互联网的电子商务一样"飞入寻常百姓家",可能还需要一些时间。

资料链接

共享单车——共享经济的一种新形态

共享单车是指企业与政府合作,在校园、地铁站点、公交站点、居民区、商业区、公共服务区等提供自行车单车共享服务,是共享经济的一种新形态。共享单车已经越来越多地引起了人们的注意,由于其符合低碳出行理念,政府对这一新鲜事物也处于善意的观察期。2016年12月8日,ofo 在广州召开城市战略发布会,宣布正式登陆广州,并与海珠区政府展开战略合作,2016年年内连接6万辆自行车。

2014年,北京大学毕业生戴威与4名合伙人共同创立 ofo,致力于解决大学校园的出行问题。2015年5月,超过2 000辆共享单车出现在北京大学校园。截止到2016年11月,已经有多家共享单车诞生并且都获得了大量的风险投资。2016年12月8日,ofo 正式登陆广州。2017年1月16日,广东深圳南山区,深圳蛇口湾厦山公园出入口,出现大量人为破坏的共享单车。几种品牌的数百辆共享单车堆积成两座"小山",或因外力破坏等原因,不少单车的车把、车篮等散落在周围地上,一片狼藉。

在共享单车经营模式中,租金是共享单车企业的主要收入源。与网约车不同,自行车的运营受季节变化、天气状况等影响也比较大。如果遇上台风暴雨,则无论地处何方,共享单车出行的订单量都会直线下降甚至归零,而平台还得面对更加高昂的车损折旧成本。与"有桩"的公共自行车相比,这种随时取用和停车的"无桩"理念在给市民带来了极大便利的同时,也导致"小红车"和"小黄车"的"乱占道"现象更加普遍,城市空间的管理因而变得更加困难,这也就需要相应的管理规定出台。

11.1.3 移动电子商务提供的服务

移动电子商务主要提供以下几项服务。

1. 银行业务

移动电子商务使用户能随时随地在网上安全地进行个人财务管理,进一步完善因特网银行体系。用户可以使用其移动终端核查其账户、支付账单、进行转账以及接收付款通知等。

2. 交易

移动电子商务具有即时性，因此非常适用于股票等交易应用。移动设备可用于接收实时财务新闻和信息，也可确认订单并安全地在线管理股票交易。

3. 订票

通过因特网预订机票、车票或入场券已经发展成为一项主要业务，其规模还在继续扩大。因特网有助于方便核查票证的有无，并进行购票和确认。移动电子商务使用户能在票价优惠或航班取消时立即得到通知，也可支付票费或在旅行途中临时更改航班或车次。借助移动设备，用户可以浏览电影剪辑、阅读评论，然后订购邻近电影院的电影票。

4. 购物

借助移动电子商务，用户能够通过其移动通信设备进行网上购物。即兴购物会是一大增长点，如订购鲜花、礼物、食品或快餐等。传统购物也可通过移动电子商务得到改进，如用户可以使用无线电子钱包等具有安全支付功能的移动设备在商店里或自动售货机上进行购物。随着智能手机的普及，移动电子商务通过移动通信设备进行手机购物，让用户体会到购物更随意、更方便。如今比较流行的手机购物软件如掌店商城等，实现了手机下单、手机支付，同时也支持货到付款，不用担心没有 PC 机就会错过的限时抢购等促销活动，尽享购物便利。

5. 娱乐

移动电子商务将带来一系列娱乐服务。用户不仅可以从他们的移动设备上收听音乐，还可以订购、下载或支付特定的曲目，并且可以在网上与朋友们玩交互式游戏。

6. 无线医疗

医疗产业的显著特点是每一秒钟对病人来说都非常关键，这一行业十分适合开展移动电子商务。在紧急情况下，救护车可以作为进行治疗的场所，而借助无线技术，救护车可以在移动的情况下同医疗中心和病人家属建立快速、动态、实时的数据交换，这对每一秒钟都很宝贵的紧急情况来说至关重要。在无线医疗的商业模式中，病人、医生、保险公司都可以获益，也会愿意为这项服务付费。这种服务是在时间紧迫的情形下，向专业医疗人员提供关键的医疗信息。由于医疗市场的空间非常巨大，并且提供这种服务的公司为社会创造了价值，同时，这项服务又非常容易扩展到全国乃至世界，我们相信在这整个流程中，存在着巨大的商机。

7. 移动 MASP

一些行业需要经常派遣工程师或工人到现场作业，在这些行业中，移动 MASP 将会有巨大的应用空间。MASP 结合定位服务技术、短信息服务、WAP 技术，以及 Call Center（呼叫中心）技术，为用户提供及时的服务，提高用户的工作效率。

 案例

王珂和口袋购物——一站式购买

口袋购物是一款移动平台的推荐购物类应用软件，主打个性化和精准化的商品推荐。其功能包括：热门的商店推荐，根据用户的个人喜好寻找商品，每天精选潮流热卖商品，帮你一站式购买淘宝网、天猫、京东、凡客诚品、苏宁易购等商城的商品，随时随地发现又好又便宜的宝贝。口袋购物支持支付宝在线购买，有良好的用户体验。

口袋购物的创始人王珂，1984 年出生，是一个技术宅男，却总是在琢磨用户天天到底在手机上干什么,用户一般在手机上买东西翻到第几页就不想往下翻了这些问题。他创办的口袋购物,成立仅两年时间就获得了成为基金和经纬中国1 200万美元的A轮投资,一时间在创投圈引起了不小的讨论。

口袋购物基于人工智能和发现引擎的技术,让手机的购物体验更加愉悦,根据网友喜好,每天从5.7亿种商品中精选潮流新品。

11.1.4　移动电子商务的整合

信息群发、小区广播、终端嵌入、彩铃、会员定制、WAP门户、二维条形码、短信网址、手机游戏等,这些伴随着第五媒体(手机媒体)与移动电子商务而出现的新名词,似乎一下子浮现在世人面前。

这些由于一种新媒体的出现而衍生出来的各种各样新颖但不成熟的电子商务组合,虽然正在不断地刷新和超越"前辈们",但是它们绝大多数仍然是单一、独立的组合,无法整合第五媒体的已有传播方式为企业实现传播效果上的复合式增值。这个时候,也许已经没有人意识到,从技术层面上的传播方式来看,移动电子商务的传播方式仍然是短信广告、彩信广告、WAP PUSH 广告、WAP 广告、视频广告、二维码广告。在第五媒体的前赴后继的征途中,移动电子商务的整合时代已经来临。

1. 传播方式奠定的整合基础

在现有信息技术水平的基础上,移动电子商务中应用最多的媒体传播方式主要包括短信广告、彩信广告、WAP PUSH 广告和 WAP 广告四种。局限于移动通信带宽的狭窄和手机功能的参差不齐,现阶段视频广告与二维码广告还处于起步阶段,占有的移动广告市场份额也非常少。

1) 短信/彩信广告

(1) 群发。在移动电子商务中,短信群发是企业应用得最多的一种电子商务方式,现阶段混乱的移动电子商务环境,使该种方式在为企业提供一对一、低成本、高覆盖率精准电子商务模式的同时,也对目标手机用户造成了一定程度的信息骚扰。

(2) 信息定制。在用户许可(订阅主题、终端嵌入)的定制模式下进行广告传播,让用户自主选择广告种类,实现信息传播的高针对性与黏合度。

(3) 电子折扣。移动广告提供商通过消费者主动索取、提供商主动推送两种方式推广电子折扣券。电子折扣能帮助企业避免无效的打折浪费、打折信息传播的地域与时间限制,移动电子商务的双向性也能为企业分析目标用户的消费行为,实现精准促销。

(4) 互动游戏、调研。进行基于用户体验的手机互动游戏,开展市场调查、用户调研活动,根据互动广告的反馈,实现对消费者行为的动态跟踪,加强与消费者的沟通。

2) WAP PUSH 广告

(1) 多媒体展示信息。由于 WAP PUSH 是一条带有 WAP 网站链接的短信息,因此它具有短信传递简洁顺畅、消费者打扰小、低成本等优势,还具备彩信内容丰富、信息承载量大的特性。同时,WAP 网站的信息还可无限延伸,包含文字、图片、音乐、视频、游戏等多媒体信息,互动性强,可随时更新。随着4G时代的到来,WAP 网站的功能与界面将有更多创意、创新的表现,直逼现有的主流 Web 网站。

(2) 电子商务与互动体验。WAP 网站的独特内容会吸引感兴趣的目标受众访问站点,能展现更多更具针对性和专业性的商业调查、电子商务与互动话题活动,精准、有效、深入地实现企业信息告知与电子商务目标。

（3）顾客关系管理。WAP PUSH实现了短信和WAP业务的结合，用户点击其包含的超链接，即可访问WAP站点，查看更多信息或参与互动，节省了目标消费群在浩瀚的移动网络中寻找企业/产品/服务的WAP站点的时间。

3）WAP广告

（1）文字链接广告。文字链接广告以文字形式出现，在WAP网站广告位上进行展示，用户点击广告文字内容即可跳转到广告主提供的广告页面。

（2）Banner广告。Banner广告是以图片或动画Banner的形式出现的，在WAP网站广告位上进行展示的广告形式，用户可以点击广告图片或动画内容来浏览、获取广告信息。

2．传播效果催生的整合时代

1）群发时代，广而告之

早期的群发更强调广而告之，只要传播出去就达到了主要的目的，大多数企业只关注广告传播覆盖面最大化，并没有注重传播的针对性和有效性，而短信群发商也仅仅是批量短信的贩卖商，丝毫没有考虑传播所覆盖的人群是否为最核心的消费者，因此群发商还不是真正意义上的移动广告提供商。这个时代的结果完全可以引用一个广告人的经典名言来说明："我知道我的广告费有一半是浪费的，问题是我不知道浪费掉的是哪一半。"

2）数据电子商务，精准传播

随着市场竞争日趋白热化，消费需求变得多样化，企业开始走细分化、差异化的电子商务路径。此时，通过短信群发进行广而告之式的传播已经不适应市场需求，因为这样做不仅严重浪费资金，也缺乏针对性和时效性。必须精准化传播，才能有效地促进产品销售，树立企业形象。

在这个阶段，一部分敢于突破的群发商开始向以数据分析与挖掘为核心的手机直投广告提供商发展。它们为企业首先做好了受众的消费特征归类与整理，即按消费者特性及需求对消费者群体进行科学的划分和归类，以此找到与企业和产品真正契合的目标消费群（分众或个众）。其次做到了受众的人口与地理特征的定向推广，即按照受众在人口统计学与地理上的个性特征，定点定向进行传播。分众和定向正是达到有效传播的关键措施，在市场竞争和消费需求的推动下，数据电子商务与精准传播开始大行其道。

3）立体展示，互动为本

经过移动广告行业的数据电子商务阶段，一些新问题也越来越明显，很多看似精准的传播，但消费者是否认真看了？有什么具体反应和细节需求？是否可以通过企业和消费者的互动达到二次电子商务？用户体验是否得到满足？这些都需要一个能立体展示更具吸引力与互动性信息的电子商务管理系统和平台，以此保证用户的感官享受与心理体验，最终实现直击人心的精准移动电子商务。

这个平台完全不同于现阶段层出不穷的单一、独立的组合方式，它需要整合移动电子商务的多种传播方式，最终实现以互动与体验为根本，通过短信、彩信、WAP站点与WAP PUSH来立体展示多媒体广告信息的移动电子商务管理系统。这个结合传播多样性与体验互动性的平台，完全可以帮助企业完善和放大整合电子商务，而不像传统媒体那样经常充当广告发布的单一式载体或通道。

3．移动电子商务的前景展望

移动电子商务是以市场电子商务为基础、网络电子商务为平台的一种新型电子商务方式,因此它的发展不仅有赖于技术平台(包括软件和硬件)的建设,还有赖于市场电子商务理念的推广和普及。我国市场环境正在迅速地由计划经济环境向市场经济环境转变,国内市场也正在快速地与国际市场接轨,在此大背景下,我国大部分企业已经或正在意识到市场电子商务对企业发展和提高市场竞争力的重要意义,而大量国内外培养的 MBA/EMBA 和市场电子商务人才进入企业又进一步推进了上述进程。

可以预见,在不远的将来,移动电子商务无论是在国外还是在国内,都将得到飞速的发展和广泛的普及。移动电子商务的应用将给人们的生活、学习和工作及企业的运作方式带来革命性的突破和翻天覆地的变化。

课堂讨论

移动电商连接顾客和店铺的 5 种方式

无论在店内还是在店外,移动电商都已经开始改变顾客的购买习惯。近年来,在见证了电子商务高速发展的同时,我们又见证了移动电商的快速发展。顾客开始在各种"碎片时间"拿出手机,搜索、查询、购买相关产品。

那么,零售商应如何利用这些"碎片时间"更好地与用户进行连接呢?移动电商连接顾客和店铺的 5 种方式涉及:移动电商成为店商新入口,用户亟须身边的商品信息,与库存相关的广告将吸引客流,手机的店内搜索将影响购买率,全渠道用户的消费更高。

万事达的研究表示,在同一零售商处,那些既在网络上消费又在实体店内消费的用户,他们的购买额比平均额度多 250%。梅西百货也表示,全渠道用户的价值比单渠道用户的价值多 800%。

11.2 移动电子商务的环境

移动电子商务时代的到来,只是迟早的问题,不过从目前情况来看,移动电子商务的方式主要以移动广告为主。理论上说,移动广告具有更好的交互作用、可测量和可跟踪等特性,同时,移动广告可以提供特定地理区域的直接的、个性化的广告定向发布,比传统网络广告显得更有优势。

11.2.1 移动电子商务的支撑

足够的手机上网人数是网络行业成功的支撑。

一方面,高度网络化、信息化的今天,手机已成为人们身边形影不离的交流工具,手机正在改变着人们的生活方式,影响着人们的消费行为;另一方面,移动通信技术的发展,特别是 3G 移动通信技术产业化的发展和 4G 移动通信技术研发战略的确立,为手机上网和手机广告的发布提供了技术支持,作为第五媒体的手机已强势崛起。随着人们消费观念、消费行为的改变,以及手机上网的不断普及、手机广告的发布,以手机为载体、以移动虚拟网络为平台的移动电子商务随之诞生。

移动电子商务是顺应时代和社会而诞生的。深入研究和探讨移动电子商务的应用及其发展,不仅有利于企业和组织更好地开展电子商务工作,进行电子商务创新,还有利于推动电子商务传媒的变革与进步。移动电子商务的兴起,翻开了新的一页,带动了一个新的经济增长领域的诞生,促进了社会经济的发展。

11.2.2 移动电子商务的特征

与固定互联网相比,移动互联网接入设备由于自身的特点限制,不可能将常规网络电子商务的方式全盘照搬到移动领域。不过,移动电子商务的方式在很多方面仍然可以参考网络电子商务的基本方法,如建立 WAP 网站供用户查阅相关信息,向用户发送电子邮件和语音信息等。从目前情况来看,移动电子商务的方式主要以移动广告为主,移动广告是针对移动媒体而言的。但移动广告与移动电子商务是不同的,移动广告的内涵要具体一些,而移动电子商务的范围要宽得多,被认为是用新的方式与消费者建立联系。

从理论上来说,移动广告具有一般网络广告的特点,比如,更好的交互作用、可测量性和可跟踪性等,同时,移动广告可以提供特定地理区域的、直接的、个性化的广告定向发布,比传统网络广告显得更有优势。移动电子商务提供了许多前所未有的直销和创收方式,移动设备的特性意味着接收到的任何信息都会被用户阅读,这为电子商务人员提供了获得用户注意力的手段,并且提供了客户关系管理和建立顾客忠诚度的新方法。

1. 互动性

在这个数字化、信息化的时代,沟通的普遍性、信息的扁平化变得越来越明显。不仅如此,消费者掌握着选择产品和服务的主动权,消费者可以在较短的时间内与虚拟空间中的任何一个个人或企业进行双向、全面的信息沟通。消费者个性化需求的不断增强,使得传统的电子商务手段已不能完全满足消费者的需求,因此与消费者进行一对一的沟通和互动就变得非常重要和必要。

移动电子商务最主要的特点就是一对一的精准互动。根据庞大的数据库信息,移动传媒公司把不同的信息传送给具有不同需求的现有消费者和潜在消费者,同时,设置消费者反馈意见和需求的通道,接受和重视消费者的意见和意愿,并不断改进自身的产品和服务,最大限度地满足消费者的需求,以达到扩大市场收益的目的。

2. 确定性

在进行一对一的沟通和互动之前,移动电子商务工作的前奏是识别具有不同需求的消费者,也就是根据手机用户(消费者)浏览信息的频率以及手机用户的基本信息,把消费者分成不同的类别和组别,充分了解和明确消费者的特点与需求。识别不同的现有消费者和潜在消费者,了解和把握不同消费者的消费心理,并一一锁定消费者,确定推广的对象,这是开展移动电子商务的基础。

3. 高效性

手机的随身性使用户随时随地传播信息变得可能,即时传播的信息体现了移动电子商务的高效性。利用手机开展的移动电子商务能在第一时间向消费者发布最新的产品和服务信息。无论在世界的哪一个角落或在哪一个时间,只要手机用户打开手机上网就能了解到自己需要的信息,且绝大部分信息都是免费的。当信息在第一时间到达消费者的个人平台时,如果消费者对信息感兴趣并有消费需求,就会与信息提供者沟通,表达自己的愿望。

4. 个性化

当今,个性化一直被年轻一代所追捧。作为新兴媒体的手机一直都被人们视为传播个性化的载体。从解决个人交流的需要到满足人们消费生活的需要,从生产、供应到消费链上,手机完全以个人需求为中心。为了满足消费者个性化的需求,就要求运营商和代理商不断丰富个性化的业务内容,使利用第五媒体开展的电子商务活动更具有个性化色彩。"一切皆有可能""just do it"等这些在生活中被高喊的口号,已经传达出消费的个性化需求。在这个充满激情与憧憬的时代,人们对个性化产品和服务的需求比以往任何时候都要强烈。个性化诉求成为与消费者共鸣的有力武器,为什么现在有这么多的定制产品,就是这个原因。

每个人都是自我的、不一样的,人的这种本性,决定了人们的消费是极具个性的,我们谁都无法改变这一定律,而手机的特点正好能满足这样的个性化。

资料链接

碎片化时间

种种迹象表明,互联网已经进入了一个由碎片化时间主导的时代。等车、排队、等人这种零碎的时间忽然变得有价值起来,这些时间不适合做比较有深度的事情,就是玩玩游戏与发发微博而已,却造就了市值上亿美金的社交游戏厂商宝开游戏公司与 Zynga,造就了一个个红红火火的微博产业。

并且,碎片化时间的范围还在无限制地扩大。工作间隔、午休时间、在公交上、在地铁上,这些时间也逐渐加入了碎片化时间的队伍,观察一下我们身边的朋友与同事,有谁不在这些时间玩社交游戏、上微博呢?

所以说,谁能赢得用户的碎片化时间,谁就是成功的互联网产品。从"偷菜"到"愤怒的小鸟",再到"植物大战僵尸",从 SNS 到微博,再到团购,无一不是在争夺用户的碎片化时间,无一不成为互联网新时代的佼佼者。

11.2.3 移动电子商务的主要问题

在移动成为主流的电子商务渠道之前,还有一系列的问题需要解决,比如,一些相关的技术问题、下一代移动网络的标准、新型移动设备的形态、个人信息和资料保护的立法、消费者的接受程度,以及移动广告的形式和定价模式等。概括来说,移动电子商务的问题主要表现在技术与认识、服务质量两个方面。

一方面,移动电子商务的问题表现为技术不完善,而且人们的认识也还比较缺乏。移动电子商务目前仍处于实验阶段,绝大多数广告和提醒服务主要还是基于短信息服务(SMS),虽然 2.5G 和 3G 网络承诺可以让用户享有更大的带宽,广告主可以用各种形式的音频、视频或文本信息开展移动电子商务活动,但这种许诺一直停留在口头阶段,离实用还有一段时间。而且,移动广告毕竟不是网络广告向移动领域的简单过渡,还有很多不确定的技术和标准问题需要解决。

移动电子商务的发展,至少需要有效解决以下几个方面的基本问题:①移动电子商务的主流形式如何被接受和认可;②许可问题,即通过什么方式使得消费者愿意自己提供个人信息,并且个人隐私可以得到保护;③移动电子商务服务商如何正确执行个人信息保护方针和规则;④通信技术发展如何对移动电子商务提供更多的支持;⑤移动电子商务的定价模式及如何评估市场需求规模;⑥如何有效地测量并正确评估移动电子商务的效果。

另一方面,研究发现,移动数据和互联网服务的服务质量一直是影响移动商务的一个大问题。根据调查,当消费者通过移动网络购物遇到服务问题时,22%的消费者会放弃购

物,并认为是网上零售网站有问题或者移动系统质量有问题。服务质量的改进对于移动商务的持续发展至关重要,移动服务运营商、零售商和设备制造商是基础,理解消费者对服务质量的认识和监控实际服务传输质量是行业增长的基础。

对5 000多名移动数据(包括移动电话、PDA、移动膝上电脑、双向传呼等)用户进行基于互联网的调查,当问到在通过移动网络购物时假如遇到移动服务质量的问题(比如,无法访问网站或者下载速度慢等)会怎么办,65%的用户回答将通过非移动方式完成购物,22%的用户回答将彻底放弃购物,也有13%的用户表示会过一段时间重新尝试。

尽管在移动商务中还有很多潜在的服务质量问题,但研究表明,移动数据服务的顾客满意度在持续上升,移动电子商务时代的到来也许只是迟早的问题。

  课堂讨论

如何提高移动网站转化率?

什么是转化?它是如何影响网站的底线的呢?简单地说,转化就是指用户的登录、注册、下载文件、观看视频等行动,这些行动可以称为目标行动。网站的转化率是指相应目标行动的访问次数与总访问次数的比例,通过计算网站转化率可以确定付出与投资回报是否有价值。

(1) 流量。网站流量与网站的转化率也是有密切关系的。通常网站流量可以通过搜索引擎优化(SEO)、付费搜索、有机搜索、社会化媒体和专门的电子邮件的方式来提高,继而使网站访问量增大,最终提升转化率。

(2) A/B测试。A/B测试的目的是比较两个页面或者是两个不同版本的网站内容,以测量回应率。通过统计两个页面的用户转化率,可以清晰地知道哪一个执行后可以得到更好的效果。当网站达到了一定的技术要求并想得到更好的转化率时,网站中提供的产品或服务必须对用户具有可衡量的价值。

(3) 网站内容。网站的内容决定了有多少用户在网站上进行互动交流。如果网站上没有好的内容,就会失去很多潜在的用户。正如比尔·盖茨所说的"内容为王",如果网站上没有高质量的内容,用户就会觉得访问网站是在浪费时间。把自己放在用户的位置,并问问自己是否有兴趣阅读网站的内容。如果能将网站内容做好,就能更好地提高网站的转化率。

(4) 丰富的媒体。高质量的内容不仅仅意味着拥有好的文章,也可以有音频、视频、图像等。这部分如果做得好,就可以有效地吸引用户。

11.3 移动电子商务应用分析和未来

中国移动电子商务市场已经风生水起,商业模式和案例层出不穷。正是因为拥有大量的智能手机用户成为潜在的消费者市场,国内的移动互联网行业市场才逐步发展成熟。移动通信和互联网的完美结合造就了移动电子商务。在技术更新与社会需求的交替推动下,移动电子商务已经产生了一个不可阻挡的发展趋势,它必将对全球经济和技术进步产生更加深远的影响。

11.3.1 移动电子商务应用的表现形式

移动电子商务活动的开展需要通过具体的载体,即应具有一定的表现形式。移动电子商务应用的表现形式多种多样,下面只选取几种具有代表性的形式进行介绍。

1. 移动广告和信息查询

在手机 WAP 平台上发布各种各样的图片、信息等就称为发布移动广告。通过手机,用户进入 WAP 网站可以查询到自己需要的各种各样的信息。

2. 移动音乐

彩铃是个性化多彩回铃音业务,它是移动音乐的一种形式。手机用户设定此服务后,任何一个人给他打电话,在他未接听之前将听到由用户预先设定的铃音。铃音有多种形式,可以是音乐、歌曲、笑话,也可以是用户自己编制的语音。除此之外,铃音效果还可以按照不同的主叫方号码和不同的时间段等方式来进行不同铃音的设置,体现被叫用户的个性。

目前,最为流行的彩铃为流行歌曲和搞笑语音,而移动电子商务过程中应用得最为广泛的是集团彩铃和彩铃互动。集团彩铃是企业为了宣传公司以及公司的产品和服务而设定的铃音,即当客户打电话到公司时,首先听到的是介绍公司的铃音。

3. 手机邮件和手机 QQ

手机邮件是指拥有手机上网功能的用户,通过手机功能设置接收和发送信息的虚拟内存空间。使用手机邮件,用户可以随时随地接收电子邮件,同时享受免费 WAP 邮件的其他服务。通过移动通信技术的研发,用户还可以根据需要,轻松设定拒收某种内容的邮件和接收邮件的时段,这能够减少大量无用的通知和垃圾邮件的骚扰。

手机 QQ 将 QQ 聊天软件搬到手机上,成功地实现了技术的高速转移,弥补了在互联网上聊天的时间和空间的局限性,满足了手机用户随时随地聊天的需求。新版手机 QQ 更是引入了语音视频、拍照、传送文件等一系列功能,并可以与电脑端无缝连接。这样,手机使用者就能边聊边玩,充分利用旅途、课间的每一秒空闲时间。

4. 手机报纸和手机杂志

"手机报纸"是一个新名词,它是时尚生活的一个缩影。手机报纸作为新时代高科技的产物,它是最新移动增值业务和传统媒体的结晶。它是将报纸媒体的新闻内容通过移动技术平台发送到用户的彩信手机上,使用户可以随时随地阅读到当天报纸的内容,如河南日报报业集团就开通了河南手机报业务。手机报纸分版分类,集图、文、声、色于一体。

手机杂志就是把众多的杂志内容通过移动技术平台放到手机虚拟网络平台上,供手机上网用户随时随地浏览和阅读。手机杂志能融合众多杂志的所有内容,具有丰富、容量大的特点。

5. 彩信与短信

彩信是在 GPRS 网络的支持下,以 WAP 移动应用协议为载体,传输文字、图片、动画、声音等信息。短信是在移动技术的支持下向手机用户传递的文字信息的总称。短信在人与人交流过程中应用得非常广泛,尤其是在中国,短信已经成为青年人生活中不可或缺的一种交流手段,因为短信迎合了中国人含蓄表达情感的这一特点。彩信和短信的功能被企业进一步延伸,在电子商务工作中发挥着重大的作用。

 **资料链接**

炫酷的移动支付方式——安全第一

现在的年轻人外出都不爱带现金,是因为怕不安全么?当然不是,因为手机移动支付真的很方便。但是使用手机进行支付真的会有安全隐患,所以各种各样的支付方式出现在了我们面前。

1. 传统难记易忘的密码支付

其实很早以前,密码就被用来保护一些重要的信息。但就像《达·芬奇密码》里面描述的,有些太复杂的密码可能需要专业人士来破解或者根本没人能破解。所以一般我们在设置密码的时候,都会选择一些我们比较熟悉的号码及符号,如生日日期或家里门牌号等。随着手机的快速发展,我们更愿意利用手机进行网上购物,但是因为注册账号的关系,我们的个人信息或多或少都会泄露出去,这样就大大增加了密码支付的安全风险。不过目前密码支付仍是我们利用手机进行网购支付的主要方式。

2. 势头很猛的指纹识别支付

因为密码支付存在一定的安全风险,所以人们就得寻求另一种更安全的支付方式。苹果的 Apple Pay 及三星的 Samsung Pay 就融入了手机的指纹识别系统,这样在利用手机进行移动支付的时候,就可以通过指纹来代替传统密码进行支付确认。既提高了支付的安全性,又可以让支付变得更加快捷,最重要的是你可以不必去记一大堆烦琐的密码。

3. 说句话就能给钱的语音支付

在苹果及三星大力发展指纹识别支付的同时,谷歌似乎想玩点差异化。它正在测试一种名叫"Hands Free"的语音支付系统。这套系统利用手机的蓝牙、GPS定位、Wi-Fi等与结账设备连接,当你结账的时候,不需要拿出手机,只需要说一句"I'll pay with Google"就可以完成支付。

4. 通过卖萌表情的自拍支付

亚马逊最近提交了一项关于脸部3D特征的支付技术专利,这项技术可以让用户通过自拍来完成手机移动支付。具体的做法是,在利用手机进行支付的时候,只需要用户对着摄像头秀几下卖萌或微笑等表情动作,就可以对其身份进行识别并完成支付。

5. 指纹识别的替代者"虹膜识别支付"

因为人的指纹会出现磨损情况,而面容也会随时间的流逝而出现变化,所以可以终生不变的虹膜被誉为是更加稳定的身份识别对象。而且由于虹膜很难被伪造,所以在安全性上,虹膜识别要比指纹及脸部识别更加安全。

6. 利用脉搏的心率识别支付

因为运动的需要,现在很多的智能穿戴都拥有脉搏测量功能,但其实人的心率信息也是独一无二的,而且一般情况下心跳也不可能被他人伪造,所以利用心率来进行手机移动支付很有可能是未来移动支付发展的一个方向。

在未来或许我们只要佩戴连接了手机的智能穿戴,在结账设备面前不需要做任何的动作,只需要利用我们一直在跳动的心脏,就可以完成支付。这样看来,心率识别支付在未来可能会成为最方便的手机移动支付之一。

11.3.2 移动电子商务的运作模式

从整体上来看,移动电子商务与国内的互联网有很多类似的地方,但是因为国内移动互联网的带宽目前还不够高,所以在广告呈现方式上还比较单一,确实不如电视和互联网。由于手机的贴身性、直接性和关注度都远较其他媒体高,因此直接进行产品推介或促销诉求就有用得多,甚至可以直接带动销售。此外,每一个品牌都可以借助电子商务平台实现不断增值的数据库电子商务,可以将用户积累起来,长期并不断地沟通,从而实现高品牌忠诚度和客户关系管理。所以,移动电子商务最适合的运作模式是产品推介(包括移动增值产品)、市场活动和数据库电子商务(包括客户关系管理系统),而最适合的产品或品牌是移动增值产品、数字影音类产品、快速消费品、运动用品及连锁店或各种直接的个人消费服务。

国内的移动电子商务运作模式在技术上不断突破,大大增强了电子商务的针对性和互动性。不同运作模式的相继出现,大大地促进了广告主对移动媒体价值的认同。

根据报告显示,国内的投资市场正在大力追捧移动互联的领域,世界各大广告传媒业巨头纷纷表示:手机成为继报纸、广播、电视、互联网后的全球第五媒体已是大势所趋,可以预见移动电子商务将会正式全面启动。

11.3.3 移动电子商务的发展和未来

1. 移动电子商务的优势

近两年来,个人用户和企业主对移动广告的理解和接受度已经开始提升。从技术环境来看,近两年移动广告有新的技术逐渐形成。目前的广告形式是短信、WAP和其他形式,移动搜索等新的形式已经逐渐开始兴起。从政策环境来看,中国移动电子商务和移动广告的领域也得到了运营商的关注。从产业链的合作来看,运营商与移动广告服务商也有密切的合作关系。

综上所述,可以总结出移动电子商务具有以下优势。

第一,中国移动用户数量、规模非常庞大,这个应该说是中国移动广告和移动电子商务市场发展的基础。WAP用户增长也是日新月异,WAP活跃用户在3G时代将会得到更大的提升。

第二,移动电子商务和移动广告能够提供更精准的电子商务服务。

由于移动电子商务和移动广告的市场还属于导入期,因此移动电子商务和移动广告仍存在很多不足。比如,现在的移动广告,信息含量比较低,展现形式比较有限。另外,移动广告的服务模式更多的是以短信广告和WAP广告为主(短信广告占的市场比重更大),短信广告在一定程度上做得不当的话,会引起个人用户的反感。

2. 移动电子商务的产业链结构

从整体来看,中国的移动广告形式、移动电子商务模式首先主要是短信广告,其次是WAP广告。WAP广告主要是WAP媒体,整个WAP广告占整个市场的比重将近30%,其他一些新的移动广告、移动电子商务的模式在整个市场占的比重则比较低。通过移动广告的受众对移动广告的接受程度,我们发现房地产和财经行业的广告主对移动广告的接受程度和使用程度是最广泛的。近两年来,移动广告和移动电子商务,尤其是WAP媒体的电子商务,已经逐步受到各个行业,尤其是跨国企业的认可和使用。

移动电子商务的产业链结构主要包括广告主、移动广告服务商、移动媒体、手机用户。

从整个产业链的环节(不管是各个环节还是同一个环节)来说,应该需要更多的企业参与这个市场,达到紧密的合作,共同推动移动电子商务和移动广告的发展。

从整个产业链的结构来说,移动电子商务服务商应该是整个移动广告和移动电子商务产业价值链中最重要的推动者,因为它们掌握了移动电子商务的资源和比较先进的技术和运营经验,连接着整个产业合作关系最重要的环节,如亿动广告传媒等,它们不论是在电子商务模式上,还是在技术的创新上,都极大地推动了整个移动广告市场的发展。

目前,移动电子商务模式虽然已经多样化,如短信、彩信、彩铃、WAP媒体、信息技术和二维条形码等,但显然单一的移动电子商务模式无法为广告主带来满意的电子商务效果,整合系统电子商务方案将是未来移动电子商务市场中竞争的方式。

在这个阶段,不管是移动电子商务服务商,还是WAP媒体,都在提升行业的影响力,努力打造自己的企业品牌,以便更好地培养客户,完善自己的产品形式。

3. 移动电子商务的未来

随着网络的发展,移动电子商务市场将会呈现以下特点:一是移动电子商务市场现在处于导入期的末端,即将步入快速的增长期;二是市场的竞争态势是相对自由的,没有形成稳定的格局;三是机遇和挑战并存,挑战不容忽视;四是品牌企业主对移动广告已经开始关注和使用,这是移动电子商务市场最根本的启动力量。

1) 移动电子商务企业的发展方向

通过分析移动电子商务的特点和市场机遇,我们可以明确移动电子商务企业的发展方向如下。

(1) 移动电子商务服务商应该在这个阶段采取粗放式的经营模式,更多地关注品牌的打造、企业在行业内的影响力,以及市场份额的提升,包括如何来共同推动整个移动电子商务的市场影响力。

(2) 单一的模式不能很好地解决一些客户的使用需求,整合电子商务解决方案将是真正能满足企业主(也就是广告主)的电子商务解决方案。同时,要加强渠道的建设,与产业链各个竞争环节合作,提升团队的业务能力,采取推送式的电子商务模式。

(3) 在移动互联网时代,移动电子商务的未来与移动广告发展的市场特点密切相关,受3G整个技术环境的推动,高端的手机用户数量将得到极大的提升,WAP媒体的上网用户数量和活跃用户数量也将得到提升。手机,作为第五媒体,将逐渐受到企业主充分的认可和青睐。

2) 移动电子商务中应注意的问题

移动电子商务服务商或者WAP媒体,它们在企业的电子商务策略或者发展方向上应注意以下问题。

在移动互联网时代,企业除了外延化的市场电子商务外,WAP媒体将是重要的竞争要素,加强与媒体的合作,对企业的发展非常必要。只有加强产品的创新,才能提升企业的核心竞争力。

虽然移动电子商务在产品模式上得到了很大提升,但其服务模式应该与网络电子商务模式和电视电子商务模式,以及一些平面的传统电子商务模式紧密结合,也就是说,移动电子商务服务企业应该提供整合的电子商务解决方案。

移动电子商务市场的不断发展也会受到投资者的关注,所以大部分的融资都会成功。

受到投资者关注的主要原因就在于移动市场有非常好的优势。相对于互联网广告而言,移动广告具有非常明确的确定性。

总之,移动电子商务现在已经进入了快速发展的阶段,移动电子商务必将迎来更好的发展机遇。

【本章小结】

网络时代,移动电子商务是一种通过智能移动终端,采用移动无线通信方式获取业务和服务的新兴业态,包含终端层、软件层和应用层三个层面。终端层包括智能手机、平板电脑、电子书、MID等;软件层包括操作系统、中间件、数据库和安全软件等;应用层包括休闲娱乐类、工具媒体类、商务财经类等不同应用与服务。

随着宽带无线接入技术和移动终端技术的飞速发展,人们迫切希望能够随时随地从互联网上获取信息和服务,因此移动电子商务应运而生并迅猛发展。然而,移动电子商务在移动终端、接入网络、应用服务、安全与隐私保护等方面还面临着一系列的挑战。

现代社会,移动电子商务市场是非常庞大的,手机硬件系统和手机用户的成熟度在慢慢增长,移动网络技术的改进,移动支付、移动交易、移动游戏等方面的变革,都将给整个电子商务市场带来更丰富的内容或者说更多的机会。

【实训项目】

分析微信支付的优点和不足

1. 实训目的与要求

(1) 了解微信支付的运作模式。

(2) 分析移动支付的优点和不足。

(3) 分析常见的移动电子商务的支付模式。

2. 实训重点

移动支付的模式。

3. 实训难点

移动支付的优势分析。

4. 实训内容

使用微信支付购物和打车,并进行可行性分析。

(1) 分析移动支付的特点。

(2) 分析移动支付的优点。

(3) 分析移动支付存在的问题和应该采取的措施。

5. 备注说明

(1) 通过访问艾瑞网了解我国移动支付的发展现状。

(2) 使用移动支付并体验移动支付的优点。

【案例分析】

郝鸿峰和酒仙网——手机卖酒是一种新方式

近年来,酒类企业渠道不断下沉,特别是 2012 年以来团购困局、库存压力等问题日益凸显,传统经销商面临着前所未有的挑战。有专家预测,未来将有三到五成酒类经销商在行业洗牌中退市。

在互联网电商模式的快速发展和传统文化复兴的大趋势下,年轻人主力群体的消费与生活方式随之可能会发生根本性的变化。对于很多年轻人来说,在网上下个白酒订单,晚上用微信约三五个好友,在家里一起聊天、吃饭、喝酒等都不是什么难事,所以酒类经销商和企业必须提前布局,丰富自身的互联网产品品牌与产品线。

2012年12月5日,北京糖业烟酒集团有限公司与北京酒仙电子商务有限公司(以下简称酒仙网)签署了战略合作协议,这既是传统经销商与酒仙网的首度合作,又是酒类传统渠道和酒类电商的首次携手。双方合作后,酒仙网成为北京糖业烟酒集团有限公司旗下酒水的独家线上代理,并通过八大商城平台为北京糖业烟酒集团有限公司推广其全线代理经销的百余种酒水,包括自有品牌"京酒"。酒仙网创始人郝鸿峰,这个土生土长的河北邯郸人,因为在山西做了十多年生意,故自称晋商。2009年,当他要转战电子商务、开创酒仙网的时候,媒体和同行颇有戏谑意味地说:"煤老板转行卖酒了。"

酒仙网是由广东粤强(全称为广东粤强酒业有限公司)、红杉资本、东方富海(全称为东方富海投资管理有限公司)、沃衍资本(全称为北京沃衍资本管理中心(有限合伙))等多家知名企业与机构共同投资组建的中国最大的综合性酒类电子商务B2C网站。酒仙网借助于现代电子商务平台着力从事酒类及相关消费品的销售服务,主营国际国内知名品牌、地方畅销品牌以及进口优秀品牌等酒类商品,经营范围包括白酒、洋酒、葡萄酒、保健酒、啤酒、酒器具等。

组织机构是基础保障。酒仙网扁平化的组织机构既保证了信息与反馈的高效,又赋予了各机构更大的自主权。目前,酒仙网下辖官网事业部、商城事业部、移动事业部、整合营销部、储运部、采购部、财务部、技术部、大客户部、人事行政部、客户服务部等职能部门和上海酒仙网电子商务有限公司、广州酒仙网电子商务有限公司、成都酒仙网电子商务有限公司、山西酒仙科技网络有限公司、北京中酿国际酒业有限公司等全资子公司。

管理团队是核心资源。酒仙网的管理团队来自全国各地,具有丰富的电子商务、企业管理、资本运营、技术创新和市场开拓经验。团队平均年龄28岁,80%以上拥有本科以上学历,团队专业敬业,激情创新,充满朝气。同时,酒仙网还拥有一支由行业专家组成的顾问团队。

商业模式是竞争优势。酒仙网是以现代的"电子商务+物流配送"为主的B2C销售模式,遵循"质真价优、快速便捷"的经营宗旨,为消费者提供品牌精准、质量可靠、价格优惠、配送快捷的5A级服务,充分满足消费者个性化服务需求,彰显消费者品位生活特质。酒仙网坚持以诚信为本,视品牌如生命,先后与贵州茅台酒股份有限公司、五粮液集团有限公司、四川郎酒集团有限责任公司、山西杏花村汾酒集团有限责任公司等知名酒企建立战略合作关系。规范进货渠道,忠实履行"买真酒就上酒仙网"的道德承诺。

电子商务与传统产业的结合是未来发展的必然趋势,这将使两者的优势充分发挥,为消费者提供完备的线下体验、线上购买服务,从而更好地满足各类消费群体的消费需求,使企业拥有更强的市场竞争力。

随着酒类市场的不断成长,酒类销售渠道发生了比较大的改变,传统的白酒销售将朝着精细化方向发展。随着电子商务对各行业的深入影响,传统的资源型团购将逐渐退出,而技术型团购则可以借助电子商务实现新的增长,懂得团购操作的经销商可以根据自己的经销网点布局,建立酒类团购网站,即网上销售平台。这种网站一方面能起到展示经销商及其产品形象的作用,另一方面有利于消费者下单,减轻客单成本。

不少经销商表示,目前传统的团购渠道很难做,大流通渠道由于经济疲软而旺季不旺。对于试水电子商务,中小经销商表示限于人、财、物等方面的不足,暂时没有实力去操作,而一些有实力的经销商则通过电子商务实现了规模扩张。

同时,移动互联网开启了新的酒类销售渠道。数据显示,目前我国互联网用户达到5.64亿,且移动网络各项指标的增长速度已经全面超过传统互联网,手机网民数量达到4.2亿。随着功能手机用户向智能手机用户的转移,以及3G等无线网络的升级,手机用户越来越习惯使用手机上网,而随着微信等社交应用、酒仙网手机客户端等酒类应用的推出,酒类销售渠道不断拓宽。

重庆无心科技在微信上开通了名为"老窖客"的公共账号,这是一个白酒电子商务解决方案的体验平台。消费者通过注册可以成为老窖客的会员,获得快速查询酒类商品最新报价、快速下单等权利。另外,老窖客微信接口还推出招商信息发布服务,会员在搜索该产品时,系统回复的信息会显示该产品的主要招商信息。这种利用微信与消费者沟通交流的方式拉近了企业同消费者之间的距离,正在为众多经销商所借鉴和应用。

据了解,宁夏一家酒类经销商就借助微信成功卖出了2万元的酒品,其中,有一单生意还是跨省送货。虽然销售金额不大,但这一成功案例对酒业来讲意义非凡。

一些传统酒类经销商已经在咨询关于开发自身酒类销售手机终端应用的方案,一个拥有100万人口的城市,如果一个经销商开发的酒类手机终端能够安装在10万人的手机上,其产生的影响是传统经销商所无法想象的,移动互联网正在改变酒类销售的模式。

传统酒类经销商中已经有手机应用开发的先行者。广州义和兴商贸有限公司是茅台酒的代理商,其开发了基于苹果手机系统 iOS 的 App 应用——茅台在线,该应用不仅具备产品展示功能,而且支持在线购买。酒类销售未来的大方向是O2O,酒仙网正在做相关的探索,消费者可以在手机上浏览酒家的WAP版,并可在线支付。

随着网络的发展和智能手机、平板电脑的普及,手机终端将改变我们的生活,拿出手机就有酒的日子已经不远了。

【练习题】

(1) 登录中国联通网上营业厅(www.10010.com),分析移动电子商务盈利模式的内容和特点。

(2) 使用微信,了解微信的商业模式,说明微信的核心竞争力体现在哪里。

(3) 登录酒仙网(www.jiuxian.com),了解手机客户端酒类应用如何提高客户黏稠度。

【复习题】

(1) 简述移动电子商务的发展前景。

(2) 简述电子商务的应用领域。

(3) 简述支撑移动电子商务的市场环境。

(4) 简述移动电子商务的特征。

(5) 简述移动电子商务的应用现状。

(6) 简述移动电子商务应用的表现形式。

(7) 以你自己的切身体验,总结移动电子商务存在的问题和发展措施。

第十二章 电子商务法律

【学习目标】

☆ 了解电子商务过程中各方的法律地位和法律责任。
☆ 掌握电子商务法的概念。
☆ 掌握电子商务活动参与各方的法律关系。
☆ 掌握电子合同的相关概念和法律规定。

 实务导入

电子商务法草案初审——威胁给好评可吊销营业执照

网购中给店家差评会被骚扰,如果不提供个人信息就无法获得店家服务等问题,在全国人大常委会初审的《中华人民共和国电子商务法(草案)》(后简称《草案》)中,有了明确的罚则。这部酝酿了三年多的《草案》,基本明确了电子商务的经营主体、交易与服务、交易保障、跨境电商、监督管理和法律责任等内容。

《草案》从我国实际国情出发,通过具体制度设计解决电子商务经营主体、行为及其市场规范的问题。《草案》划分为总则、电子商务经营主体、电子商务交易与服务、电子商务交易保障、跨境电子商务、监督管理、法律责任和附则等几大部分。

其中,将电子商务定义为通过互联网等信息网络进行商品交易或者服务交易的经营活动。其中的信息网络包括互联网、移动互联网等;商品交易包括有形产品交易和无形产品交易(如数字产品交易);服务交易是指服务产品交易;经营活动是指以盈利为目的的商务活动,包括上述商品交易、服务交易和相关辅助经营活动。

需要注意的是,考虑到立法应尽可能涵盖电子商务的实际领域,同时与其他法律法规有效衔接,《草案》中还明确规定:法律、行政法规对商品交易或者服务交易有特别规定的,使用其规定;涉及金融类产品和服务、利用信息网络播放音视频节目以及网络出版等内容方面的服务,不适用本法。

《草案》规定了从事电子商务活动时,不得实施的损害电子商务信用评价的行为,具体包括:以虚构交易、删除不利评价、有偿或者以其他条件换取有利评价等形式,为自己或者他人提升商业信誉;违背事实的恶意评价,损害他人商业信誉;骚扰或者威胁交易对方,迫使其违背意愿做出、修改、删除商品或服务评价;篡改或者选择性披露信用评价记录;发布不实信用评价信息。

如果违反上述规定,将由各级政府有关部门责令限期改正;逾期不改正的,责令停业整顿,并处以3万元以上10万元以下罚款;情节严重的,可吊销营业执照,并处以10万元以上50万元以下罚款。

同时,《草案》规定:从事电子商务活动时,不得擅自使用与他人域名主体部分、网页名称、网页等知名商业标识相同或者近似的商业标识,误导公众,导致市场混淆;不得利用服务协议等手段,限制交易、滥收费用或者附加不合理交易条件;不得攻击或者入侵其他经营者的网络系统,恶意访问、拦截、篡改其他经营者的网络店铺,影响正常经营活动。

信用评价是电商领域比较突出的问题,因此需要一些比较明确具体的规定。至于处罚的程度,还是会和行为的性质、危害性相适应,因为现在很多电商企业体量都很大,50万元对于它们来说不是很大的数字。但处罚不是目的,更重要的是处罚的功能,是要让违规企业改正行为。

预习题

(1) 分析电子商务法律对电子商务交易的影响。
(2) 互联网金融中电子支付环节的法律应如何建立健全?
(3) 分析网络购物七日无理由退货可能存在的问题。

12.1 电子商务的概念和法律关系

电子商务是在一个虚拟空间上进行交易的,传统的法律规则不能完全适应网络时代的需求。在电子商务的交易过程中,买卖双方之间,买卖双方与银行之间,买卖双方、银行与认证机构之间都将彼此发生业务联系,从而产生各种各样的关系,而这些关系必须要有相关的法律规定进行调整,电子商务法就应运而生了。电子商务法是一个全新的领域,还需要不断地完善,建立健全电子商务体系对推动我国电子商务的发展具有极其重要的意义。

12.1.1 电子商务法概述

1. 电子商务法的概念及原则

电子商务法是调整以数据电文为交易手段而形成的因交易形式所引起的商事关系的法律规范总称。电子商务法通过具体的法律条文对电子商务行为进行规范和指引,但电子商务法的制定也应当遵循基本的原则。

1) 自治原则

电子商务主体有权决定自己是否进行交易、和谁交易以及如何进行交易,这完全体现了电子商务主体的意思自治,任何违背当事人真实意思的交易活动都是无效的。

2) 中立原则

电子商务法的基本目标就是要在电子商务活动中建立公平的交易规则。要实现公平的目标,就必须做到以下四个方面。

(1) 技术中立。电子商务法应平等对待传统的口令法、非对称性公开密钥加密法以及生物鉴别法等技术,不能厚此薄彼,产生任何歧视性要求。

(2) 媒介中立。电子商务法应以中立的原则来对待各种媒介,允许各种媒介根据技术和市场的发展规律而相互融合、相互促进。

(3) 实施中立。实施中立是指在电子商务法与其他相关法律的实施上,不可偏废。在本国电子商务活动与国际性电子商务活动的法律待遇上,应一视同仁。

(4) 同等保护。电子商务法对商家与消费者、国内当事人与国外当事人等,都应尽量做到同等保护。

3）安全性原则

维护电子商务活动的安全是电子商务法的主要任务之一。我国为保护利用计算机信息网络进行的电子商务活动,也制定了一系列法律法规,如《中华人民共和国计算机信息系统安全保护条例》《计算机信息网络国际联网安全保护管理办法》等,以及《中华人民共和国刑法》中有关计算机犯罪的规定等,这些法律法规都为我国电子商务活动的安全进行提供了可靠的法律保障。

2. 电子商务法的作用

1）促进了市场经济的健康发展

目前,电子商务已经应用到各行各业,它已成为市场经济的主要贸易形式,对电子商务加以法律规范,将更能为市场经济的健康发展提供有力的法律保障。

2）规范了电子商务活动

传统民商法的很多规定都不能适用于电子商务这种具有极强技术性的全新的贸易方式,这就要求制定电子商务方面的法律制度,对电子商务活动中双方的权利和责任进行规定,使电子商务活动做到有法可依。

3）保护了计算机信息系统安全和电子商务交易主体的合法权益

随着经济信息化进程的加快,计算机网络上的黑客破坏活动也随之猖獗起来。电子商务法的产生可以直接、有效地保护电子商务交易主体的合法权益不受侵害,同时也能间接起到保护整个计算机信息系统的作用。

12.1.2 电子商务参与方的类型和法律关系

1. 电子商务参与方的类型

随着网络化的兴起,电子商务也快速发展,我国绝大多数的企业或网站都开展了电子商务活动。根据从事电子商务的企业类型的不同,可将电子商务参与方分为以下几类。

1）企业和个人

企业和个人是指利用互联网进行生产销售管理和营销等活动的经济组织和公民。企业和个人利用网络进行企业形象或产品宣传并进行在线销售,它们都是电子商务活动的基本参与方。

2）网上银行

网上银行是指在网上进行金融活动的机构,主要从事电子货币的发放、网上支付及认证等服务。它通过互联网向从事电子商务或参与电子商务的当事人提供电子结算服务。

3）网上商店和网上购物、拍卖

网上商店和网上购物、拍卖是指那些主要在网上从事零售业务的网上商店,及消费者在网上进行的购物活动。它们为电子商务活动提供双方买卖的标的物。

4）网络服务

网络服务是指由电信机构为用户提供的互联网信息服务。它为互联网上的用户提供很多不同类别的网络服务。其中互联网服务提供商(ISP)为用户提供了互联网的接入服务,即通过电话线把用户的计算机或其他终端设备连入互联网,如果把互联网比作一条信息高速公路,那么它就是带用户上这条高速公路的人。互联网内容提供商(ICP)为用户提供互联网上信息的搜索、整理加工等服务。这些服务的提供,使电子商务活动的顺利完成成为可能。

5）其他

其他是指与网上电子商务有关的认证机构、海关、税务等机构和部门,是电子商务活动中的辅助参与方。

2. 电子商务参与方的法律关系

根据在电子商务交易过程中发生的各方业务关系,可将各方的法律关系分为:买卖双方之间的法律关系;买卖双方与银行之间的法律关系;买卖双方、银行与认证机构之间的法律关系。

买卖双方之间的法律关系实质上表现为双方当事人的权利和义务。买卖双方的权利和义务是对等的。卖方的义务就是买方的权利,反之亦然。在电子商务条件下,卖方应当承担三项义务:按照合同的规定提交标的物及单据的义务,对标的物的权利承担担保义务,对标的物的质量承担担保义务。买方同样应当承担三项义务:按照电子商务交易规定方式支付价款的义务,按照合同规定的时间、地点和方式接受标的物的义务,对标的物验收的义务。

在电子商务活动中,银行也变为虚拟银行。虚拟银行的基本义务是依照客户的指示,准确、及时地完成电子资金的划拨。作为发送银行,在整个资金划拨的传送链中,虚拟银行承担着如约执行资金划拨指示的责任。一旦资金划拨失误或失败,发送银行应向客户进行赔付,除非在免责范围内。

认证机构扮演着一个买卖双方签约、履约的监督管理者的角色,买卖双方有义务接受认证中心的监督管理。在整个电子商务交易过程中,包括电子支付过程中,认证机构都有着不可替代的地位和作用。在电子商务交易过程中,认证机构是提供身份验证的第三方机构,它不仅要对进行电子商务交易的买卖双方负责,还要对整个电子商务的交易秩序负责。电子商务认证机构对登记者履行下列监督管理职责:①监督登记者按照规定办理登记、变更、注销手续;②监督登记者按照电子商务的有关法律法规合法从事经营活动;③制止和查处登记者的违法交易活动,保护交易人的合法权益。

登记者有下列情况之一的,认证机构可以根据情况给予警告、报告国家工商管理局、撤销登记的处罚:①登记中隐瞒真实情况,弄虚作假的;②登记后非法侵入机构的计算机系统,擅自改变主要登记事项的;③不按照规定办理注销登记,或不按照规定报送年检报告书办理年检的;④利用认证机构提供的电子证书从事非法经营活动的。

 资料链接

网购 7 天无理由退货

网购来的商品,不想要了怎么办? 2014 年 3 月 15 日正式实施的新版《中华人民共和国消费者权益保护法》规定,除特殊商品外,网购商品在到货之日起 7 日内无理由退货。2014 年 2 月 13 日,中华人民共和国国家工商行政管理总局公布了《网络交易管理办法》(后简称《办法》),消费者的网购"后悔权"将在法律和部门规章层面获得支持。

网购 7 天无理由退货的"7 天"怎么定? 专家认为,物流延误不影响,派件签收亟待规范。除了退货范围,《办法》第 16 条对如何退货退款也做了限定:对于允许退货的商品,消费者需自收到商品之日起 7 日内退货;网络商品经营者应当自收到退回商品之日起 7 日内返还消费者支付的商品价款。退回商品的运费由消费者承担;网络商品经营者和消费者另有约定的,按照约定。一般而言,如果遇到快递"爆仓"商品被堵在路上,并不会影响退货维权,收到货的时间是以快递被签收为准。不过按照实际情况,代收货的现象很普遍,建议网络平台、物流系统对于是否允许代收货设置提前约定。要减少收货期限引发的维权纠纷,涉及电子商务相关的方方面面,如必须规范快递物流业,本人签收和代收货应严格按约定操作。

根据《办法》第16条的规定,网络商品经营者销售商品,消费者有权自收到商品之日起7日内退货,且无须说明理由,但有四种商品除外:消费者定做的,鲜活易腐的,在线下载或者消费者拆封的音像制品、计算机软件等数字化商品,以及交付的报纸、期刊。《办法》还规定,除了这四类商品之外,其他根据商品性质并经消费者在购买时确认不宜退货的商品,不适用无理由退货,消费者退货的商品应当完好。

12.2 电子合同

12.2.1 电子合同概述

电子合同就是合同当事人通过电子数据交换或电子邮件达成设立、变更、终止民事权利和义务的协议,电子合同的特征包括如下几点。

(1) 订立合同的双方或多方大多是互不见面的。所有的买方和卖方都是在虚拟市场上运作的,其信用依靠密码的辨认或认证机构的认证。

(2) 在电子商务中,标的额较小、关系简单的交易没有具体的合同形式,表现为直接通过网络订购、付款。

(3) 表示合同生效的传统签字盖章方式被数字所代替。

(4) 传统合同的生效地点一般为合同成立的地点;没有主营业地的,其经营居住地为合同成立的地点。因此,以数据电文方式缔结的合同对适用于传统商务方式的现行法律提出了新的挑战。

12.2.2 电子合同的订立

1. 电子合同订立的含义

合同订立的过程就是当事人双方使其意思表示趋于一致的过程。在合同法上,这一过程分为要约和承诺两个阶段。采用数据电文方式订立的合同,则是由双方当事人通过数据电文的传递而实现要约和承诺的。

1) 电子合同中的要约

(1) 要约的概念及有效条件。要约,又称发盘、发价,是指一方当事人以缔结合同为目的,向对方当事人提出一定的条件,希望对方当事人接受的意思表示。其中,发出要约者称为要约人,要约所指向的人称为受要约人。要约要取得法律上的效力,一般应具备以下条件。①要约必须是特定人的意思表示。要约是要约人向受要约人所做出的、含有合同条件的意思表示,其目的是得到受要约人的承诺,从而成立合同。②要约必须向相对人发出,要约必须经过相对人的承诺才能成立合同,因此要约必须是向相对人发出的意思表示。

(2) 要约一般情况下是向特定人发出的,而要约邀请也称要约引诱,是行为人邀请他人向自己发出要约的意思表示。要约与要约邀请的区别如下。①要约一般情况下是向特定人发出的,其内容要具体确定;要约邀请是向非特定人发出的,其内容不需要具体确定。

②要约是订立合同的行为,因此要约发出后对要约人具有约束力;要约邀请是订立合同的预备行为,一般对发出人没有约束力,如寄送的价目表、拍卖公告、招标公告、招股说明书、商业广告等为要约邀请。商业广告的内容符合要约规定的,可视为要约。

(3) 要约的效力。要约成立后,就产生了要约的法律效力的问题。《中华人民共和国合同法》规定:要约生效后,在其存续期间要约人即受到要约的拘束,不得撤回、随意撤销或随意变更。

(4) 要约的撤回与要约的撤销是有区别的。要约的撤回是在要约发生效力以前,要约人欲使其丧失法律效力的意思表示。要约是可以撤回的,但撤回要约的通知应当在要约到达受要约人之前或同时到达受要约人。要约被撤回的,即对要约人失去约束力。但是,如果要约已到达受要约人,该要约便不可撤回。要约的撤销是指要约生效后,要约人欲使要约丧失法律效力的意思表示。

2) 电子合同中的承诺

(1) 承诺的概念及有效要件。承诺,是指受要约人同意要约的意思表示,承诺一经生效,合同即告成立。承诺一般应具备以下几个条件。

①承诺必须由受要约人做出。只有受要约人享有承诺的资格,这是由要约人必须向特定的相对人发出要约这一特点决定的。受要约人承诺的目的在于同要约人订合同,故承诺只有向要约人做出才有意义。

②承诺必须在有效期限内做出。所谓有效期限,是指要约指定了承诺期限的,所指定的期限即有效期限;要约未指定期限的,通常认为合理的期限即有效期限。

③承诺的内容必须与要约的内容一致。承诺是受要约人表示愿意按照要约的内容与要约人订立合同的意思表示,因此承诺在内容上必须与要约一致。如果承诺对要约的内容进行实质性变更,便不构成承诺,而视为一项新要约或反要约。

(2) 承诺的方式。承诺一般应以通知的方式做出,通知可以是口头的或书面的,但依法必须以书面形式订立的合同,其承诺必须以书面形式做出。当事人可约定数据电文作为承诺方式。承诺应以明示方式做出,缄默或不行为不能作为承诺的表示方式。

2. 电子合同成立的时间和地点

合同成立的时间与地点对确定合同当事人的权利和义务,以及对合同应使用的法律都具有重要的意义。以数据电文的形式做出的承诺是在当事人发出数据电文时生效还是在收到数据电文时生效,各国的法律在这一问题上的规定主要有到达主义和投递主义两种。

到达主义也称为送达主义,承诺自到达要约人时才发生效力。

投递主义也称为发送主义,合同在受要约人发出承诺函件之时即告成立,即使该函件未能寄达目的地也不影响合同的成立,并以要约人的发出地为合同成立的地点。

3. 电子合同订立的法律规定

《中华人民共和国合同法》第二十六条规定:承诺通知到达要约人时生效。承诺不需要通知的,根据交易习惯或者要约的要求做出承诺的行为时生效。采用数据电文形式订立合同的,承诺到达的时间适用本法第十六条第二款的规定。

《中华人民共和国合同法》第三十四条规定:承诺生效的地点为合同的成立地点。采用数据电文形式订立合同的,收件人的主营业地为合同成立地点;没有主营业地的,其经常居住地为合同成立的地点。当事人另有约定的,按照其约定。这说明我国电子合同成立的地点,除当事人另有约定外,以收件人的主营业地或经常居住地为准,而主营业地一般为其在工商行政管理机关的登记注册地。可见,我国对于承诺生效时间和地点的规定也是采用到达主义。

12.2.3 电子合同的条款、形式和格式条款

1. 电子合同的条款

根据《中华人民共和国合同法》的规定,合同的内容一般应包括以下条款。

(1) 当事人的名称或姓名和住所。合同是双方或多方当事人之间的协议,当事人是谁、住在何处或营业场所在何处应予以明确。如果是涉外合同,当事人名称或姓名和住所条款中还应标明当事人的国籍。

(2) 标的。标的是合同法律关系的客体,是当事人权利义务共同指向的对象。合同的标的可以是货物,也可以是劳务或工程项目等。但法律禁止的行为或禁止转让的物品不得作为合同的标的。

(3) 数量。数量是确定标的的主要条件,数量条款应作为合同的主要条款予以明确,在大宗交易的合同中,除规定具体的数量条款以外,还应规定损耗的幅度和正负误差。

(4) 质量。质量是标的内在素质和外观形态的综合,包括标的名称、品种、规格、等级、标准、技术要求等。

(5) 价款或酬金。价款或酬金统称价金,是取得标的物或接受劳务的一方当事人所支付的代价。对于有偿合同来说,价金条款是关键条款之一。

(6) 履行期限、地点和方式。履行期限、地点和方式是权利人要求对方履行合同的基本权利,在合同中双方应当明确约定。

(7) 违约责任。违约责任是指违反合同义务应当承担的民事责任。

(8) 解决争议的方法。解决争议的方法是指纠纷发生后以何种方式解决当事人之间的纠纷。

2. 电子合同的形式

合同的形式是缔约当事人达成协议的表现形式,是合同内容的外在表现。根据《中华人民共和国合同法》的规定,合同形式主要有口头形式、书面形式和其他形式三大种类。

1) 口头形式

口头形式是指当事人只用语言为意思表示订立合同的形式,如对话、电话等形式。口头形式的优点是简便易行,符合交易便捷的价值取向;其缺点是发生纠纷时难以取证,不易分清责任。所以,为了保证交易安全,一般不宜采用这种合同形式。

2) 书面形式

书面形式是指当事人以书面文字表达协议内容、订立合同的形式,具体是指合同书、信件和数据电文(包括电报、传真、电子数据交换和电子邮件)等可以有形地表现所载内容的形式。书面形式的优点在于权利义务记载清楚,便于履行,发生纠纷时容易举证和分清责任。

3) 其他形式

其他形式是除口头形式、书面形式以外的合同形式。根据《中华人民共和国合同法》的规定,其他形式是指行为推定形式。当事人未用语言、文字表达其意思,而仅用行为向对方发出要约,对方接受要约,做出一定或指定的行为作为承诺,则合同成立。

3. 电子合同的格式条款

1) 定义

合同的格式条款由一方当事人预先拟定,对方当事人只能表示全部同意或者不同意,即对方当事人要么从整体上接受合同格式条款条件,要么不订立合同。格式合同拟定方经常利用其较为有利的经济地位,制定有利于己而不利于对方的条款,如免责条款、法院管辖条款、对合同上的风险及负担做不合理的分配等。

2) 法律规定

《中华人民共和国合同法》对格式合同做了明确规定以适用于电子合同:采用格式条款订立合同的,提供格式条款的一方应当遵循公平原则确定当事人之间的权利和义务,并采取合理的方式提请对方注意免除或者限制其责任的条款,按照对方的要求,对该条款予以说明。

提供格式条款的一方未提示义务或拒绝说明的,该免责条款不发生效力。提供格式合同的一方采用欺诈胁迫方式、乘人之危方式与他人订立合同的,或格式合同违反法律强制性规定或损害国家利益及社会公益的,或格式合同显失公平或双方当事人对格式合同内容存在重大误解的,该格式合同将无效或应撤销。对格式条款的理解发生争议的,应当按照通常理解予以解释。对格式条款有两种以上解释的,应当做出不利于提供格式条款一方的解释。格式条款和非格式条款不一致的,应当采用非格式条款。

 课堂讨论

网络传播侵权

版权,国内网络中至今未能解决症结。侵权行为不断,被起诉的却寥寥无几。一方面是普遍缺乏保护版权的意识;另一方面盗版者较多,分布范围广而侵权行为普遍较轻,起诉成功的补偿常常不及起诉时所消耗的人力、财力。

随着互联网的普及,网络侵权现象呈现多样化趋势,而这方面的法律制度相对滞后,给维权带来了很多困难。网络侵权与普通侵权的主要区别在于侵权手段的隐蔽性、无形性和传播范围的广泛性。为了防止发生网络侵权行为:一是要完善相关法律制度,明确法律责任;二是要合理平衡网络运营商和使用者的责任问题,因为网络是一个开放的平台,不能限制太严,同时也要对恶意侵权行为进行严格的惩罚。

12.3 电子支付的法律

12.3.1 电子支付的法律问题

1. 电子支付法律关系的各方参与人

电子支付法律关系主要涉及四方当事人:买方、卖方、银行和认证机构。电子支付过程中所涉及的银行就其角色而言可分为付款人银行和中介银行。指令人和接收银行的概念是相对的,付款人是付款人银行的指令人,付款人银行此时是接收银行;付款人银行又是中介银行的指令人,中介银行则是付款人银行的接收银行。

1）买方

买方是指电子支付中的付款人。买方与卖方存在独立的买卖合同关系,与银行存在独立的金融服务合同关系。这两个合同关系的存在决定了买方(付款人)在电子支付中相应的权利和义务。

2）卖方

卖方是指电子支付中的收款人。同样,收款人与买方存在独立的买卖合同关系,与银行也存在独立的金融服务合同关系。

3）银行

接收银行与指令人之间的关系,根据双方所签订的有关合同确定。

4）认证机构

认证机构在电子支付的过程中是以独立第三方的身份存在的,其本身不从事任何商业活动,它主要是为各参与方的各种认证要求提供证书服务,从而建立起彼此之间的信任关系。

5）数据通信网络

电子支付活动中的银行与数据通信网络之间的关系也是合同关系。数据通信网络的义务主要包括:按正确的模式传递信息,采取防止信息传递失误的安全措施,确保信息传递到接收人处,保证信息的机密性与安全性。

2. 电子支付当事人之间的权利义务关系

1）银行与客户之间的权利义务

(1) 指令人的权利。

指令人有权要求接收银行按照指令的时间及时将指令的金额支付给指定的收款人,如果接收银行没有按指令完成义务,指令人有权要求其承担违约责任,赔偿因此造成的损失。

(2) 指令人的义务。

① 一旦向接收银行发出指令,自身也受其指令的约束,承担从其指定账户付款的义务。

② 如有需要,不仅接受核对签名,而且在符合商业惯例的情况下,接受认证机构的认证。

③ 按照接收银行的程序,检查指令有无错误和歧义,并有义务发出修正指令,修改错误或有歧义的指令。

(3) 接收银行的权利。

① 要求付款人或指令人支付所指令的资金并承担因支付而发生的费用。

② 拒绝或要求指令人修正其发出的无法执行的、不符合规定程序和要求的指令。

③ 只要能证明由于指令人的过错而致使其他人,包括指令人的现任或前任雇员或其他与指令人有关系的当事人,假冒指令人通过了认证程序,就有权要求指令人承担指令引起的后果。

(4) 接收银行的义务。

① 按照指令人的指令完成资金支付。

② 就其本身或后手的违约行为,向其前手和付款人承担法律责任。

(5) 收款人的权利义务。

在电子支付法律关系中,收款人虽然是一方当事人,但由于他与指令人、接收银行并不存在支付合同上的权利义务关系,因此收款人不能基于电子支付行为向指令人或接收银行主张权利,收款人只是基于法律关系与付款人之间存在权利义务关系。

2) 认证机构与用户之间的权利义务

(1) 认证机构的权利。

① 要求用户提供认证所必需的、正确的相关信息。

② 随时检查用户使用认证证书的情况,对认证过程中出现的异常情况有权加以干预并在必要时终止服务,以便于迅速排除异常情况。

③ 要求用户赔偿因其提供错误、虚假信息或非法使用认证机制而造成的损失。

(2) 认证机构的义务。

① 制定严格的认证操作规则,并规定具体的操作要求。认证操作规则包括安全控制规则、密钥管理规则和审核规则。安全控制规则包括规定个人活动范围、处理的业务、期限和权限;密钥管理规则是指规定密钥产生、传输和管理的责任制度;审核规则是指规定定期审核制度,并对参与者进行严格的审查和认证。

② 建立定期审查制度。由内部审查人员经常审查认证过程、证书发放运行状态、用户投诉、服务质量和证书注销等情况,保证发放的证书具有权威性和信任度。

③ 制定信息控制规则,发布可靠及时的认证信息,保证操作安全和信息安全。认证信息包括:认证声明;有关认证活动的责任、义务、操作方式及相关措施;信息公开制度等。

(3) 认证用户的义务。

① 合法使用认证机制、获得证书,开展电子商务活动。

② 提供本身准确的相关信息。

③ 及时检查证书内容和信息。

④ 妥善保管好私人密码和密钥。

⑤ 及时汇报出现的问题。

12.3.2 电子支付纠纷归责原则

电子支付的纠纷归责原则就是为解决在电子支付过程中因种种原因导致的当事人损失的责任如何分担的问题。

1. 归责原则

在现有的民法体系中,归责原则主要有过错原则、过错推定原则、无过错原则和公平责任原则。《中华人民共和国合同法》采用的违约归责原则是无过错原则,即当事人一方只要有违约事实,就要向对方承担违约责任,而不论其主观心态如何。电子支付纠纷归责原则可以考虑借鉴现有《中华人民共和国合同法》中合同的归责原则,以过错责任原则为基础;当事人应对自己主观过错或技术、操作上的失误给对方造成的损失承担赔偿责任;双方都有过错时,视各自过错程度对损害结果的影响而适用过错相抵原则;双方均无过错时,不可抗力、正当防卫、紧急避险、意外事件等可以作为免责事由。对于因第三方行为造成的违约,根据《中华人民共和国合同法》第一百二十一条的规定:当事人一方因第三人的原因造成违约的,应当向对方承担违约责任。当事人一方和第三人之间的纠纷,依照法律规定或者按照约定解决。债务人向债权人承担违约责任后,有权向第三人追偿(既可能是违约责任,又可能是侵权责任),这是合同相对性的要求和体现。

2. 违约责任

《中华人民共和国合同法》共规定了五大类违约责任形式,分别是继续履行、采取其他补救措施、定金、损害赔偿金和违约金。其中,继续履行、采取其他补救措施、定金的适用是以不发生实际损害为要件的,损害赔偿金则以实际损害的发生为适用要件,违约金则是一种违约后的补救措施且需要双方预先确定。电子支付法律关系中的违约责任可以沿用传统的这五类责任形式。

3. 举证责任的分担

传统法律规定,举证责任是谁主张、谁证明,然而此原则在电子支付中的适用存在例外的情况。

第一,消费者在电子商务活动中处于弱势地位,电子商务相关立法应当侧重保护消费者的利益,这一点是毫无疑义的。

第二,个人承受风险和损失的能力相对于作为集团形式存在的商家或金融机构而言是十分薄弱的,因此在电子支付中需要加强对消费者利益的保护。

第三,电子支付离不开软硬件、服务器、互联网等先进技术的支撑,要求作为受害人的个人消费者去证明加害人的过错,在技术上将是十分困难的,甚至是不可行的。

第四,在以"谁主张、谁证明"为举证原则的前提下,应当加大商家和金融机构的举证责任。除非加害人能够证明自己没有过错,否则应承担无限赔偿责任。

 案例

网页侵权

互联网发展史上的一次飞跃是互联网技术的出现。它使多媒体的数字化传输成为可能。那么,万维网的网页是否受产权保护呢?网页一般都是由文字、图画、录音、活动影像等多媒体元素构成的。如果抄袭他人的网页,很可能构成侵权,因为网页可以作为汇编作品而受著作权的保护。抄袭网页还可能被指控为不正当竞争。如果抄袭者与被抄袭者构成同业竞争,抄袭又导致两个网页相混淆,由此误导公众或消费者,抄袭者的行为就构成不正当竞争。

12.4 电子商务中的安全问题

12.4.1 计算机信息安全等级制度和有害数据防治制度

计算机信息安全等级是指国家根据信息系统处理信息的敏感程度、业务应用性质和部门重要程度所确认的信息系统的安全保护能力。安全等级制度是按照信息系统安全保护能力的不同而进行的等级管理制度,也是其他各项制度的核心与依据。

1. 计算机信息安全等级制度

《中华人民共和国计算机信息系统安全保护条例》和《计算机信息系统安全保护等级划分准则》都明确规定了对计算机信息系统实行安全等级制度。根据规定将计算机信息系统安全保护等级划分为五个级别:用户自主保护级、系统审计保护级、安全标记保护级、结构化保护级和访问验证保护级。这五个级别的安全保护能力依次增强,计算机信息系统的安全等级越高,其安全保护能力就越强。

2. 有害数据防治制度

1) 有害数据的含义

有害数据是指在计算机信息系统及其存储介质中出现,以计算机程序、图像、文字、声音等多种形式表示的,含有攻击人民民主专政、社会主义制度,攻击党和国家领导人,破坏民族团结等危害国家安全内容的信息;含有宣扬封建迷信、淫秽色情、凶杀、教唆犯罪等危害社会治安秩序内容的信息;或者是危害计算机信息系统的运行和功能的发挥,危害应用软件、数据的可靠性、完整性和保密性,用于违法活动的计算机程序(含计算机病毒)。

2) 有害数据的分类

有害数据可分为三大类:第一类是危害国家安全的有害数据,主要是指含有攻击人民民主专政、社会主义制度,攻击党和国家领导人,破坏民族团结等内容的有害信息;第二类是危害社会治安秩序的有害数据,主要是指含有宣扬封建迷信、淫秽色情、凶杀、教唆犯罪等内容的有害信息;第三类是危害计算机信息系统的有害数据,主要是指危害计算机信息系统的运行和功能的发挥,危害应用软件、数据的可靠性、完整性和保密性,用于违法活动的计算机程序(含计算机病毒)。

3) 危害计算机信息系统的有害数据的防治

我国公安部根据《中华人民共和国计算机信息系统安全保护条例》,于 2000 年 4 月 26 日发布的《计算机病毒防治管理办法》是我国计算机病毒防治工作的重要法律依据。

计算机病毒是指编制的或在计算机程序中输入的破坏计算机功能或毁坏数据,影响计算机使用,并能自我复制的一组计算机指令或程序代码。根据定义可看出,计算机病毒是一种可执行程序,具有广泛的传染性、极大的潜伏性、极强的破坏性等特点。

根据《计算机病毒防治管理办法》的规定,为了防止计算机病毒的制作和传播,严禁任何单位和个人从事下列行为:①制作计算机病毒;②故意输入计算机病毒,危害计算机信息系统安全;③向他人提供含有计算机病毒的文件、软件、媒件;④销售、出租或附赠含有计算机病毒的媒件;⑤其他传播计算机病毒的行为。

计算机信息系统的使用单位在计算机病毒防治工作中应当履行下列职责:①建立本单位的计算机病毒防治管理制度;②采取计算机病毒安全技术防治措施;③对本单位计算机信息系统使用人员进行计算机病毒防治教育培训;④及时检测、清除计算机信息系统中的计算机病毒,并备有检测、清除的记录;⑤使用具有计算机信息系统安全专用产品销售许可证的计算机病毒防治产品;⑥对由计算机病毒引起的计算机信息系统瘫痪、程序和数据的严重破坏等重大事故及时地向公安机关报告,并保护现场。

我国公安部公共信息网络安全监察部门主管全国的计算机病毒防治管理工作。地方各公安机关具体负责本行政区域内的计算机病毒防治管理工作。任何单位和个人应当接受公安机关对计算机病毒防治工作的监督、检查和指导。

12.4.2 安全专用产品销售许可证制度

1. 安全专用产品销售许可证的概念

我国公安部于 1997 年 12 月 12 日发布了《计算机信息系统安全专用产品检测和销售许可证管理办法》,要求我国境内的安全专用产品在进入市场前必须申领销售许可证,开始在我国实行计算机信息系统安全专用产品的检测和销售许可证制度。计算机信息系统安全专用产品销售许可证是指由国家公安部计算机管理监察机关审批和颁布的,准许持有者在我国市场上销售其用于维护计算机信息系统安全的专用软件和硬件产品的合法证明。

2. 安全专用产品的概念和特征

安全专用产品是指用于保护计算机信息系统安全的专用产品。其主要功能是防止计算机信息资料被故意或偶然非授权泄漏、更改、破坏或信息被非法系统识别、控制,确保计算机信息的完整性、保密性、可用性和可控性。安全专用产品具有以下特征。

（1）合法性。计算机信息系统安全专用产品的合法性是指这种产品必须经国家公安机关计算机安全监察部门检测,认为合格并颁发销售许可证后才能在市场上销售。

（2）安全性。安全性是计算机信息系统安全专用产品的本质特征,是指它的用途就在于维护计算机信息系统的安全,避免计算机安全事件的发生。

（3）技术性。计算机信息系统安全专用产品的技术性是指该产品必须具有很高的技术含量,才能担当起维护计算机信息系统安全的重任。

根据《计算机信息系统安全专用产品检测和销售许可证管理办法》的规定,中华人民共和国境内的安全专用产品进入市场销售,实行销售许可证制度。安全专用产品的生产者在其产品进入市场销售之前,必须申领计算机信息系统安全专用产品许可证。公安部计算机管理监察部门负责销售许可证的审批、颁发和安全专用产品安全功能检测机构的审批工作。地(市)级以上人民政府公安机关负责销售许可证的监督检查工作。安全专用产品的生产者申请销售许可证,应当向公安部计算机管理监察部门提交以下材料:①营业执照(复印件);②安全专用产品检测结果报告;③防治计算机病毒的安全专用产品须提交公安机关颁发的计算机病毒防治研究的备案证明。

公安部计算机管理监察部门自接到申请之日起30日内,经审核合格的,可向申领者颁发销售许可证和安全专用产品"销售许可"标记,不合格的,要书面通知申领者,并说明理由。

已取得销售许可证的安全专用产品,生产者应当在固定位置标明"销售许可"标记。任何单位和个人不得销售无"销售许可"标记的安全专用产品,单位或个人出售没有申领销售许可证的计算机信息系统安全专用产品的行为属违法行为,可依据《中华人民共和国计算机信息系统安全保护条例》的相关规定予以处罚。

 课堂讨论

移动支付必须备好"安全锦囊"

中国银联《2016移动支付安全调查报告》正式发布,支付安全专家建议,消费者应进一步提升安全支付意识,注意加强支付风险防范,以下5个"安全锦囊"需快快收好。

金融网站减少使用手机号码注册账号。建议消费者区分金融类账户与其他类型账户的账号。注册金融类账户的用户名尽量避免使用手机号,可以选择使用包含字母、数字等的更加复杂的用户名。

关注最新防范电信网络诈骗知识,提高应对欺诈的能力。建议消费者主动学习防范电信诈骗知识,提高主动识别电信诈骗的能力:一是谨慎对待社交软件中出现的各种借款借口及链接,有疑问先主动电话确认;二是不要轻易相信并点击积分、中奖等短信链接;三是不要相信任何索要手机验证码的行为。

选择安全性高的支付产品,降低移动支付风险。建议网上支付金额较高的用户及中老年用户选择使用安全性较高的移动支付产品,在手机上安装官方正版的安全软件,降低非法恶意程序对移动支付安全带来的风险。

关注大额账户安全,选配保险可化解损失。许多消费者不了解银行卡或账户盗用保险。建议消费者可联系发卡银行或支付机构等,选择配有保险保障的支付产品或为自己的大额账户购买资金保障险,化解自身资金风险。

积极应对欺诈,主动联系银行并报案。调查显示,在发生欺诈后积极采取措施能防止损失进一步扩大。建议消费者在遭遇欺诈后,第一时间致电银行官方客服电话告知情况,并及时拨打110向公安机关报案。

12.4.3 违反电子商务安全法的法律责任

1. 违反电子商务安全法的违约责任

违反电子商务安全法的违约行为造成的结果的复杂性,决定了承担违约责任方式的多样性。违反电子商务安全法的违约方要承担的责任形式有四种:支付违约金、损害赔偿、继续履行和其他补救措施。

2. 违反电子商务安全法的侵权责任

违反电子商务安全法的侵权行为所侵害的权利的不同,决定了承担违反电子商务安全法的侵权民事责任的方式也不尽相同。违反电子商务安全法的侵权责任包括停止侵害、排除妨碍、消除危险、返还财产、恢复原状、损害赔偿、消除影响、恢复名誉、赔礼道歉。

3. 违反电子商务安全法的行政责任

违反电子商务安全法的行政责任是指电子商务法律关系的主体违反电子商务安全法所规定的义务而构成行政违法所应当承担的法律责任。违反电子商务安全法的行政责任包括警告、罚款、没收违法所得、责令停产停业、扣押或吊销许可证、扣押或吊销执照、行政拘留。

 案例

抢劫网络虚拟财产被判抢劫罪

辽宁省沈阳市中级人民法院曾对一起罕见的抢劫虚拟财产案终审宣判。4名青年因抢劫一名网民的Q币、游戏币和游戏装备等,被法院认定均构成抢劫罪。其中,王春明、张贺被判处有期徒刑3年,王鑫、赵鹏被判缓刑,并分别处罚金人民币5 000元。

此案的4名当事人一起到沈阳市东陵区某网吧玩大型网络游戏,由于级别不高,游戏装备也比较简单,在网上常受欺负。他们发现同网吧内一个名为"沈阳小伙"的网民的游戏装备丰厚,游戏时胜多负少,在索要未果后,便产生了伺机抢劫的念头。

辽宁省沈阳市中级人民法院经审理查明,2008年10月22日零时许,王春明、王鑫、赵鹏、张贺4人到网吧,对正在上网的"沈阳小伙"进行殴打、威胁、恐吓,迫使"沈阳小伙"按其要求转出价值人民币100元的Q币100个、游戏币1 100多万个和其他游戏装备,4名青年将上述网络虚拟财产予以平分。随后,王春明又单独将"沈阳小伙"强行拽到外面,从其身上搜出并抢走人民币200元。

辽宁省沈阳市中级人民法院认为,虽然Q币、游戏币和游戏装备属于网络虚拟财产,但玩家在游戏中财物的积累需要付出时间和金钱,虚拟财产完全具备财产的一般属性,应当纳入刑事法律保护范围。王春明、张贺等4名青年以暴力手段抢劫虚拟财产就已经构成抢劫罪。

12.5 电子商务纠纷的法律解决

12.5.1 网络纠纷的司法管辖

1. 网络司法管辖权概述

司法管辖权是指国家通过司法手段对特定的人、物、事进行管理和处置的权利。

根据传统的司法管辖理论和实践,管辖权问题可分为以下三点。

1) 以地域为基础或者根据

无论是主体、客体还是法律事实,总是与某一国的管辖或者某一法院的地域具有空间上的关联,这种空间关联就构成该国或者法院行使管辖权的地域基础。地域具体表现为如下几种形式:当事人住所,包括原告的住所、被告的住所或原被告的注册地、经营地等;诉讼原因发生地,比如,侵权行为地、侵权结果发生地、合同签订地、合同履行地;诉讼标的所在地;被告财产所在地。

2) 以当事人国籍为基础

以当事人国籍作为管辖权的依据,该原则符合国家主权原则,其目的在于保护本国公民的利益。

3) 合同纠纷中以当事人意志为基础

当事人的意志可以成为管辖基础:一是双方当事人达成协议,把他们之间的争议提交某一国法院审理,该国法院便可行使管辖权;二是被告接受管辖。

2. 网络合同纠纷的司法管辖

电子合同纠纷比传统贸易方式下的合同纠纷更为复杂,有关电子合同的管辖问题规定有如下几点。

在电子合同中,意思自治和契约自由是其基本原则,双方当事人可以在电子合同中协议选择管辖法院,并且这种双方的约定在适用时优于法律的规定。

在电子商务中,公民的户籍所在地、法人的主要营业地、主要办事机构所在地都很难确定。由于网址是由 ISP 授予的,其 ISP 所在的管辖区域的关联性是比较明确的,因此网址可成为管辖权的基础。

在网络交易中,当事人事先在电子合同中以协议方式约定纠纷发生后管辖的归属,不失为减少管辖权纠纷的有效途径。但当事人未有协议的情况下以当事人的营业地为数据电文的发出与接收地点,也即当事人的营业地为承诺生效、合同成立的地点。

3. 网络侵权纠纷的司法管辖

《中华人民共和国民事诉讼法》第二十九条规定:因侵权行为提起的诉讼,由侵权行为地或者被告住所地人民法院管辖。

1) 侵权行为地

侵权行为地通常包括侵权行为实施地和侵权行为结果发生地。根据《最高人民法院关于审理涉及计算机网络著作权纠纷案件适用法律若干问题的解释》的规定,网络著作权侵权纠纷案件由侵权行为地或被告住所地人民法院管辖,对难以确定侵权行为地或被告住所地的,原告发现侵权内容的计算机终端等设备所在地可视为侵权行为地。

2）被告住所地

网络侵权行为人大致分为两大类：一类是网站经营者，另一类是登录网站的任何第三人。那么，被告住所地就是其注册地或主要办事机构所在地。

12.5.2 网络诉讼的证据规则

1．电子证据概述

1）电子证据的概念及其特征

证据是指能够证明案件真实情况的一切事实资料，具有客观性、相关性、合法性等基本特征。电子证据又称为计算机证据，是指在计算机或计算机系统运行过程中产生的以其记录的内容来证明案件事实的电磁记录物，如计算机储存的证据、计算机产生的证据、计算机传输的证据、计算机记录的证据、计算机打印的证据等。电子证据具有以下特点。

（1）高科技性。电子证据的产生、储存、传输、收集和审查判断，都必须借助于现代化的计算机技术、存储技术、网络技术等，并且伴随科技的发展进程会不断更新、变化。

（2）客观性和脆弱性。电子证据以信息技术为依托，是计算机精确处理后的结果，能客观地反映事实，其精确性决定了电子证据具有较强的证明力。同时，电子记录又是脆弱的，其生成需要计算机设备和人工的帮助，易受到设备的设计功能、工作状态的限制和外界等因素的干扰。

（3）无形性。计算机内部所有的信息都是以二进制编码形式存在的，在计算机对数字化信息进行存储、传输、处理的过程中，一切信息都必须用二进制编码表示并实现某种功能，因此电子证据也具有无形性。

（4）复合性。数据电文信息在计算机屏幕上的表现形式是多样的，尤其是多媒体技术的出现，更使得电子证据具有复合性的特点。

（5）易破坏性。电子证据的物质载体是电磁脉冲，行为人可以蓄意操作、改变数据或程序，或者截收、监听、窃听电子证据，且改动不留痕迹，难以直接被发现。

（6）便利性。电子证据还具有收集迅速，易于保存，占用空间少，传送和运输方便，可以反复重现，作为证据易于使用、审查、核实等特点。

2）电子证据的法律地位

电子证据的法律地位是指电子证据的可采纳性或可接受性。各国的证据立法对证据可采纳性的要求不完全相同，但大多数国家将电子证据作为一种书面证据，承认其证据的功能和法律上的效力性。

2．电子证据的认定

由于网络的虚拟性特点，对电子证据的认定应当从合法性和证明力这两个方面来进行。

（1）电子证据的合法性认定，即以何种方式取得的证据才是合法的。一方面，要审查司法机关在收集和提取电子证据的过程中是否遵守了法律的有关规定；另一方面，要审查电子证据是以秘密方式还是以公开方式收集和提取的。证据的合法性要求其收集和提取必须符合法定程序，防止司法机关利用职权侵犯公民的各项权利。

（2）电子证据的证明力（即证据力），是指证据在证明待证事实上体现其价值大小与强弱的状态或程度。考察电子证据的证明力，就是要认定电子证据本身或者电子证据与案件中的其他证据一起能否证明待证事实以及在多大程度上能够证明待证事实。

12.5.3 网络纠纷的法律适用

1. 网络纠纷适用的冲突法规则

由于各国科技水平、法律传统、对互联网的态度不同,导致跨国网上法律纠纷对传统冲突法提出了严峻的挑战,主要表现在如下几个方面。

1) 对连接点的改造

互联网是一个虚拟的、面向全球开放的高度自治的世界,许多传统的基于地域因素选择的客观连接点(如侵权行为地、合同缔结地等)难以有效运用于互联网中,此时主观的连接因素(如当事人的合意选择地)就可能发挥更大的作用,所以应在网络纠纷发生前在电子合同中预先规定法律适用与选择的条款。

2) 对传统法律选择方式的检讨

互联网打破了时间和地域的限制,并作为一个整体将全球连接在一起,很难说其中哪一部分的所在地同网络纠纷的联系最为密切。所以,要求法官根据所涉及的众多因素选择可使用的法律,不仅实际上不可行,也不符合互联网简捷、迅速的价值取向。在互联网纠纷中,适用简明、易行、明确、稳定的冲突规范无疑是便利当事人、迅速解决网络法律纠纷的要求,这也是对传统法律选择方式的扬弃。

3) 对识别的冲击

识别是在适用冲突规范时,依据一定的法律观念,对有关的事实构成做出定性分类,将其归入一定的法律范畴,或对有关冲突规范所使用的法律名词进行解释,从而确定应使用哪一冲突规范的过程。对互联网案件的识别有两种方式:一种是在原有的法律体系中进行;另一种是在原有的法律体系之外,通过国内立法与判例、国际条约与公约建立起统一的"网络空间法"体系,形成一个独立的、专门适用于互联网案件的法律部门。

2. 我国解决电子商务纠纷的法律适用

与网络管辖权问题相比,我国对电子商务纠纷的法律适用问题所表现出的争议并没有那么突出。

第一,尽管在理论上有学者提出因特网用户应当将制定和选择规则的权利委托给相应的ISP,由ISP选择适用哪一个国家的法律或者制定何种规范。但是,至少到目前为止,任何ISP都不可能取代国家而享有真正的立法权,即使ISP制定了相应的行业规则或者网络规范,从法律适用的角度来看,都必须得到国家立法权的承认与采纳才能够作为法律适用的基础。

第二,传统的法律选择原则仍然可以得到适用。在《中华人民共和国合同法》中,最基本的原则依然是当事人意思自治原则,同时,在当事人没有做出选择时,应采用最密切联系原则确定应当适用的法律。当然,这其中最为关键的问题是如何确定电子合同的订立地、履行地、标的物所在地和当事人营业地等联结点。随着各国电子商务立法的发展,以及《联合国国际贸易法委员会电子商务示范法》等国际法律的出台,这些联结点逐渐向国际统一趋势发展。

在侵权法律领域中,传统的法律适用原则主要是侵权行为地法原则,也同样是网络环境中最主要的适用原则,在网络纠纷中,适用侵权行为地法原则的主要问题是如何确定侵权行为的发生地和结果地,而这常常是比较难确定的。

第三,对传统法律选择理论的修正和突破。在合同法律领域,尤其是在涉及消费者合同的法律适用问题时,一般认为应当根据合同是否是以在线方式履行来进行区分。对于通过网络订立、以传统方式递送货物的合同,消费者居所地即该合同的交货地,则该合同与该地就存在密切的联系,并且商家知道应在哪一国家进行交付,而消费者却有可能不知道商家的营业地。因此,如果商家已将自己的营业地告知消费者,在双方未就准据法做出选择时,就应当适用商家营业地国家的法律;如果商家没有将自己的营业地告知消费者,则应适用消费者居所地国家的法律,而不必由消费者根据网址来推断商家实际营业地所在的国家。

在侵权法律领域,由于在互联网上,几乎任何国家都可以被视为侵权结果发生地,所以按照对侵权行为地法原则的解释,原告就可以在全球各国的法律之中选择对自己最有利的国家起诉和主张权利,这显然会导致侵权行为地法原则实际无效。由于互联网的特点,会出现很多新的事物和新的问题,这些都要求我们在这些理论和实践中进行深入的研究探讨和完善。

【本章小结】

本章讲述了电子商务法律对电子商务交易过程的影响,电子商务发展迅速,因此电子商务法律法规也在不断完善。电子商务法是一个非常庞杂的法律体系,涉及许多领域,既包括传统的民法领域,如《中华人民共和国合同法》《中华人民共和国著作权法》等,又有新的领域,如《中华人民共和国电子签名法》等,这些法律规范从总体上属于商法范畴。商法是公法干预下的私法,它以任意性规范为基础,同时有许多强制性规范。

传统商法的主要特点是习惯性和无国界性。商法一开始只是商人在商业交往中自然形成的行业惯例,并随商业的扩展而发展。大陆法系国家的商法均走向制定法或成文法,而且表现出鲜明的强制色彩。制定法使现代商法呈现出一定的地域色彩,但在商事法或交易法领域也呈现出世界性趋同趋势。国际贸易的发展,使得商事法具有较高程度的超地域性,而这种全球化特征在电子商务法中表现得更为突出,这是因为网络没有中心,也没有国界,在网络环境中的商务活动也不受国界的限制,这种状况决定了电子商务许多领域中的问题只有国际社会采取一致规则才能解决,也只有进行广泛的合作才能有成效。因此,在电子商务立法过程中,国际社会特别是联合国起到了非常重要的作用,它较早地制定了供各国参照模仿及补充适用的示范法,起到了统一观念和原则的作用,为世界电子商务立法的协调一致奠定了基础。因此,电子商务法的首要特征是全球性。

【实训项目】

电子商务环境和税收问题的分析

1. 实训目的与要求
(1) 了解电子商务环境和税收问题的特点。
(2) 分析解决电子商务环境和税收问题的具体措施。
2. 实训重点
电子商务税收问题的特点。
3. 实训难点
电子商务环境的特点分析。

4. 实训内容

登录淘宝网,了解电子商务税收问题,并进行可行性分析。

(1) 分析电子商务环境存在的问题。

(2) 分析电子商务税收问题和解决电子商务税收问题所应采取的法律措施。

5. 备注说明

(1) 通过访问艾瑞网了解我国电子商务法律现状。

(2) 了解国外电子商务环境和税收问题的特点。

【案例分析】

"天猫"问题频出——遭多名用户投诉

2017年1月20日,中国电子商务投诉与维权公共服务平台接到多名用户对天猫的投诉,称其有物流无更新、欺骗消费者、发货少件等问题。

案例一:物流无更新

陈先生分别在2017年1月7号和9号在天猫超市订购了商品。其中,7号订购的商品物流信息只更新到9号,9号的物流单显示商品12号已到目的地并派送,但一直没有派送。向天猫客服投诉反映,答复一个工作日内会联系,但之后多次联系客服也没有得到解决。

案例二:欺骗消费者

邵女士于2016年"双十一"在光明家具天猫官网购买家具共八件。下单前客服回答约30~45天到货,保证在12月底前收到货。截止到2017年1月底家具还未到,联系客服和光明物流部门,答复东西才到山东中转仓库,大约2017年3月底才能到。这明显就是欺骗消费者,恶意延长到货时间。

案例三:发货少件

梅女士于2017年1月16日上午在天猫超市下单,当天下午快递员将商品送至收件人单位保安室。梅女士晚上打开快递后发现所订商品少件,并且快递箱中没有商品清单。后与客服沟通申请退款,但一直被天猫超市以"仓库未漏发"弹回。

已付定金的买卖,买家反悔后经营者无须退还定金。根据《中华人民共和国合同法》第一百一十五条的规定,定金合同成立后消费者违约的无权主张返还定金,经营者违约的应双倍返还消费者定金。因此,消费者在购物时若没有确定的购物意向,就不要选择预付定金的商品,如果要选择预付定金的商品,应当注意定金与货物价格之间的比例,超过货物价格20%的部分无效,要及时与客服联系,维护自己的权益。

提供的商品或服务有欺诈行为可要求惩罚性赔偿。依据《中华人民共和国消费者权益保护法》第五十五条的规定,若经营者提供的商品或服务有欺诈行为,消费者可以要求增加赔偿其购买的商品或接受的服务所付费用的3倍。增加赔偿的金额不足500元的,为500元。依据《中华人民共和国食品安全法》第一百四十八条的规定,若产品为不符合安全标准的食品,消费者除要求赔偿损失外,还可以向生产厂家或销售者要求支付价款10倍的赔偿金。增加赔偿的金额不足1 000元的,为1 000元。

在发生争议后无法找到经营者,而网络交易平台亦不能提供经营者信息的情况下,网络交易平台应该承担相应责任。网络交易平台提供者不能提供销售者的真实名称、地址和有效联系方式的,消费者也可以向网络交易平台提供者要求赔偿。消费者如果能够证明"网络交易平台提供者明知或者应知销售者侵害消费者合法权益而未采取必要措施",还可以要求网络交易平台提供者承担连带责任。

消费者应有证据意识,以防发生争议后无处维权。消费者在网上购物时,要注意备份或保存网络平台交易记录、双方协商聊天记录、交易明细等,这些都可以作为有效的证据进行维权,以防与经营者发生纠纷后,经营者将商品下架而无法查询商品销售信息;也可以根据这些认定侵权结果发生地,从而确认消费者所在法院是否具备管辖权。

【练习题】

(1) 登录中国电子商务法律网(www.chinaeclaw.com),分析消费者网上交易防欺诈的问题和措施。

(2) 访问中国电子商务研究中心(www.100ec.cn),浏览网站内容,了解电子商务投诉和维权服务平台的作用。

(3) 登录中国互联网信息中心(www.cnnic.net.cn),说明域名安全的重要性。

【复习题】

(1) 简述电子商务法的概念及原则。

(2) 简述电子合同的必备条款。

(3) 简述电子商务参与方的类型和法律关系。

(4) 简述知识产权的内容。

(5) 简述域名和商标、商号的区别。

(6) 简述网络隐私权与传统隐私权的差异。

(7) 结合自身体会,理解电子商务法律具备的内容。

第十三章 电子商务创业管理

【学习目标】

☆ 了解电子商务创业的过程。
☆ 掌握电子商务创新创业的实施。
☆ 掌握网络经济下创业的特点。
☆ 了解网络创业的心理品质。
☆ 明确创业的管理和基本条件。
☆ 掌握商业计划及商业企划案。

 实务导入

张旭豪和饿了么——满足刚性需求

饿了么是一家专业的O2O订餐平台,由拉扎斯网络科技(上海)有限公司开发运营,公司创立于2009年4月,由张旭豪、康嘉等人在上海创立,起源于上海交通大学闵行校区。作为中国餐饮业数字化的领跑者,饿了么秉承激情、极致、创新之信仰,以建立全面、完善的数字化餐饮生态系统为使命,为用户提供便捷服务、极致体验,为餐厅提供一体化运营解决方案,推进了整个餐饮行业的数字化发展进程。

饿了么的主要功能包括:快速搜罗附近外卖,不用打电话直接预订;会在第一时间通知您外卖状态;看到大家对喜欢的外卖美食的点评和照片;收藏您喜欢的餐厅和美食,方便点餐;各种赠饮打折活动,优惠不断。

饿了么大力推进全品类、全时段战略,取得了显著效果,除午晚餐外,生鲜、商超日用等品类及下午茶、夜宵等时段已成为外卖消费的新增长点。奥运会期间,饿了么夜宵订单量环比上涨5.8%,周末夜宵增幅更达12%以上。交易额的急速增长,也得益于配送能力的增强。两个多月来,饿了么蜂鸟配送的骑手数量增长迅猛,人数已超130万,提供了充足的运力支持。另一方面,蜂鸟配送的效率也在逐步提升,"准时达"服务单均配送时长已缩短至30.88分钟,比两个月前缩短10%,居业界领先水平。蜂鸟日配送订单量已超过260万单,成为中国领先的即时配送平台。饿了么蜂鸟配送以26.7%的份额居中国即时配送市场第一。在运营质量方面,蜂鸟配送也取得了突破性进展。目前,蜂鸟配送每单运营成本已接近盈亏平衡,随着单量的增长,边际成本进一步下降,有望实现完全盈利。外卖平台竞争已深化为运营质量的较量,蜂鸟配送接近盈利,标志着饿了么在精益运营上取得了优势。目前,外卖市场已进入"下半场",更加丰富的品类、更加完善的即时配送体验,将成为进一步驱动用户增长的关键。率先盈利的平台,将能把更多资源集中到配送、供应链和食品安全等与用户体验密切相关的环节上。

饿了么的主要创始人张旭豪和他的几个伙伴康嘉、汪渊、叶峰、曹文学等全都来自上海交通大学。2009年4月,他们看中了餐饮外送行业,并准备开发网络订餐系统,使餐饮业逐步走向信息化。正巧,上海交通大学软件学院的叶峰也看好这个创业"突破口"。于是,"饿了么"网络订餐系统的"交大帮"就这样初步形成了。创业伊始,大家还讨论过公司名称问题,最终,"饿了么"这句学生间的点外卖口头禅最终胜出,以它的亲切顺口成了公司的响亮大名。最初的启动资金全靠几个人东拼西凑,连学费都没能幸免。为了全情投入,张旭豪主动放弃去香港理工大学深造的机会,与康嘉一起选择休学。

最初的创业是快乐而又艰辛的,大家并肩奋战,尽情挥洒青春的激情,却也有碰壁、资金缺乏时的困惑。饿了么团队刚开始时承包过一家餐饮店的外卖业务,用来熟悉行情。作为团队的领头人,张旭豪几乎连续几个月每天只睡四到五个小时,经常亲自"披挂上阵"送外卖,狂风暴雨也从不间断。

就这样一点一点地积累信誉和人气,今天的"饿了么"已成了订餐的流行语,人们只要用鼠标轻轻一点,外卖便会自动送货上门。

 预习题

(1) 了解网络创业存在的问题。
(2) 分析在 B2C 网站创业中如何对消费者需求进行调研。
(3) 了解电子商务创业中团队建设的重要性。

13.1 网络创业的内涵

为支持大学生创业,国家各级政府出台了许多优惠政策,应届大学毕业生创业可享受免费风险评估、免费政策培训、无偿贷款担保及部分税费减免四项优惠政策,一年内免交个体户登记注册费、个体户管理费、经济合同示范文本工本费等。向银行申请开业贷款担保额度最高可为 7 万元,并享受贷款贴息。所以谈到创业,不少人都会认为它的唯一目的就是解决大量就业需求与有限岗位数量的矛盾,其实创业的内涵还不止这些。

13.1.1 创业的意义

创业是推动经济的动力,是创造财富的源泉,也是人在自然界中特征的体现。创业象征的不只是开拓新的生涯的可能性,更意味着要找到对人生的主控权。

从哲学上来说,人的生命是自然环境的一个部分并从属于自然,人在自身的发展中,从支配自己的本能去适应环境,变成运用生命的本能去改造环境,对本能的支配就使人变成了自己生命的主人,从而形成了人的特有本性。那么,又是什么东西去支配生命本能呢?是意志,是意志把生命作为支配的对象,是意志成为生命活动的主宰;反过来,生命便成为意志的工具和意志的载体。人是超越生命本能的意志实体。

作为一个社会的人,是不是意志实体,表现在能不能按照自己的意志支配自己的生命,是不是把生命作为自己独立意志所支配的对象,为自己认定的价值目标去追求。从这一观点出发,可以把人的潜质外化为四个特点:自主、自律、自强、自立。

人要按照自己的意志支配生命,就要创造自我解放的条件。所以,敢不敢创业,能不能创业,是人性品质的标志,是对人特有本性的表现。

人需要在创业中创造自己,在此过程中完成经验的积累,接受市场的洗礼,体会做事的艰辛以及创造的重要。只有从深层次上来理解创业的概念,才能在创业的实践中保持坚定的信念和顽强的意志,才能有更多成功的机会。

13.1.2 创业的激情

创业是很多人的梦想,它有时是追求自立、自强、自尊的渴望,有时是成就一番事业的愿望,有时是拼死与命运抗争的铁一般的决心,有时是一个非常具体而又明确的目标。梦想能燃烧起奋斗的激情,是激情召唤着能量的积聚、充实、放大、扩展与持续,能量又推动着事业的创立、拓展与前进。

生命如同一股溪流在时光中流淌,行进中不断地汇入了许多东西:知识,对世界的理解;智慧,认识社会的能力;品格,与人交往的诚实守信等行为准则;自信,为理想奋斗的勇气;机智,懂得了处理问题的灵活与变通;善良,在亲情和友情中懂得关心别人;勤劳,吃苦耐劳去创造财富;务实,脚踏实地干实事。在生命的旅途中也会经历贫穷、苦难、打击、损失、挫折、屈辱、伤害等,这些可以让人更加深刻地理解社会与人生,让人爆发出抗争的力量与奋起的冲动,造就无畏与勇敢,激发出人的潜能,打磨人的意志,培养人的坚韧。

生命的航船一旦进入创业的水域,蕴藏在身体内的全部潜能就会被调动出来,产生爆发般的力量,感受生命的巅峰体验。

创业需要才能,但是也许你已具备;创业需要机遇,但是也许在你身边已经悄悄流失了太多的机会,你为什么没有成功,你缺少的就是激情和勇气。

眼下许多人拼命读书、拼命考证的目的,就是希望找到一份好的工作,学士、硕士、博士,一个个出来,都热衷于去给别人打工。他们大部分意识中没有创业的冲动,可能是因为害怕失败和风险,因而胆量不足。

成功的秘诀就是坚持。能够兢兢业业坚持到底的,往往能成功。如果你有一个好的想法,做一个非常有特色的网站,盈利不一定马上能看得到,这就需要坚持了。

风险始终是存在的,在创业的路上,假如我们过分畏惧而裹足不前,就会丧失我们的未来。想创业的朋友,千万别怕,练练胆量,勇往直前,雄心勃勃地圆自己一个创业梦。

企业家在谈到创业时,认为创业需要具备的"软件"有以下四种:一是平和的心态,二是敏锐的嗅觉,三是尝试的勇气,四是独特的思路。

 资料链接

正 能 量

"正能量"本是物理学名词,而"正能量"的流行源于英国心理学家理查德·怀斯曼的专著《正能量》,他将人体比作一个能量场,通过激发内在潜能,可以使人表现出一个新的自我,从而更加自信、更加充满活力。正能量是指一种健康乐观、积极向上的动力和情感。它已经上升成为一个充满象征意义的符号,与我们的情感深深相系,表达着我们的渴望、我们的期待。

人就是一个磁体,宇宙就是一个磁场,世界上有一种定律叫吸引力定律,你向宇宙要什么,宇宙就给你什么,所以有一种积极的、健康的、催人奋进的、给人力量的、充满希望的能量,这个能量会促进你快速成功,这就是正能量。

人在生活中不顺、脆弱无力的时候往往会祈求上苍赐予自己力量,政府面对媒体的舆论压力希望尽快摆脱阴暗面,公司为了让员工工作得更加有效率,这个时候喊上一句"正能量",前进的道路上必定会增加许多的动力。正能量传递的是一份积极的心态,能让不良情绪释放干净。

13.1.3 创业的心理品质

创业的心理品质对创业实践起着调节作用,下列品质对创业实践影响较大。

1. 独立思考判断和选择的心理品质

创业既为社会积累物质财富和精神财富,又是谋生和立业。创业者首先要走出依附于他人的生活圈子,走上独立的生活道路。因此,独立性是创业者最基本的个性品质。在选择人生道路、选择创业目标时,有自己的见解和主张;在行动上很少受他人影响和支配,能按自己的主张将决策贯彻到底;在行为上要独创,既能够开拓创新,又不因循守旧,步人后尘。

2. 善于交流合作的心理品质

创业活动尽管是个体的实践活动,但其本质是社会性的活动,是在人与人之间的交往中发生、发展并且取得成功的。因此,创业者在具有独立性品质的同时还应具有善于交流、合作的心理品质。要有双赢和多赢的思想并体现在与公众媒体、客户以及与内部员工打交道的过程中,通过交往、沟通,排除障碍,化解矛盾,为事业的发展创造条件。

3. 敢冒风险、敢于拼搏的心理品质

立志创业,必须敢闯敢干、有胆有识,才能变理想为现实。只要瞄准目标、判断有据、方法得当,就应敢于实践、敢冒风险。对事业表现出一种积极的心理状态,不断地寻找新的起点并及时付诸行动,表现出自信、果断、大胆和一定的冒险精神;不追求十全十美的项目,不奢望万无一失的行动。成功的创业者总是事先对成功的可能性和失败的风险性进行分析比较,尽量选择那些成功的可能性大而失败的可能性小的目标。

4. 克制私欲和约束自己的心理品质

创业者在创业的过程中要自觉接受法律的约束,合法创业、合法经营、依法行事;也要自觉接受社会公德和职业道德的约束,文明经商、诚实经营、互助互利。当个人利益与法律和社会公德相冲突时,要能克制个人的欲望,约束自己的行为。克制是一种积极的、有益的心理品质,它可使人积极有效地控制和调节自己的情绪,使自己的活动始终在正确的轨道上进行,不会因一时的冲动而引起缺乏理智的行为。

5. 坚持不懈、百折不挠的心理品质

创业过程是一个长期坚持、努力奋斗的过程,立竿见影、迅速见效的事是极少的。创业者的恒心、毅力和坚韧不拔的意志,是十分可贵的个性品质。遇事沉着冷静、思虑周全,一旦做出行动决定,便咬住目标、坚持不懈、一步步走下去,不轻易改变初衷、半途而废。要能够根据市场的需要和变化,战胜逆境、实现目标。三心二意、畏葸不前,或虎头蛇尾、见异思迁,终将一事无成。

6. 适应变化、与时俱进的心理品质

面对市场的变化,创业者能灵活地适应,是创业成功的关键所在。创业者必须有对市场走向的敏锐洞察力,在外部环境和创业条件变化时,能以变应变,将不利变有利,将被动变主动,将压力变动力。具有较强的适应性,还应做好失败的准备,准备失败,认识失败,承认失败,利用失败,在困难和挫折中前进,才能步步为营、转败为胜。

13.1.4 网络创业的经验

现在很多年轻人都会选择网络创业,相对于传统的创业模式,这是一个新生的事物。无论是何种模式,只要能够掌握一定的经验和技巧,相信都是能够成功的。

1. 要有明确的方向

不论做什么事情都要有一个明确的目标,知道自己想要做什么,要获得一个什么样的结果。不要盲目跟从别人的选择和决定,而要从自己的实际情况出发,看看究竟是开网店比较好,还是做网站更合适。

2. 要有专一的信念

目标正确就不怕路途遥远,做事情最怕三心二意,创业更是如此。一旦确定目标之后,就要坚定不移地朝着这个方向努力。不要看到别人做别的事获得了成功,就马上改变初衷,这样得陇望蜀,最终只会一事无成。

3. 要有专业的知识

即使开网店,也是需要一定的计算机基础知识的。更不要说建网站,单凭一股干劲,没有过硬的专业知识的储备,又何谈创业的成功呢?

4. 要有可靠的团队

现在不是单枪匹马就可以搞定一切的时代了,一人计短,要有一群志同道合的战友与你一起并肩战斗。大家要有共同的目标,有专业的知识且各有所长,能够合理分工、各司其职,这样才能将网络创业有模有样地办起来,并且办好办大。

5. 要有坚强的内心

创业难,相信对于从头开始、白手起家的人来说,这是一个共识。既然选择自己创业,那么就要能够承受失败,经得起考验,耐得住等待。这就要考验你是否拥有足够强大的内心,只要真正做到坚持不懈,就没有过不去的难关。胜利往往是在铺满荆棘的道路尽头,闯过去,就是晴天。

6. 要有良好的社交

不论是网站还是网店,都需要有客户。尽管网络上的交易不需要面对面的真实接触,但还是需要良好的社交礼仪与沟通技巧。特别是一旦成为你的客户,体验反馈良好之后,他们就会为你免费宣传,会在无形中为你带来更多的客户。只要能够形成一个稳定的客户群,相信你的创业之路就会越走越平坦。

 案例

一米鲜——生鲜O2O品牌

一米鲜成立于2014年11月,以严格的品规甄选优质鲜果,并以小份随享零售方式迅速击穿高频水果消费市场,成为追求健康时尚生活方式的年轻人的首选。一米鲜是国内领先的生鲜O2O品牌,提供优质鲜果、干果小食、果切果汁、进口食品等鲜食产品,以优质的产品和服务打造新鲜时尚的生活方式。一米鲜致力于让所有人每天都吃到新鲜水果,坚持产地直采,搭建从产地到消费者之间的直供平台。更突破传统生鲜电商的B2C模式,零库存不仅降低成本、让消费者受惠,更真正确保了果品的新鲜,实现了从安全、便捷到品质的飞跃。一米鲜拥有微信、App等下单方式,线下自提、配送相结合的收货方式,更实现了场景化及时送,团体客户还可享受个性化定制的鲜果服务。

一米鲜首创"以销定采"的C2B+O2O模式：根据销售决定水果的采购，不仅把传统水果销售20%～30%的高损耗率降到3%以内，更让水果真正能够保证"新鲜"；产地直采，冷链配送，一米鲜的鲜果产品均在凌晨采购，夜间配送，保证用户第一时间尝到新鲜果品，从采购到仓开始，到送达用户，果品在仓时间不超过12个小时，整个运输过程恒温冷链，确保品质最新鲜；将"非标品"标准化，一米鲜内部建立了高于行业标准的产品规范，让水果这个"非标品"变得标准化、可衡量，从最初的源头开始确保品质优良。小份随享的零售方式：打破传统B2C生鲜电商的高客单价现状，以小份随享的方式售卖，真正将水果经营成日常生活的高频必需品，改变了大众消费水果的习惯。

13.2 创业能力的培养和基本条件

要想创业成功，除了要有足够多的资金实力、客户资源、人脉关系外，更是对创业者本身提出了很大的挑战。并非每个人都适合创业，创业者本身的素质包括性格、经验、学识、人格魅力、能力等。如果没有任何经验，对社会的了解知之甚少，缺乏对社会的驾驭能力，创业成功的可能性微乎其微。

13.2.1 创业需要的三种能力

创业是一种复杂的劳动，需要创业者具有较高的智商和情商，具有创业能力是创业成功的必要条件。创业能力是一种高层次的综合能力，可以分解为专业能力、方法能力和社会能力三类。

1. 专业能力是创业的前提能力

专业能力是指企业中与经营方向密切相关的主要岗位或岗位群所要求的能力。创业者在创办自己的第一个企业时，如果能从自己熟知的领域入手，就能避免许多外行领导内行的尴尬，大大提高创业的成功率。当然，创业者也可借助他人特别是雇员的知识技能来办好自己的企业。

创业者应具备的专业能力主要体现在以下几个方面。

（1）创办企业中主要职业岗位的必备从业能力。

（2）接受和理解与所办企业经营方向有关的新技术的能力。

（3）把环保、能源、质量、安全、经济、劳动等的知识和法律、法规运用于本行业实际的能力。

前面两种能力，对于接受以职业资格为导向的定向教育的职业学校学生来说，属于必须具有的能力，而第三种能力在部分学校没有得到足够的重视，应成为创业教育的内容。

2. 方法能力是创业的基础能力

方法能力是指创业者在创业过程中所需要的工作方法，是创业的基础能力。创业者应具备的方法能力主要体现在以下几个方面。

（1）信息的接受和处理能力。收集信息、加工信息、运用信息的能力是创业者不可缺少的能力。创业者不但应具备从一般媒体中收集信息的能力，随着科技的进步和网络技术的普及，还应该具备从网络中获取信息的能力。

（2）捕捉市场机遇的能力。发现机会、把握机会、利用机会、创造机会，是成功的企业家的主要特征。

(3) 分析与决策能力。通过消费者需求分析、市场定位分析、自我实力分析等过程，根据自己的资金、关系网、业务范围，依据"最适合自己的市场机会是最好的市场机会"的原则，做出正确的决策，才能实现自己的创业目标。

(4) 联想、迁移和创造能力。从别人的企业中得到启发，通过联想、迁移和创造，使自己的企业别具特色，并通过这种特色使自己的企业在同业市场中占有理想的份额。

(5) 申办企业的能力。创办一个企业，需要做好哪些物质准备，需要提供什么证明材料，到哪些部门办理哪些手续，怎样办理等，均为创业者应具备的能力。

(6) 确定企业布局的能力。怎样选择企业地理位置，怎样安排企业内部布局，怎样考虑企业性质等，都是创业过程中不可回避的问题。

(7) 发现和使用人才的能力。一个成功的创业者，肯定是一位会用人的企业家，他不但能对雇员进行选择、使用和优化组合，而且能运用群体目标建立群体规范和价值观，形成群体的凝聚力。

(8) 理财能力。它不仅包括创业实践中的奖金筹措、分配、使用、流动、增值等环节，还涉及采购能力、推销能力等。

(9) 控制和调节能力。成功的创业者，要对规划、决策、实施、管理、评估、反馈所组成的企业管理的全过程具有控制和运筹能力。

3. 社会能力是创业的核心能力

社会能力是指创业过程中所需要的行为能力，与情商的内涵有许多共同之处，是创业成功的主要保证，是创业的核心能力。

创业者应具备的社会能力主要体现在以下几个方面。

(1) 人际交往能力。创业者不但要与消费者、本企业雇员打交道，还要与供货商、金融和保险机构、本行业同仁打交道，更要与各种管理部门打交道，因此创业者必须具有较强的人际交往能力。

(2) 谈判能力。一个成功的企业，必然有繁忙的商务谈判，谈判内容可能涉及供、产、销和售后服务等多种环节，创业者必须善于抓住谈判对手的心理和实质需求，运用双胜原则，即自己和对方都能在谈判中取胜的技巧，使自己的企业获利。

(3) 企业形象策划能力。在激烈的市场竞争中，在公众中树立良好的企业形象，是创业成功的主要条件。创业者应善于借助各种新闻媒体和各种渠道来宣传自己的企业，提高企业知名度。

(4) 合作能力。创业者不但要与自己的合作者、雇员合作，也要与企业发展有关的机构合作，还要与同行的竞争者合作。创业者要善于站在对方的角度，理解对方、体谅对方，要善于与他人合作共事、和睦相处。

(5) 自我约束能力。创业者要善于根据本行业的行为规范来判断、控制和评价自己和别人的行为，要善于根据自己的创业目标来约束和控制与目标相悖的行为。

(6) 适应变化和承受挫折的能力。要想使自己的企业在竞争激烈、变化多端的市场中立足并发展，创业者就必须具有适应变化、利用变化、驾驭变化的能力；在经营过程中有赔有赚、有成有败，创业者必须具有承受失败和挫折的能力，具有能忍受局部、暂时的损失而获取全局、长期收益的战略胸怀。

13.2.2 准备创业资金

有些项目不需资金或仅需少量资金,但拥有的资金越多,可选择的余地就越大,成功的机会也就越多。因此,要有必要的准备资金。

首先必须准备一笔启动资金,启动资金越充分越好。这是因为经营启动后可能会遇到资金周转困难的情况。特别是于对刚开始经商的创业者来说,这种可能性更大,而其边经营边筹划资金的能力,又远不如已经有一定根基的商人。如果准备资金不到位,就可能因一笔很小的资金而弄垮刚刚起步的事业。因此,要充分考虑开业资金的筹措,适时、适量、适度地储备和使用,进行资金的统筹安排,力求把风险降到最低。

动产或不动产变现是资金主要的也是最可靠的来源。以前财主们将钱放在家中,甚至藏于地窖,唯恐外露。如今,人们把钱存入银行,变成存款,取得利息。但在经营者眼里,单吃利息,钱的增值太慢,钱要变成资本才能迅速增值,而资本又只有在运动中才能增值,也只有投放到生产、流通领域的资金才能盈利。因此,资本能变换价值形态,吸收人才、技术、信息、原料、设备。如果经过仔细选择寻找到合适的项目,对技术、市场等均有信心,就要果断将手头的钱投资到充分论证、选择的项目中去。但有一点应注意,要留一些备用金,以防不测。

资金如果不够,还可以通过亲戚朋友集资,也可以动员其他老板来投资。但要说服别人,必须要有一整套详细的实施计划和可行性论证。要承诺并实现风险共担、利益均沾,认真谨慎使用他人的钱,宁可自己吃亏,也要保证按约定兑现给他人的投资回报,这样才有信用,这样资金才会源源不断。

切记,贷款本身不是目的,重要的是项目投资收益,能保证按时还本付息。还贷不能延期更不能欠息,否则,就会失去信用。商业信用就是商人的生命。特别要注意资金的使用风险,不可把所用的资金都投入一个项目,也不可超过盈利能力大额举债,要想办法分散投资风险。建议资金分三块使用:一块用来投资项目;一块用作项目备用金;一块用于风险较低的储蓄、债券和股票投资。在保证投资收益的同时,尽可能降低投资风险。

 案例

摩拜单车——智能共享单车平台

摩拜单车是由胡玮炜创办的北京摩拜科技有限公司研发的互联网短途出行解决方案,是无桩借还车模式的智能硬件。人们通过智能手机就能快速租用和归还一辆摩拜单车,用可负担的价格来完成一次几公里的市内骑行。2016 年 4 月 22 日,北京摩拜科技有限公司在上海召开发布会,正式宣布摩拜单车服务登陆申城。以倡导绿色出行的方式给世界地球日"一份礼物"。2017 年 1 月 4 日晚,智能共享单车平台摩拜单车宣布完成新一轮(D轮)2.15 亿美元(约合人民币 15 亿元)的股权融资。

摩拜单车服务优势:摩拜单车经过专业设计,将全铝车身、防爆轮胎、轴传动等高科技集于一体,使其坚固耐用,进而降低维护成本。定制的单车外形在街头有较高的辨识度。使用摩拜单车智能手机应用,用户可以用自己的手机查看单车位置,继而预约并找到该车。通过扫描车身上的二维码开锁即可开始骑行。到达目的地后,在街边任意画白线区域内手动锁车完成归还手续即可。摩拜单车摒弃了固定的车桩,允许用户将单车随意停放在路边任何有政府画线的停放区域,用户只需将单车合上车锁即可离去。车身锁内集成了嵌入式芯片、GPS模块和SIM卡，便于摩拜监控自行车在路上的具体位置。车身专为共享单车重新设计，使用防爆轮胎、无链条的轴传动、全铝不锈车身，整个单车可达到五年高频次使用条件下无须人工维护的标准。经过设计的单车外观时尚醒目，在方便人们找车的同时，也是城市里一道独特的风景。为了让人人都有单车可骑，摩拜单车定价为半小时1元人民币。鼓励人们回归单车这种低碳的、占地面积小的出行方式，缓解交通压力，保护环境。

13.2.3 创业团队的组织和管理

1. 团队组织的作用

在创业实践中，单枪匹马上阵很容易因为势单力薄而中枪落马，一个人很难具备创业所需要的所有技能和资源。在对市场的思维方式方面必定会存在一定的局限性，要让专业的人做专业的事，创业者自己不要过于逞强，以为自己是十项全能，需要从事业整体规划出发，明确哪些方面的技能和资源是自己所欠缺的，再以此来寻找相关具备此类技能和资源的合作者，只有大家的资源和技能实现整合，才能共同发展。

2. 组织团队的准备

创业主导者在尚未进行合作者的寻找确定工作之前，应把相关的问题都提前想清楚。相关问题主要包括创业者自己所能想到的所有问题，越多越好，越细越好，并且把所列出来的每个问题都做最坏的设想，因为在后期的人员合作和事业发展中，难免会产生很多问题，而绝大多数发生的问题都很难有效解决，只能未雨绸缪，从预防工作上下功夫。

3. 团队的形成

在具体的合作人选取问题上，应充分考虑好具体需要哪些方面的合作者，要几位，各自的责权利怎么分配，人员合作中可能遇到的负面情况都有哪些等，基本形成一个大概纲要，等合作人基本确定下来之后，大家再一起对纲要进行修改和完善。但不能等到合作者到位了之后再来计划起草，因为集体进行的修改和完善，必须在一个已经基本成型的框架基础上完成。

4. 团队意志的统一

要发挥团队的集体智慧，但是在统一规划方面必须得确立一个主导者，否则因为合伙人意见不合，结果不仅无法决策，还很容易出乱子，各人的资源不通过一个整体的框架进行调配整合，就是浪费，每个人的执行力若是没有集中在一个方向上，也是浪费，尤其是形成决议后，就必须确保集中所有的资源和力量，向一个确定的方向前进。

5. 团队的合作

相当多的团队在合作的过程中会出现矛盾，也有不少的企业因为内部原因而解体。拆伙机制纷争多于创业伙伴的选择，有很多创业者栽在这个问题上，主要是心态在作怪，我的生意容不得他人介入，不要参与瓜分我的利益，这样的创业者往往干不成大事，必须要从创业开始就培养自己的团队意识，提升自己的涵养和素质，为企业今后的进一步发展做好准备。

6. 团队的收益和分配

有专家建议，创业的自有资金至少应该占60%，要准备一笔假设3～6个月完全没有收入的周转金，这才是估算所需资本的正确方式。团队合伙人的收益可以按照岗位、贡献、出资比例来分配，不少团队的纠纷出现在散伙分配上，应把拆伙机制放进股东协议书里，不要碍于情面不说，以免以后引发纷争。这是一种保护公司的方法，让合伙人知道"合伙对大家有利,若我不遵守合伙诺言,我将是第一个受害者",只有这样,才能建立共赢的局面。

13.2.3 面对创业失败

失败有种种类型,如无力维持正常业务运营、原始资金赔光了、欠银行大量贷款等;失败有种种原因,如选择项目失误、用人失误、成功后挥霍浪费耗尽等;失败也有种种后果,如资产变卖、债主上门、企业被封等。

真的到了这种处境,又该如何面对呢?下面是一些可以借鉴的办法。

1. 最真挚地对待帮助过你或被你的创业失败伤害了的人们

对于在你创业初期或创业的过程中帮助过你的人,一定要永远诚恳、真挚地对待他们,尤其是那些给你提供了创业资金的人们。在你失败的时候千万不要躲避他们,也不要隐瞒他们,更不要欺骗他们,如实地把你的情况告诉他们,求得他们对你的理解,他们即便不能原谅你也是正常的。承认你对他们的负债,并承诺他们的债权永远有效,在你有能力时一定分期偿还。请求他们的理解是你度过创业失败难关的第一步。

2. 请清醒明白的朋友帮助你分析你的处境

请清醒明白的朋友来帮助你分析你目前的处境并提供对策,再冷静的创业者在这种时候往往也不能清醒地对待自己的处境,因为你是当事人,这种失败的结果正是由你的误操作而造成的,在这个时候,你没有必要仍然只相信你自己。

3. 整理你还存在的资源

你还有些什么?这是你必须面对的严酷现实。固定资产、现金、商标、专利、土地、专有技术、公共关系、客户,这些都是创业者的资源。这些资源中有价值的内容正是你可以翻身再创业的前提条件,在失败的创业者头脑中必须非常清楚,资源的重新组合就是你再创业的前期投入。

4. 反思你失败的原因

一次创业失败后一般不可能马上就有再创业的机会,也许几个月,也许几年内你都不会有机会,你必须对失败的原因进行仔细的思考。

5. 抓住身边的机会开始下一轮创业的实践

能够在最短的时间里控制住你的情绪,学习新的创业理论和别人的成功经验,以及学习你能够掌握的新知识将有助于你开始新的创业实践。

 案例

章燎原与三只松鼠——屡败屡战的创业

安徽三只松鼠电子商务有限公司(以下简称三只松鼠)成立于 2012 年,是一家定位于坚果、干果、茶叶等森林食品的研发、分装及网络自有 B2C 品牌销售的现代化新型企业。"三只松鼠"品牌一经推出,立刻受到了风险投资机构的青睐,先后获得 IDG 的 150 万美元 A 轮天使投资和今日资本的 600 万美元 B 轮投资。在上线一年的时间里,屡次创造行业神话。

章燎原,安徽绩溪人,是实战派、革命派的草根战略营销者,擅长细分品牌定位、蓝海市场开拓。1976 年出生于安徽省绩溪县,中专毕业后一直寻求创业机会,做过无数行业,一路失败,但一路坚持创业的梦想。从一家安徽本地的食品公司起步,由业务员一路做到董事总经理。在他本命年之际,辞去董事总经理职位,创立"三只松鼠"纯互联网食品品牌。

2012年3月,章燎原推出的"三只松鼠"品牌受到了中国最大的风险投资机构IDG资本的青睐,得到了150万美元的天使投资基金,堪称中国农产品电商最大的一笔天使投资。从此,章燎原创立的三只松鼠成为一家实力雄厚的中外合资企业。

13.3 电子商务与风险投资

13.3.1 风险投资的概念

1. 风险投资的定义

风险投资在我国是一个约定俗成的具有特定内涵的概念,其实把它翻译成"创业投资"更为妥当。广义的风险投资泛指一切具有高风险、高潜在收益的投资;狭义的风险投资是指以高新技术为基础,生产与经营技术密集型产品的投资。根据美国风险投资协会的定义,风险投资是由职业金融家投入新兴的、迅速发展的、具有巨大竞争潜力的企业中的一种权益资本。从投资行为的角度来讲,风险投资是把资本投向蕴藏着失败风险的高新技术及其产品的研究开发领域,旨在促使高新技术成果尽快商品化、产业化,以取得高资本收益的一种投资过程。从运作方式来看,风险投资是指由专业化人才管理下的投资中介向特别具有潜力的高新技术企业投入风险资本的过程,也是协调风险投资家、技术专家、投资者的关系,利益共享,风险共担的一种投资方式。

风险投资通常是指由职业金融家将风险资本投向新兴的、迅速成长的、有巨大竞争潜力的未上市公司(主要是高科技公司),在承担很大风险的基础上为融资人提供长期股权资本和增值服务,培育企业快速成长,数年后通过上市、并购或其他股权转让方式撤出投资并取得高额投资回报的一种投资方式。

(1) 投资对象:新兴的、迅速成长的、有巨大竞争潜力的未上市公司。
(2) 资本属性:权益资本(中长期投资)。
(3) 投资目的:追求高额回报(财务性投资)。

2. 风险投资的基本特征

1) 风险投资是一种权益投资

风险投资不是一种借贷资本,而是一种权益资本。其着眼点不在于投资对象当前的盈亏,而在于它们的发展前景和资产的增值,以便通过上市或出售达到蜕资并取得高额回报的目的。所以,产权关系清晰是风险资本介入的必要前提。

2) 风险投资是一种无担保、有高风险的投资

风险投资主要用于支持刚刚起步或尚未起步的高技术企业或高技术产品,一方面没有固定资产或资金作为贷款的抵押和担保,因此无法从传统融资渠道获取资金,只能开辟新的渠道;另一方面,技术、管理、市场、政策等风险都非常大,即使在发达国家高技术企业的成功率也只有20%~30%,但由于成功的项目回报率很高,故仍能吸引一批投资人进行投资。

3) 风险投资是一种流动性较小的中长期投资

风险投资往往是在风险企业初创时就投入资金,一般需经3~8年才能通过蜕资取得收益,而且在此期间还要不断地对有成功希望的企业进行增资。由于其流动性较小,因此有人称之为"呆滞资金"。

4) 风险投资是一种高专业化和程序化的组合投资

由于创业投资主要投向高新技术产业,加上投资风险较大,因此要求创业资本管理者具有很高的专业水准,在项目选择上要求高度专业化和程序化,精心组织、安排和挑选,尽可能地锁定投资风险。

为了分散风险,风险投资通常投资于一个包含10个项目以上的项目群,利用成功项目所取得的高回报来弥补失败项目的损失并获得收益。

5) 风险投资是一种投资人积极参与的投资

风险资金与高新技术两个要素构成推动风险投资事业前行的两大车轮,二者缺一不可。风险投资家在向风险企业注入资金的同时,为降低投资风险,必然介入该企业的经营管理,提供咨询,参与重大问题的决策,必要时甚至会解雇公司经理,亲自接管公司,尽力帮助该企业取得成功。

6) 风险投资是一种追求超额回报的财务性投资

风险投资是以追求超额利润回报为主要目的的一种投资行为,投资人并不以在某个行业获得强有力的竞争地位为最终目标,而把它作为一种实现超额回报的手段,因此风险投资具有较强的财务性投资属性。

3. 风险投资的特点

风险投资是一种权益资本,而不是借贷资本。风险投资为风险企业投入的权益资本一般占该企业资本总额的30%以上。对于高科技创新企业来说,风险投资是一种昂贵的资金来源,但是它也许是唯一可行的资金来源。银行贷款虽然相对比较便宜,但是银行贷款回避风险,安全性第一,高科技创新企业无法得到它。

风险投资机制与银行贷款完全不同,其差别有以下几点。

(1) 银行贷款注重安全性,回避风险;风险投资却偏好高风险项目,追逐高风险后隐藏的高收益,意在管理风险,驾驭风险。

(2) 银行贷款以流动性为本;风险投资却以不流动性为特点,在相对不流动中寻求增长。

(3) 银行贷款关注企业的现状、企业目前的资金周转和偿还能力;而风险投资放眼未来的收益和高成长性。

(4) 银行贷款考核的是实物指标;风险投资考核的是被投资企业的管理队伍是否具有管理水平和创业精神,考核的是高科技的未来市场。

(5) 银行贷款需要抵押、担保,它一般投向成长和成熟阶段的企业;风险投资不要抵押,不要担保,它一般投向新兴的、有高速成长性的企业和项目。

因此,风险投资是一种长期的、流动性差的权益资本。一般情况下,风险投资家不会将风险资本一次全部投入风险企业,而是随着企业的成长不断地分期、分批注入资金。

风险投资家既是投资者又是经营者。风险投资家与银行家不同,他们不仅是金融家,而且是企业家,他们既是投资者,又是经营者。风险投资家在向风险企业投资后,便加入企业的经营管理。也就是说,风险投资家为风险企业提供的不仅仅是资金,更重要的是专业特长和管理经验。

风险投资家在风险企业持有约30%的股份,他们的利益与风险企业的利益紧密相连。风险投资家不仅参与企业长期(或短期)的发展规划、企业生产目标的测定、企业营销方案的建立,还参与企业的资本运营过程,为企业追加投资或创造资金渠道,甚至参与企业重要人员的雇用、解聘。

风险投资最终将退出风险企业。风险投资虽然投入的是权益资本,但其目的不是获得企业所有权,而是盈利,是得到丰厚利润和显赫功绩并从风险企业退出。

4. 风险投资的四大要素

1) 风险资本

风险资本是指由专业投资人提供的投向快速成长并且具有很大升值潜力的新兴公司的一种资本。在通常情况下,由于被投资企业的财务状况不能满足投资人于短期内抽回资金的需要,因此无法从传统的融资渠道(如银行贷款)获得所需资金,这时风险资本便通过购买股权、提供贷款或既购买股权又提供贷款的方式进入这些企业。

2) 风险投资人

风险投资人是风险资本的运作者,它是风险投资流程的中心环节,其工作职能是:辨认、发现机会;筛选投资项目;决定投资;促进风险企业迅速成长、退出。资金经由风险投资公司的筛选流向风险企业,取得收益后,再经风险投资公司回流至投资者。

风险投资人大体可分为以下四类。

第一类是风险资本家。他们是向其他企业家投资的企业家,与其他风险投资人一样,他们通过投资来获得利润。但不同的是,风险资本家所投出的资本全部归其自身所有,而不是受托管理的资本。

第二类是风险投资公司。风险投资公司的种类有很多,但是大部分公司通过风险投资基金来进行投资(风险投资公司除通过设立风险投资基金筹集风险资本外,同时也直接向投资人募集资本,公司本身也采用有限合伙制形式,投资人成为公司的有限合伙人,公司经理人员成为公司的一般合伙人),这些基金一般以有限合伙制为组织形式(虽然有限合伙制是主要的组织形式,但近年来美国税法也允许用有限责任合伙制和有限责任公司形式作为风险投资公司的另一种可选择的组织形式)。

第三类是产业附属投资公司。这类投资公司往往是一些非金融性实业公司下属的独立的风险投资机构,它们代表母公司的利益进行投资。和专业基金一样,这类投资人通常主要将资金投向一些特定的行业。

第四类是天使投资人。这类投资人通常投资于非常年轻的公司以帮助这些公司迅速启动。在风险投资领域,"天使"这个词指的是企业家的第一批投资人,这些投资人在公司产品和业务成型之前就投入资金。天使投资人通常是创业企业家的朋友、亲戚或商业伙伴,由于他们对该企业家的能力和创意深信不疑,因而愿意在业务远未开展进来之前就向该企业家投入大笔资金。

3) 风险企业

如果说风险投资家的职能是价值发现的话,那么风险企业家的职能就是价值创造。风险企业家是一个新技术、新发明、新思路的发明者或拥有者。他们在其发明、创新进行到一定程度时,由于缺乏后续资金而寻求风险投资家的帮助。除缺乏资金外,还往往缺乏管理的经验和技能,这也是需要风险投资家提供帮助的。

4) 资本市场

资本市场是风险投资实现增值变现的必经之路,没有发达完善的资本市场,就不可能使风险投资获得超额回报,从而使风险投资人丧失了进行风险投资的原动力。

 **课堂讨论**

张锐与春雨医生——医疗生态的稀缺

春雨医生创立于2011年7月,历经4年的时间,截止到2015年7月份,春雨医生已拥有6 500万用户、20万注册医生和7 000万条健康数据,每天有11万个健康问题在春雨医生上得到解答,是世界上最大的移动医患交流平台。

春雨医生致力于利用移动互联网的科技手段帮助人们掌握健康、延缓衰老、治疗病痛。并且,春雨医生正努力给整个医疗体制建立一个更自由的生态,这不仅会让个人获得健康,也可以让老百姓的"看病难、药价高、保险亏"等问题得到有效的解决,移动电子商务竞争就两句话:你要么成本控制得比人家低,要么手里有独特的稀缺资源。

张锐,1972年出生于安徽,中国人民大学生物学学士、新闻学硕士,春雨医生创始人、网易新闻客户端创始人,曾任《京华时报》新闻中心主任、网易副总编辑,2011年离职创办移动医疗企业春雨医生。春雨医生免费为用户提供图文、语音、电话等多种方式进行健康咨询,并由二甲、三甲公立医院主治医师以上资格的医生在3分钟内为用户进行专业解答。春雨医生还采用了数据流健康管理技术,对多来源数据进行采集并以可视化的表现形式对用户的运动、饮食、体重、血压、血糖等多种人体数据进行全方位汇总,让用户随时随地了解自身的健康状况。此外,春雨医生还添加了另外一大功能点——自我诊断。实用、全面、精准的自我诊断功能可以在没有医生协助的情况下向用户普及医学知识。春雨医生的自我诊断功能支持多种查询方式,用户可自行查询疾病、药品和不适症状。

除此之外,医生还可以在春雨医生平台上开设自己的个人网络诊所,对所提供的服务项目和服务价格进行自定义。对于医生而言,春雨医生可以帮助医生将零碎时间利用起来,让医生以便捷的互联网沟通方式增加收入,树立个人品牌,积累患者,为个人执业做准备,并且可以在医患多向互动之外加大数据系统辅助,降低误诊率,也可以打破医院界限,进行学术互动,提高医生整体的诊疗水平。对于患者而言,春雨医生可以让患者随时随地进行快捷问诊,降低时间、空间及金钱成本,并且可以预防过度医疗,让小病不大治,大病不耽误。

春雨私人医生服务是春雨移动健康基于多年来 M-Health 领域运营的经验以及积累的资源所提供的高端健康管理服务,旨在帮助人们掌握自身健康状况、缩短就医就诊时间、减少医疗费用。

春雨私人医生服务是"线上+线下"的全流程就医服务。通过"线上咨询+线下就医"的方式为会员提供持续的健康管理,包括专属家庭医生、三甲专家预约、完善电子健康档案等。线下诊所的坐诊医生均为三甲医院副主任、主任级别的医生。2015年6月,春雨私人医生已经在北京、上海、广州、杭州、武汉5个城市开设了25家线下诊所。

13.3.2 风险投资商瞄准电子商务

如今中国电子商务的火爆,至少有一半以上的功劳来自风险投资,阿里巴巴、当当网、京东商城、红孩子等,其背后无一没有风险投资推手。现如今,几乎所有的国际、国内研究机构都看好中国电子商务的未来,而将这一看好落实到行动的,则是风险投资。

在大型百货类网站"蛋糕"基本分尽之后,不甘罢手的风险投资家又把眼光盯上了电子商务的细分市场,而且,出手之快,堪比时髦热词——秒杀。电子商务网站获得风险投资之多之快,令人咋舌。

如果说男人一年逛两次××之家就可以满足一整年的服装需求,那么女人显然没这么容易就被打发。有钱没钱,逛街不嫌,在"宅经济"火爆的今天,女性也成为"宅经济"的半边天,故而有单独名称——她经济。

如今,面向中高端女性的电子商务网站也快速兴起并吸引了大量投资,如刚刚获得投资的梦芭莎以及米拉商城、乐蜂网、呼哈网等。其中,以海外代购为卖点、年均300%成长的呼哈网最为典型。

中高端女性时尚购物是未来的趋势。发现有这样的一群女性,有品位,懂时尚,有购买实力,愿意花更高的价钱来打造自己的style,却很难抽出时间去实体店购物。然而,中国的网络购物环境长期以来,在提供更多更便宜商品的同时,变得非常难以挑选出符合这些女性风格、品质和档次的商品。在我们看来,最关键的并不是人群的数量,而是人群的质量。如何根据高端客户的习性,帮她们节省时间、严选对的商品、创造良好的购物体验,可能更关键。

对于风险投资家而言,其本身处在消费高端,自然也清楚奢侈品的杀伤力。因此,对于新近涌现出来的高端奢侈品网站也是青睐有加。风险投资家认为电子商务火爆是必然的,毕竟经过十几年的发展,培养了大量用户的网购习惯。同时,这十几年中国的网上支付、物流配送也逐渐成熟,大势所趋,现在就看谁能借势而起。电子商务是互联网各分支行业中近年来唯一能做到全行业具有投资价值的产业,虽然毛利率低、盈利时间漫长,但是能切切实实跟实体经济结合,给社会、经济的发展带来巨大贡献。

13.3.3 商业计划及商业企划案

优秀的商业计划书既是企业的融资文件也是战略计划书,商业计划书是一份全方位的项目计划,其主要意图是递交给投资商,以便于他们能对企业或项目做出评判,从而使企业获得融资。

商业计划书有相对固定的格式,它几乎包括反映投资商所有感兴趣的内容,从企业成长经历、产品服务、市场、营销、管理团队、股权结构、组织人事、财务、运营到融资方案。只有内容翔实、数据丰富、体系完整、装订精致的商业计划书才能吸引投资商,让他们看懂项目商业运作计划,使融资需求成为现实,商业计划书的质量对项目融资至关重要。

融资项目要获得投资商的青睐,良好的融资策划和财务包装是融资过程中必不可少的环节,其中,最重要的是应做好符合国际惯例的高质量的商业计划书。目前,中国企业在国际上融资成功率不高,不是项目本身不好也不是项目投资回报不高,而是项目方商业计划书与策划能力让投资商感到失望。

商业计划书的起草与创业本身一样是一个复杂的系统工程,不但要对行业、市场进行充分的研究,而且要有很好的文字功底。对于一个发展中的企业,专业的商业计划书既是寻找投资的必备材料,又是企业对自身的现状及未来发展战略全面思索和重新定位的过程。

商业计划书撰写的咨询业务,必须符合国际投资商的思维与要求,根据企业提供的相关资料,协助企业进行市场调研和分析、商业模式设计、战略规划、财务预测、融资方案设计,不仅仅帮助企业撰写商业计划书,更重要的是充分挖掘项目资源,加速技术、人才与资本的有机融合,不仅能帮助企业成功地进行融资,而且也可以作为一份战略计划书对企业的管理决策发挥重大作用。

1. 商业计划书的撰写

对初创的风险企业来说,商业计划书的作用尤为重要,一个酝酿中的项目往往很模糊,通过制作商业计划书,把正反理由都书写下来,然后再逐条推敲,就能对这一项目有更清晰的认识。可以这样说,商业计划书首先是把计划中要创立的企业推销给了风险企业家。

另外,商业计划书还能帮助把计划中的风险企业推销给风险投资者,它的主要目的之一就是筹集资金。因此,商业计划书必须要说明:①创办企业的目的,为什么要冒风险,花精力、时间、资源、资金去创办风险企业;②创办企业所需的资金,为什么要这么多的钱,为什么投资人值得为此注入资金。

对已建的风险企业来说,商业计划书可以为企业的发展确定比较具体的方向和重点,从而使员工了解企业的经营目标,并激励他们为共同的目标而努力。更重要的是,它可以使企业的出资者以及供应商、销售商等了解企业的经营状况和经营目标,说服出资者(原有的或新来的)为企业的进一步发展提供资金。

正是基于上述理由,商业计划书将是风险企业家的商业文件中最主要的一个。那么,如何制作商业计划书呢?

1) 写好商业计划书的关键

那些既不能给风险投资者以充分的信息又不能使风险投资者激动起来的商业计划书,其最终结果只能是被扔进垃圾箱里。为了确保商业计划书能击中目标,写好商业计划书应做到以下几点。

第一,关注产品。

在商业计划书中,应提供所有与企业的产品或服务有关的细节,包括企业所实施的所有调查。这些问题包括以下几点。产品正处于什么样的发展阶段?它的独特性怎样?企业分销产品的方法是什么?谁会使用企业的产品,为什么?产品的生产成本是多少,售价是多少?企业发展新的现代化产品的计划是什么?把风险投资者拉到企业的产品或服务中来,这样风险投资者就会和风险企业家一样对产品有兴趣。在商业计划书中,风险企业家应尽量用简单的词语来描述每件事。商品及其属性的定义对风险企业家来说是非常明确的,但其他人却不一定清楚它们的含义。制作商业计划书的目的不仅是要风险投资者相信企业的产品会在世界上产生革命性的影响,同时也要使他们相信企业有证明它的论据。商业计划书对产品的阐述要让风险投资者信服。

第二,敢于竞争。

在商业计划书中,风险企业家应细致分析竞争对手的情况。竞争对手都是谁?它们的产品有哪些作用?竞争对手的产品与本企业的产品相比,有哪些相同点和不同点?竞争对手所采用的营销策略是什么?要明确每个竞争者的销售额、毛利润、收入以及市场份额,然后再讨论本企业相对于每个竞争者所具有的竞争优势,并向风险投资者展示。商业计划书要使风险投资者相信,本企业不仅是行业中的有力竞争者,而且将来还会是确定行业标准的领先者。在商业计划书中,风险企业家还应阐明竞争者给本企业带来的风险以及本企业所采取的对策。

第三,了解市场。

商业计划书要给风险投资者提供企业对目标市场的深入分析和理解。要细致分析经济、地理、职业及心理等因素对消费者选择购买本企业产品这一行为的影响,以及各个因素所起的作用。商业计划书中还应包括一个主要的营销计划,计划中应列出本企业打算开展广告、促销以及公共关系活动的地区,明确每一项活动的预算和收益。商业计划书中还应简述一下企业的销售战略:企业是使用外面的销售代表还是使用内部职员?企业是使用转卖商、分销商还是特许商?企业将提供何种类型的销售培训?此外,商业计划书还应特别关注一下销售中的细节问题。

第四,表明行动的方针。

企业的行动计划应该是无懈可击的。在商业计划书中应该明确下列问题。企业如何把产品推向市场?如何设计生产线?如何组装产品?企业生产需要哪些原料?企业拥有哪些生产资源,还需要什么生产资源?生产和设备的成本是多少?企业是买设备还是租设备?解释与产品组装、储存以及发送有关的固定成本和变动成本的情况。

第五,展示管理团队。

把一个思想转化为一个成功的风险企业,其关键的因素就是要有一支强有力的管理队伍。这支队伍的成员必须有较高的专业技术知识、管理才能和多年的工作经验,要给风险投资者这样一种感觉:"看,这支队伍里都有谁!如果这个公司是一支足球队的话,它就会一直杀入世界杯决赛!"管理者的职能就是计划、组织、控制和指导公司实现目标的行动。在商业计划书中,应首先描述一下整个管理队伍及其职责,然后再分别介绍每位管理人员的特殊才能、特点和造诣,细致描述每位管理者将对公司所做的贡献。商业计划书中还应明确管理目标及组织机构。

第六,出色的计划摘要。

商业计划书中的计划摘要也十分重要。它必须能让读者有兴趣并渴望得到更多的信息,它将给风险投资者留下长久的印象。计划摘要将是风险企业家所写的最后一部分内容,但这是风险投资者首先要看的内容,它将从计划中摘录出与筹集资金最相干的细节,包括对公司内部的基本情况、公司的能力以及局限性、公司的竞争对手、营销和财务战略、公司的管理队伍等情况的简明而生动的概括。如果公司是一本书,那么计划摘要就是这本书的封面,做得好就可以把风险投资者吸引住,并留给风险投资者这样的印象:"这个公司将会成为行业中的巨人,我已等不及要去读计划书的其他部分了。"

2) 商业计划书的内容

(1) 计划摘要。

计划摘要列在商业计划书的最前面,它是商业计划书的精华。计划摘要涵盖了计划的要点,以求一目了然,以便风险投资者能在最短的时间内评审计划并做出判断。

计划摘要一般包括以下内容:公司介绍、主要产品和业务范围、市场概貌、营销策略、销售计划、生产管理计划、管理者及其组织、财务计划、资金需求状况等。

在介绍企业时,首先要说明创办新企业的思路、新思想的形成过程及企业的目标和发展战略。其次,要交代企业现状、过去的背景和企业的经营范围。在这一部分中,要对企业以往的情况做客观的评述,不回避失误。中肯的分析往往更能赢得信任,从而使风险投资者容易认同企业的商业计划书。最后,还要介绍一下风险企业家自己的背景、经历、经验和特长等。风险企业家的素质对企业的成绩往往起着关键性的作用。在这里,风险企业家应尽量突出自己的优点并表示自己强烈的进取精神,以给风险投资者留下一个好印象。

在计划摘要中,企业还必须要回答下列问题:①企业所处的行业、企业经营的性质和范围;②企业的主要产品;③企业的市场在哪里,谁是企业的顾客,他们有哪些需求;④企业的合伙人、投资人是谁;⑤企业的竞争对手是谁,竞争对手对企业的发展有何影响。

计划摘要要尽量简明、生动,特别要详细说明企业的不同之处及企业获取成功的市场因素。如果风险企业家了解他所做的事情,计划摘要仅需两页纸就足够了。如果风险企业家不了解自己正在做什么,计划摘要就可能要写二十页纸以上。

（2）产品（服务）介绍。

在进行投资项目评估时,风险投资者最关心的问题之一就是风险企业的产品、技术或服务能在多大程度上解决现实生活中的问题,或者风险企业的产品（服务）能否帮助顾客节约开支、增加收入。因此,产品（服务）介绍是商业计划书中必不可少的一项内容。通常,产品（服务）介绍应包括以下内容:产品的概念、性能及特性,主要产品介绍,产品的市场竞争力,产品的研究和开发过程,发展新产品的计划和成本分析,产品的市场前景预测,产品的品牌和专利。

在产品（服务）介绍部分,风险企业家要对产品（服务）做出详细的说明,说明要准确,也要通俗易懂,使不是专业人员的风险投资者也能明白。一般来说,产品（服务）介绍都要附上产品原型、照片或其他介绍,产品（服务）介绍必须要回答以下几个问题。

①顾客希望企业的产品能解决什么问题,顾客能从企业的产品中获得什么好处。

②企业的产品与竞争对手的产品相比有哪些优缺点,顾客为什么会选择本企业的产品。

③企业为自己的产品采取了何种保护措施,企业拥有哪些专利、许可证,或与已申请专利的厂家达成了哪些协议。

④为什么企业的产品定价可以使企业产生足够的利润,为什么用户会大批量地购买企业的产品。

⑤企业采用何种方式去改进产品的质量、性能,企业对发展新产品有哪些计划等。

产品（服务）介绍的内容比较具体,因而写起来相对容易些。虽然夸赞自己的产品是推销所必需的,但应该注意,企业所做的每一项承诺都是"一笔债",都要努力去兑现。要牢记,风险企业家和风险投资者所建立的是一种长期合作的伙伴关系。空口许诺,只能得意于一时。如果企业不能兑现承诺,不能偿还债务,企业的信誉必然会受到极大的损害。

（3）人员及组织结构。

有了产品之后,创业者第二步要做的就是结成一支有战斗力的管理队伍。企业管理的好坏,直接决定了企业经营风险的大小,而高素质的管理人员和良好的组织结构则是管理好企业的重要保证。因此,风险投资者会特别注重对管理队伍的评估。

企业的管理人员应该是互补型的,而且要具有团队精神。一个企业必须要具备负责产品设计与开发、市场营销、生产作业管理、企业理财等方面的专门人才。在商业计划书中,必须对主要管理人员加以阐明,介绍他们所具有的能力,他们在本企业中的职务和责任,他们过去的详细经历及背景。此外,还应对公司结构做一简要介绍,包括公司的组织机构图、各部门的功能与责任、各部门的负责人及主要成员、公司的报酬体系、公司的股东名单、公司的董事会成员、各位董事的背景资料等。

（4）市场预测。

当企业要开发一种新产品或向新的市场扩展时,首先就要进行市场预测。如果预测结果并不乐观,或者预测的可信度让人怀疑,那么风险投资者要承担更大的风险,这对于多数风险投资者来说都是不可接受的。

市场预测首先要对需求进行预测。市场是否存在对这种产品的需求？需求程度是否可以给企业带来所期望的利益？新的市场规模有多大？需求发展的未来趋向及其状态如何？影响需求的因素有哪些？其次，市场预测还要包括以下内容。企业所面对的竞争格局是怎样的？市场中主要的竞争者有哪些？是否存在有利于本企业产品的市场空当？本企业预计的市场占有率是多少？本企业进入市场会引起竞争者怎样的反应？这些反应对企业会有什么影响？

在商业计划书中，市场预测应包括以下内容：市场现状综述、竞争厂商概览、目标顾客和目标市场、本企业产品的市场地位、市场区域和特征等。

风险企业对市场的预测应建立在严密、科学的市场调查基础上。风险企业所面对的市场，本来就有变幻不定、难以捉摸的特点。因此，风险企业应尽量扩大收集信息的范围，重视对环境的预测和采用科学的预测手段和方法。风险企业家应牢记的是，市场预测不是凭空想象出来的，对市场错误的认识是企业经营失败的最主要原因之一。

（5）营销策略。

营销是企业经营中最富挑战性的环节，影响营销策略的主要因素如下。①消费者的特点。②产品的特性。③企业自身的状况。④市场环境方面的因素。最终影响营销策略的则是营销成本和营销效益因素。

在商业计划书中，营销策略应包括以下内容。①市场机构和营销渠道的选择。②营销队伍和管理。③促销计划和广告策略。④价格决策。

对创业企业来说，由于产品和企业的知名度低，很难进入其他企业已经稳定的销售渠道。因此，企业不得不暂时采取高成本低效益的营销战略，如上门推销，大打商品广告，向批发商和零售商让利，或将商品交给任何愿意经销的企业销售。对发展企业来说，一方面可以利用原来的销售渠道，另一方面也可以开发新的销售渠道以适应企业的发展。

（6）制造计划。

商业计划书中的生产制造计划应包括以下内容：产品制造和技术设备现状、新产品投产计划、技术提升和设备更新的要求、质量控制和质量改进计划。

在寻求资金的过程中，为了提升企业在投资前的评估价值，风险企业家应尽量使生产制造计划更加详细、可靠。一般地，生产制造计划应回答以下问题：企业生产制造所需的厂房、设备情况如何；怎样保证新产品在进入规模生产时的稳定性和可靠性；设备的引进和安装情况，谁是供应商；生产线的设计与产品组装是怎样的；供货者的前置期和资源的需求量；生产周期标准的制订以及生产作业计划的编制；物料需求计划及其保证措施；质量控制的方法是怎样的；相关的其他问题。

（7）财务规划。

财务规划需要花费较多的精力来做具体分析，其中就包括现金流量表、损益表以及资产负债表的制作。流动资金是企业的生命线，因此企业在初创或扩张时，对流动资金需要有预先周详的计划和进行过程中的严格控制；损益表反映的是企业的盈利状况，它是企业在一段时间内运作后的经营结果；资产负债表则反映在某一时刻的企业状况，风险投资者可以用通过资产负债表中的数据得到的比率指标来衡量企业的经营状况以及可能的投资回报率。

财务规划一般要包括以下内容：商业计划书的条件假设、现金收支分析、预计的损益表、预计的资产负债表、资金的来源和使用。

可以这样说,一份商业计划书概括地提出了在筹资过程中风险企业家需做的事情,而财务规划则是对商业计划书的支持和说明。因此,一份好的财务规划对评估风险企业所需的资金数量、提高风险企业取得资金的可能性是十分关键的。如果财务规划准备得不好,会给风险投资者以企业管理人员缺乏经验的印象,降低风险企业的评估价值,同时也会增加企业的经营风险。那么,如何制订好财务规划呢?这首先取决于风险企业的远景规划,即是为一个新市场创造一个新产品,还是进入一个财务信息较多的已有市场。

着眼于一项新技术或创新产品的创业企业不可能参考现有市场的数据、价格和营销方式。因此,它要自己预测所进入市场的成长速度和可能获得的纯利,并把它的设想、管理队伍和财务模型推销给风险投资者,而准备进入一个已有市场的风险企业则可以很容易地说明整个市场的规模和改进方式。风险企业可以在获得目标市场的信息的基础上,对企业头一年的销售规模进行规划。

企业的财务规划应保证与商业计划书的假设相一致。事实上,财务规划和企业的生产计划、人力资源计划、营销计划等都是密不可分的。要完成财务规划,必须要明确下列问题:产品在每一个期间的发出量有多大?什么时候开始进行产品线的扩张?每件产品的生产费用是多少?每件产品的定价是多少?使用什么分销渠道?所预期的成本和利润是多少?需要雇用哪几种类型的人及雇用何时开始?工资预算是多少?等等。

2. 商业计划书的格式

(1) 摘要(引导并说服风险投资者完整阅读商业计划书)。

机会(清楚解释这一点)、管理小组资格(包括过去的成功经历)、市场(市场规模和股份预期值)、竞争优势。

(2) 公司(你是谁)。

公司历史,公司规模及高级管理人员(包括总经理、财务管理、技术总管及营销总管)的业务水平、经历、业绩及持股情况,公司的地址和设施。

(3) 产品/服务(生产什么以及为什么你的产品比同类产品好)。

产品/服务说明,如公司目前所有产品清单及其使用领域,产品处于何种阶段,产品的创新处,在国内外的领先程度(提供相关证明材料)等。

竞争比较,如国内外主要竞争对手的产品开发情况或产品销售情况,与其相比你公司的优势或劣势。

(4) 管理小组(告诉风险投资者为什么完善的管理能够使商业计划得以顺利进行)。

组织结构、公司重要股东情况、董事会成员的简历、公司员工激励制度、奖惩分配及员工持股情况简介、人事计划(所需人员及工资)。

(5) 市场(使风险投资者相信你的产品/服务拥有市场并且知道你市场的力量)。

市场组成部分、目标市场、市场走势和发展、竞争(别人的优势和劣势,你是怎样比较的)、竞争优势(为什么你的产品/服务比你的竞争对手强)。

(6) 市场销售和促销(详细阐述你将如何销售你的产品/服务)。

销售渠道、促销/广告、定价、客户服务。

(7) 风险及外界因素(你们的风险是什么)。

影响收益的因素,如经济萧条、价格上涨、经济走势等。

（8）战略（你的目标和你将如何实现你的目标）。

短期目标和长期目标、竞争优势。

（9）财政方案（具体的财政预算数据）。

所需资金（金额、用途、资金使用率），产品价格及生产成本，3~5年的收益损失方案，资金周转、资产负债表，创业投资退出方式安排。

（10）总结（概括全文）。

风险投资者为什么要投资你的公司，是什么使得这一商机变得格外特别，为什么你会成功等。

 案例

张朝阳与搜狐——领先的新媒体

搜狐集团拥有搜狐公司（NASDAQ：SOHU）和搜狐畅游（NASDAQ：CYOU）两家美国纳斯达克上市公司，是中国领先的新媒体、网络游戏、搜索及无线互联网服务公司，是中文世界最强劲的互联网品牌。"搜狐"在中国是家喻户晓的名字，也是2008年北京奥运会互联网内容服务赞助商。搜狐为中国近5亿的互联网用户提供全面的网络服务，日均浏览量高达8亿，是中国互联网用户首选的门户入口。

1995年11月1日，张朝阳从美国麻省理工学院回到祖国。1996年8月，依靠风险投资创办搜狐的前身"爱特信信息技术有限公司"。1998年2月，爱特信信息技术有限公司推出搜狐，中国首家大型分类查询搜索引擎横空出世，搜狐品牌由此诞生。1999年，搜狐推出新闻及内容频道，奠定了综合门户网站的雏形，开启了中国互联网门户时代。

2000年7月12日，搜狐公司正式在美国纳斯达克挂牌上市，从一个国内知名企业发展成为一个国际品牌；同年，搜狐公司收购中国最大的年轻人社区ChinaRen校友录，树立国内最大的中文网站地位。2002年第三季度，搜狐公司在国内互联网行业首次实现全面盈利，这是中国互联网发展进程中一个划时代的里程碑，带动了中国概念股在纳斯达克的全面飙红。

在移动互联网方面，搜狐无线为用户带来了丰富多彩的移动互联网生活。除了手机搜狐网、搜狐手游等产品外，搜狐无线还提供短信、彩信、语音、音乐、WAP、手机等服务。同时，搜狐新闻、搜狐视频、搜狐微博、搜狗输入法等无线客户端产品也已全面覆盖安卓和iOS平台。

【案例分析】

全国大学生电子商务"创新、创意及创业"挑战赛

全国大学生电子商务"创新、创意及创业"挑战赛（以下简称三创赛）是面向全国高校（含港澳台地区）的实践与技能综合性竞赛项目，是中华人民共和国教育部、中华人民共和国财政部关于实施"高等学校本科教学质量与教学改革工程"大学生竞赛资助项目之一，也是中华人民共和国教育部本科教学质量工程的一项重要内容，由中华人民共和国教育部高等教育司等部委指导，教育部高等学校电子商务专业教学指导委员会主办。

一、创业计划书的要求

（1）公司概述，包括项目摘要、背景、公司选址、公司文化等。

(2) 产品与服务,包括服务概况、主要服务内容等。

(3) 市场分析与预测,包括宏观环境分析(如政策法律、经济、文化、技术)、行业分析、SWOT 分析(优势、劣势、机会、威胁)、竞争力分析、客户分析等。

(4) 营销,包括营销目标、营销策略、STP 分析(市场细分、目标市场、市场定位)、营销组合等。

(5) 公司与管理,如团队介绍、人力资源管理等。

(6) 财务计划、财务分析。

(7) 其他可以另行添加。

二、竞赛内容

竞赛内容有企业需求、推荐选题、创意发挥三种来源。

(1) 企业需求:三创赛官方网站上发布的企业需求项目。

(2) 推荐选题:参赛内容广泛,不限专业。

(3) 创意发挥:鼓励参赛队根据本地区或行业的社会经济发展需求特点开展能够产生社会或经济效益的创新、创意与创业项目。

三、参赛作品

参赛作品在形式上可以分为以下三大类。

(1) 技术开发类作品。技术开发类作品主要是指与电子商务系统相关的软件系统、软件模块、应用基础技术、应用支撑技术等软件或硬件开发形成的具有一定独立性的技术成果(不限于上述类别)。技术开发类作品应包含作品本身、技术报告及其他相关技术文档。

(2) 研究报告类作品。研究报告类作品主要包括电子商务市场调研与分析报告、电子商务模式创新计划书和电子商务创业计划书等。

(3) 综合类作品。综合类作品是指既有技术实现又有创新、创业计划的作品。此类作品要求有实际的技术产品及基于该产品的创新或创业计划书。

四、电子商务参赛作品评分标准

电子商务参赛作品评分标准如表 12-1 所示。

表 12-1 电子商务参赛作品评分标准

评分项目	评分说明	项目分值
实用性与创新能力	面向现实应用问题,具有解决问题的实用价值,体现出创新能力与元素,对目标企业有吸引力	15
产品与服务	对产品与服务的描述清晰,特色鲜明,有较显著的竞争优势或市场优势	15
市场分析	对产品或服务的市场容量、市场定位与竞争力等进行合理的分析,方法恰当、内容具体,对目标企业具有较强的说服力	15
营销策略	对营销策略、营销成本、产品与服务定价、营销渠道及其拓展、促销方式等进行深入分析,具有吸引力、可行性和一定的创新性	15
方案实现	通过功能设置、技术实现等,设计并实施具体解决方案,需求分析到位,解决方案设计合理	20
总体评价	背景及现状介绍清楚;团队结构合理,工作努力;商业目的明确、合理;公司市场定位准确;创意、创新、创业理念出色;对专家提问理解正确、回答流畅、内容准确可信	20

【实训项目】

电子商务网店策划设计

1. 实训目的与要求
（1）了解电子商务网店的市场分析。
（2）判断网店的核心竞争力和竞争对手。
（3）自己在淘宝网上建立一个网店,体现分析问题的能力。
2. 实训重点
网店的市场定位和细分市场分析。
3. 实训难点
网店的核心竞争力。
4. 实训内容
对网店策划设计进行可行性分析。
（1）网店名称和产品内容。
（2）模仿对象、合作对象和竞争对象。
（3）产品及服务介绍。
（4）项目战略。
（5）市场分析。
（6）网络营销管理。
（7）经济财务预算分析。
预算要求在 8 000 元以内,财务计划及相关指标合理。
5. 备注说明
（1）通过访问艾瑞网了解我国淘宝网店的发展现状。
（2）通过网店购物并体验网店购物的过程。

【练习题】

（1）访问凡客诚品（www.vancl.com）,浏览网站内容,了解凡客诚品的优势和不足。
（2）登录有货网（www.yohobuy.com）,说明为什么创业企业必须关注现金流。

【复习题】

（1）如何培养创业的心理品质？
（2）为什么需要创业？创业的意义是什么？
（3）说明创业需要的三种能力？如何培养创业的能力？
（4）什么是风险投资？风险投资的特点是什么？
（5）为什么风险投资家瞄准了电子商务网络创业？
（6）从自身条件出发,分析电子商务网络创业的可行性。
（7）选择一种生态农产品,分析生态农产品网络创业的机会。

参考文献

[1] 陈联刚,甄小虎,邬兴慧.电子商务网站建设与管理[M].北京:北京理工大学出版社,2010.
[2] 芮廷先.电子商务理论与应用[M].北京:清华大学出版社,北京交通大学出版社,2010.
[3] 陈联刚,甄小虎.电子商务安全与实训[M].北京:经济科学出版社,2009.
[4] 陈艳春,陈联刚.网络金融与实训[M].北京:经济科学出版社,2008.
[5] 周庆山.电子商务法概论[M].沈阳:辽宁教育出版社,2005.
[6] 陈联刚,何晖.电子商务企业管理与实训[M].北京:经济科学出版社,2008.
[7] 马大川,陈联刚.电子商务教程[M].北京:经济科学出版社,2007.
[8] 杨路明,薛君,胡艳英.电子商务概论[M].北京:科学出版社,2006.
[9] 邵康.电子商务概论[M].上海:华东理工大学出版社,2005.
[10] 张润彤.电子商务概论[M].2版.北京:电子工业出版社,2009.
[11] 傅铅生.电子商务教程[M].2版.北京:国防工业出版社,2011.
[12] 万守付.电子商务基础[M].4版.北京:人民邮电出版社,2015.
[13] 沈红芳,杨道良.电子商务理论与实践[M].北京:人民邮电出版社,2001.
[14] 吕何新.电子商务概论[M].重庆:重庆大学出版社,2001.
[15] 吴金法.现代企业管理学[M].北京:电子工业出版社,2003.
[16] 王芸.电子商务法规[M].2版.北京:高等教育出版社,2009.
[17] 程龙,杨海兰.电子商务安全[M].北京:经济科学出版社,2002.
[18] 刘力,范生万,汪伟.电子商务网络技术基础[M].合肥:中国科学技术大学出版社,2006.
[19] 叶元法.电子商务网络技术[M].大连:东北财经大学出版社,2001.
[20] 刘羿,谢先彬.电子商务网络技术基础[M].北京:高等教育出版社,2001.
[21] 黄京华.电子商务教程[M].北京:清华大学出版社,2001.
[22] 孙宝文,王天梅.电子商务系统建设与管理[M].3版.北京:高等教育出版社,2008.
[23] 王曰芬,丁晟春.电子商务网站设计与管理[M].北京:北京大学出版社,2002.
[24] 韩宝明,杜鹏,刘华.电子商务安全与支付[M].北京:人民邮电出版社,2004.
[25] 云舟工作室.精通 ASP 3.0 网络编程[M].北京:人民邮电出版社,2001.
[26] 张李义,罗琳,黄晓梅.网站开发与管理[M].北京:高等教育出版社,2004.
[27] 张李义,李枫林.电子商务概论[M].武汉:武汉大学出版社,2002.
[28] 李翔.电子商务[M].北京:机械工业出版社,2004.
[29] 王忠诚,孙明凯.电子商务概论[M].2版.北京:机械工业出版社,2010.
[30] 张铎,周建勤.电子商务物流管理[M].2版.北京:高等教育出版社,2006.
[31] 姚国章.电子商务与企业管理[M].2版.北京:北京大学出版社,2009.
[32] 周曙东.电子商务概论[M].南京:东南大学出版社,2011.
[33] 闵敏,等.电子商务概论[M].北京:机械工业出版社,2003.